U0589906

# 共同书写的历史

## 藏文史籍的中原历史记叙研究

石硕 曾现江 黄博 等 著

中华民族共同体意识研究丛书
四川大学铸牢中华民族共同体意识研究基地资助出版
教育部人文社会科学重点研究基地重大项目结项成果

四川人民出版社

**图书在版编目（CIP）数据**

共同书写的历史：藏文史籍的中原历史记叙研究 / 石硕等著. -- 成都：四川人民出版社, 2022.3

ISBN 978-7-220-12523-2

Ⅰ. ①共… Ⅱ. ①石… Ⅲ. ①中国历史—研究 Ⅳ. ①K207

中国版本图书馆CIP数据核字（2021）第234925号

GONGTONG SHUXIE DE LISHI : ZANGWEN SHIJI DE ZHONGYUAN LISHI JIXU YANJIU

# 共同书写的历史：藏文史籍的中原历史记叙研究

石 硕 曾现江 黄 博 等 著

| | |
|---|---|
| 出 版 人 | 黄立新 |
| 策划统筹 | 章 涛 |
| 责任编辑 | 邹 近 石 龙 华青加 |
| 版式设计 | 戴雨虹 |
| 封面设计 | 叶 茂 |
| 责任校对 | 舒晓利 |
| 责任印制 | 李 剑 |
| 出版发行 | 四川人民出版社（成都槐树街2号） |
| 网 址 | http：//www.scpph.com |
| E-mail | scrmcbs@sina.com |
| 新浪微博 | @四川人民出版社 |
| 微信公众号 | 四川人民出版社 |
| 发行部业务电话 | （028）86259624 86259453 |
| 防盗版举报电话 | （028）86259624 |
| 照 排 | 四川胜翔数码印务设计有限公司 |
| 印 刷 | 成都东江印务有限公司 |
| 成品尺寸 | 148mm × 210mm |
| 印 张 | 13.5 |
| 字 数 | 352千 |
| 版 次 | 2022年3月第1版 |
| 印 次 | 2022年3月第1次印刷 |
| 书 号 | ISBN 978-7-220-12523-2 |
| 定 价 | 98.00元 |

# 目　录

# 绪　论

# 藏文史籍有关中原的记载及其研究价值

自公元7世纪藏文创制以来，藏文史籍就成为记录藏族历史、宗教、文化的重要载体，也是藏族民族精神与民族情感的主要传承纽带。无论是吐蕃时期遗留下来的古藏文史料，还是后弘期的各种教法史、史册、王统世系等，都有不少关于中原地区的记载。对于这些记载，研究者多以其“史料价值”不高而不予重视，或仅局限于对其中个别记载“真伪”的甄别上，很少将其作为一个知识系统，置于藏汉关系和藏汉文明交流的历史场域加以审视，从而在相当程度上忽略了这些记载所蕴含的丰富文化内涵，对其所具有的重要研究价值认识不足。系统地梳理和解读藏文史籍中有关中原历史的叙述与描写，揭示藏文与藏文史学和汉文与中原史学间的文化交融，可以深化我们对包括青藏高原和中原在内的中华民族共同体的历史命运的理解。[1]

[1] 本章前三节的内容，均在不同程度上参考了张云、曾现江《藏文史籍有关中原的记载及其研究价值》一文（《西南民族大学学报》2012年第5期）。

## 第一节　吐蕃时期藏文史料有关中原的内容

吐蕃时期遗留至今的藏文文献包括古藏文手卷写本、简牍和金石铭刻等三大类。在这三大类文献中，吐蕃简牍由于大部分出自下级军官、军士和基层官员之手，内容主要与吐蕃在西域地区的政治、经济、军事和宗教文化活动等方面的情况有关，基本上没有与中原相关的内容。在古藏文写卷和金石铭刻这两类文献中，与中原（唐朝）相关的内容也不多见，除一些译自汉文文献的写卷外，还没有发现有专门或独立记载中原的内容。

古藏文写卷有关中原的记载，首推《敦煌本吐蕃历史文书》[1]，其中又以P.T.1288《大事纪年》所载内容最为丰富。该写卷类似汉文纪传体史书中的本纪，叙事清晰，笔法简洁，简明扼要地逐年记录吐蕃从狗年（唐高宗永徽元年，650）到龙年（唐代宗广德二年，764）共115年间的重大事件，其中有关吐蕃与唐朝的关系，涵盖了和亲、唐使入蕃、战争、盟会及边境地方官员交涉等多方面。一是唐蕃和亲，对包括文成与金城两位唐朝公主先后入藏，以及两位公主的薨逝都有简明记载。二是唐朝使节入蕃，从猪年（武则天圣历二年，699）到虎年（唐代宗宝应元年，762），共计63年，唐朝入蕃使节17人次与吐蕃赞普或执政者相见于赞普牙帐。三是战争，包括双方在青海、河陇和西域等地区的10次大小不等的战争或边境冲突，以及“安史之乱”期间，吐蕃攻占长安，扶持金城公主之侄广武王承宏为帝之事，而且对此事件的记载还颇为详细。至于唐蕃双方边境地方官员交涉方面的内容则只有一例。

《敦煌本吐蕃历史文书》的第二部分P.T.1287《赞普传记》类似汉文纪传体史书中的列传，记载了七位赞普及其大臣的文治武功，举凡征

[1] 王尧、陈践译注：《敦煌本吐蕃历史文书》，北京：民族出版社，1992年。

战、会盟、联姻、交往等重大事件，以及一些民间传说、神话和歌谣等都有记录。《赞普传记》共有十节，其中有三节与唐朝有关。一是赤祖德赞时期，吐蕃攻占唐朝瓜州以西各地，以及吐蕃在剑南地区所获得的重大进展，即南诏背唐投蕃事件。二是赤松德赞时吐蕃与唐朝之间的攻战，包括吐蕃军攻陷长安、立广武王为帝，韦·结桑达囊率军击败唐朝浑瑊，以及韦·赞热咄咄攻占陇山山脉以西各地、设立五道节度使等。三是唐朝大将王孝杰与吐蕃噶尔·钦陵的辩答与交战情况。

法藏敦煌文书P.T.960《于阗教法史》是一份译自于阗文的著名古藏文写卷。该写卷可能是有关于阗的佛教集成，应编撰于9世纪中叶，其内容繁杂，包括了于阗建国传说、于阗的守护神名号、于阗的菩萨名号、于阗的著名佛教寺院、于阗佛法的毁灭等。虽然P.T.960的主要内容是于阗佛教史，但仍有部分内容涉及中原。一是于阗建国传说：于阗最初的国王乃阿育王之子，当其初生，婆罗门言其具有殊胜妙相且比其父更具权势，阿育王因嫉妒而将其遗弃在于阗地方，得名地乳；毗沙门天王将地乳献给汉王，收为养子；地乳长成后，因与汉王诸子发生口角，被指实为弃儿，而非汉王之子，故请求离开汉王，寻找自己的国土；地乳与汉王所遣汉兵和侍从来到于阗，与一位被阿育王放逐的大臣所带的来自印度的士兵和随从相遇，共同建立了于阗城。二是提到了吐蕃赞普与汉王结成“甥舅”关系，汉地公主嫁吐蕃赞普为妻，在吐蕃修建了一座大寺庙，并提供田园，以供养逃至吐蕃的于阗僧人，而十二年后，公主死于黑痘之症。又称汉王、吐蕃王、回鹘王等引十万大军与天竺俱闪弥国难当王鏖战十二年而不能取胜，最终全军覆灭。[1]

[1] 王尧、陈践译注：《敦煌吐蕃文书选》，成都：四川民族出版社，1983年，第147—158页；朱丽双：《〈于阗教法史〉译注》，荣新江、朱丽双：《于阗与敦煌》，兰州：甘肃教育出版社，2013年，第413—468页。

除《敦煌本吐蕃历史文书》和P.T.960《于阗教法史》等文献外，还有少量敦煌古藏文写卷的内容对中原略有涉及。P.T.1283《北方若干国君之王统叙记文书》主要记载了回鹘北方的若干族群——如突厥、契丹、奚、高丽等，其中也略有涉及中原之处。[1]英国斯坦因从敦煌石室取走的残卷《吐谷浑纪年》（编号为Vol.69，Fol.84）也有关于唐朝公主Mun-cheng入蕃和亲事件的记载，但其中的Mun-cheng究竟是文成公主还是金城公主，是这份藏文残卷争议的焦点。[2]P.T.16和IOLTIBJ7511是一组涉及赤祖德赞的祈愿文，系吐蕃的地方官员、属民、部落等为庆祝吐蕃与唐、回鹘会盟成功而修建的寺庙落成时而作，涉及吐蕃与唐朝的战争与会盟。[3]

吐蕃7世纪初在青藏高原兴起后，持续东向发展，与唐朝建立了密切的政治、经济与文化联系。据研究者统计，从唐太宗贞观八年（634）至唐武宗会昌二年（842），唐蕃之间使臣交往多达290余次，其中吐蕃向唐朝派遣使者180余次，唐朝遣使100余次。[4]在与唐朝的密切交往中，吐蕃积极学习和引进中原文化。据《旧唐书》记载，文成公主入蕃后，松赞干布“渐慕华风”，“仍遣酋豪子弟，请入国学，以习《诗》《书》”；开元年间，吐蕃又以金城公主之名，从唐朝求得《毛诗》

[1] 王尧、陈践译注：《敦煌吐蕃文书选》，成都：四川民族出版社，1983年，第159—173页。

[2] [英]F.W.托马斯：《敦煌西域古藏文社会历史文献》，刘忠、杨铭译注，北京：民族出版社，2003年，第7—10页。

[3] 王维强：《8—9世纪藏文发愿文研究——以敦煌发愿文为中心》，北京：民族出版社，2007年，第18—22页；[英]F.W.托马斯：《敦煌西域古藏文社会历史文献》，刘忠、杨铭译注，北京：民族出版社，2003年，第80—86页。

[4] 谭立人、周原孙：《唐蕃交聘表》，《中国藏学》1990年第2、3期。

《礼记》《左传》各一部。[1]由此可见，随着吐蕃与唐朝交往的深入发展，中原的书籍——其中不乏历史典籍也传入吐蕃。在敦煌古藏文写卷中，虽然发现的藏译汉文典籍并不多，但其中有的就是译自汉文史籍——主要是《尚书》和《春秋后语》。P.T.986是《尚书》的译文，共有四节，包括《泰誓》两篇、《牧誓》一篇、《武成》一篇，均属于《周书》的范围。[2]英国伦敦所藏卷号为S.0799号的写卷也是译自《尚书》，其内容与P.T.986大体一致。从书写法及其所反映的语音面貌来看，P.T.986应成于9世纪中叶或末叶。[3]法国巴黎图书馆所藏敦煌藏文残卷P.T.1291是《春秋后语》的译文。这份文书曾被国内外藏学界普遍视为是《战国策》的译文，但随着敦煌学研究的进一步深入发展，研究者已证实其应该是对《春秋后语》的节译，或者是对一部《春秋后语》的节译本的翻译，分为5篇策文，皆出自《魏策》。[4]《春秋后语》是东晋时人孔衍所著，原著已佚，今传本为后人所辑。[5]该书以《战国策》和《史记》为主干，旁采他书，采《史记》之编年，记春秋至楚汉之际七国之事，因其既在体例上保持了《战国策》分国纪事的特点，同时又弥补了《战国策》叙事纷乱的不足，故受到人们的重视和欢迎，到了唐、五代，颇有取代《战国策》之势，而在敦煌遗书中发现的本子就多达十余

[1]（后晋）刘昫：《旧唐书》卷一百九十六上《吐蕃传》，北京：中华书局，1975年，第5219—5242页。

[2] 王尧、陈践译注：《敦煌吐蕃文书选》，成都：四川民族出版社，1983年，第69—79页。

[3] 黄布凡：《〈尚书〉四篇古藏文译文的初步研究》，《语言研究》1981年。

[4] 马明达：《P.T.1291号敦煌藏文文书译解订误》，《敦煌学辑刊》1984年第2期；沈琛：《P.T.1291号敦煌藏文写本〈春秋后语〉再研究》，《文献》2015年第5期。

[5] 王恒杰辑：《〈春秋后语〉辑考》，济南：齐鲁书社，1993年。

个。[1]显然，流行于敦煌的《春秋后语》也被人们译成了藏文。

据王尧等研究发现，《敦煌本吐蕃历史文书》的《大事纪年》《赞普传记》《小邦邦伯家臣及赞普世系》，不仅撰写体例明显受到了以《史记》为代表的汉文正史的影响，而且《赞普传记》中有一则关于松赞干布之父囊日论赞的故事，理应是本自《史记》卷七十六《平原君列传》的“毛遂自荐”这一著名的历史典故。[2]此外，在敦煌文书中，人们还发现了变文即民间说唱文学文本《孔子项托相问书》的多个藏译本，分别是编号为P.T.992、P.T.1284、S.724的写卷，这三份写卷是目前所见古藏文文献中最早有关孔子的材料。这三份写卷的文字互有异同，就来源而言，可能P.T.1284、S.724是相同的，而P.T.992则另有其源。[3]小儿项托问难孔子的故事在中古民间流传甚广，现存的敦煌变文就有多达15种《孔子项托相问书》，故上述三份藏文写卷翻译的来源不尽一致，既属当然，在一定程度上反映了此故事在当时吐蕃社会也有了相当程度的流传。

保留至今的吐蕃金石碑铭有十余件，其中只有三件涉及唐朝，分别是唐蕃会盟碑、恩兰·达札路恭纪功碑和赤德松赞墓碑。[4]唐蕃会盟碑亦称“甥舅会盟碑”“长庆会盟碑”，藏语称“祖拉康多仁”，意为“大昭寺前之碑”。唐穆宗长庆元年（821），唐朝与吐蕃互派使臣先在长安

[1] 康世昌：《〈春秋后语〉辑校（上）》，《敦煌学》第14辑，1989年，第91—187页；康世昌：《〈春秋后语〉辑校（下）》，《敦煌学》第15辑，1990年，第9—85页。

[2] 王尧：《吐蕃时期藏译汉籍名著及故事》，载王尧：《藏汉文化考述》，北京：中国藏学出版社，2011年，第27—47页。

[3] 冯蒸：《敦煌藏文本〈孔子项托相问书〉考》，《青海民族学院学报》1981年第2期；陈践：《敦煌古藏文P.T.992〈孔子项托相问书〉释读》，《中国藏学》2001年第3期。

[4] 王尧：《吐蕃金石录》，北京：文物出版社，1982年。

会盟，次年又在逻些（今拉萨）会盟。长庆三年（823），吐蕃赞普将盟文刻石立碑，立于大昭寺门前，迄今犹在。该碑文主要是追述唐蕃双方的历史及双方的交往历史，强调唐蕃因和亲而结成的舅甥情谊，约定双方的边界划分。恩兰·达札路恭纪功碑立于赤松德赞时期，涉及吐蕃大臣达札路恭率军攻唐，深入长安，并立广武王为帝一事。赤德松赞墓碑则是简略追述了赤德松赞在即位之初率军攻唐，以及后来唐蕃双方订立盟约等事。

总体来看，吐蕃古藏文文献有关中原史实的记载并不多。无论是古藏文写卷，还是金石文献，除P.T.986和P.T.1291等译自《尚书》《春秋后语》等汉文史籍的卷子外，迄今还没有发现有独立或专门以中原为主要叙述对象的材料，基本上都是在记载有关吐蕃对外关系时才涉及中原地区（唐朝）。这些材料对于研究唐蕃关系来说，其价值之珍贵毋庸置疑。不过，其中有关中原地区的记载毕竟非常有限，因此我们很难凭借这些材料来了解吐蕃究竟是如何认识、理解中原唐朝的，也难以判断一个比较清晰的中原观念在吐蕃社会是否已经形成，更遑论讨论其内涵等问题。但是，毫无疑问的是，在几乎所有涉及周边四邻和吐蕃对外交往的古藏文材料中，唐朝都被置于首要位置，对唐朝的重视程度远超过同样与吐蕃在战争、联姻、会盟等多方面都发生密切关系的突厥、回鹘、南诏等周边政权。视唐朝为大国、上国，以能够与唐朝发展关系而感到自豪，这样的观念在吐蕃藏文史料中已得到了相当明显的反映。

## 第二节　后弘期藏文史籍关于中原的记载

842年，吐蕃末代赞普朗达玛·乌冬赞（汉文史籍中的达磨赞普）死后，吐蕃王朝随之分崩离析，吐蕃地区进入一个长期战乱的动荡时代。

在长达一百多年的乱世期间，吐蕃的文化典籍因为战乱和社会秩序的失控遭到大规模的破坏，吐蕃时代形成的大多数典籍都湮没和散佚了。到10世纪后半叶，战乱逐渐减少，社会渐趋安定，以佛教重新传播为代表的藏族文化再次迅速发展，藏文历史编纂学进入新的发展阶段，其中有关中原的记载也在不同历史时期呈现不同的发展态势。

**后弘期早期的伏藏文文献有关中原的记载**

随着佛教的复苏，到12—13世纪，一些佛教徒相继声称发掘出了一批吐蕃时期埋藏于地下或建筑物中的佛教文献，即伏藏。这些伪托为莲花生大师或吐蕃名王将相所传的伏藏，虽然有许多妄诞无稽或穿凿附会的神话传说，但仍不失为一种珍贵的历史文献，不管从内容、结构，还是叙事方式、文字风格，都比吐蕃时期的藏文文献有了很大的发展。

在后弘期早期的伏藏作品中，《拔协》和《柱间史——松赞干布的遗训》（以下简称《柱间史》）等书都有较多内容涉及中原。当然，两书有关中原地区的记载仍主要限于唐蕃关系。《拔协》曾长期被誉为后弘期的第一部藏文史籍[1]，该书有关中原的记载集中在唐蕃和亲、甥舅会盟及唐蕃佛教关系等方面。在唐蕃和亲方面，虽有部分内容涉及文成公主，但主要是围绕金城公主展开的，并且出现了赤松德赞系金城公主

[1] 西藏自治区社会科学院巴桑旺堆研究员认为，约在8世纪末9世纪初，吐蕃赞普赤松德赞的重臣韦·赛囊撰写了《韦协》（意为韦氏之见地）一书，是首部系统记载佛教传入吐蕃的藏文史籍，在后弘期，不断有人对《韦协》母本进行改写、删减、增补，从而派生出了多种基本构架相似，但内容详略不一，叙史各异，正伪混杂的写本，这些写本除《韦协》外，以书名衍化为《拔协》者最多，目前以《拔协》及《拔协》增补本为书名的写本有六七种，基本上都问世于11世纪及以后。巴桑旺堆研究员在西藏自治区拉萨市政协文史资料委员会找到了一本《韦协》写本，他从文字书写风格上判断此写本仍属于11世纪的手抄本，但保留了诸多原始写本的特点。就有关中原史实的记载而言，此《韦协》写本与国内藏学界较多使用的《拔协》增补本大体相近，但也存在一定的差异。参见巴桑旺堆：《〈韦协〉译注》，《中国藏学》2001年第1、2期。

所生及其在一周岁时认出汉人舅舅的故事。在唐蕃佛教关系方面，《拔协》称中原（唐朝）佛法兴盛，是吐蕃佛法的主要源泉。该书不但讲述了文成公主供奉释迦牟尼佛像、金城公主将中原佛法的“七日祭”引入吐蕃等内容，而且详细记载汉人使臣之子桑喜劝导吐蕃赞普倡行佛法、吐蕃两次派使臣到中原求取佛经并随汉地“和尚”学习佛法，以及在吐蕃佛教兴起的过程中，汉地“和尚”的各种贡献等内容。[1]《柱间史》以铺陈、夸张的手法叙述了一系列唐蕃和亲和文成公主入藏的故事，突出了大量中原物品作为文成公主的嫁妆进入吐蕃的盛况，以及包括法规律令、诗文曲赋、农牧生产技术、天文历算、卜筮风水、房屋建造技术、医学知识等在内的各种中原文化随之传入吐蕃，而最为重要的则是释迦牟尼十二岁等身佛像、僧人比丘和佛经等随文成公主进入吐蕃。[2]

《拔协》和《柱间史》等书虽然主要是在叙述吐蕃与唐朝关系时涉及中原地区，但也都有少部分内容在一定程度上溢出了唐蕃关系史范畴。《拔协》在叙述文成、金城两公主入蕃和亲时，就追溯了从文成公主之父到金城公主之父的前后六代唐朝帝王世系。[3]《柱间史》在“化身教化众生”的篇章里，虽然主要叙述的是释迦牟尼教化众生及修造两尊分别为释尊八岁和十二岁等身像的事迹，但也提及了佛法佛教入汉地，尤其释迦牟尼十二岁等身像来到汉地的原委。按该书所记，释迦牟尼十二岁等身像在印度安立五百年后，摩揭陀遭到异教徒入侵，佛法濒临

---

[1]（唐）拔·塞囊：《拔协》，佟锦华、黄布凡译注，成都：四川民族出版社，1990年，第2—5、16—22页。

[2][古印度]阿底峡尊者发掘：《柱间史——松赞干布的遗训》，卢亚军译注，北京：中国藏学出版社，2010年，第88—131页。

[3]（唐）拔·塞囊：《拔协》，佟锦华、黄布凡译注，成都：四川民族出版社，1990年，第2页。

湮灭，国王达磨婆罗遣使向汉地皇帝求援，终在后者的援助下，击溃异教徒，恢复佛教。达磨婆罗王为了感谢汉人的恩德，同时也是应汉皇的要求，将释迦牟尼十二岁等身像、四部佛经、四部比丘（即所谓的佛法僧“三宝”）作为回报赠礼，用船送往汉地。[1]

除《拔协》《柱间史》等伏藏外，形成于11—12世纪的传世藏文史籍《娘氏教法源流》《弟吴宗教源流》等教法史著作在有关吐蕃佛教源流的记述中，也对唐蕃关系等方面的内容有所涉及。颇值得注意的是，《弟吴宗教源流》的“诸封王的历史传说”部分，依次简明概要地述说吐蕃周边的天竺、中原、大食、格萨尔诸王，包括王室家系、地理方位、封王方式、宗教、外患、属民及其风俗、祖源、语言，以及与吐蕃的关系特征等多方面的情况，这些内容对于后世的部分藏文史籍有一定程度的影响。[2]

**元明时期藏文史籍有关中原的记载**

元、明两代是藏族史学发展的一个繁荣时期。元王朝对西藏地方的统一管理，不但为西藏佛教各教派之间的交流创造了良好条件，也极大地推动了西藏地方与中原地区的人员往来和文化交流，促进了包括历史编纂学在内的藏族文化的发展。从元代中后期到明代前期，相继出现了《佛教史大宝藏论》《红史》《朗氏家族史》《雅隆尊者教法史》《西藏王统记》《汉藏史集》《青史》《新红史》《贤者喜宴》等一大批优秀的藏文历史著作，形成了教法史、史册、王统记、世系史等各种类型的史学体裁。这些史籍都沿袭《拔协》《柱间史》等后弘期早期的伏藏

[1] [古印度]阿底峡尊者发掘：《柱间史——松赞干布的遗训》，卢亚军译注，北京：中国藏学出版社，2010年，第25—26页。

[2] （宋）弟吴贤者：《弟吴宗教源流》，拉萨：西藏人民出版社，2013年。

作品对唐蕃关系史等方面的记载，并且在内容上更加全面，故事情节更加丰富。尤其是元代后期萨迦派僧人索南坚赞所著《西藏王统记》，以早期伏藏作品关于文成公主入藏的记载与民间传闻及佛经故事相结合，将一系列极富文学色彩和宗教色彩的故事缀联在一起，成为元明时期藏文史籍记载这段历史的主要参照对象。

就对中原史实的记载而言，元明时期的藏文史籍出现了一个重大的变化，那就是在沿袭早期伏藏作品有关唐蕃关系史记载的同时，还用专门的篇章来讲述中原王朝的历史。这个变化最早出现在《红史》一书中，该书由曾长期担任元代乌思藏十三万户之一的蔡巴万户的万户长贡噶多吉撰写于元代后期——据东嘎·洛桑赤列判断，贡噶多吉从1346年开始撰写，到1363年成书。[1]《红史》成书后，有多种手抄本传世，经东嘎·洛桑赤列对国内外的七种不同写本进行反复对比、校勘、整理而成的《红史》校勘本是目前最为通行的版本。不过，从该版本的内容来看，可能约在明初有人为《红史》增补了一些元朝末年部分史实，包括引用了1376年成书的《雅隆尊者教法史》，故其记事止于阳土狗年（1368）元顺帝父子逃离大都，退回蒙古高原。[2]《红史》的作者以周为起点，叙述历代中原王朝的更迭、帝王世系及在位年数，并在东汉至唐代前期部分插入一些佛教故事。在唐朝部分，又将可能是源自《资治通鉴》的帝王世系及帝王在位年代与源自《唐书·吐蕃传》所载的唐蕃关系史有机结合起来，以唐蕃之间的和亲、战争与会盟等内容为重点。接着简略记载五代和两宋的帝王世系，以及西夏国王如何取代汉地国王的故事及其世系。最后是蒙古及元朝

[1] 东嘎·洛桑赤列：《〈红史〉作者介绍》，拉萨：西藏人民出版社，2002年，第2页。

[2] （元）蔡巴·贡噶多吉：《红史》，东嘎·洛桑赤列校注，陈庆英、周润年译，拉萨：西藏人民出版社，2002年，第26—27页。

王统：始于成吉思汗的始祖孛儿帖·赤那，止于顺帝妥懽帖睦尔父子1368年逃离大都，元朝灭亡。[1]由此，《红史》就构建出了一个粗具体系且相对完整的“中原王统世系”——以帝王世系为纲的中原王朝历史。这样的中原王朝历史总的来说非常简略，但具体到各个朝代则是详略有异。首先，作者以周昭王二十年作为叙述起点，没有汉文史籍惯常所载的“三皇”“五帝”等及夏、商两代。其次，唐以前各朝的历史非常简省，只提到部分中原政权的王位传承代数和个别帝王的名字，其中魏晋南北朝部分不但简略，而且颇为含混，遗漏甚多，只提到了十六国中的前秦和后秦、后凉，而更为重要的北朝和南朝都未见记载。相对而言，唐朝历史就全面和准确得多，如帝王世系就只遗漏了穆宗与文宗之间在位仅两年的唐敬宗，而且皇帝的即位时间和在位时间也与汉文史籍的记载相同或大体相近。帝王世系基本上完整的还有元朝，而五代和宋辽金西夏各朝的帝王世系，则较为简略。

通过穿插一些佛教故事，《红史》实际上还构建了一个简略的初唐以前的中原佛教史。作者先是在“印度王统”的结尾处讨论释迦牟尼灭寂年代时，指出释加牟尼诞生于周昭王二十年，并记载了著名的旃檀佛像的建造和释迦牟尼对此像在一千年后将至汉地的预言；在后面的中原王统世系部分，作者先后记载了汉明帝时竺法兰等人白马驮经至洛阳、前秦遣人从西域迎请觉卧佛像、佛舍利及僧人鸠摩罗什，并铺陈记载鸠摩罗什及其弟子的种种神异故事；在隋至唐初历史部分，则分别讲述玄奘取经和道宣律师奇遇多闻天王之子的神异事迹，然后称觉卧佛像被文成公主带入吐蕃。这个融于中原王朝历史叙述之中的中原佛教史，其实

[1] （元）蔡巴·贡噶多吉：《红史》，东嘎·洛桑赤列校注，陈庆英、周润年译，拉萨：西藏人民出版社，2002年，第10—27页。

还隐藏着一个觉卧佛像从印度经西域到中原，再到吐蕃的迁移史，甚至让人有这个觉卧佛像的流传史似乎才是作者关于周至唐初中原王统书写目的的感觉。

《红史》成书后，用专门的篇章来记载中原王朝历史的“汉地王统记”就成为藏文史籍的一个非常重要的书写传统。许多编纂于明代的藏文史籍，如《雅隆尊者教法史》《西藏王统记》《汉藏史集》《青史》《新红史》等，都继承此传统，且所记的“汉地王统记”，从结构到内容，都基本相同，有的甚至是直接抄录自《红史》，或者是与《红史》有着相同的史料来源。

当然，撰写时间相对较晚的《汉藏史集》《青史》等书，在继承《红史》“汉地王统记”的基础上，还不同程度地增加了一些元、明两朝的史实。如成书于明景泰五年（1454）的《汉藏史集》在元王统之后，还记载了明太祖建立明朝及其后八十一年间所传的永乐、洪熙、宣宗、英宗、景泰等五代帝系。[1]《青史》则将此帝系延伸至写作时的明宪宗成化十二年（1476）。[2]虽然《汉藏史集》和《青史》所载明朝帝系的内容都非常简单，然彼此仍存在一些差异，其中最值得注意的是，《汉藏史集》称明太祖在位三十二年后，即为永乐皇帝在位二十二年，完全忽略了其间的建文帝，而《青史》却明确指出，明太祖之后，有建文帝在位两年，然后才是燕王即永乐皇帝在位二十二年。

当然，就元明时期藏文史籍对中原史实的记载而言，除《红史》等书的“汉地王统记”之外，《汉藏史集》还有其他一些与中原相关的内

[1]（明）达仓宗巴·班觉桑布：《汉藏史集》，陈庆英译，拉萨：西藏人民出版社，1999年，第64页。

[2]（明）管·宣奴贝：《青史》，王启龙、还克加译，王启龙校注，北京：中国社会科学出版社，2012年，第67页。

容值得注意。该书的“瞻部洲大部分王统之提要”部分，就有大体沿袭自《弟吴宗教源流》的“诸封王的历史传说”中有关汉地的一些说法；“蒙古王统”部分除世系，还讲述了元朝灭亡、明朝建立的传说，又引述已佚的元英宗至治三年（1323）颁行的法令文书汇编《大元通制》一书，介绍元朝政区划分、典章制度等内容；随后又记载元朝中央政府在西藏地方调查户口、驿站设置等治理措施，以及伯颜丞相和桑哥丞相的传记等。[1]《汉藏史集》还有不少内容关涉汉藏文化交流，如关于茶叶和碗由中原传入吐蕃的故事、吐蕃人向汉僧学习茶艺的故事等。[2]

**清代藏文史籍有关中原的记载**

清代藏文史籍有关中原的记载，以贡布查布（又译贡布嘉）《汉区佛教源流记》[3]和松巴堪布·益西班觉《如意宝树史》（亦称《松巴佛教史》）[4]、土观·罗桑却吉尼玛《土观宗派源流》[5]及阿芒·贡却群派《汉蒙藏史略》[6]等书最值得关注，另松巴堪布《青海史》及二世嘉木样

[1]（明）达仓宗巴·班觉桑布：《汉藏史集》，陈庆英译，拉萨：西藏人民出版社，1999年，第7—8、137—148、149—162页。

[2]（明）达仓宗巴·班觉桑布：《汉藏史集》，陈庆英译，拉萨：西藏人民出版社，1999年，第92—94、130页。

[3]（清）贡布嘉：《汉区佛教源流记》（藏文），成都：四川民族出版社，1983年；（清）贡布嘉：《汉区佛教源流记》，罗桑旦增译，北京：中国藏学出版社，2005年。（因本书所引图书作者及书名译名各有差异，故注释及参考文献用原本图书信息，正文则前后统一为学界常用译名。）

[4]（清）松巴堪钦：《松巴佛教史》（藏文），兰州：甘肃民族出版社，1992年；（清）松巴堪布·益西班觉：《如意宝树史》，蒲文成、才让译，兰州：甘肃民族出版社，1994年。

[5]（清）图官·洛桑却吉尼玛：《宗教源流史》（藏文），兰州：甘肃民族出版社，1984年；（清）土观·罗桑却季尼玛：《土观宗派源流》，刘立千译注，北京：民族出版社，1985年。

[6]（清）阿芒·贡却群派：《汉蒙藏史略》，贡巴才让译，西宁：青海人民出版社，1988年。

活佛《西藏的佛教》等书[1]也对中原有所涉及。《汉区佛教源流记》《如意宝树史》《汉蒙藏史略》及《土观宗派源流》这几种藏文书——尤其是前三书有关中原的内容，相同或相近之处颇多，显示出彼此间具有一定的继承关系，或者是有相同的史料来源。关于《如意宝树史》的撰写时间，作者松巴堪布·益西班觉在跋文中有明确交代，是“藏历第十三饶迥之土阳龙年”，即清乾隆十三年（1748）。[2]从内容来看，1757年准噶尔汗国覆灭后，作者又补撰了一些有关卫拉特蒙古准噶尔等部的历史。[3]《汉区佛教源流记》的作者贡布查布出生于乌珠穆沁札萨克亲王家族，在雍正、乾隆时期担任过京师官学唐古特学总监，通晓满汉蒙藏等语言，著述甚丰，其汉文名字在清代档案文献中多写为“滚布扎卜”，有时也记为“古木布扎布”“古穆布扎普”等。[4]在《汉区佛教源流记》的“结语”部分，贡布查布声称是受大活佛西尔图克的嘱托而写，但并未说明具体的写作时间。将此书从藏文译成汉文的罗桑旦增先生认为，西尔图克活佛与乾隆朝任国师的章嘉活佛是同一时代的人，故推断该书写成于18世纪末。[5]国内研究者多接受此判断，从而以为《如意宝树史》

[1]（清）松巴堪布·益西班觉：《青海史》，黄颢译注，西北民族学院历史系民族研究所编：《西北民族文丛》1983年第3辑；（清）二世嘉木样·久美昂波：《西藏的佛教》，杨世宏译，兰州：甘肃民族出版社，2008年。

[2]（清）松巴堪布·益西班觉：《如意宝树史》，蒲文成、才让译，兰州：甘肃民族出版社，1994年，第803页。

[3] M.乌兰：《松巴堪布对〈如意宝树史〉的补撰》，《北方民族大学学报（哲学社会科学版）》2009年第6期。

[4] 乌云毕力格：《关于清代著名蒙古文人乌珠穆沁公滚布扎卜的几点新史料》，《清史研究》2009年第2期。

[5] 罗桑旦增：《汉区佛教源流记·译者说明》，北京：中国藏学出版社，2005年，第6页。

的成书早于《汉区佛教源流记》，故前者应该是后者重要的史料来源。[1]不过，国外学者对贡布查布有更为深入的研究——一个相当重要的原因是他还是藏文《造像量度经》的汉译者，并且在很多方面取得了共识，比如关于贡布查布的生平，已经确定他卒于1750年，而生年应该是1690年（意大利藏学家伯戴克曾认为是1669年），其创作活动则介于1725—1743年之间，其中《汉区佛教源流记》写于1736年。[2]

《汉区佛教源流记》提到：帝尧木龙年即位，南方进贡金龟，于是大力传播历算，并从此年开始纪年，“自木龙年至清乾隆元年即火龙年，整整过去四千零九十二年”[3]，这应该是该书撰写于乾隆元年（1736）的一个有力证据。《如意宝树史》也记录了上述传说，但却称：“据说从此时起至今第十三饶迥土龙年，已过了四千一百零四年。”[4]这不仅印证了《如意宝树史》的写作时间是乾隆十三年（1748），较之《汉区佛教源流记》晚了12年，更显示其对《汉区佛教源流记》的继承，而不是相反。嘉庆六年（1801）成书的《土观宗派源流》叙及帝尧时，亦称：“在其即位初的甲辰年，南方越裳氏之民，获得神龟，献之于帝，帝观龟背有纹理，象时节气候。帝解其意，大为阐明了历算之学。据说由甲辰年起，至今时轮十二饶迴的丙辰年乾隆皇帝

[1] 孙林、群培：《简论清代学者贡布嘉撰述的藏文史籍〈汉区佛教源流〉的史料来源》，《西藏民族学院学报》2009年第5期；朱丽霞：《藏族史书中的玄奘形象分析》，《西北民族大学学报》2013年第4期。

[2] 参见[比]魏查理：《〈造像量度经〉研究综述》，《故宫博物院院刊》2004年第2期；孙晓晨：《〈佛说造像量度经〉作者及汉译者》，《南方文物》2006年第4期。

[3] （清）贡布嘉：《汉区佛教源流记》，罗桑旦增译，北京：中国藏学出版社，2005年，第19页。

[4] （清）松巴堪布·益西班觉：《如意宝树史》，蒲文成、才让译，兰州：甘肃民族出版社，1994年，第742页。

在位，此上已过了四千零九十二年。”[1]同样是嘉庆年间成书的《汉蒙藏史略》亦称：“第四帝唐尧时的木龙年，皇历开头，是年有南方某百姓送来一只奇异的乌龟，其背部花纹表显出季节，看后就产生有关历算的道理，经过细致推断，便有了中国金龟论。从那个木龙年直至乾隆登极的第一个火龙年，已历四千零九十二年。”[2]这两本嘉庆年间成书的藏文史籍显然是越过《如意宝树史》，而直接取自《汉区佛教源流记》。总之，贡布查布此书在藏文史学史上的地位，尤其是该书有关中原记载的价值，应该得到充分的承认和进一步的重视。

从体裁上看，《汉区佛教源流记》仍属藏文史学编纂传统上的教法史，但与以前的教法史著作都是以记载王统和佛教发展为主，而兼及中原和印度、于阗、蒙古等周邻地区的王统和佛教传播情况不同，该书很可能是传世的最早的一部专门记载中原的宗教及历史文化等方面内容的藏文史籍。《汉区佛教源流记》主要有三个方面的内容：

第一部分是“总论汉区风土人情及其简史”。书中所记的“汉区风土人情”，包括了中原的山川地理和行政区划，以及大、中、小城镇和人口等多方面的情况，这些内容在以前的藏文史籍中基本上是没有的。关于“汉区简史”，作者先是详细分析“皇”“帝”“王”及“皇帝”等称谓的由来及内涵，然后才着重介绍从“三皇”“五帝”到“三王”（夏、商、周），再经秦汉、魏晋南北朝、隋唐五代至两宋及辽、西夏、金，再经元、明，最后止于清初的帝王或朝代兴替历史，以及各时期的一些神话、传说和故事，特别是“三皇”“五帝”时期的各种发明

[1]（清）土观·罗桑却季尼玛：《土观宗派源流》，刘立千译注，北京：民族出版社，1985年，第196页。

[2]（清）阿芒·贡却群派：《汉蒙藏史略》，贡巴才让译，西宁：青海人民出版社，1988年，第17—18页。

创造、文明成就和历史典故。此“汉区简史”，虽然遵循了以往藏文史籍的“汉地王统记”撰述范式，但内容已大为丰富，也更成系统性，更接近汉文史籍所记。

第二部分是“概论何时诞生何诸佛教大师”，大体上属于藏文史籍编纂传统上的“汉地教法史”。作者先是从与佛教教义比较的角度，简略介绍儒、道、墨、列、庄等先秦诸子的思想主张，以及其他宗教（可能是伊斯兰教、基督教）传入中原的一些基本情况，并沿袭中原佛教界关于三教优劣的所谓“儒教似星，道教如月，佛教如日”之说[1]，然后才是主体内容——中原佛教，重点是以东汉至明朝的历代高僧（包括南亚、西域等来中原的高僧和出自中原的高僧）的事迹为中心，来建构佛教在中原的传播与发展历史，并对禅宗、深观宗（包括天台宗和华严宗）、广行宗（唯识宗）、律宗、密宗等佛教宗派的传承与发展作不同程度的介绍，此外还提及元明时期一些著名的西藏佛教高僧前往中原活动并接受朝廷敕封的情况。颇值得注意的是，书中不仅用大量篇幅来讲述唐代玄奘法师的事迹（作者后来还将《大唐西域记》译成藏文[2]），而且还记录了唐代著名僧人鉴真东渡日本传播佛法之事。

第三部分是“讲说由彼等渐次弘传之佛经名称品类”。作者先叙隋以来中原佛教典籍的翻译、编目、注释、校勘等情况，包括隋文帝时审订《大藏经》，以及唐代《开元录》《贞元录》和宋代《祥符录》《景祐录》的编修，又着重介绍元代《至元法宝勘同总录》的编订过程，然后按经、律、论的分类，逐一介绍《至元法宝勘同总录》所录佛经，并

[1] 此说最早出自隋代隐士李士谦。《隋书》卷七十七《李士谦传》载：“客又问三教优劣，士谦曰：佛，日也；道，月也；儒，五星也。”后世中原佛教史籍涉及儒道释三教优劣问题时，多引士谦之论。

[2] 王尧：《〈大唐西域记〉藏译本及译者工布查布》，《法音》2000年第12期。

就汉藏两种经卷之异同、有无、多寡等情况加以说明。

《如意宝树史》是一部力求分地区系统阐述佛教史的教法史著作，书中有关中原的记载集中在藏汉两地佛教史部分。该书先是在论述西藏佛教史时，于“王统世系”和“教法源流”两部分对中原有所涉及，但大体上只是沿袭前代藏文史籍有关唐蕃关系史方面的内容。[1]其后的“摩诃支那大汉地法王、佛教大师、佛法宗派之历史”才是专门记载中原的篇章，其结构仍然是先有“王统世系”，后为“教法源流”，而内容则多与贡布查布《汉区佛教源流记》相同或相近，只是大部分都要相对简略一些。当然，在“汉地王统世系”部分，作者除沿用《汉区佛教源流记》的内容外，还转述“其他教法史”——应该是元明时期的藏文史籍——所记的“木雅王统记”，以及《青史》的西周至南宋的年代简表，即历朝的皇位传承代数及历年数。[2]

《土观宗派源流》是青海佑宁寺三世土观活佛罗桑却吉尼玛在清嘉庆六年（1801）写成的一部著名的藏文史籍，虽然作者自认为这是西藏第一部评述宗派教义的著作，而非一般的教法史，但后世通常还是将其归类为教法史著作。[3]由于强调与一般教法史的区别，故此书并无其他教法史著作中常见的“王统记”内容，而只是集中讲述各地的宗教（以佛教为主）及思想流派等。书中有关中原的记载，集中于“汉地儒家、道家和佛教的教派源流”部分。作者先是分析中原、印度及西藏地方对汉地的不同称谓及其由来，随后指汉文史籍所记，中原虽然出现过多种

[1] （清）松巴堪布·益西班觉：《如意宝树史》，蒲文成、才让译，兰州：甘肃民族出版社，1994年，第260、284—295页。

[2] （清）松巴堪布·益西班觉：《如意宝树史》，蒲文成、才让译，兰州：甘肃民族出版社，1994年，第740—765页。

[3] 孙林：《藏族史学发展史》，北京：中国藏学出版社，2006年，第416—419页。

宗教，但“真正能明确揭示真理而成为大宗的”，却只有儒、道、释三教，且“初儒教如星，次道教如月，最后佛则如日”，故接下来即以此三教为重点，就各自的历史源流、理论主张、典籍要义、代表性人物、修行规制等展开论说。相对而言，书中对儒、释两教叙述较详，对道教着墨较少。除此三教外，作者还扼要介绍了墨子、列子、庄子的思想主张，并对域外传入中原的其他宗教（如伊斯兰教）略加评介。[1]

土观·罗桑却季尼玛认为，“儒”的本义是教训之书，或明理之学。对于儒家，他主要阐述了五个方面的内容。一是儒及儒家的源流。儒起源于伏羲，传于仓颉；伏羲造专讲八卦的《连山易》，为中原最初的经典，相继出现的“五经”是儒家学问的根本；孔子是儒家的导师和儒学的创始人，其出生与释迦牟尼降世的年代相距不远，他的学说主要由弟子和再传弟子据其谈话，并阐释其意，发展成“四书”；秦以后的儒家萧何，广释孔子之说，明定律制，又有朱子，其著述被视为儒家学说的典范。二是从儒家发展出来的学术，其内容似大多源自《汉区佛教源流记》。作者先是梳理历算即易学的发展脉络，然后不惜笔墨地介绍中原的各种发明创造和文化成就：神农氏作《本草经》，汉地医学由此而起；黄帝轩辕氏仰观星辰而发明五行和天干地支以纪年月日，且星象观测、舟车制造、宫屋建筑与战车、旗帜、服饰等亦皆起源于此时；大禹造五弦琴等乐器、作《乐经》，歌舞由此而兴；中原还有众多的诗词和讲解文辞修饰的书籍、历史著作，以及工巧技艺、堪舆之学、相人之术、占卜推算等。三是儒家所持理论。儒家经典没有提及业报轮回，儒家大多只重视现世生活，缺乏对生死的关注。“五经”和“四书”所讲

[1]（清）土观·罗桑却季尼玛：《土观宗派源流》，刘立千译注，北京：民族出版社，1985年，第193—216页。

及阐发的是仁、义、礼、智、信五种纲常，但并未否定业报轮回，而且还隐含着一些佛家的修行理论。土观活佛还介绍了《易经》对天、地、人的来源的解释，以及朱子论“三魂六魄”，又认为孔子在《大学》中所论的大学之道，似乎已有大乘佛学的思想，尤其是“止于至善”之语，所指与佛徒修行的目标即成佛无异。四是儒家的修行规制。儒生先习“四书”，通达者可称“先生”，再研“五经”，可得秀才、状元等名位。学“四书”和“五经”而成博学之士，再习治理之术，就可出仕为官，辅佐朝廷，治理万民。也有不少精通典籍之人，既不愿做官为宦，也不愿经商务农，而是隐居乡里，唯思经史之义，间或授徒讲学，事少寡欲地度过一生。五是儒家对佛教的认识与态度。孔子似乎是景仰释迦牟尼的，但其所著之书从未谈论佛教的优劣。后世儒家，唯有朱子之书对佛法倍加赞扬，而周子（周敦颐）等则非难佛教徒不敬父母、君王，这自然遭到三世土活佛的反驳。

关于道教，土观活佛仍从其源流入手，称道教的始祖为老君，有人老君与神老君之分：神老君即太上老君，人老君即老子。太上老君在天地初成时出世，八十一次化为人身，老子即其中之一，其出生年代与孔子略同。道教由太上老君传出，由其化身的老子和元始天尊广布人间。道教主张无形、无色、无上和自然大道之说。道教崇拜的神灵很多，既有五岳的山神，又有四渎河神和风、雨、雷电之神。为供祀这些神灵，需要作各种法事。在作法事时，要念诵净身、净口、净舌等咒语，沐浴斋戒，同时要调息运气、凝神定气。道教还有八仙，以及具有很大法力并镇伏了很多非人邪怪的张天师。道教的修行需大量采用药物、秘方，以及各种修炼天神和神仙所传明咒的法术传授。道士分在家与出家两类。

三世土观活佛将中原佛教明确区分为由天竺传入和由西藏传入两

类，依次而论。由天竺传入者，实指佛教主要经西域传入中原地区后，经过不断吸收儒、道文化而形成的汉传佛教。土观活佛先是参照《汉区佛教源流记》，简略梳理汉传佛教的源流：西周昭王时，佛降诞并授记佛法将在千年后传入中原；东汉明帝"永平求法""白马驮经"，是为佛教传入中原之始；魏晋南北朝，不少域外高僧来华译经弘法；隋、唐、宋三朝皆对佛经编目；元世祖时，对勘藏汉佛经，复位目录。在梳理汉传佛教的源流后，接下来的重点，是从法脉传承、重要高僧、主要经典、教义与教规及修行方法等方面，逐一解说律宗、密宗、广行宗、深观宗和禅宗等五大宗派的教义思想和传承，其中对广行宗、深观宗和禅宗的阐述颇详。关于佛教从西藏传入中原，指的是元代以来西藏佛教在中原地区的传播。当然，作为一位格鲁派高僧，三世土观活佛对萨迦、噶举及本教等派僧人在中原的活动只是列举一二，主要叙述的还是格鲁派高僧大德在内地的活动，以及中央王朝对达赖喇嘛、班禅额尔德尼、章嘉、嘉木样、土观等各大活佛系统的敕封与管理。

较之元明时期的藏文史籍，《汉区佛教源流记》《如意宝树史》《土观宗派源流》等书有关中原的记载突破了藏文史学在中原史实记载上长期存在的诸多不足，在汉藏文化的交流与对话上也具有独特的价值。

首先是在一定程度上摆脱了佛教史观的束缚。以往的藏文史籍，都是以释迦牟尼诞生之时（即中原佛教界所主张的周昭王二十四年）作为叙述中原历史的起点，且所记周代至唐朝以前的中原王统更迭，仅仅是夹杂于佛教在中原地区的发展史，甚至是优填王旃檀瑞像从印度到中原各地的流传史之中，直到唐初以后的中原王朝历史，才引入了藏译《唐书·吐蕃传》等相关内容。此类"汉地王统记"，无论是体例，还是内容，基本上是都因循照搬《红史》，实际上是一个佛教史观主导下的近乎封闭的叙事传统。[1]《汉区佛教源流记》及《如意宝树史》所记中原历史，虽然仍然具有一些“汉地王统记”叙事特征，但显然已跳出窠臼，不仅是以“三皇五帝”作为中原历史的开端，而且将中原的王统历史置于中原佛教史之前，从而将其从佛教史叙述体系中剥离了出来。

其次是记载范围的扩大及其内容系统性方面的突破，所记内容更加丰富和全面，这尤其体现在对中原宗教文化的记载上。三种藏文史籍的中原宗教文化记载涉及的内容相当广泛，其中绝大部分内容都是以前藏文史籍所没有的。清代以前的藏文史籍，几乎不载儒、道二家，即便是中原佛教，所记内容也相当狭窄有限，这不仅体现在叙述吐蕃历史时仅间接提及中原佛教的一些零散事项，纵然是《红史》等书的“汉地王统记”，也只是插叙一些从周昭王时卜知佛祖降诞到初唐时期与中原相关的佛教史故事。众所周知，中原地区历史悠久，文化渊源流长，博大精深。春秋战国时期已蔚为大观的诸子百家争鸣，历汉、晋、唐、宋，逐步形成儒、道、释三家鼎足并立、互融互补的基本格局，共同构成了中原文化的主干。上述三种藏文史籍，尤其是《土观宗派源流》，对中原儒、道、释三家初步构建起具有高度概括性的阐释体系，并旁及诸子及中原的各种发明创造与文化成就，实不啻为中原文化的基本面貌勾勒出了一个大体轮廓，并在此基础上，从藏族文化本位出发——当然主要是站在西藏佛教的立场与价值观上，就中原儒、道、释及列子、墨子、庄子等诸子的思想与主张给予评论，并将其与西藏佛教对比，探讨汉藏文化的共性与相互契合之处，得出了不少独特而不乏深入的看法，可谓是展现古代藏族政教领袖与知识精英之中原文化观的极佳文本。这些内容

[1] 张云、曾现江：《藏文史籍有关中原史实的记载及其研究价值》，《西南民族大学学报》2012年第5期。

在藏文史学编纂史上无疑是前所未有的贡献，也是各书至为重要的价值所在。此外，这三种藏文史籍对汉藏文化交流有所关注——不仅是对元代以来西藏佛教在中原地区的传播予以专门记载，对中原文化在西藏地方的传播及其社会影响也多有剖析。

第三是在内容的客观性和准确性上的突破。10世纪末叶以来的藏文史籍，由于形成于佛教在西藏地方社会中占据统治地位的时期，且大多出自佛教学者之手，故其内容多侧重于宗教阐述，视佛教的兴衰为历史发展的主轴，其中有关中原的记载，则多以神话、传说与史实相互杂糅混同，模糊、混沌不清，且富有神话色彩，不乏虚构、想象与附会，失实之处颇多，即便是《红史》以来各书专门记载中原的“汉地王统记”，也不乏一些充满神迹的内容。然而，《汉区佛教源流记》等书，尤其是《土观宗派源流》，在论述中原时，虽然仍然立足于佛教本位，比如接受中原佛教界对三教优劣所持的传统观念，但却能够在一定程度上弱化佛教史观，采取相对客观和理性的态度，在准确把握中原文化主干由儒、道、释三家共同构成这一总体格局的基础上，以相对包容、平等的视角逐一记载。虽然书中所记内容非常广泛，涉及中原文化的许多方面，但穿凿附会相对较少，除个别地方略存理解上的偏差外，绝大部分都契合于中原传统的认知范畴，体现出了较高的“准确性”。

《土观宗派源流》还注意辨析和厘清有关中原文化的一些误解、偏见，乃至错误。作者多次从藏语与汉语发音差异的角度，分析诸如孔子、周公、神农、文王、八卦、九宫等一些重要文化词汇在传入藏族社会后所发生的称谓变异，从而对一些传统的错误认识给予澄清。如汉语习称圣贤为“神仙”，但“仙”的藏语发音被讹为“辛”，于是被尊为神仙的道教始祖老君就被藏人误以为是本教的教主辛饶。土观活佛还着重驳斥一些视孔子为神变之王或善于工巧的能人的说法，称这“全是暗中摸索之语”，又指有关“河图洛书”的一些附会之说“实为臆造的无稽之言”，许多关于八卦及十二属相来源的说法更是不值一驳的“邪说”，而不少有关中原历算之学起源的看法也是没有依据的。在谈到中原医药时，土观活佛指出，藏医源自中原而非印度，如藏医的经内五行，就并非印度所说的地、水、火、风、空，而是中原五行的木、火、土、金、水。书中还指出，西藏佛教关于著名僧人帕当巴桑杰为汉地禅宗祖师达磨的种种说法，同样是缺乏依据的附会之词。

在《汉区佛教源流记》《土观宗派源流》等书有关中原文化的各种误解的批驳中，最值得珍视的无疑是对汉地佛教是所谓“顿门”教法的理解。长期以来，西藏地方对汉传佛教的认识，在很大程度上是与“吐蕃僧诤”联系在一起的。所谓“吐蕃僧诤”，据有后弘期第一部史书之称的《拔协》记载：桑耶寺落成后不久，汉地和尚摩诃衍那所传授的“顿悟”之法，受到大多数吐蕃信众的追随，故引起了主张“渐悟”的印度僧人及其支持者的不满，赞普赤松德赞于是请来梵僧莲花戒，令其与摩诃衍那分率僧众，就双方见地之高下优劣展开辩论，结果莲花戒获胜，渐悟之法成为吐蕃佛法正宗，顿悟之法则被禁止，摩诃衍那亦被逐出吐蕃。[1]虽然大量现代学术研究成果都证明，《拔协》的上述记载并非历史真实，而是对吐蕃僧诤历史场景的虚构，然而后世藏文史籍作者不仅沿袭其说，而且还进一步妖魔化描写，直到把汉地和尚说成是谋害莲花戒的刽子手，视顿悟之法为异端邪说，汉传佛教则被贬称为“顿门”教法、“和尚之教”，遭到轻视，从而对汉藏文化的深层次交往与平

[1] （唐）拔·塞囊：《拔协》，佟锦华、黄布凡译注，成都：四川民族出版社，1990年，第48—55页。

等对话造成了相当程度的不利影响。[1]面对这种根深缔固的叙述传统，《汉区佛教源流记》等藏文史籍的作者以其卓识与勇气，不但对中原佛教予以系统论述，而且《汉区佛教源流记》在书末的结语中还针对所谓的“顿渐之争”及视中原佛教为“和尚之教”等问题展开了进一步的分析与讨论。[2]三世土观活佛在接受贡布查布相关论述及观点的基础上，强调：首先，顿悟与渐悟，不过是在引导弟子方法上的差别，藏文史籍将二者视为不同的宗派，实属错误；其次，汉地禅宗与西藏佛教噶举派一样，都传承的是“大手印”教法；其三，至于汉地和尚摩诃衍那，其言论虽有所不妥，但并非汉地禅宗的全部主张，更不能代表整个汉传佛教，故“不可只就一和尚所言有误，便认为一切和尚之见皆是邪计”。[3]如此见解，虽然并未完全摆脱“吐蕃僧诤”叙述传统的影响，但无疑是10世纪末叶以来西藏佛教界对汉传佛教所作出的最大限度的“辩护”，这对于汉藏佛教，乃至汉藏文化的平等对话与深入交流具有的重要意义自然是不言而喻的。

## 第三节　藏文史籍有关中原的记载的研究价值

综上所述，无论是吐蕃古藏文文献，还是后弘期藏文史籍，都不同程度存在有关中原的记载。这些记载，大体可以分为两大类别：一类是吐蕃历史的唐蕃关系部分有关中原的记载，吐蕃时期的藏文文献有关中

[1] 沈卫荣：《西藏文文献中的和尚摩诃衍及其教法——一个创造出来的传统》，《新史学》2005年第1期。

[2] （清）贡布嘉：《汉区佛教源流记》，罗桑旦增译，北京：中国藏学出版社，2005年，第148—149页。

[3] （清）土观·罗桑却季尼玛：《土观宗派源流》，刘立千译注，北京：民族出版社，1985年，第213—214页。

原的记载多属于此类，而这类记载也出现在几乎所有的后弘期藏文史籍中；另一类是由专门篇章所记载的中原历史，可细分为中原王统世系和中原教法源流两个基本部分，这类记载出现的时间相对较晚，系由撰写于元代后期的《红史》开创并为后世许多藏文史籍所继承，并在内容上得到不断补充。

以上两类有关中原的记载，在藏文史籍中或详或简，但都难免将史实杂糅于宗教神话与民间传说之中，失实之处颇多，不少内容模糊不清，不乏虚构与想象的成分，不同史籍之间还存在抄袭、雷同等问题，但是却以其独特的方式折射出藏文史籍作者从自身的世界观、历史观、文化观和价值观及立场出发，阐发了对中原地区及中原历史、文化的态度与观点，既包含着古代藏族的中原观，也从观念层面深刻地反映了古代藏汉等民族之间深层次的内在关系。因此，对藏文史籍有关中原的记载进行系统的、全面的清理，在此基础上，梳理藏族中原观的形成与演变历史，分析其中深刻的文化内涵，揭示古代藏汉等民族之间深层次的内在关系，具有以下三方面的研究价值：

首先是对认识与理解汉藏关系史具有重要意义。通过对藏文史籍有关中原史实的记载及其相关内涵的系统研究，不仅可以进一步印证汉藏之间自古以来就存在的交流与互动，而且可以从政治、宗教及文化认同等角度，理解古代藏族知识精英的历史情感与立场，从思想观念层面反思与研究历史上的汉藏关系。

其次是有助于深化汉藏关系史、中原历史及相关史实的研究。藏文史籍对中原史实的记载虽然简略，且舛误颇多，却仍可在一定程度上对汉藏关系史及中原地区历史相关史实有澄清、补充、纠谬的作用，从而完善对汉藏关系历史面貌的认识与理解。

第三是有助于进一步认识藏族古代史学写作的某些基本特点与规律，从而推动藏族史学史、藏族文化史的深入研究。藏文历史编纂学是藏族文化的重要组成部分。对中原史实的记载是古代藏文史籍中普遍存在的现象，这些记载的写作选材、体例、编纂原则都有其自身的丰富内涵。通过对汉藏文相关史实及不同藏文史籍记载的对比与分析，不仅可展现出藏文史籍作者对中原历史的认识程度，及其对中原史学写作方法的借用和藏文史籍写作的演变过程，还可从中总结归纳出藏文史籍的基本书写范式、史家的写作理念及其所受到的宗教方面的影响。

# 第一章　藏文史籍对先秦史实的记载

虽然在敦煌古藏文文献中，就已经有译自《尚书》《春秋后语》等有关先秦历史的写卷，但因只是译文，故严格说来，还算不上是藏文史籍作者对先秦历史的记载。自《红史》成书以来的元明时期藏文史籍所记载的中原王统历史都是以周为起点，且有关周的内容非常有限，只是概指周有三十六王，执政百年，然后讲述周昭王时卜知佛祖降诞，以及优填王造像、佛祖授记此像在其灭度千年后利益中土等。迟至清朝乾隆年间，始有《汉区佛教源流记》将先秦和王统历史简明扼要地归纳为“最初三皇，随之五帝，三王者依次而至”。[1]书中以伏羲、神农、黄帝为三皇，少昊、高阳氏、高辛氏、尧、舜为五帝，而“三王”指的则是夏、商、周三代。在勾勒先秦王统历史演进脉络的同时，《汉区佛教源流记》还注意阐明各个时期的文明创造和文化成就。《如意宝树史》基本延续了《汉区佛教源流记》有关先秦史实的记载，当然内容更为简洁。《土观宗派源流》因强调与一般教法史的区别而无“王统史”的内容，故未像前两书那样系统地记载“三皇五帝三王”，但在叙及

[1] （清）贡布嘉：《汉区佛教源流记》，罗桑旦增译，北京：中国藏学出版社，2005年，第12—15页。

从儒家发展出来的学术时，先是颇为详细地梳理历算即易学的发展脉络，随后又不惜笔墨地介绍中原早期的各种发明创造与文化成就，其内容基本上没有超出《汉区佛教源流记》的记载范围，且大多被置于三皇时代。从整体上看，清代的《汉区佛教源流记》及《如意宝树史》《土观宗派源流》关于周代史实的记载不仅内容大大丰富，而且并没有继承《红史》等元明时期藏文史籍有关周的内容，故两者应归属于不同的系统。有鉴于此，本章拟先分析《汉区佛教源流记》等清代藏文史籍有关先秦史实的记载，其后再对《红史》等元明时期藏文史籍有关周的内容略作分析。在叙述“三皇五帝三王”的历史之前，《汉区佛教源流记》用了较多的笔墨来讨论“皇”“帝”“王”及“皇帝”等称谓的由来及其内涵。书中认为，就字面意思而言，“皇”即善、大、主及导师等意；“帝”是汇集、尊敬等意，可作“王”“天”理解；“王”则指由于因百姓的拥戴而获得极大权威者，可理解为“主人”“主要”，而秦始皇自以为功德与三皇相等，事业却超过五帝，故称“皇帝”，从此“皇帝”就成为中原统治者的名号。随后，作者贡布查布还分析了“王道”与“霸道”的区别，认为前者是指功德圆满、众望所归者，后者是指生起贪欲之心，以武力及计谋抢劫地方者。为了进一步阐释“王道”与“霸道”，贡布查布还引述了《说文解字》对“王”字的解释，随后又根据《大方广菩萨藏文殊师利根本仪轨经》《大方广佛华严经诸汉地人菩萨行宫授记品》《宝髻陀罗尼经》等佛典的相关内容，将问题引入到佛教界关于世俗王权的认识上，强调汉地为文殊菩萨之地。《如意宝树史》也对“皇”“帝”“王”作了非常简练的解释，称“皇”意为主宰，“帝”意为天神，“王”意为自在天，颇似从《汉区佛教源流记》所论内容中提炼而来。

《汉区佛教源流记》还特别申明：之所以从“三皇”开始叙述中原王统历史，乃是因“三皇”之始的伏羲以前尚无文字，故对于“三皇”以前之事就不予记载，而关于“皇”与“帝”的认识，有两种不同主张，自己是根据多数人中所流行的孔安国的见解来记载的。[1]

“三皇五帝”之说，始见于《周礼·春官宗伯》，但该书只称外史的职责有“掌三皇五帝之书”，而未言其他，不知其三皇五帝所指为何。后世关于三皇，说法甚多。蒙文通先生曾指出：三皇出自巫、史二家，各家以意补之，诸家言三皇皆称伏羲、神农，此诸家之所同，其一则或曰女娲、曰遂人、曰祝融、曰共工，遂各不同，此诸家之所异也。[2]出自史者，如《风俗通义》引《尚书大传》指三皇为天皇遂人、人皇伏牺、地皇神农[3]；《史记》载，秦始皇时有博士称“古有天皇，有地皇，有泰皇，泰皇最贵”[4]。出自巫者之三皇说，甚为复杂，有研究者指其多达6种。[5]传为孔安国所作的《尚书序》亦对三皇五帝有所论说，其开篇即称：“古者伏牺氏之王天下也，始画八卦，造书契，以代结绳之政，由是文籍生焉。伏羲、神农、黄帝之书谓之三坟，少昊、颛顼、高辛、唐、虞之书谓之五典。”[6]虽然孔安国是否为《尚书》作注并撰序，历来颇有争议，但唐贞观年间，孔颖达等人奉诏修撰的《尚书正义》，就

---

[1]（清）贡布嘉：《汉区佛教源流记》，罗桑旦增译，北京：中国藏学出版社，2005年，第12—15页。

[2] 蒙文通：《古史甄微》，成都：巴蜀书社，1999年，第19页。

[3]（汉）司马迁：《史记》卷六《秦始皇本纪》，北京：中华书局，1959年，第236页。

[4]（汉）应劭：《风俗通义》卷一，“三皇”条引《尚书大传》，长沙：岳麓书社，1996年，第167页。

[5] 李衡眉：《三皇五帝传说及其在中国史前史中的定位》，《中国社会科学》1997年第2期。

[6]（汉）孔安国传、（唐）孔颖达正义：《尚书正义》卷一《尚书序》，上海：上海古籍出版社，2007年，第4页。

以所谓的孔安国传《尚书》（即古文《尚书》）为正注，其中包括了传为孔安国所撰的《尚书序》。此书在唐高宗永徽年间由长孙无忌等重加勘订后，由朝廷作为科举考试的统一标准释义颁行天下。唐玄宗天宝年间，祀伏羲、神农、黄帝为三皇，少昊、颛顼、高辛、尧、舜为五帝，《尚书序》所持“三皇五帝”之说进一步获得了官方的确认。[1]孔颖达等修撰的《尚书正义》在唐文宗开成年间被刻于石经，后世各种版本的《尚书》，都是以此石经为底本。[2]《尚书》是儒家的核心经典，而孔颖达等所修撰的《尚书正义》一直是后世科举考试的权威教材，故清代像贡布查布这样长期供职于朝廷的藏文历史著作编纂者，接受“孔安国的见解”，即《尚书序》以伏羲、神农、黄帝为三皇，少昊、高阳氏、高辛氏、尧、舜为五帝，来叙述先秦历史也就是很自然的事情了。

## 第一节　有关“三皇”的记载

《汉区佛教源流记》及《如意宝树史》等清代的藏文史籍除记载三皇谱系外，对三皇的一些支系传承也有涉及，更对三皇时代的各种发明创造、文化成就如数家珍，而《土观宗派源流》则只侧重于先秦时期的各种发明创造、文化成就等方面的内容。《汉蒙藏史略》关于三皇的记载相当简略，仅有总结性概述，而且很可能是直接以《汉区佛教源流记》为基础。

**太皞伏羲氏**

关于三皇之首的伏羲氏，《汉区佛教源流记》是这样记载的：

[1] 王桐龄：《中国全史》（上），北京：中国友谊出版公司，2016年，第105页。
[2] 黄怀信：《尚书正义》，校点前言，上海：上海古籍出版社，2007年，第4页。

三皇之第一皇太皞伏羲氏。此王以木之功德治国，种姓为风，与《时轮经》中所云众生之产门总摄四类，木即风之产门相同。此王绘制了表示一切知识汇总一集之图像八卦，八卦即八印或八相之意（藏人称八尔卡杰，是也）。为避免乱伦及守护节操，创立婚姻制。委托仓颉首创文字。如是云：1.象形，2.指事，3.会意，4.形声，5.转注，6.假借等，一切字义六书定，名辞含内一切事，统归文字作标记，一切字义六书集。当时用漆将文字写于竹简上，而仅书篆字。后来秦始皇有一臣，其名为李斯，彼为书写迅速而简便起见，创制了隶字；大将军蒙恬用兔尾创造毛笔，并用松枝熏烟创造墨水，然后将字写于帛等绸缎上。后期有由宦官蔡伦创造的纸，后来由于渐次流行楷字和草字，致使文字过于简单而造成违背六书之恶果。又因许多虚伪和无聊之论典的散布和其他多事之故，加之李斯、蒙恬等人之所作所为，虽眼前看来有些效益，但从长远顾及都危害匪浅。伏羲即位一百零五年后驾崩。据传不含本人共传十五代，朝代名称及其执政年数均不详。[1]

《如意宝树史》对伏羲的记载是：

……三皇中的第一位是伏羲。昔有女子，见人足迹，遂践其上，时天空发出一道光明照射女子之身，使女怀孕，生子因源于天神而名曰伏羲。伏羲在位一百一十五年，其后出十五位国王。伏羲时期造八手印或称八名号（八卦），盖印加卦，为防种族错乱，而

[1]（清）贡布嘉：《汉区佛教源流记》，罗桑旦增译，北京：中国藏学出版社，2005年，第15—16页。

立迎娶妻室之规。大臣苍颉（享年七十六岁）创制篆文，后从篆文衍生出隶书、楷书、草书等字体。[1]

上述《汉区佛教源流记》和《如意宝树史》有关伏羲的记载，大体可归纳为两个方面：一是关于伏羲本人及其所传世系，或可称之为狭义的王统史叙述；二是伏羲时期的发明创造和文化成就，或可称之为文明史叙述。就前一方面而言，两书都指伏羲为三皇之始，传十五世，但伏羲的在位时间，前书记为"一百零五年"，后书称是"一百一十五年"。关于的伏羲的在位时间，据清初马骕《绎史》总结，有《帝王世纪》"一百一十年"和《外纪》"一百一十五年"两说，他以前说为是，仅附列后说[2]，然康熙《御批资治通鉴纲目前编》则只称伏羲"在位百五十年崩"[3]。贡布查布指伏羲在位"一百零五年"，此说并不见于汉文史籍，当是误记，或书籍刻印之误。这两书有关伏羲本人的记载更大的差异还在于，《汉区佛教源流记》指伏羲以木德治国，属风姓，而《如意宝树史》并无此内容，但却载有伏羲的感生神话。当然，《汉区佛教源流记》在后面谈及成吉思汗的出生时，也讲述了伏羲、神农的感生神话。[4]就具体内容来看，《汉区佛教源流记》与《如意宝树史》所记的伏羲感生神话基本上是相同的，显示出彼此当存在继承关系。关于伏羲的发明创造或文化成就，《汉区佛教源流记》提到了三方面：一是发明八

[1] （清）松巴堪布·益西班觉：《如意宝树史》，蒲文成、才让译，兰州：甘肃民族出版社，1994年，第740页。
[2] （清）马骕：《绎史》卷三《太皞纪》，北京：中华书局，2002年，第20页。
[3] （宋）金履祥撰，（清）玄烨批：《御批资治通鉴纲目前编》卷首，第十四页下，康熙四十七年刻本。
[4] （清）贡布嘉：《汉区佛教源流记》，罗桑旦增译，北京：中国藏学出版社，2005年，第32页。

卦，二是制定婚姻家庭制度，三是用相对较多的篇幅来讲述仓颉造字、六书及文字的形体和书写工具的演变、纸张的发明等。《如意宝树史》仍沿袭了这三个方面的记载，但相对精简，尤其是关于文字的记载，不仅没有六书及文字形体演变的具体过程，而且还省去了前者有关蒙恬发明毛笔、墨水及蔡伦造纸等内容，但又多出“仓颉享年七十六岁”之言。

《汉区佛教源流记》与《如意宝树史》有关文字方面的内容，与汉文古书颇有出入。首先，关于文字的创造者，先秦至两汉时古书已多指为仓颉，而仓颉为何时之人，却多有歧说，但多以其为黄帝之大臣，如东汉许慎《说文解字》即持此论[1]。贡布查布等藏文史籍的作者称伏羲委托仓颉造字，当是受“孔安国的见解”，即《尚书序》开篇的伏牺氏“始画八卦，造书契”之言的影响，而且这也很可能是贡布查布在叙述先秦历史时，先宣称伏羲之前尚无文字，故对三皇以前的事不予记载的原因所在。其次，关于文字由篆文到隶书，再到楷书、草书的形体演变，其次序虽大体与汉文古书所记相符，但在具体的变化情况及时间上有明显的出入。按《说文解字》的总结，仓颉造字，最初并非篆文，秦时李斯更不是将篆文改为隶字，而是将“史籀大篆”改成“小篆”，随后才有人改作隶书。[2]对于汉字形体的演变，贡布查布持批评态度，认为从篆到隶，再到楷字和草字，形体趋于简便，虽然书写方便，但却违背了最初的六书造字法则，从长远来看危害匪浅。此外，虽然汉文古书并未提及仓颉享年，但《如意宝树史》却称“仓颉享年七十六岁”。

[1]（汉）许慎撰、（清）段玉裁注：《说文解字注》卷十五，郑州：中州古籍出版社，2006年，第753页。

[2]（汉）许慎撰、（清）段玉裁注：《说文解字注》卷十五，郑州：中州古籍出版社，2006年，第753—758页。

《土观宗派源流》除多次提到伏羲发明八卦外，也用较多篇幅讲述了仓颉造字、六书及文字的形体和书写工具的演变等内容：

他（引者按：指伏羲）是天生睿智，能自通达各种学问和能明辨一切取舍之理。伏羲把它传授给他的臣下仓颉。仓颉乃首创文字，作象形、指事、会意、形声、转注、假借等六书。发明了用漆书写在竹简上的方法。此时字体名为篆定，字形圆转。之后，秦始皇帝有臣名李斯为了书写简便，造隶书。大将蒙恬用兔毫作笔，松烟作墨，书写在缣帛之上。又后宦官蔡伦发明造纸术。继之创兴楷字即正楷兼草书，草字即字的速写法，以其简便，应用渐广。但大多与根本六书体形相违背，于是出现了伪书、间杂书和邪见书等。故李斯、蒙恬的发明，虽然暂时便利，归根则有大不善处，这话是后来公正人士说的。

通过对比，我们可以很明显地发现，三世土观活佛上述有关文字的内容，并未受到《如意宝树史》的影响，而几乎是直接抄录自《汉区佛教源流记》，甚至包括了前者对于汉字形体变化的评价也一并接受。

**炎帝神农氏**

关于炎帝神农氏，《汉区佛教源流记》的记载是：

第二皇炎帝神农氏。此王以火之功德治国，此五行替换之式，下面亦可类推。但其差异在于，凡居王道者慨以生化类推，属霸道者则以克养类推之。此王为使贫穷百姓从苦难中解救出来，首创耕田播种五谷，为平均贫富开创贸易。名医师名祁发，神农从彼学医，为使人类从疾病和死亡之危难中得救，首次撰写医学论典。诊脉能断痛疼病根及兴衰之情，此乃印度等多数国家未曾有过之神奇而独特之医术矣。即位一百四十年后驾崩。依次出现后裔王七代。不含本人总共执政三百七十年，最终一代炎王（引者按：对比汉文史籍，此处的“炎王”可能还应译为“榆罔”）因不善治国而国力衰退时，王族出身之大臣名蚩尤，其人神通广大，是一鬼神，彼发动叛乱，废黜炎帝……[1]

《如意宝树史》对于神农氏的叙述仍然相对简练得多：

第二皇名神农氏（其母任姒见神龙，感而生子），享年一百四十五岁。神农之后的第七王时期，出现农业、商业、医药等术。第八王嘘王（引者按：对比汉文史籍，“嘘王”可能应还译为“榆罔”）因不善理政，国政被大臣蚩尤所篡……[2]

两书对炎帝神农氏的记载，依然沿袭了各自的叙述体例与风格，内容上依主要是炎帝神农氏本人及其所传世系及相关的发明创造及文化成就两个方面。比较两书的具体记载来看，《汉区佛教源流记》关于神农氏以火德治国及进一步关于帝王兴替的五行推演规则等内容，是《如意宝树史》所没有的，而其所载的炎帝的感生神话也同样见于前书关于成吉思汗的降生神话。[3]在神农氏的享年及在位时间上，前书先指神农氏“享

[1]（清）贡布嘉：《汉区佛教源流记》，罗桑旦增译，北京：中国藏学出版社，2005年，第16页。

[2]（清）松巴堪布·益西班觉：《如意宝树史》，蒲文成、才让译，兰州：甘肃民族出版社，1994年，第740页。

[3]（清）贡布嘉：《汉区佛教源流记》，罗桑旦增译，北京：中国藏学出版社，2005年，第32页。

年一百四十五岁”，随后称其“即位一百四十年后驾崩”，其后裔七代执政共三百七十年，后书则只说炎帝“享年一百四十五岁”。关于炎帝在位时间及其世系，马骕《绎史》总结为：《帝王世纪》指“炎帝神农在位百二十年崩”，共传七世；而《通鉴外纪》有“在位百四十年”之说，并依次列出其后七代的在位时间。[1]值得注意的是，《绎史》所引《通鉴外纪》之文与原书其实是存在一定差异的。北宋刘恕《资治通鉴外纪》记炎帝后第一代帝临魁、第二代帝承在位各为六十年或八十年、六年或六十年，其后帝明在位四十九年，帝直在位四十五年，帝厘在位四十八年，帝哀在位四十三年，帝榆罔在位五十五年，而最后又指炎帝之后七代共三百零六年，实际上又是以帝临魁、帝承各在位六十年、六年[2]，但《绎史》引用时，却写为帝临魁在位八十年，帝承在位六十年，又将帝哀在位时间记为四十二年，由此七代在位时间实际共达到了三百七十九年。清康熙《御批资治通鉴纲目前编》亦称炎帝神农氏“在位百四十年”，其后帝临魁在位八十年，帝承在位六十年，帝明在位四十九年，帝宜在位四十五年，帝来在位四十八年，帝厘在位四十三年，帝榆罔在位五十五年，故炎帝之后七代共历三百八十年。[3]《汉区佛教源流记》称神农氏“在位一百四十年”，这符合《通鉴外纪》及《御批资治通鉴纲目前编》的记载，但指炎帝后代七代共执政三百七十年，可能是在计算时出现了细微差错，或者是书籍传抄、刻印之误。《如意宝树史》指炎帝享年一百四十五岁，也或许是将一些汉文古籍所

[1] （清）马骕：《绎史》卷四《炎帝纪》，北京：中华书局，2002年，第30页。

[2] （宋）刘恕：《通鉴外纪》卷一，《影印文渊阁四库全书》第312册，台北：台湾商务印书馆，1986年，第664页。

[3] （宋）金履祥撰，（清）玄烨批：《御批资治通鉴纲目前编》卷首，第十八页上至十九页上，康熙四十七年刻本。

记炎帝在位时间理解成了寿年，如元人许衡《大学要略》称“神农在位一百四十五年”[1]，清康熙时成书的马骕《绎史》亦指炎帝神农氏“在位一百二十年，或云一百四十五年”[2]。

在与炎帝神农氏有关的发明创造与文化成就方面，《汉区佛教源流记》的记载依然相当详细，而其内容仍大体不出《御批资治通鉴纲目前编》的总结[3]，以及《绎史》所辑《帝王世纪》等诸多汉文古书有关炎帝神农氏的记载范围。[4]关于炎帝从名医“祁发”学医的故事，《绎史》所引《本草经》亦有类似说法，其文称炎帝听从太一小子之言，从长生不死的国皇老人尝药救人命。贡布查布接着称炎帝时已有诊脉之法，这并不见于汉文古书有关炎帝的记载中，可能只是他根据前言炎帝学医而生出的联想。贡布查布随后还着重指出，炎帝时的诊脉之术是印度等地从未出现过的独特医术。三世土观活佛承接此种认识，并进一步论证藏医乃是源自中原，而非印度：

> 关于医学的起源，最初三皇中的第二炎帝神农氏首作《本草经》依于切脉，而辨别疾病，并了解五行生克之理，此为天竺及其他地方皆没有的特法。因为我考虑藏土所传的医明《四续经》，其最初的来源，亦出自汉土。经内五行，不是按天竺所说的地、水、火、风、空，而说的是木、火、土、金、水。又动脉名为寸、甘、

[1]（元）许衡：《鲁斋遗书》卷三，《影印文渊阁四库全书》第1198册，台北：台湾商务印书馆，1986年。

[2]（清）马骕：《绎史·年表》，北京：中华书局，2002年，第5页。

[3]（宋）金履祥撰，（清）玄烨批：《御批资治通鉴纲目前编》卷首，第十九页上至二十页上，康熙四十七年刻本。

[4]（清）马骕：《绎史》卷四《炎帝纪》，北京：中华书局，2002年，第24—30页。

茄，这明明是汉语寸、关、尺由于读音不准确而产生的讹误。[1]

关于炎帝时期的发明创造与文化成就，《如意宝树史》只是称“出现农业、商业、医药等术”，仍然很像是对《汉区佛教源流记》相关内容的一个非常精练的总结。当然，松巴堪布称这些发明是在神农之后的第七王才出现的，这明显不同于汉文史籍及《汉区佛教源流记》，可能只是对《汉区佛教源流记》的“依次出现后裔王七代”一句的理解上有所偏差。

**黄帝轩辕氏**

关于三皇最后一位黄帝轩辕氏，《汉区佛教源流记》的记载更加丰富：

> （蚩尤）首次制造弓箭刀枪等各种武器，彼性情残忍，穷凶极恶，杀人成性，使天下百姓忍无可忍。彼时，有一小邦国，此国童子王年仅十一岁，名曰轩辕。此王具足圣人之圆满功德，众人知道后欣喜若狂。遂经共同协商，大小邦国都一致同意推举轩辕为总管，并将心愿禀报与彼。彼为威慑蚩尤及其鬼神眷众，首先制造能发出狮子、大象和龙等奇形怪兽之吼声者即以锣、大鼓以及粗细黄铜号角为代表之各种威武雄壮之乐器，与此同时还制造除敌防害之武装胄盔、大小盾牌、领军之英雄标志幢及幡、大小军旗等各种武器。当时，当彼外出指挥作战部署时，于其头顶上常有两块彩霞犹如抵挡烈日一般。依此形状制造伞，此为人类最初之伞。复次，供品、铠甲、武器等亦源于此时。随之，轩辕和蚩尤两军交战于涿

[1]（清）土观·罗桑却季尼玛：《土观宗派源流》，刘立千译注，拉萨：西藏人民出版社，1985年，第198页。

鹿，蚩尤施放大烟雾，企图使对方一切军队迷失方向而徘徊于大雾中，但轩辕却制造一圆盘，用此辨别方向，致使轩辕仍然稳操胜券。现今名为圆罗盘即源于当年。最后蚩尤败阵而逃时被捉去处以死刑。此即最初之死刑，随之天下人从灾难中得救得益。众人忠心拥戴彼为顶髻般之王。此即第三皇轩辕氏。彼委托其皇后编织绫缎，最初制造蓝肩帔及黄裙如印象中之天地，并造鞋帽等各种服饰，用扫除黑暗愚昧之日月来表现其色彩、外形、数序等等，具有从表象中感知其真实内含之特征。复次彼见树叶漂浮于水面后，以此为样式，制造最初舟船。以星曜运行道及下方二河之外形与走向为式样发明车。彼考察旁生之自性后，教人凡是能使唤之牲畜均可役使享用。首次命置如何使商道畅通无阻，货源茂盛；如何作好上供下赐之仪轨，如何依贵贱高低及内外差别，建筑房舍及城堡。由此，大王所管辖之四周领地所属大小邦计一万个。彼细考星曜，分五行，造出天干十二支总括之年月论典。发明浑天仪，以为直观教授年月论典。现今之自鸣钟及避雷针等，亦属于此类。为使内外和谐，温和安乐起见，发明精密器乐。撰着本性现证之黄帝经典《内经》。《内经》即内法也，此乃最初之经典。总之，此黄帝既是依众生之心愿作相应教言，全面发展昔日所存之成为利乐因缘之旧规，创立往昔未曾有过之新规者，又是官师相兼之圣人，即位一百年后晏驾，享年一百一十一岁。于被时，其属下众庶民缅怀其功德与恩惠，于一净室内置其用具及拐杖等物，以示怀念，并常有人瞻仰侍奉。此乃最初之宗庙矣。[1]

---

[1]（清）贡布嘉：《汉区佛教源流记》，罗桑旦增译，北京：中国藏学出版社，2005年，第16—18页。

《如意宝树史》有关黄帝的记载是：

……国政被大臣蚩尤所篡，其时发明弓箭等。后轩辕时制造出神轮（轮子），以及助军杀敌的军鼓等物。轩辕即第三皇黄帝，在位一百年。黄帝时期还制造出丝绸、上下衣及各种装饰、舟车、宫室、乐器等，并建神殿行祭祀；按星辰的运行，以五行方便智慧所开的十天干和十二地支，计算年月日时（造浑天仪、自鸣钟、百乐），著作《内经》。黄帝统摄有众多小国。[1]

《土观宗派源流》也记载了黄帝轩辕氏的各种发明创造：

皇帝第三代轩辕氏仰观星辰，把五行各以阴阳或智慧方便分之为十天干，以子丑等十二地支配合来统摄年月日时。作浑天仪的天文仪器来实际引导观测天像，详绘天星运行躔度图形，使人容易了解。现在的自鸣钟及北约（引者按：此处“北约”可能应音译为“百乐”）也是属于这一类的。又首创造舟车，建宫室，作十二铲辘等器玩和旗帜等，至于身体和各种服饰之类，亦大多起于此时。[2]

相对于《汉区佛教源流记》，《如意宝树史》和《土观宗派源流》有关黄帝的记载仍然十分简练，其内容依然可视为是对前者的高度概括，但松巴堪布更关注与蚩尤、黄帝有关的各种发明创造和文化成就，而忽略

[1]（清）松巴堪布·益西班觉：《如意宝树史》，蒲文成、松上译，兰州：甘肃民族出版社，1994年，第740页。

[2]（清）土观·罗桑却季尼玛：《土观宗派源流》，刘立千译注，拉萨：西藏人民出版社，1985年，第196页。

了二人的关系，甚至完全没有提到涿鹿之战。至于《土观宗派源流》，则仍只言文化成就，尽量不涉王统历史方面的内容。《汉区佛教源流记》有关黄帝轩辕氏的记载虽然十分庞杂，但其内容仍大多能够在汉文典籍的古史记载中找到对应，尤其是多见于清康熙《御批资治通鉴纲目前编》的关于黄帝的相关记载[1]，以及清人马骕《绎史》所搜集的先唐古史资料[2]。

先看有关王统史方面的内容。黄帝、神农氏及蚩尤之间的关系，向来是汉文典籍古史叙述的一个重点，《汉区佛教源流记》亦颇多着墨，其内容大体上不出《绎史》所辑录的《龙鱼河图》《黄帝内经》《山海经》等古书内容的范围。但是，值得一提的是，关于黄帝与炎帝、蚩尤之间的关系，汉文古书大多是围绕发生在彼此间的一系列战争展开的。如《史记》称，黄帝先是与炎帝战于阪泉之野，“三战然后得其志”，然后有蚩尤作乱，黄帝与之战于涿鹿之野而擒杀之，于是众诸侯推举黄帝为天子，以代神农氏[3]；《帝王世纪》亦指黄帝先是与神农氏战于阪泉之野，后与蚩尤战于涿鹿之野[4]。贡布查布没有沿用《史记》《帝王世纪》等书的说法，完全不提炎帝与黄帝之间的阪泉之战，而是将蚩尤作为炎帝神农氏与黄帝轩辕氏之间的一个过渡性人物，称他先是废黜炎帝后的第七代之王，但却因性情残暴而遭到天下反对，最终在涿鹿为黄帝所败，后者遂被拥戴为“顶髻般之王”。贡布查布认为神农氏末代之王是被蚩尤废黜的，这与清人马骕对蚩尤的看法倒有些相似，马氏称蚩尤

[1]（宋）金履祥撰，（清）玄烨批：《御批资治通鉴纲目前编》卷首，第二十二页下至三十一页下，康熙四十七年刻本。

[2]（清）马骕：《绎史》卷五《黄帝纪》，北京：中华书局，2002年，第70页。

[3]（汉）司马迁：《史记》卷一《五帝本纪》，北京：中华书局，1959年，第3页。

[4]（清）马骕：《绎史》卷五《黄帝纪》，北京：中华书局，2002年，第70页。

“恃其强暴，乘炎帝之衰，阻兵称乱，如后世之窃据僭号者”[1]。《汉区佛教源流记》还称黄帝十一岁即已是神农氏一小邦国的“童子王”，最后指其在位一百年，享年一百一十一岁。汉文典籍虽无黄帝十一岁为小邦国之王的说法，但清康熙《御批资治通鉴纲目前编》称黄帝“在位百年，崩于荆山之阳”，又称其“年百十有一岁”[2]，而《绎史》所录《帝王世纪》称“黄帝在位百年而崩，年百一十岁矣”[3]。可见贡布查布关于黄帝即位年龄、在位时间及享年的说法，很可能是源自康熙《御批资治通鉴纲目前编》。

在有关黄帝轩辕氏的文明史方面，《汉区佛教源流记》有所铺陈。书中先是指蚩尤首次制造出弓箭刀枪等武器，而汉文典籍亦多指蚩尤是兵器的发明者，如《管子》有蚩尤以葛户之山发出之金制“剑、铠、矛、戟”，以雍狐之山发出之金制“雍狐之戟、芮戈”之说[4]。《绎史》引《龙鱼河图》亦称，“黄帝摄政，有蚩尤兄弟八十一人，并兽身人语，铜头铁额，食砂石子，造立兵杖刀戟大弩，威振天下”，其后“天遣玄女下授黄帝兵信神符”才制服了蚩尤。在对黄帝与蚩尤交战过程的描述中，《汉区佛教源流记》列出了不少黄帝的发明创造，如能发出狮子、大象和龙等奇形怪兽一样的吼声的锣、大鼓、黄铜号角等乐器，各种胄盔、盾牌、领军之英雄标志幢及幡、军旗、伞、供品、铠甲、武器、罗盘等，而蚩尤之死，亦是最初的死刑。这些内容，也基本上能够

[1]（清）马骕：《绎史》卷五《黄帝纪》，北京：中华书局，2002年，第32—70页。

[2]（宋）金履祥撰，（清）玄烨批：《御批资治通鉴纲目前编》卷首，第三十二页上，康熙四十七年刻本。

[3]（清）马骕：《绎史》卷五《黄帝纪》，北京：中华书局，2002年，第69页。

[4]（春秋）管仲：《管子》卷二十三《地数第二十七·管子轻重十》，第二页上，杭州：浙江人民出版社，1987年。

在汉文古书中找到类似的记载。如《绎史》引《玄女兵法》称黄帝与蚩尤战，设五旗五军；《归藏》称黄帝杀蚩尤后，“作棡鼓之曲十章，一曰雷震惊，二曰猛虎骇，三曰鸷鸟击，四曰龙媒蹀，五曰灵夔吼，六曰雕鹗争，七曰壮士夺志，八曰熊罴哮夔，九曰石荡崖，十曰波荡壑”；《黄帝内传》载“黄帝伐蚩尤，玄女为帝制夔牛鼓八十面，一震五百里，连震三千八百里”等。[1]

关于黄帝时期的文化成就，《汉区佛教源流史》指黄帝委托皇后编织绫缎，制造蓝肩帔及黄裙、鞋帽等各种服饰，又发明舟和车，教民畜牧，命置商道，建筑宫屋，创作音律，发明乐器，创制历法，撰写《内经》等。《如意宝树史》亦指黄帝时期创造出了丝绸、上下衣等各种服饰、舟车、宫室、乐器，并创造历法，《土观宗派源流》的记载与之大体相近，都可以视为是对《汉区佛教源流记》的归纳和总结。这些有关黄帝的发明创造和文化成就的内容，不仅都可以从汉文古书中找到相近的说法，而且更与清康熙《御批资治通鉴纲目前编》有关黄帝的记载高度相似。该书关于黄帝在涿鹿战胜蚩尤而治天下后的记载，其正文是：“以云纪官，立六相，立占天之官，命大挠作甲子，命容成作盖天及调历，命隶首作数，命伶伦造律吕，命荣猨铸十二钟，命大容作《咸池》之乐，作冕旒正衣裳，作器用，作舟车，作合宫，作货币，作内经，命元妃西陵氏教民蚕，画野分州、经土设井，屈轶凤皇巢于阿阁，麒麟游于囿。”[2]对于这些正文的内容，该书还用了大量的文字给予解释，《汉区佛教源流记》的内容则大体可与这些内容相对应。

---

[1]（清）马骕：《绎史》卷五《黄帝纪》，北京：中华书局，2002年，第34页。

[2]（宋）金履祥撰，（清）玄烨批：《御批资治通鉴纲目前编》卷首，第二十三页上至三十页上，康熙四十七年刻本。

**对清代藏文史籍“三皇”记载的总体认识**

综上所述，《汉区佛教源流记》《如意宝树史》《土观宗派源流》等清乾隆至嘉庆年间成书的藏文史籍关于伏羲、炎帝、黄帝等“三皇”的记载，虽然详略各异，但就核心内容而言，仍呈现出相当高的相似性。具体来说，以乾隆元年成书的《汉区佛教源流记》的记载内容最为丰富和详细，而《如意宝树史》《土观宗派源流》的记载相对简略，而且极似在前者的基础上，进一步归纳、总结和提炼而成，故其内容基本没有超过前者所记的范围，这显示出三种藏文史籍至少具有共同的资料来源，同时说明这些清乾嘉时期的藏文史籍作者对于“三皇”的认识呈现出高度的趋同性。换言之，就这三种藏文史籍关于“三皇”的记载而言，如果要进一步讨论其具体的资料来源，无疑当以《汉区佛教源流记》为重点和突破口。

《汉区佛教源流记》及《如意宝树史》《土观宗派源流》关于“三皇”的内容，无论是王统史方面，还是关于文明史方面，都颇为丰富，部分内容甚至显得有些铺陈复杂，但大体上能够与汉文古书的记载相合，或者说都可以在汉文古籍找到相应记载。当然，由于汉文古籍有关“三皇”的记载本身就很混乱，可谓是众说纷纭，但有一致的地方，故《汉区佛教源流记》等藏文史籍的作者究竟依凭的是哪些汉文古书，以及在相关古书的基础上又是否作出了取舍等问题，以及《如意宝树史》《土观宗派源流》与《汉区佛教源流记》在“三皇”记载上的渊源关系等问题，仍有待我们进一步深入而细致地比较研究。

最后还值得一提的是，《汉区佛教源流记》等书关于“三皇”的内容虽然绝大部分都能够在汉文古书中找到相同或相似的说法，但藏文史籍的作者仍力求从藏文化，尤其是西藏佛教的认知角度给予一定的阐释，乃至与藏文化知识进行比较。比如将“三皇”的事迹区分为王统史、文明史两部分来展开叙述，这本身就显示出作者努力遵循藏文历史编纂学传统，又比如《土观宗派源流》对炎帝神农氏所发明的汉地医学的认识，以及对藏医当源自中原而非印度的判断等。

## 第二节　有关“五帝”的记载

《汉区佛教源流记》和《如意宝树史》对“三皇”之后的“五帝”也有较为系统的记载，而《土观宗派源流》则只有极少的涉及。当然，前两书关于“五帝”的说法及排序仍然同于孔安国《尚书序》所列，即少昊、高阳氏、高辛氏、尧、舜。就关于“五帝”的具体所记内容来看，两部藏文史籍虽然仍力求从王统史、文明史两方面来展开叙述，但其详细程度不及对“三皇”的记载。

**少昊金天氏**

《汉区佛教源流记》对“五帝”的第一位，即少昊金天氏的记载相当简略，而且并无相关的文明史方面的内容，而只是称：“五帝即第一帝少皞金天氏。少皞金天氏乃伏羲之次子，火龙年即位，执政八十年，一百岁晏驾。”[1]并未涉及相关的文化及文明发展情况。《如意宝树史》的情况大体相似：“五帝中的第一位是黄帝之子少昊（生时出现吉祥之兆），在位八十年。”[2]关于少昊及其在位时间和享年，《绎史》的总结是：“黄帝子，都曲阜，在位一百年，或云八十四年。”[3]康熙《御批

[1]（清）贡布嘉：《汉区佛教源流记》，罗桑旦增译，北京：中国藏学出版社，2005年，第18页。

[2]（清）松巴堪布·益西班觉：《如意宝树史》，蒲文成、才让译，兰州：甘肃民族出版社，1994年，第741页。

[3]（清）马骕：《绎史·年表》，北京：中华书局，2002年，第7页。

资治通鉴纲目前编》则称，黄帝之元妃嫘祖生昌意、玄嚣两子，而少昊金天氏“名挚，姓巳，黄帝之子玄嚣也，母曰嫘祖，感大星如虹下，临华渚之祥而生帝”，由此而论，少昊乃黄帝次子；该书又指少昊“在位八十四年，崩”，“寿百岁”。[1]藏文史籍的作者或许是将汉文史籍中少昊金天氏在位“八十四年”误写为“八十年”，或只取整数。此外，汉文古籍很少提及少昊即位之年究竟为哪一年，但刘恕《资治通鉴外纪》和释念常《佛祖历代通载》等书皆称少昊元年为丁卯[2]，而《汉区佛教源流记》却指其是“火龙年”即位。

**颛顼高阳氏**

对于“五帝”之第二帝颛顼高阳氏，《汉区佛教源流记》先是称：

> 第二帝颛顼高阳氏。颛顼高阳氏乃少皞长子昌意之子，火鸡年即位，执政七十八年，九十六岁晏驾。其小弟被北方一邦国推戴为王，其后裔乃后期魏国之诸王也。高阳氏有十二子，此十二子后来发展成为以下将述之诸帝王，即帝尧、帝舜、帝禹次第三王、秦始皇、汉朝诸帝，即六帝及大小邦主等等颇多。高阳氏曾孙名钱铿者，被小邦彭国拥戴为其国国王，其王自帝尧直至建立周朝为止一直健在，享年八百岁，世称彭祖矣。[3]

[1] （宋）金履祥撰，（清）玄烨批：《御批资治通鉴纲目前编》卷首，第三十二下至三十三上，康熙四十七年刻本。

[2] （宋）刘恕：《通鉴外纪》目录卷一，《影印文渊阁四库全书》第312册，台北：台湾商务印书馆，1986年，第528页；（元）释念常：《佛祖历代通载》卷二，《大正新修大藏经》第49册，台北：新文丰出版有限公司，第491页b。

[3] （清）贡布嘉：《汉区佛教源流记》，罗桑旦增译，北京：中国藏学出版社，2005年，第18页。

随后在讲述“五帝”的第三位帝喾高辛氏时又有如下补充：

> 第二帝时期，小邦国王高辛氏眷众等人心境宽阔，而又喜于作鬼神之事。因非时供施及不应作之祷祝颇多，盛行盟誓立公证人等，造成紊乱鬼神，疾病和灾荒等各种不善之事频频而起。彼时，帝高辛氏托付其大臣南正重制伏鬼神，彼又托付北正黎调伏众人。二人以各自之法术平定散乱后，太平与安乐恢复如初。[1]

《如意宝树史》对高阳氏的记载是：

> 第二帝是少昊之子高阳氏，在位七十八年。高阳氏时期边地王高黎等对神鬼不行祭祀，高阳氏遂安抚其等。高阳氏弟弟的苗裔后为鲜卑王族。高阳氏有十二子，子孙繁衍，成为后来的六大王族（帝尧、帝舜、三王、汉），及大多数小国的王族。高阳氏曾孙名籛铿者，后为彭地之王彭祖（其从帝尧至周间生活了八百年）。继高阳氏后，少昊孙高辛为第三帝，在位七十年。[2]

《汉区佛教源流记》及《如意宝树史》两书对“五帝”之第二帝颛顼高阳氏的记载虽然相对较为丰富，但所述高阳氏的身世，却颇相互矛盾，且不合于汉文典籍的记载。《汉区佛教源流记》指颛顼为“少皞长子昌意之子”，即为少昊之孙，而《如意宝树史》则称其为少昊之子。以汉

---

[1]（清）贡布嘉：《汉区佛教源流记》，罗桑旦增译，北京：中国藏学出版社，2005年，第18页。

[2]（清）松巴堪布·益西班觉：《如意宝树史》，蒲文成、才让译，兰州：甘肃民族出版社，1994年，第742页。

文史籍的记载来看，较早时期的古书，如《史记》载“帝颛顼高阳者，黄帝之孙，而昌意之子也”[1]；《帝王世纪》亦称颛顼为“黄帝之孙，昌意之子”[2]。而较晚的汉文典籍，如清康熙《御批资治通鉴纲目前编》称颛顼高阳氏“祖曰黄帝，父曰昌意”[3]。颛顼高阳者乃黄帝之长子昌意之子，即黄帝之孙，少昊之侄，这应该是汉文古书的一种较为常见的说法，而《汉区佛教源流记》和《如意宝树史》关于少昊身世的说法可能是对汉文典籍的错误理解。此外，《汉区佛教源流记》称颛顼火鸡年即位，在位七十八年，九十六岁晏驾，前者与汉文典籍的记载相合，而后者却略有出入。《资治通鉴外纪》指颛顼元年为辛卯，在位七十八年[4]；《绎史》引《帝王世纪》称“颛项在位七十八年，年九十八岁”[5]，但《御批资治通鉴纲目前编》虽记颛顼“在位七十八年崩”，但又指其享年九十一[6]。可见对于颛顼的享年，汉文典籍有九十八年、九十一年等说，《汉区佛教源流记》称颛顼高阳氏在位七十八年，这是符合汉文典籍的记载的，但称颛顼享年九十六，却不知有何凭据，抑或只是对汉文典籍相关记载的误解。

《汉区佛教源流记》称高阳氏时期有高氏小邦国王喜于作鬼神之事，并造成“紊乱鬼神”等后果，《如意宝树史》亦称“边地王高黎”

---

[1] （汉）司马迁：《史记》卷一《五帝本纪》，北京：中华书局，1959年，第11页。

[2] （晋）皇甫谧：《帝王世纪》卷二，北京：中华书局，1985年，第11页。

[3] （宋）金履祥撰，（清）玄烨批：《御批资治通鉴纲目前编》卷首，第三十四页下，康熙四十七年刻本。

[4] （宋）刘恕：《通鉴外纪》目录卷一，《影印文渊阁四库全书》第312册，台北：台湾商务印书馆，1986年，第528页。

[5] （清）马骕：《绎史》卷七《高阳纪》，北京：中华书局，2002年，第79页。

[6] （宋）金履祥撰，（清）玄烨批：《御批资治通鉴纲目前编》卷首，第三十五页下，康熙四十七年刻本。

对神鬼不行祭祀，可能指的是古史所记帝颛顼平九黎之事。《汉书》载："及少昊之衰，九黎乱德，民神杂扰，不可放物。家为巫史，享祀无度，黩齐明而神弗蠲，嘉生不降，祸灾荐臻，莫尽其气。颛顼受之，乃命南正重司天以属神，命火正黎司地以属民，使复旧常，亡相侵黩。"[1]《御批资治通鉴纲目前编》亦称帝颛顼"命南正重司天，北正黎司地，以属神民"，并抄录前引《汉书》之文。[2]《汉区佛教源流记》及《如意宝树史》关于颛顼高阳氏时期的小邦国王高氏或"边地王高黎"的相关说法，显然也是源自汉文古书关于"九黎乱德"的记载，但贡布查布将"命南正重司天，北正黎司地"的帝颛顼高阳氏误为是帝喾高辛氏，松巴堪布纠正了这一错误。

《汉区佛教源流记》还有一个值得注意的记载，就是称颛顼高阳氏之弟被北方邦国推为王，其后裔为魏国诸王，《如意宝树史》亦沿袭该说法。这当然并非没有汉文史料的依据。《魏书》开篇即言北魏统治者的族源，称："昔黄帝有子二十五人，或内列诸华，或外分荒服。昌意少子，受封北土，国有山，因以为号。其后世为君长，统幽都之北，广漠之野……"[3]以汉文古史所记，帝颛顼乃黄帝之孙，昌意之子，故《魏书》所说"受封北土"的昌意少子，自然就应该是颛顼的弟弟了。

关于帝颛顼高阳氏的世系，是《汉区佛教源流记》重点讲述的内容。贡布查布先是指高阳氏的十二子后发展成"六帝"，即尧、舜、禹及周、秦、汉诸帝，以及大小邦主，《如意宝树史》亦沿袭此说。关于

[1]（汉）班固：《汉书》卷二十五《郊祀志》，北京：中华书局，1962年，第1190页。

[2]（宋）金履祥撰，（清）玄烨批：《御批资治通鉴纲目前编》卷首，第三十五页下，康熙四十七年刻本。

[3]（北魏）魏收：《魏书》卷一《序纪》，北京：中华书局，1974年，第1页。

帝颛顼的世系，《史记》只称“帝颛顼生子曰穷蝉”[1]，但《御批资治通鉴纲目前编》有甚为详细的总结：

帝娶邹屠氏之女，生骆明、苍舒、隤敳、梼戭、大临、尨降、庭坚、仲容、叔达；又娶胜渍氏之女，生卷章，庶子曰穷蝉，不才子曰梼杌。骆明姒姓，生伯鲧，鲧生禹，是为夏后氏。卷章妻曰女娇，生黎及回黎、吴回，代为祝融，于高辛之世，吴回生陆终，陆终生子六人，曰樊，曰惠连，曰籛铿，曰会人，曰曹姓，曰季连。樊封于昆吾，籛铿封于彭，是为彭祖，其孙元哲封于韦，是为豕韦。昆吾、豕韦当夏之世，代为侯伯。季连，芊姓，其后为楚。穷蝉生敬康，敬康生句望，句望生桥牛，桥牛生瞽叟，瞽叟生舜，是为有虞氏。或云敬康之先国于虞，非颛帝之裔也。颛帝之裔孙曰女修，生大业，大业之妻曰女莘，生大费，是为伯益，佐禹治水有功，舜赐嬴氏，禹荐于天者，其长子曰大廉，其后为秦、为赵。[2]

按《御批资治通鉴纲目前编》的上述记载，帝颛顼高阳氏确有十二子。《汉区佛教源流记》及《如意宝树史》的记载与之基本相合，但由帝颛顼高阳氏的后裔发展而来只有舜、禹、秦，以及昆吾、彭、楚、赵，而并非贡布查布所称的“帝尧、帝舜、帝禹次第三王、秦始皇、汉朝”等六帝，以及松巴堪布所称的“帝尧、帝舜、三王、汉”，即尧、舜、夏、商、周、汉。以《史记》的说法，尧乃帝喾高辛氏之子，高阳氏之

[1]（汉）司马迁：《史记》卷一《五帝本纪》，北京：中华书局，1959年，第12页。
[2]（宋）金履祥撰，（清）玄烨批：《御批资治通鉴纲目前编》卷首，第三十五页下至三十六页上，康熙四十七年刻本。

族侄，商、周亦皆为帝喾高辛氏后裔，为帝颛顼高阳氏后裔的只有舜、禹和秦。[1]关于汉朝的建立者刘邦，《史记》只记其“父曰太公，母曰刘媪”，未言其先祖与三皇五帝有关。[2]不过，东汉荀悦《汉纪》已指刘邦之祖刘累为帝尧之后，因此也就是帝喾高辛氏后裔。[3]因此，按照汉文古史所载，舜、禹、秦为帝颛顼高阳氏后裔，尧、商、周及汉朝建立者刘邦乃帝喾高辛氏后裔，《汉区佛教源流记》的记载与之不尽相同，当是贡布查布在对汉文古书相关记载的理解上出现了偏差。

《汉区佛教源流记》及《如意宝树史》除指高阳氏的后裔发展成“六帝”之外，还称高阳氏的曾孙篯铿，为彭国之主，从帝尧至周建立时仍建在，享年达八百年，世称彭祖。按前述《御批资治通鉴纲目前编》之文，以及《绎史》所引《大戴礼记》《史记》《神仙传》等有关彭祖的记载[4]，篯铿应为高阳氏的玄孙，但《列仙传》称其为“帝颛顼之孙”[5]。《汉区佛教源流记》及《如意宝树史》对于高阳氏的后裔的记载并不像《御批资治通鉴纲目前编》《绎史》等那样逐一列举，而是用一定的笔墨来讲述彭祖的故事，这或许是因为处于西藏佛教文化氛围中的贡布查布、松巴堪布对于彭祖的神通气质更具有亲近感。

《汉区佛教源流记》及《如意宝树史》关于所谓“六帝”和大小邦国及北魏或鲜卑皆为高阳氏后裔的说法，虽然对照汉文古史的记载来看，颇存错误，但这也在一定程度上反映了这些藏文史籍的作者接受和继承了炎

[1] （汉）司马迁：《史记》卷一《五帝本纪》、卷二《夏本纪》、卷三《殷本纪》、卷四《周本纪》、卷五《秦本纪》，北京：中华书局，1952年。

[2] （汉）司马迁：《史记》卷八《高祖本纪》，北京：中华书局，1959年，第341页。

[3] （汉）荀悦：《汉纪》卷一《前汉高祖皇帝纪》，四部丛刊本。

[4] （清）马骕：《绎史·年表》，北京：中华书局，2002年，第79页。

[5] （汉）刘向：《列仙传》卷上，上海：上海古籍出版社，第6页。

黄子孙、天下一家的观念。中华民族在历史记忆上的结构性交融的深层积淀，既体现在已经消融于历史中的鲜卑，也体现在当时已经一统天下的清朝史观中，更是潜移默化地影响着藏族史学的历史认知。

**帝喾高辛氏**

关于“五帝”之第三位帝喾高辛氏，《汉区佛教源流记》有如下记载：

> 帝喾高辛氏乃第一帝之孙，木马年即位，执政七十年，一百零五岁晏世。……第三帝高辛氏具足弘扬昔日善规等功德，恩重如山。随之，高辛氏之子帝挚即位，此王由于对祖先之善规弃置不管，随心所欲。诺大小邦国都视彼为祸根，经众商定后被废黜，立其弟放勋为王。[1]

《如意宝树史》对帝喾高辛氏的记载非常简略，只是称：“继高阳氏后，少昊孙高辛为第三帝，在位七十年。”关于帝喾高辛氏的世系，《史记》称：“帝喾高辛者，黄帝之曾孙也。高辛父曰蟜极，蟜极父曰玄嚣，玄嚣父曰黄帝。”[2]可见司马氏以帝喾为玄嚣之孙，但《御批资治通鉴纲目前编》却指帝喾高辛氏“姓姬，祖曰少昊，父曰蟜极，生而神灵，十五佐帝颛，受封于桑年，三十以木德代高阳氏为天子……在位七十而崩”[3]。《汉区佛教源流记》指帝喾高辛氏为第一帝即少昊之孙，

[1] （清）贡布嘉：《汉区佛教源流记》，罗桑旦增译，北京：中国藏学出版社，2005年，第18页。

[2] （汉）司马迁：《史记》卷一《五帝本纪》，北京：中华书局，1959年，第13页。

[3] （宋）金履祥撰，（清）玄烨批：《御批资治通鉴纲目前编》卷首，第三十七页下，康熙四十七年刻本。

与《御批资治通鉴纲目前编》的说法相合。不过，若以后书所记，帝喾高辛氏享年应为一百，而非贡布查布所称的一百零五岁。当然，帝喾高辛氏在位七十年，享寿一百零五岁的说法亦见于汉文典籍，如《绎史》引《帝王世纪》称“三十登帝位”“帝喾在位七十年，年百五岁而崩，葬东郡顿丘广阳里”。[1]此外，如前文所述，《汉区佛教源流记》还将帝颛顼高阳氏平九黎之乱误系于帝喾高辛氏之时，而《如意宝树史》纠正了这一错误。

关于帝喾之后的世系，《史记》的说法是：“帝喾崩，而挚代立。帝挚立，不善，而弟放勋立，是为帝尧。”[2]《御批资治通鉴纲目前编》却称：“帝喾崩，挚嗣立，荒淫无度，不修善政，居九年，诸侯废之，而尊尧为天子。”[3]《汉区佛教源流记》称帝挚是因违背祖先善规而被废黜，这显然与《史记》的记载不符，但却仍然大体同于《御批资治通鉴纲目前编》的说法。

**帝尧与帝舜**

关于“五帝”的第四、五两帝，即著名的尧、舜，因有禅让之事，故《汉区佛教源流记》及《如意宝树史》乃是将二者合在一起讲述的，而重点也是围绕禅让故事而展开。《汉区佛教源流记》先是有如下的记载：

> 放勋是第四帝帝尧陶唐氏。于此之前，历代帝王均无年号，此王以唐国之土为理由，取年号为唐。此举正如所谓：彼时有情名回来。帝王年号自此以后一直沿用至今。为此，又称彼为唐尧帝。彼

[1]（清）马骕：《绎史》卷八《高辛纪》，北京：中华书局，2002年，第85页。

[2]（汉）司马迁：《史记》卷一《五帝本纪》，北京：中华书局，1959年，第13页。

[3]（宋）金履祥撰，（清）玄烨批：《御批资治通鉴纲目前编》卷首，第三十八页上，康熙四十七年刻本。

> 即位之元年为木龙年，此年有一南方边陲百姓名瑞祥氏（引者按：瑞祥氏译为“越裳氏”更妥）者，向帝进贡一只龟，帝观之，见龟背上绘有节气详图。帝通晓后，遂大力传播历算。诸算命者所云摩诃金龟，起源于此矣。自木龙年至乾隆元年即火龙年，整整过去四千零九十二年。[1]

贡布查布以“唐”为帝尧之年号，并以其为最早的年号，这并不符合汉文典籍的记载。按汉文古史的说法，帝尧初封于陶，后徙于唐，故称陶唐，故唐乃是封地，而非年号。贡布查布称帝尧木龙年即位，这实源于汉文典籍所习称的尧于甲辰年即位，该说早见于皇甫谧《帝王世纪》，并为后世所普遍沿袭，如《史记·五帝本纪》集解称：“皇甫谧曰：尧以甲申岁生，甲辰即帝位，甲午征舜，甲寅舜代行天子事，辛巳崩，年百一十八，在位九十八年。”[2]贡布查布随后所绘声绘色讲述的帝尧时神龟献历的故事，当源自汉文典籍所载的龟历来历传说，按《绎史》引六朝《述异记》：“陶唐之世，越裳国献千岁神龟，方三尺余，背上有文科斗书，记开辟以来，帝命录之，谓之龟历。”[3]《纲鉴易知录》亦指《通鉴外纪》载：“南夷有越裳氏，重译来朝，献神龟，盖千岁，方三尺余，背有科斗文，记开辟以来，尧命录之，谓之龟历。”[4]宋以来，汉文古籍多以帝尧即位之年为甲辰年，并以甲辰作为古史纪

[1]（清）贡布嘉：《汉区佛教源流记》，罗桑旦增译，北京：中国藏学出版社，2005年，第19页。

[2]（汉）司马迁：《史记》卷一《五帝本纪》，北京：中华书局，1959年，第15—16页。

[3]（清）马骕：《绎史》卷九《陶唐纪》，北京：中华书局，2002年，第92—93页。

[4]（清）吴乘权等辑：《纲鉴易知录》卷一，北京：中华书局，1960年，第17页。

年的起点，进而进行相关的年代计算，如南宋张栻《经世纪年》推算自尧甲辰至南宋孝乾道元年（1165），共三千五百二十二年[1]；明朝人程扬《历代帝王历祚考》推算自帝尧甲辰至元顺帝至正丁未（1366），共计三千七百二十四年，六十三甲子[2]；明人郝敬《论语详解》推算自尧甲辰至明洪武元年戊申（1368），共三千七百二十六年，六十三甲子[3]；明杨元裕《读史关键》推算帝尧甲辰至明天启甲子（1624），共三千九百八十一年[4]。这些计算结果，往往会有一年之差，这大体应该是古人在年代计算上的虚实之别所致。以宋代以来的推算为基础，自帝尧甲辰至清乾隆元年丙辰，共历六十八甲子又十二年，即四千零九十二年，也就是贡布查布所说的“整整过去四千零九十二年”。

《如意宝树史》也讲述了帝尧时神龟授历故事，并称“据说从此时起至今第十三饶迴土龙年，已过了四千一百零四年”[5]，十三饶迴土龙年即乾隆十三年戊辰（藏历土龙年），上距乾隆元年甲辰（藏历火龙年）正好十二年，可见松巴堪布乃是在《汉区佛教源流记》的基础上进行推算的。《土观宗派源流》和《汉蒙藏史略》在谈到后天八卦时，基本上都重述了《汉区佛教源流记》的上述内容。如《土观宗派源流》称：“在其（引者按：指帝尧）即位初的甲辰年，南方越裳氏之民，获得神龟，献之于帝，帝观龟背有纹理，象时节气候。帝解其意，大为阐明了历算之学。据说由甲辰年起，至今时轮十二饶迥的丙辰年乾隆皇帝在

---

[1]（宋）张栻：《张栻集》，长沙：岳麓书社，2010年，第612—613页。

[2]（明）程扬：《历代帝王历祚考》卷一，明崇祯刻本。

[3]（明）郝敬：《论语详解》卷三，明九部经解本。

[4]（明）杨元裕：《读史关键》，明天启六年刻本。

[5]（清）松巴堪布·益西班觉：《如意宝树史》，蒲文成、才让译，兰州：甘肃民族出版社，1994年，第742页。

位，此上已过了四千零九十二年。”[1]《汉蒙藏史略》同样称：“第四帝唐尧时的木龙年，皇历开头，是年有南方某百姓送来一只奇异的乌龟，其背部花纹表显出季节，看后就产生有关历算的道理，经过细致推断，便有了中国金龟论。从那个木龙年直至乾隆登极的第一个火龙年，已历四千零九十二年。”[2]事实上，对于清代的蒙藏学者而言，进行这样的古今年代推算并不会有太大的困难。藏历与中原地区实行的历法都采用的是干支纪年，藏历只是以“阳阴”与金、木、水、火、土五行相配代替中原历法中的十天干，以十二生肖代替中原历法的十二地支，共六十年为一个轮回（称为饶迴，即甲子）。贡布查布作为一位担任理藩院西番学总管的朝廷官员——而且对中原历史文化甚为熟悉，如果要在汉文典籍相关记载的基础上作进一步的年代计算，自然是一件更为容易的事情。至于松巴堪布，只是在《汉区佛教源流记》的基础上，将年代计算的终点由乾隆元年（藏历火龙年）延伸至乾隆十三年（藏历土龙年），而嘉庆时期撰述的土观·罗桑却吉尼玛和阿芒·贡却群派甚至只是抄录《汉区佛教源流记》，并未像松巴堪布那样作进一步的延伸纪年计算。

《汉区佛教源流记》在计算从帝尧即位的甲辰年至乾隆元年戊辰所历年数后，接着就用了大量的笔墨来讲述著名的尧、舜禅让的故事：

> 其子丹朱缺乏贤者之功德，放荡不能。为收回其心首创棋。复次，帝尧王虽忠贞不渝，所属一切百姓常享幸福及行善积德。尽管

[1]（清）土观·罗桑却季尼玛：《土观宗派源流》，刘立千译注，拉萨：西藏人民出版社，1985年，第196页。

[2]（清）阿芒·贡却群派：《汉蒙藏史略》，贡巴才让译，西宁：青海人民出版社，1988年，第17—18页。

如此，但彼认为此乃诸帝王之应尽职责，而并非稀奇之事。突然此王忧愁，心想若有人行不善之事，归根结底主要责任在于自己。此王生性将自利置之度外，而对他人即使是一人，亦不忍彼挨饥受冻，是一仅仅承担利乐众生之重任者。王想王位继承者除具重人轻己而开诚布公之杰出人士外，任何人皆不配。遂聚众宣布，广寻贤哲。彼时，高阳氏后裔所在之一小邦有名瞽叟者，其长子名舜。舜虽日复一日地度过承受其父、其继母之子即其弟三人合伙打骂及役使之苦难日子，但彼对其父亲不但毫无怨恨之心，而且彼对其父所怀之慈父感情却与日俱增。父令彼携犁去犁山坡上耕田。当彼耕地时，突然出现一只大象助彼耕田，大群乌鸦为彼拔草。近邻见此情景都为之钦佩不已。人们陆续前来彼之所居之地定居，犹如鲜花之芬芳引来蜜蜂一样。头年形成一区域，次年成为小镇，第三年变成一大城市。彼等互爱互助，和睦相处，从未发生过离心离德现象，彼此熟悉者则更亲密无间。王闻此情后，召彼于王前，封彼为四门之主，以此考验其外行；妻二公主与彼，以考内行。如此考察后，充分显示其高尚品德及自性、俱生之内相。由此，帝尧知彼况且邪行，连谄、诳、诡谲三者中任何一个都丝毫无损其善行，遂令彼继承其摄政王位。彼任摄政王后，招贤纳士，除恶扬善，辅佐朝政二十八年。尧王执政八年后驾崩，享年一百一十五岁。随后舜同丹朱至南海，共同朝政三年。凡天下问事者至丹朱住地后，遂住舜居住处上表请示，拥戴为王。舜即位，此即第五帝帝舜虞氏。随之，丹朱因不胜任朝政，被封为客见天子，此规一直保留至今。[1]

---

[1]（清）贡布嘉：《汉区佛教源流记》，罗桑旦增译，北京：中国藏学出版社，2005年，第19—20页。

值得注意的是，在讲述尧、舜禅让之前，贡布查布先是提及了尧之子丹朱无德，尧为收其心还专门发明了围棋，这颇似暗示尧乃是因自己的儿子丹朱无德，难以继位，才考虑另择贤能之人承袭。这体现了作者在世袭制思维下对“禅让”的理解。关于尧为教导其子丹朱而发明围棋的说法，在西晋张华《博物志》就有，《绎史》也引述其文[1]。贡布查布随后关于尧舜禅让，包括舜以孝行闻名，以及尧先是考验舜，然后以舜摄政等系列记载，大体上都与汉文典籍，如《御批资治通鉴纲目前编》所归纳和总结的内容大体相合，包括相关的时间节点也基本相同。按金履祥的总结，尧十六岁即天子位，从在位七十二年起以舜摄政二十八年，在位百年而亡，尧亡后，舜避尧之子于南河之南，三年后才即天子位，丹朱以客见天子。[2]当然，汉文典籍称舜避丹朱于“南河之南”，此“南河”按张守节《史记正义》的解释，“河在尧都之南，故曰南河”[3]，大体指的是黄河自潼关以下由西向东流的一段河流域，并非贡布查布所理解的“南海”；另外，对照汉文古籍，贡布查布称尧“执政八年后驾崩”，其中的“八年”当为“百年”之误。

关于舜的世系及相关的文明创造，《汉区佛教源流记》有如下内容：

> （舜）年号为虞，其子商均缺乏圣人功德。先王之臣名禹者具有如舜之功德，昔日帝尧时期，有一年山洪横溢，江水一涨，大多农田和农舍被水淹没。彼见此情景，九年之内忍受苦役，治水不已，开通水道。因彼具有常时救度众人于水患之恩惠，故被封为摄

[1]（清）马骕：《绎史》卷九《陶唐纪》，北京：中华书局，2002年，第99页。

[2]（宋）金履祥撰，（清）玄烨批：《御批资治通鉴纲目前编》卷一，第一页上至四十九页下，康熙四十七年刻本。

[3]（汉）司马迁：《史记》卷一《五帝本纪》，北京：中华书局，1959年，第31页。

> 政王。创柔和器乐五弦琴和二十五弦瑟。造歌之论典，以调和内外界。尧舜二王时期诸有情清净安乐，吉祥圆满。直至今日，凡遇上吉祥时光便称之尧舜时期，遇善规亦称为尧舜之规。后期凡最贤善之王，亦称彼为第二尧舜或小尧舜，已成为口头禅。执政四十八年（似九十八年）后晏驾，享年一百零十岁，五帝时期就此结束。[1]

在上面这段文字中，贡布查布先是指舜的儿子商均缺乏圣人功德，故才选择禅位于有德且治水有功的禹，然后称颂了舜发明器乐和音乐，而这些内容仍大体不出汉文典籍有关舜的记载范围。关于舜以音乐教化天下之说，北宋刘恕《资治通鉴外纪》称舜“弹五弦之琴，歌南风之诗”，又指“舜以乐教天下，重黎举夔，舜以为乐正，命延益八弦为二十三弦之瑟，夔修九招六列六英，以明帝德，于是正六律，和五声，以通八风而天下大服”[2]。可见在舜时，出现的乃是“二十三弦之瑟”。很可能是后世以二十五弦之瑟居多，故而贡布查布也误以为舜时出现的是二十五弦瑟。关于舜执政时间及享年，按《史记》的说法是“舜年二十以孝闻，年三十尧举之，年五十摄行天子事，年五十八尧崩，年六十一代尧践帝位。践帝位三十九年，南巡狩，崩于苍梧之野”[3]，舜应执政五十年，享寿一百年。《绎史》引《帝王世纪》指舜生于甲子，死于癸卯[4]，则舜之享寿亦应为一百。不过，按《尚书·虞书·舜典》的说法，“舜

---

[1]（清）贡布嘉：《汉区佛教源流记》，罗桑旦增译，北京：中国藏学出版社，2005年，第20页。

[2]（宋）刘恕：《资治通鉴外纪》卷一《包牺以来纪·帝舜》，《影印文渊阁四库全书》第312册，台北：台湾商务印书馆，1986年，第671页。

[3]（汉）司马迁：《史记》卷一《五帝本纪》，北京：中华书局，1959年，第44页。

[4]（清）马骕：《绎史》卷十《有虞纪》，北京：中华书局，2002年，第121页。

生三十征，庸三十，在位五十载，陟方乃死”[1]，故舜应在位五十年，享寿一百一十岁。《御批资治通鉴纲目前编》接受《尚书》的说法，但指舜在位四十八年，死于癸酉年，而《尚书》称舜在位五十年，乃是包括了尧死后舜避丹朱于南河之南的两年。[2]贡布查布关于帝舜“执政四十八年（似九十八年）后晏驾，享年一百零十岁”的说法很可能是受《御批资治通鉴纲目前编》的影响。

《如意宝树史》关于尧、舜两帝的记载，相对于《汉区佛教源流记》而言，更是大为简练，其文如下：

> 继其弟弟尧为第四帝，在位百年，国号称唐。尧子丹朱放荡不羁，为使丹朱专心，尧发明了棋术。从南方获得稀奇之龟，尧依龟背图纹，于木龙年造黑历算“玛哈摩诃金龟”，据说从此时起至今第十三饶迥土龙年，已过了四千一百零四年。帝尧是位仁德之君，欲传位给能利益万民之人，遂遣人找寻，得高阳氏后裔小国之王瞽叟的长子舜，甚是仁德，故尧命舜摄位行政。帝舜即第五帝，在位百年，国号称虞。虞舜时发明琵琶（唱戏）、礼乐，天下太平，故至今以“尧舜”来比喻贤明君主。[3]

《如意宝树史》有关尧舜的记载不仅简略，而且也并无《汉区佛教源流

[1]（汉）孔安国传、（唐）孔颖达正义：《尚书正义》卷四《虞书·舜典》，上海：上海古籍出版社，2007年。

[2]（宋）金履祥撰，（清）玄烨批：《御批资治通鉴纲目前编》卷二，第二十五页上，康熙四十七年刻本。

[3]（清）松巴堪布·益西班觉：《如意宝树史》，蒲文成、才让译，兰州：甘肃民族出版社，1994年，第742页。

记》之外的内容，仍似对前者的高度概括，但在几处细节上仍存在一定的差异。一是关于帝尧以来的时间计算，《如意宝树史》并非像后来的《土观宗派源流》那样完全照抄《汉区佛教源流记》，而是在前者的基础上有所变通，即松巴堪布将年代计算的截止时间，由贡布查布著书时的乾隆元年顺延至自己著书时的乾隆十三年。其次是称舜“在位百年”，这与汉文古籍关于舜在位四十八年或五十年之说差距甚大，可能只是松巴堪布的笔误。再有就是《如意宝树史》称帝舜时发明了“琵琶”，这很可能是对“五弦琴”“二十三弦之瑟”的误解。

## 第三节　有关“三王”即夏商周三代的记载

在讲述完三皇五帝之事后，《汉区佛教源流记》接着叙述的是“三王”，即夏商周三代，内容主要包括世系及各时期的重要人物和重大事件在内的夏商周兴亡历史。《如意宝树史》亦仍似在《汉区佛教源流记》的基础上，作提纲挈领式讲述，且内容相对更为精简。事实上，包括《红史》《雅隆尊者教法史》《西藏王统记》《汉藏史集》《青史》《新红史》等在内的诸多元明时期的藏史名著就对周有所提及。当然，这些藏文籍有关周的记载，主要还是围绕旃檀佛像流传史而展开的，而主要内容则是周昭王时卜知释迦牟尼降诞和优填王造旃檀佛像，以及释迦授记此像在其灭度千年后利益中土，除此之外甚少提及其他相关史实——大多只是称周为汉地最初之王，并概称周历三十六王，执政百年。鉴于元明时期的藏文史籍与《汉区佛教源流记》及《如意宝树史》有关周的记载明显是两个不同的系统，故本节所要讨论的藏文史籍有关周的史实记载，主要是聚集《汉区佛教源流记》及《如意宝树史》等书。至于《红史》等元明时期的藏史名著围绕释迦牟尼降生及优填王造像等问题而讲述的有关周的内容，拟在下一节作专门的讨论。

**夏**

关于夏，《汉区佛教源流记》的内容相当丰富，作者首先讲到的是舜死后，禹如何依禅让之制，在众人拥戴下执掌朝政，建立夏朝，然后大会诸侯于会稽山，杀未及时参加集会的巨人“扈氏者”等事，以及禹在位十年宴驾，享年一百岁。具体所记如下：

> 随之，禹至阳城，三年闭门不出。如舜时一般，众人不分贵贱反对舜之太子即位，遂禹执掌朝政，取国号为夏。此即三王之第一王夏禹王，是高阳氏孙也。亦即黄帝曾孙之第二代。其子启虽具圣人之相，但彼想到二先王之规公正严明，遂封名为伯益之贤明邦主为摄政王，将众天神及数万大小邦主聚集于会稽山，分辨善恶。考验后继者时，有名为有扈氏者逞其势强力大，不服命令而未至其集会。遂惩彼以死刑，将尸弃之。此人又称巨人，据说其身之每一大骨节合一车之载量。此王即位十年后晏驾，享年一百岁。[1]

以上内容，基本上符合汉文古籍所记录的夏初历史，而且也大体不出清康熙《御批资治通鉴纲目前编》及马骕《绎史》等书的范围，只是被禹杀死的“巨人”乃是防风氏，而非有扈氏，后者乃是禹死后因不服启而遭到启讨伐者。《御批资治通鉴纲目前编》载，禹即位后第八年，“巡江南，戮防风氏，崩于会稽”，并引《国语》指所载孔子之言，“丘闻之，昔禹致群神于会稽之山，防风氏后至，禹杀而戮之。其骨节专车”；启即

[1] （清）贡布嘉：《汉区佛教源流记》，罗桑旦增译，北京：中国藏学出版社，2005年，第20—21页。

位后，有扈氏不服，启讨伐之。[1]当然，这或许并非是贡布查布之错，而是汉译本将原本的“防风氏”原译成了“有扈氏”。贡布查布称禹在位十年，这与《史记》的记载是相同的，即“十年，帝禹东巡狩，至于会稽而崩”[2]，然清初马骕《绎史》虽引《史记》上述文字，但其书的年表却仍与前引《御批资治通鉴纲目前编》一样，称禹在位八年[3]。

《汉区佛教源流记》接着重点分析了从禹到启的王位传承是如何从禅让制变成世袭制的，并指出这乃是“时代之变化”。贡布查布回顾了尧舜以来帝位的继承情况，指出舜、禹皆因执政时能长期给人带来“利乐”，而丹朱、商均皆不配称帝，而伯益摄政七年，成效甚微，启乃是因具圣人之德，故而得以继承王权。书中是这样讲述的：

> 随后，伯益于西山深居简出，众人不至彼前，而朝向禹之太子启居处，并拥戴为王。启即位后，其后裔继承王位延续至今。复次，舜摄政二十八年，禹执政十七年，长期给人以利乐。丹朱、商均二人不配称帝，伯益虽摄政七年，但成效甚微。禹之太子启因具备圣人之功德，故能继承其王权。如是讲述之，此即时代之变化矣。[4]

上述关于禅让制与世袭制的内容，颇似承袭自《孟子·万章》关于禅让和世袭皆是“天与贤则贤，天与子则子”之论，而此论亦为《御批资治

[1]（宋）金履祥撰，（清）玄烨批：《御批资治通鉴纲目前编》卷三，第八页上至九页下，康熙四十七年刻本。

[2]（汉）司马迁：《史记》卷二《夏本纪》，北京：中华书局，1959年，第83页。

[3]（清）马骕：《绎史·年表》，北京：中华书局，2002年，第8页。

[4]（清）贡布嘉：《汉区佛教源流记》，罗桑旦增译，北京：中国藏学出版社，2005年，第21页。

通鉴纲目前编》所引[1]。

关于启之后的夏世系，《汉区佛教源流记》称："第五代王朝帝相时，有邦主名寒浞者重新夺回其王政，立帝相之子少康为王，继续执掌朝政，此即最初恢复王位矣。"[2]所谓寒浞立帝相之子少康为王，这应该指的是汉文典籍所记"太康失国、少康复国"之事。当然，贡布查布的说法与汉文典籍的记载颇有不合之处。关于"太康失国、少康复国"，按《御批资治通鉴纲目前编》的总结，启死后，其子太康即位，奢侈享乐，有穷氏首领后羿利用人们的不满，赶走太康，掌握夏朝实权，待太康死后，扶持其弟仲康继位。十三年后仲康死，后羿又立仲康之子相继位，八年后东夷伯民氏寒浞杀死后羿掌握实权，而后寒浞又使其儿子浇弑杀相，但相妻后缗逃出后，生下少康。少康长大成人后，逃奔到虞，在虞君等人的帮助下，最终灭寒浞而复夺帝位，重建夏朝。[3]《汉区佛教源流记》指寒浞立少康为王，这自然是不符合汉文典籍的记载的，其原因或许是汉文典籍所记"太康失国、少康复国"之事曲折而复杂，不大容易用很短的语句说清楚。

指出少康复国后，《汉区佛教源流记》接着重点讲述了因残暴而亡国的夏桀的事迹：

随后经过十二个朝代，即最后一王名桀者，此王性情残暴，酗

[1]（宋）金履祥撰，（清）玄烨批：《御批资治通鉴纲目前编》卷三，康熙四十七年刻本。

[2]（清）贡布嘉：《汉区佛教源流记》，罗桑旦增译，北京：中国藏学出版社，2005年，第21页。

[3]（宋）金履祥撰，（清）玄烨批：《御批资治通鉴纲目前编》卷三，第十一页上至十九页下，康熙四十七年刻本。

> 酒成瘾。自从此王顶替谙无王一心为众生谋利益之神圣王权以来，为使自己免受劳累，令他人替彼行事，先王善规倒行逆施，诛杀无辜者颇多，尤其是此王对好言相劝者恨之入骨，许多贤臣惨遭杀害。于彼怂恿下大多邦主亦变得残酷不堪。[1]

《如意宝树史》关于夏的叙述，只有以下寥寥数语：

> 舜传位给高阳氏的孙子大臣禹，禹德行如舜，是三王之首，称夏禹，在位十年。禹时有巨人防风氏，其一骨节须整部车子装载。夏朝第五代国王子相时，被边地王寒浞夺取王位，后相子少康重新夺回王位。第十二代王名桀，是位喜酒好色、对臣民十分残暴的恶王。[2]

松巴堪布关于夏的记载，虽然其篇幅较之《汉区佛教源流记》来说，大为减少，但就其内容而论，却仍是对前者的高度精练总结。这里特别值得关注的一个问题是，《如意宝树史》指其夏桀为第十二代王，但按照汉文典籍的记载，夏有十七主，故桀应为第十七代。事实上，在夏十代中，第五代为少康，其后历杼、槐、芒、泄、不降、扃、廑、孔甲、皋、发、履癸（谥号为“桀”），故《汉区佛教源流记》称少康复国后经过十二代，即为最后一代桀，正与汉文典籍所记相合。由此可见，《如意宝树史》称桀为第十二代王，很可能是作者在参照《汉区佛教源流记》时，没有注意到原书称桀为第十二帝，乃指的是从少康复国以来

[1]（清）贡布嘉：《汉区佛教源流记》，罗桑旦增译，北京：中国藏学出版社，2005年，第21页。

[2]（清）松巴堪布·益西班觉：《如意宝树史》，蒲文成、才让译，兰州：甘肃民族出版社，1994年，第743页。

的世系，而非整个夏朝的世系。换言之，《如意宝树史》关于夏桀的代数上的偏差，恰好从一个侧面显示出该书对于《汉区佛教源流记》的承袭。

**商**

《汉区佛教源流记》对于商的记载较为简略，只涉及三个方面的内容：一是成汤灭夏建商，二是第十七代王盘庚改国号为殷，三是纣王亡国。其中以第一个方面的内容较为丰富，书中写道：

> 一切于此受难者均逃至成汤处，成汤乃具足一切圣者功德之贤善邦主。成汤为使众人从猛兽一般之暴君口中获救，遂率四军摧毁所有王邦，活捉桀后投之于牢狱。自己执掌朝政，令所有百姓安居乐业。封桀一最贤之子为杞国邦主，舜、尧之二太子仍封为客见天子，而末纳入己之辖内，以示优待。桀之小弟逃至北方，有其胡人后裔。成汤亦为黄帝后裔，此即第二王矣，国号为商。[1]

关于成汤灭夏后如何对待尧、舜及桀的后代，按《御批资治通鉴纲目前编》的说法是“三月，王至东效，论诸侯功罪，立禹后与圣贤古有功者之后，封孤竹等国各有差”，其所引《史记》之文，又称“商汤封夏之后至周，封于杞也”[2]。贡布查布指成汤封桀之子为杞国邦主，并封舜、尧之所谓“太子”为“客见天子”，也并非没有一定依据，但可能在对汉文典籍相关记载的理解上多少存在一些偏差，或者说是在汉文

[1] （清）贡布嘉：《汉区佛教源流记》，罗桑旦增译，北京：中国藏学出版社，2005年，第21—22页。

[2] （宋）金履祥撰，（清）玄烨批：《御批资治通鉴纲目前编》卷四，第七页上、下，康熙四十七年刻本。

典籍的基础上，加入了自己对古史的理解和想象。贡布查布还称，桀的小弟逃到北方，有胡人后裔。此“胡人”，很可能指的是汉文典籍所记的匈奴。《史记·匈奴列传》载：“匈奴，其先祖夏后氏之苗裔也，曰淳维。”司马贞《索隐》引张晏曰：“淳维以殷时奔北边。”又引乐彦《括地谱》云“夏桀无道，汤放之鸣条，三年而死。其子獯粥妻桀之众妾，避居北野，随畜移徙，中国谓之匈奴”，以及服虔云“尧时曰荤粥，周曰猃狁，秦曰匈奴”等语，最后认为“淳维是其始祖，盖与獯粥是一也”[1]。《汉书·匈奴传》亦称：“匈奴，其先夏后氏之苗裔。”颜师古注称：“以殷时始奔北边。”[2]《御批资治通鉴纲目前编》亦大体沿袭此说法，称桀死后，“其子淳维妻其众妾，循于北野，随畜转徙，号荤粥，建周曰猃狁，《汉书·匈奴传》曰其先伯禹之苗裔”[3]。《汉区佛教源流记》指桀之小弟逃到北方有胡人后裔，应该就是据此而来，只是汉文典籍所记逃到北方的淳维是桀的儿子，而不是他的小弟。另外，汉文典籍皆指成汤的始祖契为帝喾之子，故贡布查布称成汤为“黄帝后裔”，显然是有依据的。

关于汤以后的商世系及史实，《汉区佛教源流记》只提到了第十七世盘庚改国号为殷及其后十二代王纣：“后商朝第十七代王盘庚改国号为殷。自盘庚经十二个朝代后，最后一王名纣，因纣之治国方略及所为皆同于桀，致使王权丧失。”[4]按《史记》的记载，成汤死后，太子太

[1]（汉）司马迁：《史记》卷一百一十《匈奴列传》，北京：中华书局，1959年，第2879—2880页。

[2]（汉）班固：《汉书》卷九十四《匈奴传》，北京：中华书局，1985年，第3743页。

[3]（宋）金履祥撰，（清）玄烨批：《御批资治通鉴纲目前编》卷四，第九页下至十页上，康熙四十七年刻本。

[4]（清）贡布嘉：《汉区佛教源流记》，罗桑旦增译，北京：中国藏学出版社，2005年，第22页。

丁未立而卒，于是以太丁之弟外丙为帝，外丙死后，立其弟仲壬为帝，仲壬死后，以太丁之子太甲为帝，下传至盘庚为帝，已是第十九代。[1]但是，对于成汤之后的外丙、仲壬两帝，汉文典籍颇存争议。清初马骕《绎史》以成汤后历外丙、仲壬、太甲等，盘庚为第十九帝[2]，但《御批资治通鉴纲目前编》却指成汤死后，乃是由其嫡孙太甲即位，盘庚乃是第十七代[3]。贡布查布亦称盘庚为第十七代，而这也显示出《御批资治通鉴纲目前编》是当时《汉区佛教源流记》有关先秦史实记载的主要史料来源。贡布查布还总结性地指出："由于夏之末代王桀，与殷之末代王纣，二者凶残暴虐之历史全然相同，因此后期所有暴君都称之为第二桀纣，或小桀纣，与尧舜时期发生之一切亦截然相反。"[4]应该说，上述关于盘庚和纣的内容，是符合汉文典籍记载的，而关于桀、纣的总结性认识，也大体符合汉文典籍的一贯立场。

《如意宝树史》对商朝的记载甚少，只有寥寥数语：

> 三王中的第二王属黄帝后裔，为边地国王成汤。成汤灭夏桀而称王，国号初名商，至第十七代王盘庚时称殷。从盘庚起的第十二代王纣，是位暴虐之君，与夏桀同称"桀纣"，为暴君的象征。[5]

---

[1]（汉）司马迁：《史记》卷三《殷本纪》，北京：中华书局，1959年，第98页。

[2]（清）马骕：《绎史·年表》，北京：中华书局，2002年，第11—15页。

[3]（宋）金履祥撰，（清）玄烨批：《御批资治通鉴纲目前编》卷四，第十一页上，康熙四十七年刻本。

[4]（清）贡布嘉：《汉区佛教源流记》，罗桑旦增译，北京：中国藏学出版社，2005年，第22页。

[5]（清）松巴堪布·益西班觉：《如意宝树史》，蒲文成、才让译，兰州：甘肃民族出版社，1994年，第743页。

松巴堪布指成汤为“边地国王”，而汉文典籍指“成汤居亳”，故称其“边地国王”也大体不错。上述语句虽少，但仍保留了《汉区佛教源流记》关于商的记载的多数内容。

**周**

关于周，元明时期的藏文史籍就有所提及，但基本上都出现在旃檀佛像流传史叙述中，而主要内容则是周昭王时卜知释迦牟尼降诞，而甚少提及其他相关史实，大多只是称周为汉地最初之王，并概称周历三十六王，执政百年。如《红史》指“周朝有三十六个王，执政百年”，并称第四代王时释迦牟尼降生[1]，《雅隆尊者教法史》《汉藏史集》《青史》等书都沿袭此种说法，其中《青史》还明确交代此说法就是来自《红史》所引用的汉文史籍。[2]《西藏王统记》的说法稍异，称“华夏最早王朝周氏，共传三十六代，诸王相继在位，均百余年”[3]，《新红史》亦先是称“关于汉地之王，最初有所谓周”，然后指“周之王系有三十六代，执政百年”。[4]

在《汉区佛教源流记》“三皇五帝三王”的先秦史实记载中，有关周的内容最为丰富，所占篇幅也最大。在书中，作者先是花了不少的笔墨来讲述周文王的事迹：

[1]（元）蔡巴·贡噶多吉：《红史》，东嘎·洛桑赤列校注，陈庆英、周润年译，拉萨：西藏人民出版社，2002年，第14页。

[2]（明）释迦仁钦德：《雅隆尊者教法史》，汤池安译，拉萨：西藏人民出版社，2002年，第12页；（明）达仓宗巴·班觉桑布：《汉藏史集》，陈庆英译，拉萨：西藏人民出版社，1999年，第55页。

[3]（明）索南坚赞：《西藏王统记》，刘立千译，北京：民族出版社，2001年，第12页。

[4]（明）班钦索南查巴：《新红史》，黄颢译，拉萨：西藏人民出版社，2002年，第31页。

彼时，有一西方邦主，其名曰西伯，逝世后赠谥号为文王。此王具圣人之功德，无论遐尔贵贱，彼之言谈都令人信服。被受天下三分之二人之恭敬与侍奉，并向彼请教疑难。虽民众对彼之忠诚始终不渝，但因末代纣王嫉恨彼之贤能，遂将彼囚禁于牢，长达十七载。而西伯对纣都毫无怨恨，反认为主之过失不算过，对纣心怀敬重，并于牢中探究八卦，使之层层重叠，变成六十四卦，遂造六十四卦论典。此经典使后代受益匪浅。箴言道："逆缘之人能将痛苦化为顺境。"此话千真万确。正于此时，彼之所有臣民商议后，将少年美女及骏马等很多贵重物品奉献给纣王，以为释放西伯之赎物。纣见财生喜，遂放还西伯。但西伯仍然毫无怨怼之心，一切以礼相待。其他小邦亦更加钦佩。此西伯乃跟随尧舜者。虞、芮是两个不同邦之两种地域，二地界上有一块荒地，两邦农夫都想耕种此地，双方为争夺此地而引起纠纷。为解决其纠纷，彼等至西伯处请西伯评理。彼等见西伯之百姓既往不咎，和睦相处，敬老爱幼，贵贱次第分明，彼此间相互谦让，体贴入微、亲密无间地生活时，深感愧疚。彼等云："吾等两方实为鬼迷心窍，全错矣。"遂返故居。自此以后，双方言归于好，争地纠纷就此罢休矣。据说后人仍未耕种此地，其目的是用此故事教人忍让友好。[1]

关于周文王，汉文典籍有相当丰富的记载。如《史记》对周文王就有如下记载："遵后稷、公刘之业，则古公、公季之法，笃仁，敬老慈少，礼下贤者，日中不暇食，以待士，士以此多归之。伯夷、叔齐在孤

[1]（清）贡布嘉：《汉区佛教源流记》，罗桑旦增译，北京：中国藏学出版社，2005年，第22页。

竹，闻西伯善养老，盍往归之。太颠、闳夭、散宜生、鬻子、辛甲大夫之徒皆往归之。”[1]事实上，包括儒家在内的先秦诸子已经对周文王之事多有讨论，尤其是儒家，因推崇西周的礼乐制度，因而对周文王及其子武王、周公旦等人的事迹向来都要大加阐发，清康熙《御批资治通鉴纲目前编》及马骕《绎史》都对历代典籍有关记载作了相当程度总结和辑录[2]，而《汉区佛教源流记》的叙述内容亦基本上不出这两种清初流行著述的范围。

讲述完文王的仁德事迹之后，《汉区佛教源流记》接着记载了武王伐纣灭商，建立周朝，以及周王世系：

> 西伯去世后，其子武王消灭纣王后，遂占据其王位，置天下于平安。此乃第三王文武王也，即父子联名之称呼矣，国号为周。是高辛氏第十六代曾孙，即黄帝后裔矣。随之第三、四代期间，贤明君臣威风显赫，牢无囚犯，无须动刑，如此经历四十余年。[3]

按《史记》的记载，周的始祖为后稷，名契，其母姜原为帝喾元妃，后稷之后的世系是：不窋、鞠、公刘、庆节、皇仆、差弗、毁隃、公非、高圉、亚圉、公叔祖类、古公亶父、季历、昌（文王），武王即

[1]（汉）司马迁：《史记》卷四《周本纪》，北京：中华书局，1959年，第116页。

[2]（宋）金履祥撰，（清）玄烨批：《御批资治通鉴纲目前编》卷四，第三十四页上至三十七页上，康熙四十七年刻本；（清）马骕：《绎史》卷十九《文王受命》，北京：中华书局，2002年，第223—264页。

[3]（清）贡布嘉：《汉区佛教源流记》，罗桑旦增译，北京：中国藏学出版社，2005年，第22—23页。

为第十六代[1]，故《汉区佛教源流记》称武王为高辛氏第十六代曾孙，为黄帝后裔。《汉区佛教源流记》称武王之后的第三、四代期间，“牢无囚犯，无须动刑，如此经历四十余年”之语，应该指的是《史记》所称“成康之际，天下安宁，刑错四十余年不用”。[2]当然，《史记》关于成康之世的说法常为后世所沿用，康熙《御批资治通鉴纲目前编》亦引述此语。[3]以康熙《御批资治通鉴纲目前编》所记，成王、康王各在位三十七年和二十六年，共六十三年，故“刑错不用”的“四十余年”，其实只是成、康两代的部分时间，而非指成王和康王在位的所有时间。

叙述了周朝的第三、四两代后，《汉区佛教源流记》又称：“第五代周昭王时期，我佛诞生并完成宏化二分之一。”[4]释迦降诞于周昭王时期，这是中原地区长期以来所流行的说法，《御批资治通鉴纲目前编》也引《周书异记》，指释迦牟尼降生于周昭王二十二年（庚戌）[5]，当然该说法也早已为元明时期的藏文史籍所接受，此问题我们将在后面作专门的讨论。继指周第五代昭王时释迦牟尼降诞后，贡布查布着力讲述的是周朝第六代穆王的事迹，尤其是周穆王西巡见王母娘娘的故事：

第六代周穆王时期圆满宏化之情形陈述于下。穆王乃非等闲之

[1]（汉）司马迁：《史记》卷四《周本纪》，北京：中华书局，1959年，第111—120页。

[2]（汉）司马迁：《史记》卷四《周本纪》，北京：中华书局，1959年，第134页。

[3]（宋）金履祥撰，（清）玄烨批：《御批资治通鉴纲目前编》卷八，康熙四十七年刻本。

[4]（清）贡布嘉：《汉区佛教源流记》，罗桑旦增译，北京：中国藏学出版社，2005年，第23页。

[5]（宋）金履祥撰，（清）玄烨批：《御批资治通鉴纲目前编》卷九，第一页下，康熙四十七年刻本。

辈，彼乘八骏马所引之车至未败湖，晋谒一切空行母之主王母娘娘。王母娘娘为彼陈设妙欲盛馔，彼每日赴筵，尽情嬉戏。因此王贪恋之心久久未除，于此耽搁数月之久。期间于其国一恶臣举行动乱，而使众人遭受苦难。随之，王母娘娘授记于王道："汝之国度恶臣搞动乱，百姓受苦，汝当速返除恶扬善。"王返宫后，立即铲除恶臣，置百姓于安居乐业。执政二十五年后驾崩，享年一百一十一岁。其王之神奇故事颇多，此处不再多述。[1]

周穆王西巡见王母娘娘的故事，最早见于《穆天子传》。该书又名《周穆王游行记》，是西晋太康二年发现的汲冢竹书的一种，撰者不详，或说成书于战国。《穆天子传》以日月为序，非常详细地记载了周穆王西巡天下，行程上万里，会见西王母等事。此书自出土以来，人们长期视之为西周史官的实录，故将其列入起居注一类，但其所记载的许多内容都与《山海经》《楚辞·天问》等所载的神话传说相合，故清乾隆时编修《四库全书》，将其列入小说类，然近代以来，已有不少学者确认此书作于战国时代，其中保留了一些西周史料。[2]关于周穆王巡游天下之事，历代汉文典籍中多有记载，清康熙《御批资治通鉴纲目前编》亦引述前代著述称"穆王十七年，西征见西王母，宾于昭宫"，并提及《列子》《穆天子传》等古书的相关记载。[3]对于周穆王西巡见西王母之事，《汉区佛教源流记》乃是以基于西藏佛教立场来讲述的，如称王母

---

[1]（清）贡布嘉：《汉区佛教源流记》，罗桑旦增译，北京：中国藏学出版社，2005年，第23页。

[2] 杨宽：《西周史》（下），上海：上海人民出版社，2016年，第638页。

[3]（宋）金履祥撰，（清）玄烨批：《御批资治通鉴纲目前编》卷九，第五页上至七页下，康熙四十七年刻本。

娘娘为空行母之主，并授记穆王，让其返回国内平定动乱，或许是西王母之“西”，让贡布查布将这位汉文典籍多有记载的神仙式人物与西藏佛教联系在一起。除记西巡会见西王母的故事外，《汉区佛教源流记》还指周穆王执政二十五年后驾崩，享年一百一十一岁，但这与汉文典籍的记载有一定的出入。《史记》称周穆王五十岁即位，在位五十五年而崩[1]，故其享年应为一百零五岁。清康熙《御批资治通鉴纲目前编》亦指周穆王生于昭王二年，昭王五十一年即位，在位五十五年，则其享年应为一百零五岁[2]。

叙述了周穆王西巡会王母娘娘的故事后，《汉区佛教源流记》对周的王统历史作了如下的总结：

> 周朝有三十六代王，执政八百七十三年。如上所述，当时正值武王之弟周公旦、召公奭、毕公、大臣太公望等具足功德之贤哲荟萃之时。人人为众生承担重任，个个为强国献计献策，使君臣同心同德，开诚布公，为利乐有情毫无隐瞒之心。总之，尧舜时期之优良风尚发扬光大，使天下众生为慈悲和清净现分所加持，以及获得最善贤之心。此等大恩大德，乃周朝长期兴盛不衰之原由也。期间除两名暴君外，其余皆温和慈善。周朝有大小邦共计一千八百个，其中亦有少数不服管教者，虽间或出现因违背誓言而反叛动乱，造成国力暂时衰退之现象，但如齐桓公和晋文公等贤明邦主以智慧与武力摧毁反叛者，屡次为国君效力，亦是周朝政权牢不可破，一切

[1] （汉）司马迁：《史记》卷四《周本纪》，北京：中华书局，1959年，第134—140页。

[2] （宋）金履祥撰，（清）玄烨批：《御批资治通鉴纲目前编》卷九，第一页上、十六页上，康熙四十七年刻本。

> 善风广为流传之主要因素。复次，齐桓公、晋文公、宋襄公、秦穆公和楚庄王等五邦主世称五霸。其字解亦如上所述，霸字著称于世，其风俗亦流传不息。楚庄王以前均由王道者即使及执掌朝政。[1]

关于周的世系及时间，汉文典籍有多种说法。周王世系有三十六、三十七王等说，而周的积年，则有八百六十七年和八百七十三年、八百七十四年等说。裴骃《史记集解》引皇甫谧曰："周凡三十七王，八百六十七年。"[2]明人撰写的《历代帝王历祚考》称："始武王己卯，终赧王乙巳，三十二世三十七王，共八百六十七年，秦昭襄王取之。"[3]明人卢翰的《掌中宇宙》亦称周"凡三十七王，并东周君，该八百七十三年"[4]。关于周为三十六王之说，如《汉书》认为是周"凡三十六王，八百六十七岁"[5]；司马光《稽古录》亦称："周自武王以来，凡三十六王，八百六十七岁而亡。"[6]元代的释觉岸《释氏稽古略》亦指："周三十六王，合八百六十七年，天下归秦。""三十六王"和"三十七王"两说，可能是因周悼王在位不及一年即死而出现的。关于周的历年，虽有八百六十七年和八百七十三年、八百七十四年之说，但实际上是可以协调的。如果以赧王之死为周结束的标志，则周朝

---

[1]（清）贡布嘉：《汉区佛教源流记》，罗桑旦增译，北京：中国藏学出版社，2005年，第23—24页。

[2]（汉）司马迁：《史记》卷四《周本纪》，北京：中华书局，1959年，第170页。

[3]（明）程扬：《历代帝王历祚考》卷一，明崇祯刻本。

[4]（明）卢翰：《掌中宇宙》卷五《建极篇上》，明万历刻本。

[5]（汉）班固：《汉书》卷二十一下《律历志下》，北京：中华书局，1962年，第1022页。

[6]（宋）司马光：《稽古录》卷十一，《影印文渊阁四库全书》第312册，台北：台湾商务印书馆，1986年，第434页。

共计八百六十七年，但如果以赧王死后七年，秦庄襄公灭东周君而周祀绝为周的终点，则应为八百七十四年或八百七十三年（一年之差当是时间计算中常见的虚实之分）。清代甚为流行的《纲鉴易知录》即称“周三十七王，并东周君八百七十三年”。[1]清傅恒等《御批历代通鉴辑览》进一步指出：“周起武王十三年己卯，至赧王五十九年己巳，凡三十七王，三十三世，八百六十七年，又东周君七年，共八百七十四年。”[2]除指周朝共有三十六王、历八百七十三年外，《汉区佛教源流记》还结合周公旦等人的优良品德与作为，分析了周朝能够国运绵长的原因，然后着重介绍了周朝的分封制度，以及齐桓公、晋文公的“尊王攘夷”，以及齐桓公、晋文公、宋襄公、秦穆公和楚庄王等“春秋五霸”。

相较于《汉区佛教源流记》，《如意宝树史》关于周的记载，依然非常简略：

> 殷纣王时，在西部地区出现如同尧舜的贤君，名西伯（文王），作八手印（八卦）为八八六十四卦的论著。西伯的儿子武王（是黄帝后裔高辛氏第十六代孙）为三王中的第三位。武王灭殷纣而得天下，执政时称文武，国号称周，武王在位达四十多年。据说周朝第五代王周昭王时佛陀降生，至第六代王周穆王（五十五岁登基，曾至玛法木湖）时佛陀涅槃。[3]

[1]（清）吴乘权等辑：《纲鉴易知录》卷七《周纪》，北京：中华书局，1960年，第177页。

[2]（清）傅恒等：《御批历代通鉴辑览》卷三，《影印文渊阁四库全书》第335册，台北：台湾商务印书馆，1986年，第69页。

[3]（清）松巴堪布·益西班觉：《如意宝树史》，蒲文成、才让译，兰州：甘肃民族出版社，1994年，第743页。

《如意宝树史》上述关于周的记载不仅非常简略，而且其内容也基本上没有超出《汉区佛教源流记》记叙的范围。关于周前期的世系，松巴堪布只讲到了文王、武王和昭王、穆王，而未涉及中间的成王与康王两代，并且误以武王在位达四十多年，而这很可能是因为《汉区佛教源流记》本是沿袭汉文古籍的说法，称在成王和康王时期，有四十多年都是牢无囚犯而无须动刑，但松巴堪布却误以为是说武王在位达四十多年。另外，《汉区佛教源流记》以文王、武王并为周的建立者，故随后以成王和康王分别为第三代、第四代，昭王、穆王为第五、六两代，但《如意宝树史》虽称武王为“三王中的第三位”，为周的建立者，但随后却仍称昭王、穆王分别为第五、六两代。总之，松巴堪布关于周前期世系的说法，前后颇为混乱，而出现这种情况的原因，可能是他对汉文典籍的相关内容的理解有误，甚至更大的可能是他对《汉区佛教源流记》的相关内容的理解、总结和提炼上出现了偏差。换言之，与其以汉文典籍的记载为参照来分析《如意宝树史》的相关记载，还不如参照《汉区佛教源流记》。换言之，就《如意宝树史》关于周前期世系的混乱记载，也恰好反映出作者的写作很可能是以《汉区佛教源流记》为基础的。

《汉区佛教源流记》还对周的分封制下的周天子及诸侯国国君等称谓，以及诸如“千乘”等相关制度及称谓，从西藏佛教的角度进行了阐释，其文称：

> 此亦如《言实授记经》中所载：“有四种王，即转轮王、君主、邦主和小邦邦主。转轮王不需经典，而其一切主张生于己之福泽神力。君主等人必须遵照诸大仙所造《维护政权之论典》。”上

述诸王以各自之特有思维及功业，以及用官师兼备之特点继承先辈之遗志。以下述及秦、汉等国……余曾见一般使用其强大的威力能够向四方外藩传旨者，被称为转轮王。汉区如南北两方中任何一方虽未曾占领整个汉区，但其各自属下大小邦国却很多。如诸君主、五霸、七霸等，乃统治诸大小邦之主矣，汉区习俗是称最大邦主为千乘。其义释解为庶民八户中征兵一人，如此所征二十五人规定可乘四马拖引之大车一辆，千乘即满一千车军人之主矣。未得霸衔及其权力而所属军队不足一千车者和满一百车者等，乃大小邦主矣。[1]

对于《汉区佛教源流记》的上述内容，《如意宝树史》仍基本沿袭，只是略有简省和变通，其文称：

一般而言国王因宗教和王政七宝的威力分转轮圣王（如秦和汉）、大国王（如南北朝）、边地大国王（如七雄）、小邦王四类。按汉地习规，边地大国王和小邦的区别：每八户人家出一位士兵，每二十五位士兵有一辆四匹马牵引的战车，有如此战车达千辆的军队，是为边地大国王，例五霸、七雄；小邦国则战车不足千辆，仅百余辆。[2]

在叙述完周的王统历史后，《汉区佛教源流记》对三皇王帝和夏商周三代的王统历史进行了简短的总结：

[1]（清）贡布嘉：《汉区佛教源流记》，罗桑旦增译，北京：中国藏学出版社，2005年，第24页。

[2]（清）松巴堪布·益西班觉：《如意宝树史》，蒲文成、才让译，兰州：甘肃民族出版社，1994年，第743页。

> 因此，如是云：文殊皇帝，功业彪；优美舞姿，精彩超卓。三皇五帝，以及三王，后期君臣，所向楷模。伏羲世系，一十六代；神农世系，五百年加，一十年整；黄帝世系，一百年整；五帝共计，四百年加，二十六年；夏王世系，一十七代，四百年加，四十一年；商王世系，二十八代，六百年加，四十四年；周朝诸王，三十八代，八百年加，七十四年。[1]

贡布查布对于“三皇五帝三王”的王统历史的上述总结中，再次显现出其西藏佛教立场，即称中原统治者为“文殊皇帝”，而就其所总结的具体内容来看，与其前面的讲述明显存在矛盾之处，即其前面称“周朝有三十六代王，执政八百七十三年”，而在总结时却变成了“三十八代”“八百七十四年”。当然，总体而论，《汉区佛教源流记》关于先秦王统世系的总结基本还是符合汉文典籍记载的。伏羲世系，汉文古籍多指为十六世。关于炎帝神农氏的世系与历年，《帝王世纪》指为“凡八世，五百三十年”[2]，《通鉴外纪》认为“自神农至榆罔四百二十六年”[3]，而《汉区佛教源流记》却总结为是五百一十年，这可能是根据该书前面讲述炎帝神农氏时称其在位一百四十年，后裔七代共执政三百七十年而来的。当然，汉文古籍中也确有指神农氏历五百一十年的说法，如元代释觉岸所撰《释氏稽古略》就称：“以上八帝，皆神农氏，合五百一十

[1]（清）贡布嘉：《汉区佛教源流记》，罗桑旦增译，北京：中国藏学出版社，2005年，第25页。

[2]（晋）皇甫谧：《帝王世纪》，北京：中华书局，1985年，第3页。

[3]（宋）刘恕：《通鉴外纪》卷一，《影印文渊阁四库全书》第312册，台北：台湾商务印书馆，1986年，第664页。

年。”[1]黄帝的在位时间，我们前面已指出，清康熙《御批资治通鉴纲目前编》及马骕《绎史》皆指帝在位百年。《汉区佛教源流记》在此处总结五帝在位共四百二十六年，但依该书前面所记五帝各自在位时间，则只有三百五十六年或四百零六年（书中指舜在位四十八年或九十八年），故其前后并不统一。夏的世系及历年，《通鉴外纪》认为共有十七王，四百三十二年[2]，但《御批资治通鉴纲目前编》指禹元年为丙子，传十六王至桀，乙未年成汤伐桀，前后应为四百三十九年[3]，《纲鉴易知录》亦称“夏十七王，共四百三十九年”[4]，《汉区佛教源流记》指为四百四十一年，可能是在干支纪年的计算上略有差错，但这也与清初钟渊映《历代建元考》的说法是相同的。[5]关于商的世系及历年，《纲鉴易知录》总结为是“二十八主，计六百四十四年”[6]，《汉区佛教源流记》的说法与之完全相同。总体而言，《汉区佛教源流记》对三皇五帝及夏商周三代世系及时间的总结，与清初汉文典籍的看法大体上是一致的。

《如意宝树史》亦对“三皇五帝三王”的王统世系及历年数进行了总结：

> 以上所述的王统和年代，伏羲王统为十六，神农王系计

[1] （元）释觉岸：《释氏稽古略》卷一，《大正新修大藏经》第49册，台北：新文丰出版有限公司，第741页。

[2] （宋）刘恕：《通鉴外纪》卷一，《影印文渊阁四库全书》第312册，台北：台湾商务印书馆，1986年，第678页。

[3] （宋）金履祥撰，（清）玄烨批：《御批资治通鉴纲目前编》卷三，康熙四十七年刻本。

[4] （清）吴乘权等辑：《纲鉴易知录》卷一，北京：中华书局，1960年，第36页。

[5] （清）钟渊映：《历代建元考》卷二，《影印文渊阁四库全书》第662册，台北：台湾商务印书馆，1986年，第27页。

[6] （清）吴乘权等辑：《纲鉴易知录》卷一，北京：中华书局，1960年，第53页。

> 五百一十年，黄帝在位一百年，五帝共计四百零一年，夏朝十七王计四百四十一年，商朝二十八王计六百四十四年，周朝三十八王计八百七十四年。其中有些年代亦是粗略估算。[1]

应该说，松巴堪布对三皇五帝及夏商周三代的世系及历年数的总结几乎完全同于《汉区佛教源流记》，只是称五帝在位共计四百零一年，而非《汉区佛教源流记》所指的四百二十六年，且还在文末指出有些年代是粗略估算的。

《汉蒙藏史略》关于先秦历史，除帝尧时南方送来金龟外，仅有的记载几乎就是对“三皇五帝三王”的王统的总结：

> 三皇中的第一位传承十六代，第二皇传八代，计有五百年，第三皇据说一个执政一百年。五帝各代共四百零六年。……第一王十七朝，计四一十年；第二王二十八代，计六百四十年；第三王三十八代，计八百七十四年。这中间曾出现几次变革。第三王政权叫周朝，周朝第二代，恰与释迦先祖——依合旦是同时代，到了第五代昭王时，西方发现光焰，据此知悉佛祖降世，到第六代穆王时佛的事迹已合知悉。[2]

《汉蒙藏史略》的上述内容，可以说与我们前面所列举的《汉区佛教源流记》《如意宝树史》这两本乾隆初期成书的藏文史籍的文字基本上是

[1]（清）松巴堪布·益西班觉：《如意宝树史》，蒲文成、才让译，兰州：甘肃民族出版社，1994年，第743页。

[2]（清）阿芒·贡却群派：《汉蒙藏史略》，贡巴才让译，西宁：青海人民出版社，1988年，第17—18页。

相同的。当然，也存在一些细微的差别，特别在几个朝代的历年数字上。如《汉区佛教源流记》指五帝共有四百二十六年，《如意宝树史》记为四百零一年，但该书却称是四百零六年；关于商朝，《汉区佛教源流记》及《如意宝树史》称有六百四十四年，《汉蒙藏史略》却写为六百四十年。当然，结合我们前面关于清代的几种藏文史籍所记帝尧时南方送来神龟传说的分析，《如意宝树史》和《汉蒙藏史略》关于中原王统历史的记载，应当都是以《汉区佛教源流记》为基础。

关于东周末年战国七雄的历史，《汉区佛教源流记》和《如意宝树史》也都有所涉及。前者有如下记载：

> 如是，周朝所有小邦逐渐被诸大邦吞并后，最终仅剩七霸，即燕王、楚王、秦王、齐王、赵王、魏王、韩王。周朝终归秦王统治。此七霸又称七雄。于二十七年内，逐渐被秦所吞，秦王（即始皇）成为天下之主。[1]

贡布查布指周被秦灭后，燕、楚、齐、赵、魏、韩等六国也在二十七年内逐渐为秦所吞并，秦始皇亦由此而成天下之主，这同样说明《汉区佛教源流记》并不是以周赧王驾崩为周亡的标志，而是以七年后秦灭东周公国（前249）为周朝的结束，故而称周共有八百七十三年或八百七十四年，而不是八百六十七年。

对于秦并六雄，《如意宝树史》只简单地说道："后只剩下被称为'七霸'或'七雄'的七个邦国（燕、楚、秦、齐、赵、魏、韩），最

[1] （清）贡布嘉：《汉区佛教源流记》，罗桑旦增译，北京：中国藏学出版社，2005年，第26页。

后七霸之一的秦国实现大一统。”[1]

## 第四节　关于元明藏史的旃檀佛像流传史记载[2]

虽然佛教考古及佛教艺术史研究结果表明，约在佛灭五百年后的公元1世纪末2世纪初，佛陀造像才开始出现在古印度的犍陀罗和秣菟罗地区，但后世佛徒普遍相信，最早的佛像乃是佛成道八年后上升忉利天为母说法时，优填王（或波斯匿王）用牛头旃檀（或紫磨金）所造，故多称之为优填王像或优填王旃檀佛像、旃檀瑞像等。对此像的信仰，在两晋南北朝之际传入中原，绵延上千年而不辍，并东传东瀛，流被蒙藏，有“立塔则称道阿育，画像必本诸优填”之说[3]。关于此像的流传，向来是佛教史，尤其是佛教造像艺术史研究难以绕开的问题。纵然东晋法显和初唐玄奘都声称在印度瞻礼过这尊被誉为众像之始而为后世所法的佛像[4]，然五代至北宋初，关于优填王所造的这尊旃檀佛像在两晋之际就经西域龟兹传入中土，历凉州、长安、江南、扬州、金陵，最终由宋太祖灭南唐后将其带至汴京开宝寺供奉的“灵迹史”，已然建构出来；宋太宗先是迎此佛像入皇宫，后迁入在自己出生地所建的启圣禅院供奉。[5]北

---

[1]（清）松巴堪布·益西班觉：《如意宝树史》，蒲文成、才让译，兰州：甘肃民族出版社，1994年，第743页。

[2] 本节内容，部分参见曾现江：《优填王旃檀瑞像入燕始供地再探》，《五台山研究》2019年第1期。

[3] 汤用彤：《魏晋南北朝佛教史》，武汉：武汉大学出版社，2008年，第21页。

[4]（晋）法显撰，章异校注：《法显传校注》，北京：中华书局，2008年，第61—62页；（唐）玄奘、辩机著，季羡林等校注：《大唐西域记校注》卷五《憍赏弥国》，北京：中华书局，2000年，第468—469页。

[5]《优填王所造旃檀释迦瑞像瑞历记》，《大日本佛教全书》第114册，东京：佛书刊行会，1917年，第309—320页；（宋）钱若水著，范学辉校注：《宋太宗皇帝实录校注》卷三十三，北京：中华书局，2012年，第318页。

宋晚期，宋徽宗听从权相蔡京的建议，将此旃檀佛像从启圣禅院的侧殿移至正寝，北宋灭亡后，此像并未南渡。[1]

元时，大都皇家寺院大圣寿万安寺亦供奉有旃檀佛像，并宣称此像就是北宋皇室供奉在启圣禅院的那尊当初优填王所造的旃檀佛像。大圣寿万安寺俗称白塔寺，系元廷在中原修建的第一座西藏佛教寺院，寺内所供奉的旃檀佛像与元朝皇室关系至为密切。元世祖至元二十六年（1289），“幸大圣寿万安寺，置旃檀佛像，命帝师及西僧作佛事坐静二十会”[2]；元成宗曾“亲临奉供，大作佛事”[3]，并在寺后殿置世祖、裕宗神御殿[4]。元仁宗延祐三年（1316），大圣寿万安寺的旃檀佛像殿建成，敕令集贤大学士李衎与昭文馆大学士头陀太宗师溥光、大海云寺住持长老某、大庆寿寺住持长老智延、大原教寺住持讲主某、大崇恩福元寺住持讲主德谦、大圣寿万安寺住持都坛主德严、大普庆寺住持讲主某等，“翻究毗尼经典，讨论瑞像源流”，得出的结论是：白塔尔内供奉的正是当初优填王所造的那尊旃檀佛像，此像在西土一千二百八十五年后，历龟兹六十八年，凉州十四年，长安十七年，江南一百七十三年，淮南三百六十七年，复至江南二十一年，汴京一百七十六年，然后北至燕京十二年，又北至上京二十八年，再南还燕京的皇宫内殿五十四年，丁丑岁（1217）迎还燕京的圣安寺，五十九年后，即元世祖至元十二年（1275）入万寿山仁智殿，二十六年（1289）移入白塔寺，自优填王造

[1]（宋）蔡绦：《铁围山丛谈》卷五，北京：中华书局，1991年，第69—70页。

[2]（明）宋濂：《元史》卷十五《世祖本纪》，北京：中华书局，1976年，第329页。

[3]（元）程钜夫：《雪楼集》卷九，《影印文渊阁四库全书》第1202册，台北：台湾商务印书馆，1986年，第111—112页。

[4]（明）宋濂：《元史》卷七十五《祭祀志·神御殿》，北京：中华书局，1976年，第1875页。

像至延祐三年，已历二千三百零七年。该结论经集贤大学士陈颢上奏，翰林承旨程钜夫奉诏撰文，此即程氏《雪楼集》中的《旃檀佛像记》。[1]

元明时期的诸多藏文史籍，如《红史》《雅隆尊者教法史》《西藏王统记》《汉藏史集》等都在讲述汉地王统历史之前，引用一份由13世纪中叶西藏佛教萨迦派领袖贡噶坚赞的弟子喜饶益西译自汉文的“旃檀佛像史”来概述优填王造像缘由，并分别计算从佛灭、优填王造像到“薛禅汗即位后两年半的水阴猪年”，即元世祖中统四年（1263）所历年数。《红史》所记具体内容如下：

汉地的文书中说，周朝第四个王登位后的二十年，木阳虎年的四月八日释迦牟尼在印度出生。佛祖降生时的光明和神异在汉地亦可看到，负责卜算的人测算后知道是佛陀降临世间。王子顿珠十九岁时获得彻悟，三十岁时成佛，此后八年中升上天界为母说法。这时邬达雅王（引者按：汉文典籍最常见的称谓是“优填王”）派遣目犍连子到天界建造了一尊释迦牟尼的旃檀像，并迎请释迦牟尼返回人间。释迦牟尼从天界返回人间时旃檀像建成，旃檀像向檀释迦牟尼低头致敬，释迦牟尼为其摩顶，并授记说：“我灭寂之后一千年，此像将至汉地，利益众生有情。”此后四十二年，释迦牟尼八十岁时灭寂。由佛祖灭寂到薛禅汗即位后两年半的水阴猪年，其间共计两千零一十三年。旃檀觉卧像从建造到此时已历两千零五十五年。这些见于汉地旃檀觉卧像的记载，在其他史籍中亦有记载，所以在此只简要叙述。由此水阴猪年至现在的火阳狗年之间为

[1]（元）程钜夫：《雪楼集》卷九，《影印文渊阁四库全书》第1202册，台北：台湾商务印书馆，1986年，第110—112页。

> 八十四年。将这些记载译成藏文者，据说是法主的弟子强俄堪布协尔益。[1]

《雅隆尊者教法史》有相应内容：

> 汉文《佛历史》云：周王朝第四代周昭王即位后二十四年，即木虎年（甲寅）四月八日，薄迦梵诞生于印度，其诸神变，汉地亦可得见。众星相家卜知佛陀出世。悉达多太子二十九岁出家，三十岁成佛。八年后，升天为母说法。在此期间，邬陀衍那王劝请目犍连造薄迦梵旃檀像，迎至人间。汉译《报恩经》载：佛在天界九十日，为母说法。此时邬陀衍那王内心愁苦，遂造牛头旃檀佛像。薄迦梵自天而降，旃檀像起身顶礼薄迦梵，薄迦梵摩顶，授记曰：吾涅槃后一千年，此像在汉地饶益众生。四十二年后，于八十岁时涅槃。佛涅槃后至水猪年（癸亥），时薛禅皇帝已在位二年半，以上历时二千另一十三年，旃檀像已造二千零五十五年矣。此说见于汉文《旃檀佛像史》，故略记之。[2]

《西藏王统记》也有相关的记载，只是在行文上略有区别：

> 据汉地正史所载历代王朝事迹，其中最早王朝名号周，传国四代至周王赧二十四年甲寅四月八日。尔时，忽自西方放射光芒，复

[1] （元）蔡巴·贡噶多吉：《红史》，东嘎·洛桑赤列校注，陈庆英、周润年译，拉萨：西藏人民出版社，2002年，第9—10页。

[2] （明）释迦仁钦德：《雅隆尊者教法史》，汤池安译，拉萨：西藏人民出版社，2002年，第12—13页。

> 发异声，并现种种奇象。太史占之，知为佛世尊降生世间。佛寿三十岁时，现证圆满正觉，旋往兜率天宫为母说法。斯时优填王以旃木造成佛像，世尊从天下降，复为此旃檀佛像开光上供，并授记云："我灭度后千余年，此二佛像将于华夏利济一切有情。"[1]

《西藏王统记》可能没有完整地引述《红史》等书所宣称的汉文史书的内容，但仍然宣称根据汉文史籍的记载，周昭王时卜知佛祖降生，又指佛往天界说法时，优填王以旃檀木造像，以及释迦授记此像在其灭度后千年利济中土，但这些内容与《红史》等书的记载其实基本上是一致的。

达仓宗巴·班觉桑布在藏历第七饶迥木虎年（1434）写成的《汉藏史集》的相应记载是：

> 据汉地之史籍记载，周朝的第四代国王，名叫周王，阳木马年继位（原注：亦称咸阳王），他在位的二十一年阳木虎年之四月初八日，释迦牟尼在印度化身为王子顿珠降世。汉地看见其光明和神变，进行了卜算，知道佛陀已经降世，他的教法亦会在汉地传播。 王子顿珠二十九岁时在印度出家，三十五岁时成佛。此后六年，上升天界为其母说法，居住三个月。这期间仙道王劝请目犍连子，在天界以白旃檀木造释迦牟尼等身佛，并迎请此像至人间。释迦牟尼由天界下降返回印度时，为此像开光，将手置于像之头顶，并预言说，释迦牟尼涅槃之后一千年时，此像将在

[1]（明）索南坚赞：《西藏王统记》，刘立千译，北京：民族出版社，2001年，第12页。

汉地利益众生。此后四十二年，释迦牟尼于八十岁时涅槃。由释迦牟尼涅槃之年至元朝薛禅皇帝即位后两年半之阴水猪年进行计算之时，过了三千四百一十三年，从建造旃檀觉卧像之年算起，过了三千四百五十年。由此阴水猪年至阳火狗年计算之时，过了一百四十四年，由此阳火狗年至今阳木虎年八宫星宿在乌斯分界之时，有八十九年。总起来算，自释迦牟尼阳土龙年诞生至现在的阳木虎年，共计三千五百八十五年。[1]

应该说，《汉藏史集》的上述内容与《红史》等书的记载基本上是一致的，只是在佛灭和优填王造像至元世祖“即位后两年半的阴水猪年”的时间上作了改动，并在此基础上延续此年代计算，先是从元世祖即位后两年半的阴水猪年（中统四年，1263）延后一百四十四年，至“阳火狗年”，再往后八十九年至“今阳木虎年”。值得一提的是，《汉藏史集》的上述后续计算当存在错误，因中统四年之后一百四十四年的阳火狗年，应为明成祖永乐四年（1406），而再往后八十九年的阳木虎年，则应是明孝宗弘治七年（1494），而这恰好是作者撰写此书的六十年之后。显而易见的是，达仓宗巴·班觉桑布的后续时间计算，应该是多算了一个甲子。那么究竟是后续的哪一个时间点计算多加了一个甲子呢？该书的汉译者认为是后一个时间，即“从阳火狗年至今阳木虎年”的八十九年，应为二十九年，而前一个时间是正确的。[2]但是，达仓宗巴·班觉桑布为什么会选择明成祖永乐四年作一个时间节点来进行计

[1] （明）达仓宗巴·班觉桑布：《汉藏史集》，陈庆英译，拉萨：西藏人民出版社，1999年，第54—55页。

[2] （明）达仓宗巴·班觉桑布：《汉藏史集》，陈庆英译，拉萨：西藏人民出版社，1999年，第55页。

算呢？事实上，错误应该是出在前一个时间计算上，即“从阴水猪年至阳火狗年”不是一百四十四年，而应是八十四年，此阳火狗年应该就是《红史》的写作时间，即元顺帝至正六年（1346）。《汉藏史集》的后续年代计算，当是在《红史》的“此水阴猪年至现在的火阳狗年之间为八十四年”的基础上进行的。

相对而言，明代中期成书的《新红史》的记载要简略得多，只有如下内容：“关于汉地之王，最初有所谓周，此王与世尊之先祖圣弓王同时，此后历经四代王统，则由昭王继王位。此后二十四年之阳木虎年佛诞生（原注：此时，汉地充满光辉）。”[1]即只提到了周昭王时佛祖降生，而无优填王造像及佛祖授记像利济汉地等内容。

从上述多种元明时期的藏文史籍关于周昭王时卜知佛祖降生和优填王造像缘由及佛灭、造像的历年来看，应该有共同的史料来源，当然也不排除是直接抄录自《红史》，或者是在《红史》的基础上有所变通发展而来。以往研究者还根据内容上的比较，认为《红史》等书关于旃檀佛像史的记载，乃是源自程钜夫《旃檀佛像记》，甚至认为《雅隆尊者教法史》所指的汉文《旃檀佛像史》就是程钜夫《旃檀佛像记》。但是，《红史》等书关于佛灭和优填王造像以来的时间计算的截止点是“薛禅汗即位后两年半的水阴猪年”，此“水阴猪年”，即中统四年（1263），这应该是这份汉文文献的最终形成时间，而程钜夫的《旃檀佛像记》却是五十三年后才写成的。此外，《红史》还指其所引用的材料乃由法主弟子强俄堪布协尔益从汉文译出来。东嘎·洛桑赤列在校注《红史》时已指出，此“法主弟子强俄堪布协尔益”即喜饶益西，系13

[1]（明）班钦索南查巴：《新红史》，黄颢译，拉萨：西藏人民出版社，2002年，第31页。

世纪中叶蒙古王子阔端邀请西藏佛教萨迦派领袖贡噶坚赞到凉州会谈时所建强俄寺的堪布，精通汉藏文。[1]如此，则喜饶益西生活于13世纪中叶，程钜夫撰写《旃檀佛像记》时，他可能早已不在人世了。

其实，在藏文大藏经《丹珠尔》ru字函中，也有一份《旃檀瑞像传入中国记》，日本学者百济康义对其进行了还译[2]：

吉祥如意

世尊从出生到成道其间，关于旃檀瑞像的历史在中国的传说概述为：在周朝时，昭王二十四年，木虎年（甲寅）四月八日白天世尊降生，七天后，母亲赴天界。

王（即昭王）在位四十二年时，王子（指释迦牟尼）十九岁，他弃家离城远赴雪山修苦行。在周王朝第五代王周穆王在位的第三年，水羊年（癸未），王子已三十岁，突然顿悟，八年后，因感恩赴三十三天为母亲说法，天界正值夏季。优填王敬慕世尊，请目犍连子，目犍连子带着神工巧匠与红色旃檀赴天界见世尊，集三十二相造成世尊相，引至人间。

中国的周穆王在位第十一年，铁兔年（辛卯），世尊自天界来到人间。此像稽首问讯，世尊伸手抚顶，说道："我涅槃千年后，至中国，天和人皆受益。"于是这尊旃檀瑞像：

（1）在印度一千二百八十五年。

（2）在龟兹六十八年。

---

[1] （元）蔡巴·贡噶多吉：《红史》，东嘎·洛桑赤列校注，陈庆英、周润年译，拉萨：西藏人民出版社，2002年，第9—10页。

[2] [日]百济康义：《〈旃檀瑞像传入中国记〉的回鹘语与藏语译文》，《中国边疆民族研究》第4辑，北京：中央民族大学出版社，2011年。

（3）弥勒国的凉州四十年。

（4）京兆府十七年。

（5）江南一百七十三年。

（6）淮南三百六十七年。

（7）再次回到江南，滞留二十一年。

（8）天会九年，铁猪年（辛亥）移至北方，在中都之瑞像寺停留十二年，此处瑞像寺为今圣安寺。

（9）在上京城的储庆寺停留二十年。

（10）女真王朝大定年间第三年，水羊年（癸未）又迎至中都王宫，在此五十五年。

（11）太祖时，蒙古兴起，火牛年（丁丑）三月九日火烧宫殿，尚书相公石将旃檀瑞像迎至以前的圣安寺，在此寺供养，从火牛年（丁丑）至水猪年（癸亥）度过了四十七年。

从立这尊旃檀瑞像到水猪年（癸亥）已过去二千零五十五年。根据传说，此时世尊已涅槃，但在“cung的历史书”中却记载为二千零一十三年。

这段概要是水猪年（癸亥）二月十三日，是将汉语翻译为回鹘语的贤者安藏和将回鹘语翻译为藏语的贤者弹压孙二人所翻译的。

只需要简单对比，就可以发现，《红史》等元明时期藏文史籍所称来自汉文的藏译史料关于优填王旃檀佛像史的内容，基本上都出现在《旃檀瑞像传入中国记》中，尤其是关于优填王造像和释迦灭度分别至忽必烈即位两年半后阴水猪年，即中统四年（1263）的时间计算上，彼此完全一致。由此我们可以基本确定，藏文大藏经中的《旃檀瑞像传入中国记》与《红史》所引用的那一份由法主弟子强俄堪布协尔益从汉文译出来的藏文材料（《雅隆尊者教法史》进一步明确是译自汉文《旃檀佛像史》）虽然译者不同，但应该有相同的汉文史料来源。

黄明信、百济康义等中外学者都已证明，藏文大藏经中的《旃檀瑞像传入中国记》的内容完全可以与程钜夫《旃檀佛像记》对勘。[1]但是，我们是否就可以说，前者就是译自后者呢？其实，这篇藏文材料所叙瑞像源流，结束于“太祖时，蒙古兴起，火牛年（丁丑）三月九日火烧宫殿，尚书相公石将旃檀瑞像迎至以前的圣安寺，在此寺供养，从火牛年（丁丑）至水猪年（癸亥）度过了四十七年”，并称“这段概要是水猪年（癸亥）二月十三日，是将汉语翻译为回鹘语的贤者安藏和将回鹘语翻译为藏语的贤者弹压孙二人所翻译的”。“太祖”即成吉思汗，“火牛年（丁丑）”为1217年，四十七年后的“水猪年（癸亥）”即中统四年。可见被译成此藏文材料的汉文文献，应形成于中统四年初至当年二月十三日之间。《元史》载，中统三年（1262）十一月，奉忽必烈之令，圣安寺举行佛顶金轮法会。[2]佛顶金轮法会属金刚乘密法范畴，西藏佛教有岁末举行金轮法会的传统。[3]或许正是在此次圣安寺法会上，或法会结束后，讨论了该寺所供旃檀瑞像的源流，形成了汉文《旃檀瑞像传入中国记》，安藏将其译成回鹘文，再由弹压孙进一步译为藏文，并经喜饶益西抄录而为藏文史籍作者所用。安藏和弹压孙都是元廷录用的畏

[1] [日]百济康义：《〈旃檀瑞像传入中国记〉的回鹘语与藏语译文》，《中国边疆民族研究》第4辑，北京：中央民族大学出版社，2011年；黄明信：《〈旃檀瑞像记〉藏译本纠误》，《黄明信藏学文集：藏传佛教·因明·文献研究》，北京：中国藏学出版社，2007年。

[2] （明）宋濂：《元史》卷五《世祖本纪二》，北京：中华书局，1976年，第88页。

[3] （清）和宁著，池万兴、严寅春校注：《〈西藏赋〉校注》，济南：齐鲁书社，2013年，第99页。

兀儿佛教徒，皆以藏僧为师。[1]将《旃檀瑞像传入中国记》由汉文译成回鹘文，应该是提供给当时仍使用回鹘文字的蒙古统治者；进一步译成藏文，则显然是为了给藏僧阅读，甚至可能是提供给当时参加圣安寺金轮法会的藏僧。

延祐三年瑞像源流讨论虽然声势浩大，但所得瑞像源流结论，即翰林承旨程钜夫奉诏撰述的《旃檀佛像记》，其核心仍不过是继承中统四年初所确定的瑞像源流，并将其补续至延祐三年，这也是记事止于中统四年的藏文《旃檀瑞像传入中国记》与程钜夫《旃檀佛像记》虽前后相距五十余年，但却能够相互对勘的原因所在。但是，我们并不能因两者能够对勘，就认为藏文《旃檀瑞像传入中国记》就是译自程钜夫《旃檀佛像记》，进而认为元明时期的《红史》等藏文史籍关于优填王旃檀佛像流传史的内容最早的源头是程钜夫在元仁宗延祐三年所写的《旃檀佛像记》。事实上，早在中统四年初，就有一份关于优填王旃檀佛像流传史的汉文文献被译成了藏文，从而将中原的旃檀瑞像信仰带入藏文知识界，进而为后世史家所接受和采纳，从而成为《红史》等元明时期诸多藏文史籍有关中原记载的重要组成部分。

[1] [日]松井太：《东西察合台系诸王族与回鹘藏传佛教徒——再论敦煌出土察合台汗国蒙古文令旨》，《甘肃民族研究》2011年第3期。

# 第二章 藏文史籍所记秦至唐初史实

《红史》等元明时期的藏文史籍关于周以来的中原史实，其实主要包括了两个方面：一是叙述历代中原王朝的更迭、帝王世系及在位年数；二是叙述优填王旃檀佛像从印度经西域传入中原的简要流传史，以及若干相关人物为中心的中原佛教史故事，而这两部分内容相互交叉，一直延续至唐初。前一部分内容，可称之为狭义上的秦至唐初王统史；后一部分内容，可称之为汉地早期教法史。因一些可能是译自《新唐书·吐蕃传》《资治通鉴》等汉文典籍史料的引入，从而将一些汉文史料中的吐蕃关系史杂入唐朝王统历史叙述之中，故篇幅相对大为增加，但与此同时却终止了对中原佛教史的记载。清代的《汉区佛教源流记》及《如意宝树史》《土观宗派源流》《汉蒙藏史略》等藏文史籍在讲述中原的历史文化时，虽然大体上仍持西藏佛教史观，并基本沿袭藏文史籍的撰述传统，但已经将中原的历史与宗教区分开来，分篇而述或侧重于某一端，且关于中原王统历史的记载也基本上能够做到以相对统一的体例与文字风格，一以贯之，而不再是像《红史》以来的元明时期藏文史籍那样在讲到唐初时，就在风格与体例上发生明显的转变。因此，本章之所以冠名为“秦至唐初史实”，主要是为了关照元明时期藏文史籍有关中原记载的上述特点，但就清代的《汉区佛教源流记》等藏文史籍关于中原史实的记载而言，以唐初作为前后的分界点，其实并不很恰当。

## 第一节　秦至唐初的王统

### 秦朝

秦始皇吞并战国六雄而一统天下，然秦朝历二世而亡，故元明时期藏文史籍关于秦朝王统世系的记载十分简略，几乎都只有只语片言。《红史》在记周有三十六个王，执政百年之后，即称“此后有称为秦始皇的两个国王”[1]，然后就开始讲述汉朝王统历史。《红史》之后的其他元明时期藏文史籍，几乎都是沿袭这种说法。如《雅隆尊者教法史》称“继为秦始皇两代皇帝”[2]，《汉藏史集》的说法是“周朝以后，有叫秦始皇的两位国王”[3]，《青史》亦称“周代结束后为秦始皇，出现两个王”[4]。以上各书，都指秦有两代王，而且似乎是将“秦始皇”视为秦朝的王位名称，以致称秦有两代“秦始皇”。不过，《西藏王统记》的记载却是“尔后有秦始皇出，其父子两代在位约七十余年”[5]。这样的记载虽然仍然很简略，但却与上述藏文史籍存在两点明显的区别：一是

[1]（元）蔡巴·贡噶多吉：《红史》，东嘎·洛桑赤列校注，陈庆英、周润年译，拉萨：西藏人民出版社，2002年，第10页。

[2]（明）释迦仁钦德：《雅隆尊者教法史》，汤池安译，拉萨：西藏人民出版社，2002年，第14页。

[3]（明）达仓宗巴·班觉桑布：《汉藏史集》，陈庆英译，拉萨：西藏人民出版社，1999年，第55页。

[4]（明）管·宣奴贝：《青史》，王启龙、还克加译，王启龙校注，北京：中国社会科学出版社，2012年，第50页。

[5]（明）索南坚赞：《西藏王统记》，刘立千译，北京：民族出版社，2001年，第12页。

正确地指出了秦两代世系是秦始皇父子，而非如《红史》等书那样称秦朝有叫“秦始皇”的两王；二是还进一步称秦始皇父子两代在位时间是七十余年。当然，按《史记》所载，秦始皇在位三十七年，秦二世在位三年，父子在位共计四十年[1]，故《西藏王统记》称秦始皇父子两代在位七十余年的说法与汉文典籍的记载还有较大的出入，但这却是元明时期藏文史籍关于秦朝历年的唯一记载。除《西藏王统记》外，《新红史》亦称“尔后为秦王父子（执政）”[2]，即同样认识到秦的世系是父子两代。总体而论，元明时期藏文史籍虽然提及秦朝的王统世系，但内容十分有限，而且讲得也比较模糊，从中可以看出元明时期的藏文史籍作者可能还没有认识到秦朝对于中原历史的重要性，还只是将其作为介于周与汉之间的一个普通的短暂王朝来看待。

到了清代，《汉区佛教源流记》和《如意宝树史》《土观宗派源流》等藏文文献对于秦朝，尤其是秦始皇的看法已与前代藏文史籍大有不同。先看《汉区佛教源流记》关于秦朝王统历史的记载：

> ……此七霸又称七雄。于二十七年内，逐渐被秦所吞，秦王（即始皇）成为天下之主。自古以来，蒙汉地界彼此相连。一授记云：秦之江山被霍尔所灭。秦王见后疑为霍尔蒙古，遂将蒙古人逐至北方边远地区，并筑长城于边界。但仍保留其授封有功之人为小邦主之旧俗。创立诸臣薪俸供给制，令臣恪尽职守，效忠天子。焚烧诸大仙们遵照尧舜和文武王之宗旨所造诸有关治国安邦之经典。

[1]（西汉）司马迁：《史记》卷六《秦始皇本纪》，北京：中华书局，1959年，第290页。

[2]（明）班钦索南查巴：《新红史》，黄颢译，拉萨：西藏人民出版社，2002年，第31页。

诛杀其继承者五百人。秦王长子名扶苏者向王禀报王之行动不妥时，王大怒，逐彼于边鄙。

如上所简述，诸先贤君主之大多宗旨，至此已被改革，必是改革时机已成熟。其王乃夏朝禹王之摄政王伯益后裔，嬴之种姓，亦为黄帝后裔，执政十二年后晏驾。本应依秦王遗嘱立长子为王，如此行事最为妥善。但其内臣宦官赵高及丞相李斯二人却篡改其遗嘱，将其幼子名胡亥者立为王，此即应验以上授记之征兆也。

复次，其父王之行为虽形似蛮横粗暴，但实则善恶相间。而因此王无恶不作，故众百姓忍无可忍，遂常时发生动乱。于彼即位第三年，宦官赵高反上作乱，将王弑死。于是天下大乱，—团糟。[1]

从上面的几段引文来看，《汉区佛教源流记》关于秦朝王统历史的记载内容极为丰富，准确性也比较高，不仅指出秦乃是七雄之一，乃是经过二十七年，才吞并六雄而一统天下，并且还明确讲到秦始皇是在执政（应该是指嬴政自称始皇帝后）十二年死后，其遗嘱本是立长子扶苏为王，但宦官赵高和丞相李斯篡改此遗嘱，改立幼子胡亥为王，胡亥即位三年，为宦官赵高所弑，于是天下大乱。应该说，贡布查布在书中所讲述的秦朝历史，基本上是契合汉文典籍，尤其是清康熙《御批资治通鉴纲目》有关秦朝历史的总结的[2]。例如，书中所称的“焚烧诸大仙们遵照尧舜和文武王之宗旨所造诸有关治国安邦之经典。诛杀其继承者五百人”，应该指的就是“焚书坑儒”，《御批资治通鉴纲目》的总结是

[1]（清）贡布嘉：《汉区佛教源流记》，罗桑旦增译，北京：中国藏学出版社，2005年，第26—27页。

[2]（宋）朱熹撰，（清）玄烨批：《御批资治通鉴纲目》卷二，康熙四十七年刻本。

“烧诗书百家语”，“坑诸生四百六十余人”。再如贡布查布对秦始皇“行为虽形似蛮横粗暴，但实则善恶相间”的评价，而《御批资治通鉴纲目》对秦始皇亦有这样的评价：“刚毅戾深，事皆决于法。刻削，毋仁恩和义，然后合于五德之数，于是急于法，久不赦。”贡布查布还提到，秦为嬴姓，其祖为夏禹时的伯益，系黄帝后裔。《御批资治通鉴纲目前编》亦称：“颛帝之裔孙曰女修，生大业，大业之妻曰女莘，生大费，是为伯益，佐禹治水有功，舜赐嬴氏，禹荐于天者，其长子曰大廉，其后为秦、为赵。”[1]

贡布查布还特别讲到了一个所谓“秦之江山被霍尔所灭”的授记，并指秦始皇因此而怀疑霍尔蒙古，遂将蒙古驱逐至北方边远地区，并修筑长城，并且在后面称此授记中灭秦的“胡”，乃是继秦始皇皇位的胡亥，而胡亥亡国，正应验了此授记。贡布查布讲的这个授记，即预言，并非其杜撰，而应该是源自汉文典籍的记载。《史记》载，秦始皇三十二年，“巡北边，从上郡入。燕人卢生使入海还，以鬼神事，因奏录图书，曰亡秦者，胡也。始皇乃使将军蒙恬发兵三十万人北击胡，略取河南地。”[2]清康熙《御批资治通鉴纲目》在秦始皇三十二年“巡北边，遣将蒙恬伐匈奴”条下亦记：“初，始皇之碣石，使卢生求羡门子高，还奏：得录图书，曰亡秦者，胡也。始皇乃巡北疆，遣将军蒙恬发兵三十万人，北伐匈奴。”[3]这样的文字安排，进一步强调了“亡秦者，

[1]（宋）金履祥撰，（清）玄烨批：《御批资治通鉴纲目前编》卷首，第三十六页上，康熙四十七年刻本。

[2]（汉）司马迁：《史记》卷六《秦始皇本纪》，北京：中华书局，1959年，第251—252页。

[3]（宋）朱熹撰，（清）玄烨批：《御批资治通鉴纲目》卷二，第三十八页上，康熙四十七年刻本。

胡也”的预言与秦始皇遣蒙恬北伐匈奴之间的关联，故贡布查布所讲的授记很可能就是源自《御批资治通鉴纲目》的这条记载，并适当加入了一些自己的理解，如将“胡”或“匈奴”与蒙古联系起来，出现了所谓的“霍尔蒙古”之说等。当然，一般说来，藏文中的“霍尔”（hor）被认为是汉文“胡”的音译，后者则是中原地区对北方民族及中亚民族的一种泛称。[1]具体而言，藏文中的“霍尔”有狭义和广义之分：就其狭义而言，唐宋时期主要指回纥（鹘）或突厥，从元代开始一般指蒙古或与之相关者；广义而言，则是对北方少数民族的泛称。[2]

相对于《汉区佛教源流记》，《如意宝树史》对秦朝的记载依然显得十分精简，只寥寥数语：

> 最后七霸之一的秦国实现大一统，将藏族、蒙古族驱逐荒外，建筑长城。秦始皇次子胡亥在位三年间，国内发生大乱，秦国崩溃。[3]

松巴堪布所讲述的上述内容，仍然可以视为是对《汉区佛教源流记》关于秦朝王统历史记载的高度归纳，但内容虽然至为简略，前书有关秦朝

[1] 如任乃强认为：“hor恰是汉语胡字之音，今藏族称蒙古人为索波，称其他北方民族皆曰胡。”又说：“藏族所谓胡（Hor）人指新疆人和匈奴、吐浑、突厥、回纥与蒙古人。”苏联学者罗列赫也有同样的看法，“西藏的‘伙尔’（hor）一称就是汉文胡的直接音译。这一名称是汉族对伊朗和突厥——蒙古种族中亚部落的通称”。参见任乃强：《羌族源流探索》，《民族研究通讯》1981年第1期；[苏]罗列赫：《西藏的游牧部落》，李有义译，《民族历史译文集》第1期。

[2] 格勒：《论藏族文化的起源、形成与周边民族的关系》，广州：中山大学出版社，1988年，第476—481页。

[3] （清）松巴堪布·益西班觉：《如意宝树史》，蒲文成、才让译，兰州：甘肃民族出版社，1994年，第743页。

历史记载的大多数内容都已被忽略。但是，值得注意的是，在对秦朝历史如此简略的讲述中，却仍然有所谓秦将藏、蒙之人驱逐荒外的内容。清康熙《御批资治通鉴纲目》所保留的《史记》等汉文典籍关于秦始皇因为听到“秦亡于胡人”的预言而遣蒙恬北击匈奴，修筑长城的记载，出身自蒙古的贡布查布在撰写《汉区佛教源流记》时，接受此记载，并进一步将汉文典籍所记的“胡人”和“匈奴”理解成“霍尔蒙古”，然而到了松巴堪布的书中，“霍尔蒙古”又进一步被理解成了“藏”“蒙”，并且完全省去了事件的背景，即“亡秦者，胡也”的预言。由此，汉文典籍关于秦始皇因误解“亡秦者，胡也”的预言而遣蒙恬北击匈奴的史实，在贡布查布、松巴堪布等清代来自蒙藏地区的学者因并不十分准确的理解和演绎而最终变成了秦朝将藏、蒙之人驱逐至荒外，并为之而修筑长城。

《汉区佛教源流记》不但在讲述中原王统历史时集中介绍了秦朝，而且在其书开端阐述中原的风土人情时也对秦朝及秦始皇有所涉及：

> 天竺人称此汉区为摩诃支那。摩诃意为大，支那乃汉语“秦”之讹音，西洋等西方人称之为金。其原由是，古叫嬴姓秦王朝中，属秦始皇威力最大。其人具有惊人之忍耐力，于国内以大丈夫之大勇建立威慑一切之王政，于因外联合西蜀和匈奴等其他方面，从此秦之名称永恒流传于世。是传讹过错或不知何因，总之，藏人称汉区为“甲那”。[1]

[1] （清）贡布嘉：《汉区佛教源流记》，罗桑旦增译，北京：中国藏学出版社，2005年，第12页。

从上述关于天竺、西方人及藏人等对中原的称呼的分析来看，贡布查布显然意识到“秦”及“秦始皇”对于中原的重要性，并且比较准确地指出了秦为“嬴”姓，以及秦始皇之强大而使“秦”的名称流传久远，从而影响到周边地区对中原的称呼。关于“支那”名称的起源，迄今仍存争议，但汉译佛典却的确是常将“秦”译作“支那”或“至那”“脂那”，贡布查布之论或许就是源自汉译佛典。

贡布查布有关中原称谓的看法亦为三世土观活佛所继承。《土观宗派源流》写道：

> 天竺人则呼为摩诃支那，摩诃以为大，支那乃汉语，是秦字的讹传。汉地皇帝之中惟秦朝的秦始皇帝武功最盛，版图最大，征服了中心和边缘地区，因之边远地人均以朝代名称呼汉地名为秦国。由于秦的语言辗转讹传，遂衍变为支那的音。藏人则呼汉地为甲那，意为广黑，因为汉地的人衣重黑色，故立此名。[1]

三世土观活佛的上述分析，虽然很可能是承袭自《汉区佛教源流记》，但似并非完整抄录，而是作了一定的变通，而明显的变化有两个方面：一是未提西方人对中原的称呼，二是关于藏人对于中原的称呼，乃是因为中原人衣重黑色。后一变化，可以说是三世土观活佛关于藏族人对中原称谓提出的一种不同的解释。

**汉代**

由刘邦所建立的汉朝是继秦以后，中原历史上的又一个大一统王

[1] （清）土观·罗桑却季尼玛：《土观宗派源流》，刘立千译注，拉萨：西藏人民出版社，1985年，第195页。

朝。与秦仅二世而亡不同，汉代历时长达约四百年。后世所说的汉代，多包括了西汉、新莽、东汉，甚至还将汉献帝禅位于曹丕后，刘备在成都建立的蜀汉政权视为汉室的延续，称之为“后汉”。不过，对于元代以来的持佛教史观的藏文史籍作者来说，汉朝不仅历时久，更在于佛教在此期间开始传入中原地区，故所讲述的汉朝史实自然较秦朝为多，且更为丰富。

当然，《红史》仍然是最早记载汉代史实的藏文史籍。该书在简短地介绍完秦朝的王统史后，即称：

> 从汉高祖开始传十二代帝王。在第十二代皇帝执政时，有一个叫王莽的大臣篡位，执政十八年。以后，有汉室后裔名叫刘光武者，杀死王莽建立后汉。刘光武有五个儿子，第五个儿子即是叫作汉明帝的皇帝。他在位的时期，有一个叫竺法兰的班智达和见谛者二人用一匹白马把小乘经典驮运至汉地……汉朝传至第二十四代皇帝汉献帝时，他的大臣名叫曹操者夺取帝位……[1]

从上述引文来看，《红史》对从汉高祖到汉献帝的西汉、新莽、东汉的王统世系记载依然很简略，提到的帝王只有汉高祖、王莽、汉光武帝、汉明帝、汉献帝等五位，而且除指王莽执政十八年外，并未交代其他各帝的在位时间，也没有说明西汉、东汉或两汉总的历年。当然，除了帝王世系方面的内容外，《红史》也讲到了汉明帝时佛教初传中原的情况，这方面的记载拟在本章后面再作讨论。按《汉书》《资治通鉴》等

---

[1] （元）蔡巴·贡噶多吉：《红史》，东嘎·洛桑赤列校注，陈庆英、周润年译，拉萨：西藏人民出版社，2002年，第10页。

汉文史籍所记，西汉历太祖高皇帝、孝惠皇帝、高太后、太宗孝文皇帝、孝景皇帝、世宗孝武皇帝、孝昭皇帝、中宗孝宣皇帝、孝元皇帝、孝成皇帝、孝哀皇帝、孝平皇帝共十二帝。元始五年（5）十二月汉平帝死后，王莽临朝听政，称“假皇帝”，臣民则称其为“摄皇帝”，自称“予”。摄政三年后，王莽正式建立新朝。地皇四年（23）九月，更始军攻入长安，王莽被商人杜吴所杀，共在位十五年。《红史》称从汉高祖传十二代后，王莽篡位，执政十八年，这大体上是符合正史的记载的，但称是“刘光武”即东汉光武帝杀死王莽，却与史不符合。当然，建立后汉即东汉的刘秀是汉高祖九世孙，为汉景帝之子长沙定王刘发之后，故《红史》称其为汉室后裔是恰当的。再者，《红史》称东汉光武帝有五子，第五子为汉明帝，这也与汉文史籍的记载有一定的出入，《后汉书》载汉光武帝十一子，汉明帝乃第四子[1]。另据《后汉书》，东汉历光武、明、章、和、殇、安、顺、冲、质、桓、灵、献诸帝，共计十二帝，合两汉共计二十四帝，故《红史》指汉献帝为汉朝第二十四代皇帝。至于指汉献帝为大臣曹操夺取帝位，却与史略有不符合。众所周知，汉献帝乃是在曹操死后，才被迫禅位于曹操之子曹丕的。总体来看，《红史》关于汉代，包括西汉、新莽、东汉的王统记载虽然很简略，但基本上还是符合正史的记载，仅有几处细微的出入。

继《红史》之后的其他元明时期藏文史籍，如《雅隆尊者教法史》《西藏王统记》《汉藏史集》《青史》《新红史》等也都有关于汉代王统方面的记载。先看《雅隆尊者教法史》有关汉代的记载：

[1]（南朝宋）范晔：《后汉书》卷二《明帝纪》、卷四十三《光武十王传》，北京：中华书局，1965年。

后为汉朝。汉高祖即位，历十二代王。第十二代王时，大臣王莽作乱，在位十八载。汉室后裔刘秀诛王莽，国政复归于汉。刘秀有五子。第五子汉明帝绍位。时有班智达竺法兰等二见谛高僧，以白马驮经至汉地……汉朝历二十四代。汉献帝时，大臣曹操篡位。[1]

《西藏王统记》则是这样讲述汉代的：

秦后为汉高祖。汉朝约传至十二代中，有臣名王莽者，篡夺王位，称帝十八年。后又为前述汉高祖之苗裔名刘隆者，诛除王莽，自接帝位。彼有五子，长子汉明帝嗣位。迨明帝子献帝在位时，其王位又为丞相曹操所篡夺。[2]

《汉藏史集》对汉代的记载是：

由叫作汉高祖的王开始，汉朝传十二代。其后，有一大臣反叛，执掌国政八年。此后，有汉王之后裔后（汉）光武王，杀死大臣王莽，执掌国政。光武王有五个儿子，幼子为汉明帝。他在位时，有名叫竺法兰的班智达和摄摩腾二人，以一匹白马驮小乘经典由印度到达汉地……汉朝第二十四位皇帝汉献帝的大臣曹操夺取了

[1]（明）释迦仁钦德：《雅隆尊者教法史》，汤池安译，拉萨：西藏人民出版社，2002年，第14页。

[2]（明）索南坚赞：《西藏王统记》，刘立千译，北京：民族出版社，2001年，第12页。

帝位。[1]

再看《青史》对汉代的记载：

> 继为汉高祖统持江山。王朝传至第十二代时，有名王莽的大臣叛国，篡夺江山一十八年。此后由汉朝裔嗣汉光武杀王莽而复主持国政。其王子为汉明帝，那时有见谛的班智达名竺华那等二人，迎来小乘经典而来到汉地……汉朝传至第二十四代汉献，有臣僚名曹操篡夺汉王朝。[2]

最后看《新红史》对汉代王统历史的讲述内容：

> 此后为汉王系，依次传十二代。此后有名叫王莽之大臣夺取王位，执政数年。遂后一个汉之王族后裔杀死王莽后执政。在其子汉明帝执政之时，汉地出现了佛教，远远比西藏佛教的出现为早。此后在汉王统第二十四代献帝之时，一大臣夺取帝位。[3]

以上《雅隆尊者教法史》《西藏王统记》《汉藏史集》《青史》《新红史》等五种元明时期著名的藏文史籍关于汉代王统历史的记载，基本上

[1] （明）达仓宗巴·班觉桑布：《汉藏史集》，陈庆英译，拉萨：西藏人民出版社，1999年，第55页。

[2] （明）管·宣奴贝：《青史》，王启龙、还克加译，王启龙校注，北京：中国社会科学出版社，2012年，第50页。

[3] （明）班钦索南查巴：《新红史》，黄颢译，拉萨：西藏人民出版社，2002年，第31页。

与《红史》关于汉代的记载是相同或相近的。当然，如果作进一步的比较，各书的记载还是略有出入。首先，在成书时间上距离《红史》最近的《雅隆尊者教法史》应该是完整地接受了《红史》所记载的汉代史实。《汉藏史集》《青史》《新红史》的内容与《红史》也非常接近。《汉藏史集》唯一的出入是将王莽的执政时间由十八年写成了八年，这当是笔误，也或许传抄或刻印过程中出现了一个小小瑕疵。《青史》和《新红史》都遗漏了《红史》等书关于汉光武帝有五子，汉明帝为其幼子的记载，而且后书对于王莽执政的时间，只是概略地称为“几年”而不是确指为十八年，并且没有指出夺取汉献帝的帝位的大臣的姓名。相对而言，《西藏王统记》与《红史》及其他各书有五个较为明显的区别：一是称灭王莽而称帝的汉光武帝名字为“刘隆”；二是指汉明帝为汉光武帝的长子；三是认为汉献帝为汉明帝之子；四是未言汉朝王统共计代数；此外，还未言及汉明帝时佛教初传中土。

综合上述分析，可见《红史》《雅隆尊者教法史》《西藏王统记》《汉藏史集》《青史》《新红史》等这些元明时期的藏史名著关于汉代王统历史的记载，基本上都是相同的，各书之间只是存在一些细微的差别。但是，如果将这些细微的出入与汉文史籍的相关记载进行对比的话，我们可以发现《红史》的说法整体上更接近汉文史籍的记载。换言之，《红史》之后的各书所出现的一些变化，很可能只是后世撰述者对《红史》或者《红史》所依据的藏译汉文史料的误解。当然，这些细微的出入也可能是在文献传抄或刻印等流传过程中出现的。但是，这些细微的出入，并不足以影响到元明时期藏文史籍对汉代王统历史的构建。

如果说以《红史》为代表的元明时期的藏文史籍关于汉代的历史记载还只是停留在极为简略的王统世系上，那么清代的《汉区佛教源流记》及《如意宝树史》等藏文史籍对于汉代历史的记载在质和量两个方面都发生了飞跃性变化。[1]由于两书，尤其是前者关于汉代王统历史方面的记载篇幅甚大，因此下面我们以表格的形式，作一简单的分类，并初步分析汉文史籍所记载的相关内容。

表2.1　清代藏文史籍对汉高祖的记载及汉文史籍的相关内容

| 事项 | 《汉区佛教源流记》 | 《如意宝树史》 | 汉文史籍 |
| --- | --- | --- | --- |
| 刘邦建汉 | 彼时妄想做君主及自命为霸者虽很多，但唯有汉高帝因其福泽所致能驾驭乾坤，于五年内置一切于彼之辖下。其国号为汉。 | 秦末中原分裂割据，汉高祖（帝喾之苗裔）用五年时间复为一统，使天下安宁。 | 豁达大度，宽仁爱人，好谋能听，知人善任，五载而成帝业。不修文学，而性明达，好谋，能听，自监门戍卒，见之如旧。 |
| 刘邦其人 | 姓刘，是帝尧之后裔，亦为黄帝后裔，犹如大芸香树。此大土身具吉祥和威武之相，虽不识一字但观察人之自性比占卜者还灵，有些未来事，如亲眼所见一般能授记于人。此王爱护学识渊博之人，极善于依人之特性分类调伏，是具天才之神奇大王。 | | |

[1]（清）贡布嘉：《汉区佛教源流记》，罗桑旦增译，北京：中国藏学出版社，2005年，第26—28页；（清）松巴堪布·益西班觉：《如意宝树史》，蒲文成、才让译，兰州：甘肃民族出版社，1994年，第743—744页。

续表

| 事项 | 《汉区佛教源流记》 | 《如意宝树史》 | 汉文史籍 |
| --- | --- | --- | --- |
| 汉初制度 | 彼重新扶植往昔秦始皇否认之大小邦主，自亲眷及众臣中，择贤明而有功者，授于王、侯等封号，使中断之大小邦主得以恢复。规定大小邦主除有权收取各自份内之差税外，无权处死人命。 | 给边地之国和小邦国封赐“王”“侯”的名号。汉朝共计二十六帝。 | 高祖子弟同姓为王者九国，虽独长沙异姓，而功臣侯者百有余人。 |

说明：本表所列汉文史籍的相关内容，主要来自《御批资治通鉴纲目》《纲览易知录》，而这些相关内容其实大都源自《史记》《汉书》。表2.2、表2.3与此同。

表2.2　清代藏文史籍对汉文帝及景帝的记载及汉文史籍的相关内容

| 《汉区佛教源流记》 | 《如意宝树史》 | 汉文史籍 |
| --- | --- | --- |
| 第三王汉文帝心地善良，取舍清净，故南方诸边陲百姓皆臣服于彼，风调雨顺，五谷丰登，国泰民安，受刑者极少，于两代王统治时期，牢中几乎无囚徒。 | 第三代皇帝（文帝）时征服南部边地。 | 恭俭，志务以德化民，是以海内富庶。兴于礼仪，断狱数百，几至刑措。<br>南越王赵佗称臣奉贡。 |

表2.3　清代藏文史籍对汉武帝的记载及汉文史籍的相关内容

| 事项 | 《汉区佛教源流记》 | 《如意宝树史》 | 汉文史籍 |
| --- | --- | --- | --- |
| 文治 | 第五代汉武帝时期，其王所行一切如其祖父汉高帝，即位五十四年中，瑞兆连绵，禳灾明论等儒家经籍亦颇流行。诸先王未曾有过已之年号，此王即位之年被称为建元年；与此同时，放弃冬至为年初及建国之月为年初之惯例，采取孟春为一年之初，规定色彩以黄为主等，一直流传至今。 | 第五代皇帝武帝时期，经籍大盛，并废除以冬至为岁首和国政按月计算之规，改孟春为岁首，以黄色为尊。 | 罢黜百家，表章《六经》。<br>建元元年，改元，有年号始此。<br>太初元年，造汉太初历，以正月为岁首，色尚黄。 |

续表

| 事项 | 《汉区佛教源流记》 | 《如意宝树史》 | 汉文史籍 |
| --- | --- | --- | --- |
| 武功 | 用怀柔与暴力相兼之策略收服边民。因诸匈奴人武艺高强、恐有害于人，遂与之交战数回，虽说战争不分胜负，但后来战胜匈奴。 | 有一时期同匈奴交战中，获得佛像，藏于内库，这是汉地最早得到的佛教圣物。 | 诱击匈奴。<br>卫青、霍去病等击匈奴。<br>匈奴浑邪王降。 |
| 胡人进贡佛像 | 胡人进贡物中，发现一尊大金佛像。将佛像迎请至内宫备加侍奉，常时供养。此即最初佛像。彼时，虽与天竺互通来往，但因时机未熟，故妙法之幢还未树立。 | | 得休屠王祭天金人，置甘泉宫。 |
| 三件奇异事件 | 一次，王于五台山之中央台上，祭祀先王时，普遍听见自天连响三遍万岁声，故从此王起直至今日，万岁已成为诸帝王之称呼（万又意为蝙蝠，如今每逢新年，须向皇帝进贡一只蝙蝠，以示祝福）。 | 武帝登五台山时，虚空中三次发出“万岁”之声，故至今日，在汉地称帝为万岁。 | 礼祭中岳，从官在山下闻若有言“万岁”者三。 |
| | 又有一次，此王带上众眷属乘一大舟至东海嬉戏时，一恶龙欲害死此王，王以一箭射死彼。 | 武帝曾乘舟入海，用箭射杀一龙。 | 帝南巡江汉，望祀虞舜，于九嶷射蛟，获之。 |
| | 复又一次，此王自黄河旧居移至敦秋，兴建以十六大城堡为主，大小镇亦颇多。此时黄河上涨，此王专遣数臣及奴仆十余万人，于黄河畔筑堤抗洪，彼等虽用铁索网定住石碑以为河堤，但刚一筑成，立即被洪水冲破，毫无作用。人畜被淹没者甚多，损失极大。黄水泛滥一直延续二十年。二十年后此王路过此地，王用白马和蓝羊脂玉作供养，设坛祭化，口诵咒语，令大小臣及四军每人交纳一担柴草撒于要道，上面修建一座寝宫，黄河立即下降并流回原处。 | 治理了泛滥的黄河。 | 初，河决瓠子，二十余岁不塞，梁、楚尤被其害。是岁，发卒数万人塞之。自泰山还自临决河沉白马玉璧，令群臣负薪，卒填决河。筑宫其上，名曰宣防，导河北行二渠，复禹旧迹。 |

续表

| 事项 | 《汉区佛教源流记》 | 《如意宝树史》 | 汉文史籍 |
| --- | --- | --- | --- |
| 开边 | 此王晚年时期，胡人经内战后指望汉朝之援助。 | 匈奴因内部起讧，势力衰弱，部分匈奴汗王接受汉朝册封。 | 匈奴浑邪王降，置五属国以处其众。 |
|  | 复次，汉王之诏书及册封，可传至由南到东北之安南、天竺数国、南诏、吐蕃、于阗、大宛、月氏、安西、西戎、夜郎、疏勒、乌孙等长达四万里之各地诸最高首领。如是，位居东方和东南方之乌桓、鲜卑、高丽等地诸最高首领，亦成为持大汉帝之诰封及印章者。 | 位于汉朝西面和西南面的部分印度小邦、安南、羌、蕃、象雄等，及位于汉朝东北面的乌桓、鲜卑、高丽等众多小国皆受汉朝的封号，武帝时汉朝的强盛威力不可言状。 | 击南越，平南地，置九郡；平西南夷，置五郡；定朝鲜，为四郡；西域通三十六国。 |

表2.4　清代藏文史籍对汉光武帝及汉明帝的记载及汉文史籍的相关内容

| 事项 | 《汉区佛教源流记》 | 《如意宝树史》 | 汉文史籍 |
| --- | --- | --- | --- |
| 汉光武帝 | 汉朝有汉王二十六代，其中第十三代汉光武帝，其功德及福泽如其天王一般。天竺所属十六国国王，都将各自之王子派遣汉区，向汉朝皇帝进贡各国土特产，随之接受册封。 | 汉朝二十六代皇帝中的第十三代时，据说印度的十六国王献贡物，并接受汉帝的册封。 | 鄯善王、车师王等十六国皆遣子入侍奉献，愿请都护。 |
|  | 汉光武帝于其晚年，于五台山之东台上祭坛时，出现彩霞楼阁、彩云亭子、院落和城堡，显得格外清楚。 |  | 有星孛于紫宫。 |
|  | 皇宫附近又现甘露大泉，凡是沉疴和药物调治之疾病，只要一饮此甘露泉水，顿时病愈。 |  | 京师醴泉涌出，饮之者痼疾皆愈，惟眇、蹇者不瘳。 |

续表

| 事项 | 《汉区佛教源流记》 | 《如意宝树史》 | 汉文史籍 |
|---|---|---|---|
| 汉明帝 | 此王之子汉明帝时佛教最初传入汉地，此情将陈述于后。 | 汉明帝时期，佛法开始传入中原。 | |

说明：本表所列汉文史籍的相关内容，主要来自《御批资治通鉴纲目》《纲览易知录》，而这些相关内容其实大都源自《后汉书》。

表2.5 清代藏文史籍对汉朝王统的其他记载

| 事项 | 《汉区佛教源流记》 | 《如意宝树史》 |
|---|---|---|
| 总体评价 | 一般大多汉朝皇帝心性善良，具有各种功德。内于汉朝出现许多智勇双全之贤明良臣，彼等依当时实情创立之诸体制，能经得起任何考验，因此，后期历代帝王除极个别者外，一切仍依旧规行事而未作改革。汉区人至今仍称汉人、汉文，此乃自己仍是汉朝庶民之习气矣。 | |
| 成帝、哀帝、灵帝、献帝、王莽 | 汉朝历代皇帝中，成帝和哀帝二帝，因过于贪色致使国政受损；灵帝和献帝二帝，由于过于软弱，故被乱臣篡权；有些帝王夭折，给少数恶臣以可乘之机。如一外戚臣名王莽者，篡夺王权执政达十五年。 | 第十五代皇帝时期，政权被王莽篡夺，改国号为新。 |
| 汉朝结束 | 曹操及其后裔自称为帝，执政数年，但民众对彼不满。汉朝后裔虽能连续，但未起作用。于四百六十七年，汉帝后主政权被晋武帝夺去。大汉朝时期就此结束。 | 第二十六代献帝时，大臣曹操之子魏文帝夺取皇位。 |

从上面几个表所列《汉区佛教源流记》及《如意宝树史》关于汉代王统历史的记载及其与《史记》《汉书》《后汉书》等史籍的对比来看，大体可以得出如下几个认识：

第一，《汉区佛教源流记》所讲的汉朝王统不仅指的是西汉、东汉及西汉之间的新莽一朝，而且还包括了刘备建立的蜀汉政权，即史称的“后汉”。书中虽承认曹操及其后裔称帝，但却并不认为汉朝王统因此中断，而是称汉朝后裔仍在延续，这其实是否认曹魏的正统，以蜀汉为正统，故称汉朝共二十六帝，即西汉十二帝，东汉十二帝，再加上蜀汉昭烈帝刘备和后主刘禅。以蜀汉而非曹魏为正统，这其实正是南宋以来逐渐盛行起来的一种正统史观，尤其是朱熹及其门人编撰的《资治通鉴纲目》最为典型，也影响最大，清康熙《御批资治通鉴纲目》亦保留了这一史观。将此史观与本书前面《汉区佛教源流记》关于先秦及秦汉王统历史记载的具体分析相结合，我们可进一步相信贡布查布当是以清康熙《御批资治通鉴纲目》或《纲鉴易知录》等为基础，或主要参照来撰写中原王统历史的。

第二，《如意宝树史》的内容基本没有超出《汉区佛教源流记》。就两书关于汉代王统的记载来看，我们可以再一次明确《如意宝树史》的中原王统历史部分，很可能是在《汉区佛教源流记》的基础上，进行了一定的选择、归纳和提炼而撰写出来的，或者是两书有共同的史料来源，但前一种可能性更大。之所以倾向于认为《如意宝树史》是从《汉区佛教源流记》发展而来，还在于该书部分内容不仅颇与汉文史籍的记载不合，而且其本身就自相矛盾，但造成这样的结果，乃是松巴堪布在对《汉区佛教源流记》的相关内容进行归纳、选择时出现了一些失误。比如其书多次提到汉朝共有二十六代皇帝，但却称汉献帝为第二十六代，并且先是称汉朝第十五代皇帝被王莽篡位，则西汉应有十三代。其后又称第十三代皇帝时有印度十六国王献贡物，若以汉文史籍的记载相对比，这应指的是汉光帝。前后混乱的原因，很可能是贡布查布只看到了《汉区佛教源流记》指汉朝共有二十六代，但却遗漏掉了汉献帝之后的蜀汉两帝。

第三，《汉区佛教源流记》及《如意宝树史》对于汉代王统历史的总结，除了个别地区存在一定的误解或偏差外（比如后书关于汉朝帝系的认识），大部分内容都能够在汉文史籍，尤其是清代前期较为盛行且获清廷认可、推崇的典籍，比如康熙《御批资治通鉴纲目》找到相应的出处。总体来看，贡布查布及松巴堪布的写作态度是比较诚实的，尽可能遵照正史的记载来讲述中原历史。

第四，由于出身自蒙藏地区，故贡布查布等人对汉文史籍的解读也难免带有较为明显的西藏佛教文化痕迹。比如在内容的选择上面，即便是康熙《御批资治通鉴纲目》，甚至是《纲鉴易知录》，所涉及的内容都是非常丰富的，当然更不用说诸如《史记》《汉书》《后汉书》等正史及《资治通鉴》等书，故《汉区佛教源流记》讲述中原历史，既要尽可能符合汉文史籍的记载，就必然要求对汉文史籍的内容进行选择，而这种选择显然不可能是随意而为，而应该是基于一定的历史观、价值观、文化观而进行。就《汉区佛教源流记》关于汉代记载来看，作者在内容的选择及相应的阐释方面，显现出几个较为明显的特征：一是注重以佛教的因果报应观念来解释历史，强调帝王的个人品质与家族血统；二是比较关注一些带有灵异性质的事件或相关记载；三是重视汉朝与周边人群的关系，尤其是汉朝与匈奴、西域等地联系。基于上述三个特征，我们大体不妨这样认为，贡布查布等来自蒙藏地区的藏文史籍作者，在讲述中原历史时，虽然尽可能忠实于汉文史籍的记载，但却并未放弃自身的文化本位，而是追求将中原历史与基于佛教史观的蒙藏历史记忆进行有机的融合与重组。

**魏晋至唐初**

首先，看一下诸种藏文史籍关于三国的记载：

《红史》：汉献帝时，他的大臣名叫曹操者夺取帝位，他的后裔五人当了皇帝。之后，大臣名叫武（应为炎，即司马炎——编者）者夺取皇位……[1]

《西藏王统记》：（汉帝皇位）为丞相曹操所篡夺。曹王天下凡五世，其国又为晋武帝所夺。[2]

《雅隆尊者教法史》：曹操篡位。曹操之五代子嗣位，又为大臣司马氏所僭。[3]

《汉藏史集》：汉朝第二十四位皇帝汉献帝的大臣曹操夺取了帝位，传五位皇帝。又被他的大臣，名叫司马的夺了帝位。[4]

《青史》：（汉献帝时）有一位臣名曹操的夺汉王朝，王统传了五代，又被其一位叫司马（即司马超）的大臣夺了王位。[5]

《新红史》：（汉献帝）之时，一大臣夺取王位，掌政五世。他们（即曹魏）的一个大臣又自其手内夺得王权。[6]

《如意宝树史》：（汉）献帝时，大臣曹操之子魏文帝夺取皇位。之后为晋朝。[7]

---

[1]（元）蔡巴·贡噶多吉：《红史》，东嘎·洛桑赤列校注，陈庆英、周润年译，拉萨：西藏人民出版社，2002年，第12页。

[2]（明）索南坚赞：《西藏王统记》，刘立千译，北京：民族出版社，2001年，第12页。

[3]（明）释迦仁钦德：《雅隆尊者教法史》，汤池安译，拉萨：西藏人民出版社，2002年，第14页。

[4]（明）达仓宗巴·班觉桑布：《汉藏史集》，陈庆英译，拉萨：西藏人民出版社，1999年，第63页。

[5]（明）廓诺·迅鲁伯：《青史》，郭和卿译，拉萨：西藏人民出版社，2003年，第50页。

[6]（明）班钦索南查巴：《新红史》，黄颢译，拉萨：西藏人民出版社，2002年，第31页。

[7]（清）松巴堪布·益西班觉：《如意宝树史》，蒲文成、才让译，兰州：甘肃民族出版社，1994年，第504页。

通过对以上七部后弘期藏文史籍中有关三国时期历史的罗列对比，可以看出这七部藏文史籍都只介绍了曹魏政权，而没有提到蜀汉与东吴，这大概是因为从朝代更迭的角度来说，魏是继承了汉的地位，而蜀汉与东吴在传统汉文史籍里不具有正统的地位，不能算是一个朝代。藏文史籍这种意识从《三国志》的书写中就可以很明确地体会出来，《三国志》的纪传体例中，是视曹魏政权为三国时期的中原正统。因为《三国志》中对魏帝用“纪”，称曹操为“太祖”，而对蜀帝和吴帝则用“传”，称“先主”和“吴主”，从中很明显地可以看出中原史家对这三个割据政权是有所区分的，而藏文史籍作者则接受了中原正史的朝代观，在书写三国时期的历史时略去蜀汉与东吴的历史。

通过总结，可以看出藏文史籍中的三国时代（魏）的历史事件及相关人物主要包括：大臣曹操篡夺汉朝皇位、曹魏世系传承五代、曹氏政权被大臣（司马氏或晋武帝）取代。关于这段历史的叙述主要有三个要点：第一点，大臣曹操篡夺汉朝皇位。在所引七部藏文史著中，《如意宝树史》记载夺取汉朝皇位者是魏文帝，《新红史》只记作“一大臣”，没有写明具体姓名，其他五部藏文史著均记篡汉者为大臣（或丞相）曹操。而根据《三国志》的记载：曹操在建安二十一年五月由魏公晋爵为魏王，到建安二十五年正月病死于洛阳，终其一生，曹操并未迈出称帝的关键一步。[1]称不称帝，虽然是曹操晚年一直比较纠结的问题，但众所周知，曹操生前的身份一直是汉臣，爵位也只是“王”，并没有篡位称帝。后世称其为魏武帝，是其子曹丕代汉称帝后追封的。真正取代汉朝的是曹丕而不是曹操，但曹操在通俗史学以及民间文学中的形象实在是太过耀眼，他的奸相加权臣的形象，的确是更容易让人以为篡汉

[1]（晋）陈寿：《三国志》卷一《武帝纪》，北京：中华书局，1959年，第47—53页。

称帝的是他，藏文史籍中，只有《如意宝树史》的记载与汉文史籍的记载最为符合，也从侧面反映出清代汉藏文史籍学交流的进一步深入。

第二点，曹魏世系传承五代。所引藏文史籍中，除了《如意宝树史》对此没有记载外，其他六部藏文史籍均写到曹魏世系传承五代，传统汉文史籍的观点一般认为曹魏政权的皇帝世系为：武帝曹操、文帝曹丕、明帝曹叡、邵陵厉公（齐王）曹芳、高贵乡公曹髦、元皇帝曹奂。因为曹操生前未称帝，所以曹魏政权实传五帝，若照此计算，则六部藏文史籍的记载与汉史基本一致。

第三点，曹氏政权被大臣（司马氏或晋武帝）取代。对于这段历史，藏文史籍的记载也不统一，《如意宝树史》中没有提及，其他藏文史著虽然都提到了一位大臣夺取皇位，但对其名称却不尽相同，《红史》称其为“大臣名叫武者”，《西藏王统记》记为“晋武帝”，《雅隆尊者教法史》写作“司马氏”，《汉藏史集》和《青史》都只记“司马”，《新红史》则没有记录其名，只说“一个大臣”。

其实，略知魏晋历史的人都知道，取代曹魏而称帝者为晋武帝司马炎，可是在众多的藏文史籍中，只有《西藏王统记》的记载与汉文史籍的描写符合，其他藏文史籍虽称“司马”或“司马氏”，但都较为笼统模糊；而《红史》所记更是有音译上的错误。

其次，藏文史籍在叙述完三国的魏之王统后，转入对两晋南北朝王统的记述中，这一时期的历史事件既丰富又精彩，且此一时期为中原佛教发展的第一个高潮，因此各种藏文史籍对此着墨颇多，诸史依次记载如下：

《红史》载：

（曹魏之后）有西晋以及由西晋分裂出来的东晋和前秦两朝。

前秦时期，有一印度的老班智达对国王说道：“在印度和西羌之间的一个小国里，有以前释迦牟尼上升三十三天建立的佛祖十二岁时的等身像即觉卧像、佛的舍利以及名叫鸠摩罗室利的班智达，因其国狭小，此珍宝在彼处对众生利益不广，请陛下发兵取来，将对众生大有利益。”此王驾前有一丞相及一统兵将军，于是国王派将军领兵四十万众前往。大军到达该地时，该地之王问道：“上国与我等并无仇怨，大军为何来此。”将军回答说：“要取觉卧像、佛祖舍利、班智达三者，若不与即行交兵。”该地国王说道：“觉卧像和舍利此处实有，可以送上，班智达已于去年去世，遗有一子，名叫鸠摩罗穷哇，年届十八岁，也可送上。”于是将三者送出。将军统兵将这些带回，路上将军想道：“佛祖舍利亦不知真假，此小孩带回只恐也无多大益处。”因此一路不甚礼敬。一日，彼等正骑马赶路，路边有一母马长嘶一声，将军所骑的战马也长嘶一声，此时班智达不禁失笑，将军问彼为何发笑，班智达答道：“此母马有一马因食草饮水滞留在后，母马恐马驹在众军队列中迷路，故向马驹唤道：我已至此，可速赶来，以免迷路。”将军对班智达此语疑惑不信，片刻之后，果见路边有一马驹正在吃草，将军之乘马长嘶一声，马驹也嘶鸣一声，立即奔跑过来，于是将军传令让众军让开道路，使马驹跑到母马跟前，将军因此对班智达产生敬信。后来又有一日，军队在一座山的山腰上扎营，班智达说道：“我等不能在此扎营，今天半夜将发洪水，在此扎营恐众军将被洪水冲走。”于是将众军移至十里以外的山顶上驻扎。当夜果然洪水暴发，山的四周被洪水淹没，变成大海。由此，将军对觉卧像、班智达、佛祖舍利三者产生信仰。他们一行人在返回国王都城的途中，听说前秦国王已死，后嗣断绝，原来的丞相当了国王。于是将军召集自己的四十万军队，占据四川和二十四座州城，自己当了国王。后来，当了国王的丞相的后裔从当了国王的将军那里迎请觉卧像、佛祖舍利、班智达到长安，他对班智达十分优礼尊崇。因班智达有十位夫人，所以僧人们对他并不信服。有一天，当寺院里敲响檀板，召集僧众举行诵经大会时，班智达不给僧众供给饮食，而是给每个僧人发一碟钢针。僧人们谁都不能把钢针吃下，这时班智达说道："你们这些洁净僧人不能食针，我这戒律不净的僧人却能吃下。"说完将所有的钢针吃下，从此僧众对班智达的疑惑全部消除。后来，班智达有一个名叫周和尚的门徒，很有法力，国王十分崇信，他夺去了国王对后宫嫔妃的宠爱。王后对此十分恼怒，于是将自己的一双鞋藏到周和尚的坐垫底下，然后哭着到国王跟前诉说："班智达调戏于我，我坚决不从，他将我的一双鞋夺去。"国王对此虽然不信，但众大臣前去查看时，从班智达坐垫底下找出王后的鞋子。因此将班智达问罪斩首，流出之血都变成奶子。班智达自己用手把斩落的头拿起，放到脖子上，并到寺院中向大众讲经，讲毕，其头落到胸前方才去世。其后，丞相的王统断绝……[1]

《西藏王统记》的记载：

晋后有苻秦称帝。苻秦长子东秦继位。东秦后其弟司青自立为王。汉族史传中记载，即于此时觉阿释迦与旃檀觉阿二像迎至汉

[1]（元）蔡巴·贡噶多吉：《红史》，东嘎·洛桑赤列校注，陈庆英、周润年译，拉萨：西藏人民出版社，2002年，第13—14页。

土，大兴佛教云。其后苻坚属下将官名羌种姚秦者篡夺王位，苻秦王统遂即失承。[1]

《雅隆尊者教法史》称：

魏晋之后，分东晋、西晋。西晋王时，一天竺老班智达禀告王曰："天竺与绛域之间，有一小国。该国有昔日释迦牟尼佛升三十三天时所造释迦牟尼十六岁等身像尊者释迦与佛舍利，有一班智达学者名鸠摩罗什。国小无力广济众生。王若发兵取之，则众生幸甚！"王有一中书省丞相与一枢密院将军。遂命将军率军四十万前往。既至，其王曰："你我素无嫌怨，何故率军而来。"曰："欲求尊者释迦、佛舍利与班智达。若不奉献，则动干戈。"曰："当奉献尊者释迦与舍利，然班智达已于去年逝世。其子十八岁，名小鸠摩罗什，一并奉献。"将军携彼等返归，言道："佛舍利不知是真是假，此小孩亦不听命。"因之甚不敬重。一日，彼等驱骑登程。路有一牝马嘶鸣，将军坐骑亦嘶。班智达笑之，将军问其原故，答曰："牝母之驹，因吃草饮水，滞留在后。虑及众军之中，极易迷失，故呼之不要迷路，随我来此。"将军根本不信。顷刻，见路旁一吃草小驹，将军坐骑嘶叫，小驹亦嘶，随即奔去。将军命全军让路，小驹挨近牝马，将军始信服。又一日，于高山下安营。班智达言道："我等不可在此歇宿。今晚半夜涨水，众军有被洪水冲走之危险。"全军遂上移十里许。是夜发水，该山周围尽淹为

[1]（明）索南坚赞：《西藏王统记》，刘立千译，北京：民族出版社，2001年，第12—13页。

湖。从此，将军敬信尊者释迦、班智达与佛舍利。

将军待去王前，闻西晋王薨，王室断嗣。原中书省丞相称王。将军乃自领四十万大军，据四川与二十四座州城为王。后，丞相王裔从将军王裔手中，迎尊者释迦、舍利与班智达至长安，极其恭敬。该班智达纳十妻，众僧不服。一日，击木鱼，班智达为众僧端出人参果，盘上满布小针。众僧不敢食。班智达言道："汝等圣僧若不食小针，则我这犯戒之徒食之。"将针食毕，尽皆消化。众僧始不得不敬服之。班智达之弟子僧肇，有德行。王极其敬服，疏远妃后。王后气愤，于暗将已鞋藏入僧肇床垫下，至王前哭诉道："班智达向我求欢，我不从，彼即夺取我鞋一只。"王虽不信，然诸大臣竟从班智达坐垫底下搜出王后之鞋，遂定罪。班智达被斩首，血变为乳。班智达手提已首，合于颈上，上佛殿，与众说法后，头落胸怀而溃。丞相王嗣终断……[1]

《汉藏史集》的相应内容是：

……（曹魏）后，西晋的后裔东晋、前秦。前秦王在位之时，有一名老班智达由印度前来，对前秦王说："在印度和西域之间有一小国，国中有以前佛陀释迦牟尼去拘尸那城时建造的释迦牟尼八岁等身像，即觉卧释迦牟尼像、佛陀之舍利，有一个名叫鸠摩的贤明班智达掌管。因其国土狭小，诸宝在彼处不能大有益于众生。大王武力雄强，可派兵取来这些珍宝，对众多有情大有利益。"此前

[1]（明）释迦仁钦德：《雅隆尊者教法史》，汤池安译，拉萨：西藏人民出版社，2002年，第14—16页。

秦王身边一名丞相、一名枢密院的将军，于是派此将军率兵四十万前往。迎请来觉卧佛像、舍利，因老班智达已死，故请来小鸠摩（罗什）代替。《松赞干布遗教》中说，印度国王达尔玛巴拉在位之时，有外道的军队摧毁了吉祥那烂陀寺，教法几乎遭到毁灭，于是向汉地国王提婆热扎请求派遣援兵，汉地国王回答说："我的军队不能前来，但是可以将珍宝送来，依靠它你们就可以战胜外道，复兴佛法。"分两次送去了以一件无缝锦缎大氅为主的礼品，这件大氅绣有团，质料轻薄，胸口处有一珍宝做成的吉祥结，武器和凿刀都不能损坏它。汉地国王还提出了好的计策和教戒。因为得到这些帮助和机缘相合，印度国王击败了所有的外道军队，内道佛教又像白昼一样显明。故印度王臣皆大欢喜，致书于汉地国王说："成就如此善业，皆是因为你汉地国王之慈悲教诲和历次送来礼品之力，你的恩德巨大，要想什么样的回礼，我们一定立即送上。"汉地国王说："你们有此心意，请将释迦牟尼八岁身量之像，《佛说河流经》《大乘密严经》《律藏》《佛说大乘庄严宝王经》等四部经典，四部持律比丘送来我处。"达尔玛巴拉王说："我的这尊本尊佛像，我从来没有想过将它送往别处，但是你的恩德甚大，而且此像由你迎请去，对有情众生广有利益。"于是以各种供品供养，举行了盛大的送接仪式，觉卧佛像就这样被请到了汉地。现在再接着上文讲鸠摩大师的事，大师在一路上历次显现大德神通，前往汉地。在路上听到前秦王已死，后死断绝，以前的丞相登上王位的消息，于是此将军拥兵四十万，占据西凉等二十四州称王。后来，此称王的丞相的后裔，从称王的将军的后裔手中将觉卧佛像、舍利、班智达等迎请到京兆府，给以无数供养。此班智达有侍姬十名，故众比丘不信奉他，他将针放入口中吞下，消除了众比丘的邪见。他有一名弟子，名叫周和尚，学识博通，亦称班智达。后因皇帝之长妃对他怀恨，将其处死，砍头之时，流出的不是血，而是奶子，他用手将自己的头放到脖子上，回到寺中，对众弟子说业果等教法，直到头落入怀中而身亡。此称王的丞相的王统断绝……[1]

《青史》的记载是：

……（曹魏）继为晋（藏文为后晋）代传统，有东晋和西晋两朝。西晋时遣使迎取檀香释迦牟尼像。迎来时西晋已亡，有一名丞相登位称王；而去迎取檀香佛像的将军则夺取了四川和周堡二十四处，自立为王。将军为王的王朝后代手中，迎请到檀香释迦牟尼像、佛舍利和很多班智达并作供养。丞相为王的王朝断嗣，继而出现隋炀帝……[2]

《新红史》记为：

（曹魏）后则是后晋之后裔，此即东晋及西晋两者，在后者西晋之际，派人迎取旃檀尊者佛像，当取得时西晋已亡，而大臣丞相（掌握政权）。那位取得旃檀尊者佛像的将军，他做了四郡及二十四州镇之首脑，独立执政。此后丞相系统之王从将军王裔手中

[1]（明）达仓宗巴·班觉桑布：《汉藏史集》，陈庆英译，拉萨：西藏人民出版社，1999年，第64—65页。

[2]（明）廓诺·迅鲁伯：《青史》，郭和卿译，拉萨：西藏人民出版社，2003年，第50页。

得到旃檀尊者佛像，并加以供奉……此后，丞相之后裔断绝……[1]

再看清代的藏文史籍的相关记载。《如意宝树史》的内容是：

（曹魏）之后为晋朝，晋第二代皇帝惠帝生性愚痴，发生内乱被毒死。第三、第四代皇帝被匈奴汗王所杀。第五代皇帝晋元帝逃至江南（南方），失去三分之二的属民。时北方五胡广衍，出现十七小国。晋第十四代皇帝时，皇帝后裔为鲜卑国王，国号称魏，国势约同汉朝相当……至第十三代皇帝时，立国已达一百五十年，继北魏分裂为二，大臣篡权建北周和北齐。南方则南宋第八代皇帝被南齐所代。南齐第七代皇帝时萧衍夺得皇位，建立了南梁，梁武帝敬信佛法，在位四十八年。梁第四代皇帝时，大臣陈霸先夺得政权，国号为陈。南朝各国与鲜卑割据于南北两地。继鲜卑北周大臣杨坚统一中原，建立了隋朝。[2]

《土观宗派源流》的记载是：

姚秦时，有一外道大班智达婆罗门从狮子国来，说于王姚苌应当建立他们教派之理。当时有和尚名道融（译音）运用桑斯克利多语非常流利地说出外道通晓的教理，并列举了其他学说。和尚所通晓的三倍于外道，婆罗门有惭色，向和尚顶礼。秦王也知建立外道

[1] （明）班钦索南查巴：《新红史》，黄颢译，拉萨：西藏人民出版社，2002年，第31—32页。

[2] （清）松巴堪布·益西班觉：《如意宝树史》，蒲文成、才让译，兰州：甘肃民族出版社，1994年，第744页。

无用，遂将外道遣还本土。

……晋朝经历十四代，此后，又出现前秦、北魏、隋等朝代甚多。

……又有持明大师鸠摩罗什者……前来汉土。当罗什来华时曾请入旃檀觉阿佛像。秦主弘始净信供奉。罗什的弟子以和尚为首的八百人，翻译的经论很多……[1]

因为两晋南北朝时期，中原处于分裂割据状态，而且政权更迭频繁，所以对于这段历史在藏文史籍中的记载并不是很明晰，不仅朝代名称不统一，很多政权名称也都没有提及，但较为统一的是：都提到了当时从西域来到中原译经弘法的佛教高僧鸠摩罗什。以下本节就按照藏文史籍中所介绍到的内容，对朝代与王系传承、鸠摩罗什传说（包括其弟子僧肇）、迎请来的佛像这三个主要问题进行对比分析：

第一个问题，朝代与王系传承上，关于这一段历史时期的王朝更迭情况，八部藏文史籍记载各有不同，大致罗列如下：

《红史》：西晋—东晋—前秦—将军王系—丞相王系

《西藏王统记》：晋—苻秦—（苻秦长子）东秦—（东秦之弟）司青—姚秦

《雅隆尊者教法史》：东晋—西晋（西晋王）—将军王系—丞相王系

《汉藏史集》：西晋—东晋—前秦（前秦王）—将军王系—丞

[1]（清）土观·罗桑却季尼玛：《土观宗派源流》，刘立千译，拉萨：西藏人民出版社，1985年，第211—216页。

相王系

《青史》：东晋—西晋—将军王系—丞相王系

《新红史》：东晋—西晋—将军王系—丞相王系

《如意宝树史》：晋—晋第二代皇帝惠帝—晋第三、四代皇帝—晋第五代皇帝（时北方有五胡，建十七小国）—晋第十三代皇帝（立国一百五十年，北魏分为北周和北齐，南方先后为：刘宋第八代皇帝—南齐第七代皇帝—萧梁第四代皇帝及崇佛并在位四十八年的梁武帝—陈霸先取代南梁建立陈）—晋第十四代皇帝（魏）

《土观宗派源流》：晋传十四代—姚秦—前秦—北魏

从以上叙述可以看出，除了《如意宝树史》将这一历史时期的主要几个政权名称有所提及外，其他藏文史籍介绍最多的就是：晋（包括东晋和西晋）、前秦（或称苻秦）、将军王系和丞相王系。

关于晋代帝王世系，《如意宝树史》是将西晋和东晋合起来计算，那么晋第二代皇帝即为西晋惠帝司马衷（与藏文史籍记载相同），第三、四代分别为西晋孝怀帝司马炽和孝愍帝司马邺，而按藏文史籍所记此二帝是被匈奴汗王所杀，若对照汉史记载，晋怀帝司马炽是为匈奴刘聪毒杀，晋愍帝司马邺投降前赵（匈奴所建）后被杀，与汉史记载基本一致。

如果照藏文史籍的算法，则西晋共有四帝，那么东晋第一位皇帝晋元帝司马睿，应为晋代第五帝，东晋是由西晋皇室在南方建立起来的政权，与北方五胡十六国并存，藏文史籍记作“北方五胡广衍，出现十七小国”，多加了一个小国之数。晋十三代皇帝为东晋孝武帝司马曜，其在位时间为372—396年，离西晋建国（266）最多只有一百三十年，并非藏文史籍所记载的“立国已达一百五十年”，而且直到东晋灭亡（420）时，晋立国也只有一百五十四年，可见藏文史籍的计算有误。《如意宝树史》中还提到此时北魏（386—534，在《土观宗派源流》中也有提及）分裂为北齐和北周，而对照汉史，北魏发生分裂是在534年，先分裂成东魏（534—550）和西魏（535—557），而北齐和北周的建立时间分别是在550年和557年，是在东魏和西魏之后，可见藏文史籍漏记了东魏和西魏。

晋第十四代皇帝为东晋安帝司马德宗（396—419年在位），按藏文史籍所载这位皇帝在位时，“皇帝后裔为鲜卑国王，国号称魏，国势约同汉朝相当”，这里的“魏”也是指北魏，北魏确实是由鲜卑拓跋氏建立，而且是南北朝时期北朝第一个朝代，其建立时间与东晋安帝司马德宗即位时间相差一年，这一点藏汉史籍的记载是一致的，但是北魏的疆域主要包括华中、华北、内蒙古和陇右一带，而汉朝的疆域要比之大得多，在政治、经济等方面，北魏也不及汉朝最鼎盛时期，并非藏文史籍所记“约同汉朝相当”。北朝除了藏文史籍中提到的北魏、北齐和北周三个政权外，还有东魏和西魏两个政权，藏文史籍中对此没有提及。

《如意宝树史》还记载了南朝之事：一是南朝宋第八代皇帝被南齐所代，可知南朝宋共传八代，若对比汉史所载南朝宋之帝王世系，除去两位废帝刘子业和刘昱，共有八位皇帝，末帝顺皇帝刘准被萧道成所杀，改国号为齐。二是南朝齐传七帝，末帝（和帝萧宝融）被萧衍废杀，改国号为梁，但对照汉史，南朝齐共有十位皇帝，但有三位（宣帝萧承之、文帝萧长懋和景帝萧道生为追谥）并未在位，若照此计算，藏文史籍与之基本上相符。三是萧衍为梁武帝，他崇信佛教，在位四十八年，南朝梁共传四代，末帝（敬帝萧方智）被陈霸先废杀，改国号为陈。对照汉史，关于梁武帝的记载与汉史相符，梁武帝（502—549年在位），在位时间为四十七年，虽与藏文史籍相差一年，但差异不大。而根据南朝梁的帝王世系，除去追尊的皇帝和废帝外，共有六位在位皇帝，藏文史籍记载与之不符。四是陈霸先代梁称帝，建立南朝陈，除此之外，藏文史籍没有介绍南朝陈的在位皇帝和年份等其他信息，但仅有的这两句话与汉史是相符的。通过这段分析可见，《如意宝树史》的作者对南朝历史的了解，与汉文史籍的记载除了年份有些许差异外，基本内容大体上是一致的。

《如意宝树史》原书在介绍两晋、十六国、南北朝历史的段末，有这样一句话“南朝各国与鲜卑割据于南北两地”，这一描写表明松巴堪布对于南北朝时代中原的民族格局有相当的了解，当时的北朝，北魏、东魏和西魏本身为鲜卑人建立的政权，而北齐和北周的统治阶层也基本上是鲜卑化的胡汉混融的军事集团，松巴堪布能够注意到南北朝时代中原民族形势的新格局，是颇具史家的眼光的。

另外，七部藏文史籍都提到了晋代，但对西晋（266—316）和东晋（317—420）的先后顺序却记载各有不同，《红史》记载西晋由东晋分裂而出、《汉藏史集》记作东晋为西晋之后裔，虽没有明确指出先后顺序，但可以看出是西晋在前、东晋在后。而在《雅隆尊者教法史》中却没有说明，只说魏晋以后分东晋和西晋，类似的记载还出现在《青史》和《新红史》中，都没有明确说明两晋的先后顺序，很模糊地说晋分东、西两晋。《土观宗派源流》只记晋之帝位传十四代，这段史料前文已有分析，可见《土观宗派源流》的记载也与汉史不符。

在《雅隆尊者教法史》《青史》和《新红史》这三部藏文史籍中没有提到前秦，《红史》介绍说前秦是从西晋分裂而出，《汉藏史集》则记为前秦为西晋后裔，《土观宗派源流》只提其名，但是《西藏王统记》却出现了苻秦、东秦、司青和姚秦四个人名，那么对应汉史的记载可知，前秦（351—394）确为东晋时期、北方五族之一的氐所建立的一个政权，但并非从西晋分裂而出或为西晋后裔，因为前秦和西晋并非同一时间建立，而且其帝王也不是一个民族。而所谓的“苻秦”是指高祖景明帝苻健所建立的前秦政权；“苻秦长子东秦继位”则应指苻健之子苻生（前秦废帝越厉王，335—357）；“东秦后其弟司青自立为王”对应汉史应指苻坚杀苻生自立为宣昭皇帝，而苻坚（338—385）是苻健弟苻雄之子，与苻生为堂兄弟，故藏文史籍有“其弟”一说；最后说“苻坚属下将官名羌种姚秦者篡夺王位”，也就是指前秦龙骧将军姚苌（武昭皇帝）建立的后秦（也就是《土观宗派源流》中提到的“姚秦”）政权。可见藏文史籍对于这段历史记载不仅简略，而且在朝代的年代与名称上都略作调整，但基本上还是与汉史保持一致的。

藏文史籍中在介绍将军王系和丞相王系时，都提到是前秦国王（即宣昭皇帝苻坚，《雅隆尊者教法史》说是西晋王、《青史》和《新红史》则记为是在西晋时期，均与汉史不符）派将军用兵西域，并请回鸠摩罗什，但此时前秦王已死，丞相即位，所以将军也占据一部分地方自立为王。对照汉史，则可知此将军名叫吕光，所建立的政权为后凉，谥号懿武皇帝；而丞相则是指上一节提到的后秦武昭皇帝姚苌。

其中，在介绍吕光自立为王之地时，《红史》和《雅隆尊者教法史》记为“占据四川和二十四座州城”，《汉藏史集》记作“占据西凉等二十四州”，另外，《青史》记为“四川和周堡二十四处”，《新红史》写作“四郡及二十四州镇”。根据汉史记载，吕光占据姑臧（即凉州，今甘肃武威）而称王，辖境包括甘肃西部和宁夏、青海和新疆的部分地区，势力并未涉及四川，而且当时的四川地区是归东晋管辖，至于二十四州具体在何处，汉文史籍并没有确切记载，似为约数，意指占据地域之广。由此可见，只有《汉藏史集》的记载与汉史最相符合，其他几部藏文史籍或记载不明、或为翻译有误。

除去《如意宝树史》没有提及外，其他七部藏文史籍对鸠摩罗什的记载大致可分为三类：第一类是以《西藏王统记》《青史》《新红史》为代表的，文中没有提到鸠摩罗什之名，而是说请来佛像，其中关于佛像的名称也各不统一，下文会作详细介绍，在此先不赘述；第二类是以《红史》《雅隆尊者教法史》《汉藏史集》为代表的，用大段文字重点描写有关鸠摩罗什以及其弟子周和尚（《雅隆尊者教法史》记作“僧肇”）的种种事迹；第三类是以《土观宗派源流》为代表的，虽然介绍了迎请鸠摩罗什和旃檀觉阿佛像，但却只用简短的一句话概括叙述，说其率众弟子翻译佛经。本节则主要介绍第二种记载类型。

对比前面《红史》《雅隆尊者教法史》《汉藏史集》的引文可以看出，关于鸠摩罗什及其弟子僧肇的事迹基本一致，这一点三部藏文史籍的叙述除部分细节外，大体内容描述基本一致，均为：一印度老班智达向前秦王（《雅隆尊者教法史》记作“西晋王”，与汉史不符）提出将鸠摩罗什、旃檀佛像和佛舍利迎请到中原，则会有益众生，前秦王遂派将军领兵前往西域。但三部藏文史籍对这其中一些细节的记载略有不同，比如关于鸠摩罗什所在小国的方位，《红史》记为印度和西羌之间，《雅隆尊者教法史》写作天竺和绛域之间，《汉藏史集》则写为印度和西域之间。其中，“绛域”之“绛”在藏语中是指羌，有时特指南诏或纳西地区。而根据汉史《高僧传》的记载，鸠摩罗什为西域龟兹国人，龟兹在今天的新疆以库车绿洲为中心，包括今阿克苏地区和巴音郭楞蒙古自治州部分地区。而历史上西羌的主要活动范围是在中原以西的西北高原地区，包括今天的甘肃、青海、川西等地，可见《汉藏史集》的记载与汉文史籍的说法比较一致，其所在小国即为西域之龟兹。

其次，有关迎请鸠摩罗什的缘由，汉传佛教典籍的记载与藏文史籍的说法相差很大，我们先摘引一段《高僧传》对迎请鸠摩罗什的情况进行描述的原文：

> 有外国前部王及龟兹王弟并来朝坚（前秦帝苻坚）。坚于正殿引见，二王因说坚云："西域多产珍奇，乃请兵往定，以求内附。"……至苻坚建元十三年，岁次丁丑正月，太史奏云："有星见外国分野，当有大德智人，入辅中国。"坚曰："朕闻西域有鸠摩罗什，襄阳有沙门道安，将非此耶？"即遣使求之。……坚遣骁骑将军吕光……等，率兵七万，西伐龟兹及乌耆诸国。临发，坚饯光于建章宫，谓光曰："……朕闻西国有鸠摩罗什，深解法相，善闲阴阳，为后学之宗，朕甚思之。贤哲者国之大宝，若克龟兹，即驰驿送什。"[1]

从上述汉史引文可知，当时鸠摩罗什的名声早已传到中原地区，苻坚对此人也早有耳闻，所以苻坚应前部王和龟兹王弟（史称"鄯善王"）之请而发兵龟兹之前，嘱咐大将吕光要将鸠摩罗什带回。但是在藏文史籍中提到的，向前秦王提议迎请鸠摩罗什的印度班智达，在上述史料中并没有提及，而如果查阅《高僧传》中介绍南北朝时期的高僧释道安时，则有这样一句话："安（释道安——引者注）先闻罗什在西国，思共讲

[1]（南朝梁）释惠皎：《高僧传》卷二《鸠摩罗什传》，北京：中华书局，1992年，第47页。

析，每劝坚取之。”[1]由此可知，极力劝说苻坚将鸠摩罗什请来中土的应是汉僧释道安，而非来自印度的班智达。然而事实上，“安终后十六年，什公方至。什恨不相见，悲恨无极”[2]。释道安其实并未与鸠摩罗什相见过，也只闻其名而已，而且释道安也只是提议迎请鸠摩罗什，也未要求迎请佛像和舍利。

另外，藏文史籍记载将军吕光领军四十万，而在汉史中则只有七万，可见藏文史籍的记载有夸张之嫌。

根据藏文史籍记载，当前秦四十万大军逼近西域小国时，该国国王质问将军为何兴兵到此，将军回答是来取佛像、舍利和班智达，若不与则交兵。国王回答佛像和舍利均可奉上，只是班智达已圆寂，其子小鸠摩罗什年届十八可一并带去。于是将军将三者带回。三部藏文史籍对这段内容的描述除个别措辞外基本一致，另外《汉藏史集》还另引《松赞干布遗教》中的汉地国王协助印度国王打败外道军队，因此从印度请来佛经和觉卧佛像的故事，本节对这则故事在下文另作分析。而根据《高僧传》的记载：

> 光军未到，什谓龟兹王白纯曰：“国运衰矣，当有勍敌，日下人从东方来，宜恭承之，勿抗其锋。”纯不从而战。光遂破龟兹，杀纯，立纯弟震为主。光既获什……[3]

[1]（南朝梁）释惠皎：《高僧传》卷五《释道安传》，北京：中华书局，1992年，第184页。

[2]（南朝梁）释惠皎：《高僧传》卷五《释道安传》，北京：中华书局，1992年，第184页。

[3]（南朝梁）释惠皎：《高僧传》卷二《鸠摩罗什传》，北京：中华书局，1992年，第47页。

可见，汉史中没有藏文史籍所谓的龟兹国王与吕光将军的对话，龟兹王因抵抗吕光的大军而被杀；鸠摩罗什等佛宝也非由龟兹王主动送出，而是被吕光的大军攻破龟兹后俘虏所得。另外，鸠摩罗什生于344年[1]，吕光于建元十八年（382）九月领兵攻打龟兹，当时鸠摩罗什已三十八岁，并非藏文史籍所记载的“年届十八”。而关于鸠摩罗什的父亲，根据《高僧传》的记载：

> 父鸠摩炎，聪明有懿节。将嗣相位，乃辞避出家，东度葱岭，龟兹王闻其弃荣，甚敬慕之，自出郊迎，请为国师。[2]

汉文史籍只叙述了其父也是一位有道高僧，但吕光所请之班智达究竟是鸠摩罗什还是其父，以及其父是否真在吕光攻打龟兹之前就已圆寂，在汉文史籍中都没有明确记载，可见这段历史在藏文史籍中似为杜撰之说。

据藏文史籍记载，将军看鸠摩罗什年轻，于是心生疑虑，对其并不敬信。但是，通过罗什准确预测山洪暴发和分辨母马和马驹两件事，将军对其产生了信仰。对此《汉藏史集》则只用“大师在一路上历次显现大德神通”这样一句话进行了概括。而对照汉文史料《高僧传》，吕光确实没能看到鸠摩罗什的过人之处，将其俘虏后百般羞辱。而当“光还中路，置军于山下，将士已休。什曰：‘不可在此，必见狼狈，宜徙军陇上。’光不纳，至夜果大雨，洪潦暴起，水深数丈，死者数千，光始

[1] 桑荣：《鸠摩罗什研究概述》，《西域研究》1994年第4期。

[2] （南朝梁）释惠皎：《高僧传》卷二《鸠摩罗什传》，北京：中华书局，1992年，第47页。

密而异之。”[1]之后，罗什还就“大风起将有叛乱”“外国道人治病不足信”“猪妖、盘龙出世将有变”“胡奴斩人头”等事件作出准确预测，但是并没有分辨母马和马驹的说法。对比下来，只有预测山洪一事，为藏汉史料所共载，而将军对班智达产生敬信等情节，则为藏文史籍作者的夸张之作，因为按照《高僧传》的记载，鸠摩罗什被困西凉的几年间，“什停凉积年，吕光父子，既不弘道，故蕴其深解，无所宣化”[2]。直到后来，“（姚）兴弘始……五月，（姚）兴遣陇西公硕德，西伐吕隆。隆军大破，至九月，隆上表归降，方得迎什入关。以其年十二月二十日至于长安，兴待以国师之礼，甚见优宠，晤言相对，则淹留终日。研微造尽，则穷年忘勘”[3]。

可见，真正对鸠摩罗什产生敬信的是后秦文桓帝姚兴，而非将军王系的吕光父子。丞相王系发兵后凉，将鸠摩罗什从凉州迎入长安，并对其优礼尊崇。鸠摩罗什纳有十妻，众僧不服，鸠摩罗什于是当众吞针，以消除众僧疑惑。此故事在藏文史籍中除了一些细节有差异外，基本结构一致。但是，在汉文史料中，这则故事却没有在《高僧传》中出现，而是在《晋书》中有所介绍：“（姚）兴尝谓罗什曰：‘大师聪明超悟，天下莫二，何可使法种少嗣。’遂以伎女十人，逼令（鸠摩罗什）受之。尔后不住僧坊，别立解舍。诸僧多效之。什乃聚针盈钵，引诸僧谓之曰：‘若能见效食此者，乃可畜室耳。’因举匕进针，与常食不

[1]（南朝梁）释惠皎：《高僧传》卷二《鸠摩罗什传》，北京：中华书局，1992年，第48页。

[2]（南朝梁）释惠皎：《高僧传》卷二《鸠摩罗什传》，北京：中华书局，1992年，第48页。

[3]（南朝梁）释惠皎：《高僧传》卷二《鸠摩罗什传》，北京：中华书局，1992年，第48页。

别，诸僧愧服乃止。”[1]可见，藏文史籍所载这则故事的原本，应为《晋书》所载，但是却删去了是姚兴逼令鸠摩罗什纳十妻。另外，在《高僧传》中并无吞针之说，原文为：“（鸠摩罗什纳十伎后）每至讲说，常先自说譬，如臭泥中生莲花，但采莲花，勿取臭泥也。”[2]可见，藏文史籍作者在对这两个故事进行选择时，最终采纳了《晋书》这种更具神话色彩的版本，这也能反映出一些藏文史学的史学观。

关于鸠摩罗什弟子的名字，《红史》和《汉藏史集》记作周和尚，《雅隆尊者教法史》记作僧肇，而比照汉史中的记载，在鸠摩罗什的几位重要弟子中，并没有姓周者，却只有僧肇，而“肇”和“周”二字发音较为接近，应是指同一人，即僧肇和尚。按照藏文史籍的记载，因为王对僧肇极为敬服，故遭到王后的忌恨而将其诬陷致死，僧肇被斩首之后将头放回颈上，依然登坛讲经，直到讲经结束后首级落地而死，其血化作奶。而按照汉文史料中的记载，僧肇确为一代高僧，他一生跟随鸠摩罗什从事佛经翻译工作，被称为“什门四圣”“什门八俊”之一，著作《肇论》在中国佛教史上有很高的地位。但是，关于他圆寂之事，《高僧传》只记“晋义熙十年卒于长安，春秋三十有一矣”[3]。可见僧肇是英年早逝，而且其圆寂之年为414年，与他的老师鸠摩罗什的圆寂时间（413）仅相差一年。

然而，参考《红史》记载，南宋幼主瀛国公（藏文史籍称“合

[1]（唐）房玄龄等：《晋书》卷九十五《鸠摩罗什传》，北京：中华书局，1974年，第2502页。

[2]（南朝梁）释惠皎：《高僧传》卷二《鸠摩罗什传》，北京：中华书局，1992年，第47页。

[3]（南朝梁）释惠皎：《高僧传》卷六《释僧肇传》，北京：中华书局，1992年，第252页。

尊”）被送往萨迦寺出家为僧，“后来到格坚汗（英宗）时将其杀死，死时不流血而流奶”[1]。根据王尧先生考证，认为“这是佛教历史上习见的说法，用来表示一种冤枉，被害者流出来的血是白色的，像奶子一样。……在藏族口头流传的故事中，也有同样的说法”，由此可见，藏文史籍作者认为僧肇被害也是被冤枉的，通过这样一种神话式的描述，来表达对僧肇和尚的同情。

除了《如意宝树史》外，所引七部藏文史籍中，在介绍如何迎请鸠摩罗什时，都提到把佛像也迎取至汉地，但是具体是何佛像，藏文史籍中的记载却各有所异，《红史》说是“释迦牟尼上升三十三天建立的佛祖十二岁时的等身像即觉卧像、佛的舍利”，《西藏王统记》则记为“觉阿释迦和旃檀觉阿二像”，《雅隆尊者教法史》则写作“释迦牟尼佛升三十三天时所造释迦牟尼十六岁等身像尊者释迦与佛舍利”，《汉藏史集》则记为“佛陀释迦牟尼去拘尸那城时建造的释迦牟尼八岁等身像，即觉卧释迦牟尼像”，《青史》记作“檀香释迦牟尼像”，《新红史》记作“旃檀尊者佛像”，《土观宗派源流》也记作“旃檀觉阿佛像”。而根据《高僧传》和《晋书》的记载，当时鸠摩罗什被迎请至中原时，并没有带来佛像和舍利，但是根据《汉藏史集》所引《松赞干布遗教》中的故事，认为释迦牟尼八岁等身像是因为汉地国王协助印度国王达尔玛巴拉王击败外道军队后从印度迎请而来，而根据《西藏的观世音》一书记载，印度国王奉送的佛像是释迦牟尼十二岁等身像[2]，由此也可知关于释迦牟尼佛像的传说在早期并不统一，现今流传的统一版本

[1]（元）蔡巴·贡噶多吉：《红史》，东嘎·洛桑赤列校注，陈庆英、周润年译，拉萨：西藏人民出版社，2002年，第22页。

[2][古印度]阿底峡尊者发掘：《西藏的观世音》，卢亚军译注，兰州：甘肃人民出版社，2000年，第37页。

（即文成公主入藏所带佛像为释迦牟尼十二岁等身像和尼泊尔赤尊公主带来的释迦牟尼八岁等身像）应该是较晚时期出现的。

## 第二节　中原早期佛教史

在后弘期的藏文史籍中，除了《如意宝树史》外，其他藏文史籍在记述中原王统时，均表现出很强的佛教色彩，这主要体现在用大量的篇幅介绍这一历史时段所发生的三次与佛教有关的事件，即汉明帝夜梦金人遣使求法、摄摩腾与竺法兰二天竺僧东来洛阳弘法，以及高僧鸠摩罗什的事迹（包括其弟子被冤杀）。

**汉明帝夜梦金人遣使求法**

关于汉明帝遣使求法，历史上也称为“永平求法”，这则故事在中原史书的正史系统中最早见于《后汉书·西域传》，史云：“世传明帝梦见金人，长大，顶有光明，以问群臣。或曰：‘西方有神，名曰佛，其形长丈六尺而黄金色。’帝于是遣使天竺问佛道法，遂于中国图画形像焉。”[1]

另外，这段出现得较早的对佛教的最基本的描述在《后汉书》中并非孤证，在《后汉书》的其他地方有与之相映的描写：“楚王英……晚节……学为浮屠斋戒祭祀。”[2]又写道皇帝下诏曰：“楚王诵黄老之微言，尚浮屠之仁祠，洁斋三月，与神为誓，何嫌何疑，当有悔吝？其还

[1]（南朝宋）范晔：《后汉书》卷八十八《西域传》，北京：中华书局，1965年，第2922页。

[2]（南朝宋）范晔：《后汉书》卷四十二《楚王英传》，北京：中华书局，1965年，第1428页。

赎，以助伊蒲塞、桑门之盛馔。”[1]

这一段话中出现的“浮屠”“伊蒲塞”“桑门”均为佛教词汇，分别指佛陀、优婆塞和沙门。所以后世学者及佛教界人士，均以《后汉书》之《西域传》和《楚王英传》为据，将汉明帝时期作为佛教传入中国之始。不过《后汉书》虽然是正史中最早叙述佛教传入中原地区的著作，但其成书的年代相对较晚，作者范晔所生活的南朝刘宋时代距离东汉初年已将近四百年了。其实，汉明帝夜梦金人的故事，还见于南朝梁慧皎所撰《高僧传》所引的《牟子理惑论》，后书相传为东汉所著，其文称：

> 昔孝明皇帝，梦见神人，身有日光，飞在殿前，欣然悦之。明日，传问群臣，此为何神？有通人傅毅曰：“臣闻天竺有得道者，号之曰佛，飞行虚空，身有日光，殆将其神也！”于是，上悟，遣使者张骞、羽林郎中秦景、博士弟子十二人，于大月志（即大月氏）写佛经四十章，藏在兰台石室第十四间。[2]

这段记载除了“使者张骞”无法确定是否为西汉武帝时期之张骞的误记外，其他内容与《后汉书》基本一致，只是在原有内容上进行了一些扩充，增加了部分人名（如通人傅毅、羽林郎中秦景、博士弟子十二人等）和从西域（大月氏）求来佛经四十章。如果将上述史料与后弘期藏文史籍中的相关记载进行对比，则可发现藏文史籍的内容与《后汉

[1]（南朝宋）范晔：《后汉书》卷四十二《楚王英传》，北京：中华书局，1965年，第1429页。

[2]（南朝梁）释僧祐：《弘明集》卷一《牟子理惑论》，上海：上海古籍出版社，2013年，第30页。

书·西域传》和《牟子理惑论》所云基本一致，只是在人物与对话上进行了一些修饰而已，而且藏文史籍作者也普遍采纳了汉文史籍的观点，认为这是佛教传入中原之始。

**天竺二僧东来传法**

关于摄摩腾、竺法兰二天竺僧来中原传法译经、建白马寺之说，最早见于南朝梁代僧人慧皎所撰《高僧传》，该书开篇即介绍摄、竺二僧，其文如下：

> 摄摩腾，本中天竺人，善风仪，解大小乘经，常游化为任……
>
> 逮汉永平中，明皇帝夜梦金人飞空而至，乃大集群臣，以占所梦。通人傅毅奉答："臣闻西域有神，其名曰佛，陛下所梦，将必是乎。"帝以为然，即遣郎中蔡愔、博士弟子秦景等，使往天竺，寻访佛法，愔等于彼遇见摩腾，乃要还汉地。腾誓志弘通，不惮疲苦，冒涉流沙，至乎雒邑，明帝甚加赏接，于城西门外立精舍以处之，汉地有沙门之始也。
>
> 但大法初传，未有归信，故蕴其深解，无所宣述。后少时卒于雒阳。有记云："腾译《四十二章经》一卷，初缄在兰台石室第十四间中。"腾所住处，今雒阳城西雍门外白马寺是也。相传云："外国国王尝毁破诸寺，唯招提寺未及毁坏，夜有一白马绕塔悲鸣，即以启王，王即停坏诸寺，因改招提以为白马。"故诸寺立名，多取则焉。[1]

---

[1] （南朝梁）释惠皎：《高僧传》卷一《摄摩腾传》，北京：中华书局，1992年，第2页。

关于竺法兰的情况，《土观宗派源流》有简单的记载：“班智达跋罗那，汉语讹为竺法兰。”在中原佛教史上，竺法兰是早期佛教传入中国的重要人物，《高僧传》叙述如下：

> 竺法兰，亦中天竺人，自言诵经论数万章，为天竺学者之师。时蔡愔既至彼国，兰与摩腾共契游化，遂相随而来。会彼学徒留碍，兰乃间行而至。既达雒阳，与腾同止，少时便善汉言。愔于西域获经，即为翻译，所谓《十地断结》《佛本生》《法海藏》《佛本行》《四十二章》等五部。移都寇乱，四部失本，不传江左，唯《四十二章经》今见在，可二千余言。汉地见存诸经，唯此为始也。
>
> 愔又于西域得画释迦倚像，是优田王旃檀像师第四作。既至雒阳，明帝即令画工图写，置清凉台中，及显节陵上。旧像今不复存焉。
>
> 又昔汉武穿昆明池底，得黑灰，问东方朔，朔云不知，可问西域胡人。后法兰既至，众人追以问之。兰云：“世界终尽，劫火洞烧，此灰是也。”朔言有征，信者甚众。兰后卒于雒阳，春秋六十余矣。[1]

若单就汉文史籍作对比，则可看出《后汉书》与释惠皎《高僧传》的记载，除了都提到汉明帝夜梦金人的传说外，另有几处不同，如《后汉书》并没有提到汉明帝遣使求法时汉使将天竺二僧请来，而只有释惠皎《高僧传》记为天竺二僧与汉使蔡愔（《后汉书》只提到汉使秦景，

[1] （南朝梁）释惠皎：《高僧传》卷一《竺法兰传》，北京：中华书局，1992年，第3页。

并无蔡愔）在西域相遇，遂与之同行东赴洛阳。之后，二僧住于洛阳白马寺后翻译佛经多部，以及白马寺之寺名的来源和竺法兰解释“昆明池黑灰”这三件事，也只释惠皎《高僧传》有介绍。

另外，《魏书·释老志》亦载二僧与汉使同赴洛阳：

后孝明帝夜梦金人，项有日光，飞行殿庭，乃访群臣，傅毅始以佛对。帝遣郎中蔡愔、博士弟子秦景等使于天竺，写浮屠遗范。愔仍与沙门摄摩腾、竺法兰东还洛阳。中国有沙门及跪拜之法，自此始也。愔又得佛经《四十二章》及释迦立像。明帝令画工图佛像，置清凉台及显节陵上，经缄于兰台石室。愔之还也，以白马负经而至，汉因立白马寺于洛城雍关西。摩腾、法兰咸卒于此寺。[1]

可见，关于天竺二僧的事迹在汉代的史籍中并无记载，直到汉以后修成的《魏书》和释惠皎《高僧传》才有所介绍。而在《红史》《汉藏史集》《青史》《雅隆尊者教法史》等藏文史籍中，关于这一记载虽然简略，但基本一致，均为汉明帝时期天竺二僧以白马驮经东赴中原，《新红史》和《如意宝树史》说汉明帝时期佛教传入中原，只有《土观宗派源流》完整记载了汉明帝夜梦金人、与臣下说梦、遣使求法、迎回天竺二僧的所有故事情节。

《红史》《汉藏史集》《青史》和《雅隆尊者教法史》均提到天竺二僧以白马所驮之经为小乘经典，《土观宗派源流》则记为所驮之经包括大、小两乘。然而查阅汉文史料就会发现，并没有特别强调二僧带来

[1]（北齐）魏收：《魏书》卷一百一十四《释老传》，北京：中华书局，1974年，第3025—3026页。

的究竟是大乘或是小乘经典，只是在介绍摄摩腾时说其“解大、小乘经”。如果以“二圣六庄严”[1]作为大乘佛教的发展和推广者，则“大乘佛教兴起的时间一般认为是公元1世纪前后”[2]，而汉明帝时期为公元58年至75年，此时大乘佛教并没有完全传播开，因为直到鸠摩罗什所处的时代，西域地区仍然广泛流传小乘佛法。由此可以推测，当时天竺二僧可能将大、小二乘的部分经典都运来东土，所以《土观宗派源流》之说大体上是符合当时的实际情况的。

此外，《土观宗派源流》还指天竺二僧所译佛经为《四十二章经》和《十地经》，而其他藏文史籍对此均是一笔带过，并无具体说明。藏文史籍和《魏书》《高僧传》都认为天竺二僧与洛阳白马寺有联系，或二僧主持建寺、或住于此寺、或在此寺圆寂，如《高僧传》所载“于城西门外立精舍以处之，汉地有沙门之始也”，此处所说的“精舍”就被部分学者认为是白马寺或其前身。然而，与《魏书》约同一时代成书的《洛阳伽蓝记》在介绍白马寺时却没有提到这二僧，而只记明帝夜梦金人、遣使求法，以及白马寺的建筑、寺前的果林和宝公和尚等事迹[3]。

天竺二僧来到汉地传法时，遭到道教人士的阻扰，汉明帝遂将佛道二教的经书投于火中，以验真伪，结果佛经安然无恙，而道经则被焚毁，天竺二僧展示各种神通，皇帝与臣民遂敬信佛法。这则故事，记录在托名唐太宗的《题焚经台诗》的跋文中：

---

[1] 二圣六庄严，是指在大乘佛教理论建设和发展过程中起到体系化、规范化作用，并对理论的广度和深度作出巨大贡献的八位印度佛学大师，分别是功德光、释迦光（前二者为“二圣徒”）、龙叔、提婆、无著、世亲、陈那、法称（后六者为“六庄严”）。参见罗桑开珠：《佛学原理概述》，北京：民族出版社，2005年，第59—68页。

[2] 罗桑开珠：《佛学原理概述》，北京：民族出版社，2005年，第54页。

[3] 《洛阳伽蓝记》卷四《城西·白马寺》。

值岁旦五岳道士贺正之次，道士褚善信、费叔才等，共六百九十人互相语曰："帝弃我道教远求胡教。"乃自率众，各将所持道经共上表，愿与胡佛教比试其真伪。帝遂降敕尚书令宋庠引入长乐宫前，宣曰："道士与僧就元宵日骈集，白马寺南门外立两坛，至期试之。"西坛烧道经六百余卷，顷刻烧尽。唯取得老子道经一卷是真，其余是杜光庭撰，今云杜撰也。帝观东坛佛像并此《四十二章》烧不能坏，但见五色神光，天雨宝花天乐自振，叹未曾有。帝共群臣称悦。太傅张衍语诸道士曰："既试无验可就佛法。"其道士褚、费等深有愧恧，皆气盛自死。余有吕惠通等六百二十人，皆弃冠帔投佛出家。因此流通佛教，州县建寺敬僧，始从《四十二章》。[1]

佛道之争虽由来已久，但通过汉文史料的这一记述可以看出，焚烧佛道二经以辨真伪的故事，直到唐代才开始在文本中出现。而二僧腾空飞起显示神迹、道士投火自焚、皇帝以诗赞颂等故事，则很有可能是后人的附会之词。

另外，天竺二僧于五台山修建寺院，也不见载于早期的汉文典籍，唯重修的《清凉山志》（五台山也称"清凉山"）对此有一句简短的介绍：

大显通寺，古名大孚灵鹫寺。汉明帝时，滕、兰西至，见此山乃文殊住处，兼有佛舍利塔，奏帝建寺。滕以山行若天竺灵鹫，寺

[1]《大藏新纂卍续藏经》第37册，日本京都藏经书院，第659页。

依山名。[1]

引文所说的“滕、兰”，当即为摄摩腾、竺法兰二僧。此二僧是否到过五台山，仅凭《清凉山志》的记载还无法断定，因为该书是由清末民初的高僧印光法师重修而成，此时离汉明帝时期已过去1800多年，所以其真实性有待进一步考证。但从《土观宗派源流》援引此说来看，至少在清中后期，天竺二僧来五台山地区弘法建寺之说，已经被佛教界所广泛认同。

最后，关于天竺二僧圆寂的情景，《高僧传》和《魏书·释老志》都记为“卒于洛阳”，而藏文史籍却记载为“一在白马寺入灭尽定弥勒佛至于禅定中迎立，遂涅槃。一神变飞天，抵海中高丽国涅槃”（见《雅隆尊者教法史》）。此说不见于汉代和魏晋南北朝时期的汉文史料中，很可能是后来衍生的佛教神话故事传播到了西藏地方，从而为藏文典籍作者所记载。

**鸠摩罗什东来传法**

除以上两则故事外，藏文史籍还用大量篇幅记载了高僧鸠摩罗什的事迹，以及其弟子僧肇（或云周和尚）被冤杀的传说，其故事情节基本一致。本节先根据《高僧传》的记载，将鸠摩罗什与僧肇的事迹简要摘引如下：

什既道流西域，名被东国……有外国前部王及龟兹王弟并来朝坚。坚于正殿引见，二王因说坚云：“西域多产珍奇，乃请兵往定，

[1] 印光法师重修：《清凉山志》卷二《伽蓝胜概》，《中国佛寺史志汇刊》第79册，台北：宗青图书出版公司，1980年，第27页。

以求内附。”……至苻坚建元十三年，岁次丁丑正月，太史奏云：“有星见外国分野，当有大德智人，入辅中国。”坚曰：“朕闻西域有鸠摩罗什，襄阳有沙门道安，将非此耶？”即遣使求之。……坚遣骁骑将军吕光……等，率兵七万，西伐龟兹及乌耆诸国。临发，坚饯光于建章宫，谓光曰：“……朕闻西国有鸠摩罗什，深解法相，善闲阴阳，为后学之宗，朕甚思之。贤哲者国之大宝，若克龟兹，即驰驿送什。”……（龟兹王白纯）不从而战。光遂破龟兹，杀纯，立纯弟震为主。光既获什，未测其智量，见年齿尚少，乃凡人戏之……光还中路，置军于山下，将士已休。什曰：“不可在此，必见狼狈，宜徙军陇上。”光不纳，至夜果大雨，洪潦暴起，水深数丈，死者数千，光始密而异之。……至凉州，闻苻坚已为姚苌所害，光三军缟素，大临城南，于是窃号关外，称年太安。……太安二年正月，姑臧大风，什曰：“不祥之风，当有奸叛，然不劳自定也。”俄而梁谦、彭晃相继而反，寻皆殄灭。……光中书监张资……病，光博营救疗，有外国道人罗叉云，能差资疾，光喜，给赐甚重。什知叉诳诈，告资曰：“叉不能为，盖徒烦费耳……”……既而叉治无效，少日资亡。……有猪生子，一身三头，龙出东厢井中，到殿前蟠卧，比旦失之。纂（吕光庶子，杀太子以自立——笔者注）以为美瑞……什奏曰：“比日潜龙出游，豕妖表异。龙者阴类，出入有时。而今屡见，则为灾眚，必有下人谋上之变，宜克己修德，以答天威。”纂不纳。与什博，戏杀棋曰：“斫胡奴头。”什曰：“不能斫胡奴头，胡奴将斫人头。”此言有旨，而纂终不悟。光弟保，有子名超，超小字胡奴。后果杀纂斩首，立其兄隆为主。时人方验什之言也。……及姚苌僭有关中，闻其高名，虚心要请。……及苌卒，子兴袭位，复遣敦请。兴弘始三年……五月，兴遣陇西公硕德，西伐吕隆（吕光之弟吕宝的儿子——笔者注）。隆军大破，至九月，隆上表归降，方得迎什入关。以其年十二月二十日至于长安，兴待以国师之礼，甚见优宠，晤言相对，则淹留终日。研微造尽，则穷年忘勘。……姚主……以伎女十人，逼令受之。自尔已来，不住增坊，别立廨舍，供给丰盈。每至讲说，常先自说譬，如臭泥中生莲花，但采莲花，勿取臭泥也。[1]

有关僧肇的介绍，《高僧传》这样写道：

释僧肇，京兆（今陕西西安）人。……志好玄微……出家，学善方等，兼通三藏。乃在冠年，而名振关辅。……后罗什至姑臧，肇自远从之。什嗟赏无极。及什适长安，肇亦随入。及姚兴命肇与僧叡等，入逍遥园，助详定经论。……晋义熙十年卒于长安，春秋三十有一矣。[2]

将上述引文与藏文史籍作一对比，就会发现二者之间有诸多差异，试列表将不同之处加以说明：

[1]（南朝梁）释惠皎：《高僧传》卷二《鸠摩罗什传》，北京：中华书局，1992年，第47页。

[2]（南朝梁）释惠皎：《高僧传》卷六《释僧肇传》，北京：中华书局，1992年，第252页。

| 历史事件与人物 | 藏文史籍 | 《高僧传》 |
| --- | --- | --- |
| 迎请鸠摩罗什的原因 | 由一印度班智达向国王苻坚提出将鸠摩罗什、旃檀佛像和佛舍利迎请到中原，则会有益众生，国王才发兵西域。 | 前部王及龟兹王弟来请求发兵龟兹，太史说国外有“大德智人”，鸠摩罗什的名声传至中原地区，于是苻坚派吕光率军前去攻打龟兹，并令吕光将鸠摩罗什送回。 |
| 西域（龟兹）国王的态度 | 说老班智达已圆寂，其子可带回中原，并将佛像与舍利送上。 | 龟兹国王白纯不战而降（一说迎战），吕光杀白纯，立其弟为王。 |
| 鸠摩罗什显示神迹 | 为将军解释母马嘶鸣是为了叫回马驹，劝将军驻军山上，以免遭到洪水冲击，将军听从了建议，并对其产生敬信。 | 吕光认为鸠摩罗什年轻，对他进行羞辱。在行军途中，罗什劝吕光驻军山上，吕光不听，结果兵士被洪水淹死数千，吕光这才暗叹鸠摩罗什的神奇。罗什还就“大风起将有叛乱”“外国道人治病不足信”“猪妖、盘龙出世将有变”“胡奴斩人头”等事件作出准确预测。 |
| 鸠摩罗什纳妾 | 鸠摩罗什纳有十姬，众僧不服，罗什遂在众僧面前吞针，以消除其偏见。 | 姚兴强逼鸠摩罗什接受十名伎女，罗什在每次讲经时，自喻为臭泥生莲花，劝诸僧学其佛法，勿学其破戒之行为。 |
| 鸠摩罗什弟子被冤杀 | 罗什弟子周和尚（《雅隆尊者教法史》记为僧肇）被王后诬陷，斩首之后将头放回颈上，依然登坛讲经，直到讲经结束后首级落地而死，其血化作奶。 | 只提到僧肇的佛学造诣很高，与其他众僧在鸠摩罗什的主持下一起翻译佛经，最后英年早逝。 |

通过上表可以看出，虽然藏文史籍所记叙的历史事件和相关人物与汉史大致相似，但在一些细节处理上还是有所不同，比如苻坚派兵只是攻打龟兹、将鸠摩罗什带回，并无藏文史籍中所写的还需迎回佛像和舍利；鸠摩罗什所显示的种种神迹，在藏文史籍中的介绍也较为简略；鸠摩罗

什被吕光困于后凉达十六年，在藏文史籍中没有提及；而鸠摩罗什吞针的故事，虽然在《高僧传》没有记载，但在《晋书》却有一段记载，原文为：

> （姚兴）以伎女十人，逼令（鸠摩罗什）受之。尔后不住僧坊，别立解舍。诸僧多效之。什乃聚针盈钵，引诸僧谓之曰："若能见效食此者，乃可畜室耳。"因举匕进针，与常食不别，诸僧愧服乃止。[1]

可见藏文史籍所载传说与《晋书》是一致的。

另外，关于鸠摩罗什的弟子僧肇（周和尚），藏汉史料对其记载的差异则较大，《高僧传》说其"肇既才思幽玄，又善谈说。承机挫锐，曾不流滞。时京兆宿儒，及关外英彦，莫不挹其锋辩，负气摧衄"[2]。后来，僧肇改投鸠摩罗什门下，受到鸠摩罗什的赏识，跟随其翻译整理佛经，曾著《般若无知论》，被鸠摩罗什称赞道："吾解不谢子，辞当相挹。"（意为：僧肇的见解比鸠摩罗什还要高，对其给予了很高的评价）。僧肇一生从事佛经翻译工作，被称为"什门四圣""什门八俊"之一，著作《肇论》在中国佛教史上有很高的地位，只是他英年早逝，圆寂之时只有三十一岁，《高僧传》记为"晋义熙十年"，即414年，与他的老师鸠摩罗什的圆寂时间（413）相差一年。虽然汉文史料中没有提到僧肇早逝的原因，但其被诬陷其调戏王后不成，藏王后一鞋于床（或

[1]（唐）房玄龄等：《晋书》卷九十五《鸠摩罗什传》，北京：中华书局，1971年，第2502页。

[2]（南朝梁）释惠皎：《高僧传》卷六《释僧肇传》，北京：中华书局，1992年，第252页。

坐垫）之下的故事，与西藏佛教前弘期高僧毗卢遮那的传说相类似。毗卢遮那是“七试人”之一，因为继承莲花生大士的密法一派，而遭到赤松德赞的王妃蔡邦氏的反对，相传蔡邦氏为使毗卢遮那破戒，曾以美色诱惑，奸计不成则反诬毗卢遮那调戏她，毗卢遮那为免遭迫害，被迫逃离王宫。毗卢遮那故事的后半部分与僧肇被斩首以及他讲完经头才落地而死的传说不同，毗卢遮那被流放到了川西一带，后来被赤松德赞迎回，并没有被杀害。可见这一传说的原始文本可能是藏族的民间传说，后来被藏文史籍作者采用，编入到藏文史籍之中，并对其进行神化加工，用来解释僧肇英年早逝的原因。

最后，通过上述对从先秦到南北朝的藏文史籍相关记载的分析，可以总结出成书于后弘期的藏文史籍具有以下几个特点：

（一）按照中王朝世系的顺序进行简单记载，代表性地介绍一两位皇帝及其相关历史事件。

从整体上来看，藏文史籍对于中原王统是按其先后顺序进行记载的，重点介绍入主中原的王统（如三国只记魏、两晋南北朝只记晋），对于其他割据政权则没有提及或只是选择性地介绍几个。整体记载较为简略，很多朝代都是一笔带过，或者只介绍某一朝代立国多少年、王系传承多少代等，均以白描的方式将中原王统进行介绍。这种记史法很明显是受到传统藏文史籍编写法则的影响，即注重王统的先后顺序，比如许多后弘期史料在编修雅隆部落王统世系时，都会按照赞普即位顺序记载父子传承多少代，其间代表性地介绍一两位赞普，如所谓的“天尺七王”，重点介绍聂赤赞普；之后的“上丁二王”，则介绍止贡赞普和布德贡杰；再次是“中累六王”和“地岱八王”，因为没有特别出名的赞普，所以只列其名，不作具体介绍，等等。在这种记史法则的影响下，将汉史记为“从汉高祖开始传十二代帝王（指西汉）”，重点介绍汉高祖建立汉朝，以及王莽篡汉；“光武帝……其子为汉明帝”，介绍汉明帝时佛教传入；“曹操之五代子嗣位”，介绍曹操篡汉（应为曹丕代汉称帝）；而对于两晋则是一笔带过，只写到“（曹魏）继为晋代传统，有东晋和西晋两朝”，可见二者的叙事风格基本一致。

（二）大多数藏文史籍的记载内容相似，似为成书年代较晚者参考前人之作。

如果将所介绍的八部藏文史籍按其成书年代的早晚来看，其先后顺序为《红史》（1363）、《西藏王统记》（1388）、《雅隆尊者教法史》（1396）、《汉藏史集》（1434）、《青史》（1478）、《新红史》（1538）、《如意宝树史》（1748）、《土观宗派源流》（1801）。成书年代最早者为《红史》，之后成书的藏文史籍基本延续了该书的记史风格，史料内容与故事情节的相似点也颇多，推测应为成书年代较晚的藏文史籍参考了前代学者的作品。而在《汉藏史集》的前言中也明确写到，该书在编修之时曾收集过包括蔡巴（即蔡巴·贡噶多吉，《红史》的作者）在内的众多大德的文书善本，据此也可推断，这种后人参考前代学者著作的情况，在后弘期修史过程中是一种较为普遍的现象。另外，藏文史籍作者在编修藏文史籍时，并非完全抄袭前人，如《如意宝树史》就较少受前代藏文史籍作者的影响，其内容与汉史的吻合程度较高；而《土观宗派源流》因为主要介绍的是藏汉等地的各种宗教流派，所以对中原王统没有进行详细叙述，但所提及的历史事件也是遵循了传统藏文史籍的编修习惯（即按照王系先后顺序进行记述），不同点只在于其内容上有所扩充，加入了很多前代史书所没有记载的故事而已。

（三）以佛教主导的史学观来记载中原的王统史。

自元代以来，由于西藏佛教得到了复兴，而且中央王廷也积极扶持西藏佛教的发展，所以藏族社会很快实现了佛教化，在此社会环境中，形成了以佛教思想作为社会之行为准则。而当时，包括藏文史籍作者在内的知识分子阶层，主要被僧侣集团所占据，他们在编修历史时自然也是以佛教为中心。而随着西藏与中原的联系逐渐加强，尤其是在文化方面，佛教成为连接的重要桥梁。在这样一种社会历史背景下，藏文史籍作者对中原的王统史也是以佛教的视角进行了解的，所以在后弘期藏文史籍中处处可见汉地佛教的内容，比如汉明帝时佛教传入中土、天竺二僧用白马驮经、后秦时期鸠摩罗什东来洛阳传法、释迦牟尼佛像传到中土等，无一不体现出藏族史学佛教化的特点。

（四）史实中掺杂大量具有浓郁神话色彩的故事和传说。

除了吸收与佛教有关的史料外，后弘期的藏文史籍还充满了很多具有神话色彩的故事和传说，比如天竺二僧在白马寺入定时，一位要等到弥勒降世才涅槃，另一位则飞往高丽国涅槃；鸠摩罗什被吕光所俘后显示种种神迹；僧肇和尚被斩首后依然登坛讲经、其血化作奶等。虽然对于这部分内容，其真实性在学术界备受争议，但是却能体现出当时的藏文史籍作者对于历史的一种认识——这是一种具有浪漫主义色彩和文学化加工的历史观，因为在那个充满浓郁佛教氛围的社会里，各种神话传说被当时的人认为是可信的历史，他们编织美丽的神话，而自己也生活在神话世界当中。所以今人在研究这些史料时，不能单纯以史载的真伪来作简单的判断，而应看到这些历史文本背后，作者所处的社会背景和对思想情感的寄托。

# 第三章　藏文史籍对唐宋史实的记载

## 第一节　对唐五代两宋王统世系的记载

### 唐朝王统世系

关于唐朝历史的记载，藏文史籍的叙述远比对唐代以前的中原王朝历史的记载丰富。首先，中原与西藏在唐朝建立了正式的政治联系，故而具有划时代的意义。其次，唐朝对于西藏文明的促进作用可谓是功不可没。集中体现在文成公主和金城公主相继入藏，随着两次和亲的进行，中原文化开始全方位地传入西藏，两位公主也往往被后代的藏文史籍作者视为藏族文明的推动者。最后，唐朝和吐蕃政治、军事、文化、经济方面的交流多被载入各种史料，不论是碑铭，还是敦煌吐蕃文献，都为学者了解这一时代提供了可信的材料。此外，藏文史籍对唐朝历史，在14世纪之前也只是零星记载，比如唐蕃会盟碑以及敦煌文书。成书不晚于12世纪的《拔协》和《柱间史》，对于唐朝的历史虽渐次丰富，但也有诸多缺憾，究其原因，其记载多是作为叙述文成公主和金城公主的背景。可以说在14世纪中叶之前，藏文史籍作者对于汉地唐朝的历史是处于懵懂的状态，直至《红史》的问世，才改变了这一情况。

《红史》掀开了记载唐朝历史的新篇章，它参考了《唐书·吐蕃传》等藏译材料。其后记载唐朝王统重要的藏文史籍还有《汉藏史集》《青史》等。《红史》因被视为具有唐蕃双方同期编写的第一手史料的价值，继之的先辈藏文史籍作者在编写唐朝历史的这一部分往往直接采用《红史》。

后弘期早期的藏文史籍，多是零星地记载唐朝皇帝的情况，缺乏唐朝王统世系的系统梳理。以《拔协》和《柱间史》为例，多在文成公主和金城公主的书写中给予个别唐朝皇帝记载。《拔协》载，（降擦拉温）王子长到娶妻年龄时，赞普与大臣们商量道：

> 吐蕃人全是猕猴的子孙，不适合做这位王子的妃子，还是给他娶一个汉族妃子吧！吐蕃诸王中，以先祖松赞干布最为杰出，据传他是观音菩萨的化身。他的亲翁是唐皇公子初琼，据说他也是观音菩萨的化身。他的女儿是文成公主。他有三百六十部经典，被誉为汉地的经典皇帝。他的儿子是唐王卓木兴，卓木兴的儿子是唐王太巴，太巴的儿子叫唐王盘，盘的儿子是唐王姜桑，姜桑的儿子是唐王李赤协朗米色。现在在位的唐王的女儿叫金城公主，迎娶她来，最为合适。[1]

在这段记载中，藏文史籍作者对于唐朝的皇帝并没有统一和清晰的认识，其中的唐皇公子初琼即是唐太宗李世民。

据《新唐书·吐蕃传》载，“（贞观）十五年，妻以宗女文成公

[1]（唐）拔·塞囊：《拔协》，佟锦华、黄布凡译注，成都：四川民族出版社，1990年，第2页。

主，诏江夏王道宗持节护送，筑馆河源王之国。弄赞率兵次柏海亲迎”[1]。可见，在贞观十五年，唐太宗以宗女文成公主出嫁吐蕃。藏文史籍作者对唐太宗不仅用自己的语言进行称呼，而且还冠以观音菩萨化身的荣耀。同样，对于唐朝的其他皇帝也用自己的言语称之，如卓木兴、唐王姜桑、唐王李赤协朗米色。《柱间史》说到当佛教善法濒临湮灭、兵连祸结之际，达磨婆罗王派使臣向唐朝皇帝求援，多次使用“汉皇”[2]。成书于1322年的《布顿佛教史》提到唐太宗也依据藏文史籍作者自己的习惯给予迥异于汉文史籍的称呼，书中说：“于是松赞干布王从印度南方迎请来蛇心旃檀自然现出的十一面观音像；又和尼泊尔王峨色阁恰王的公主伯姆赤准结了婚，由公主迎请来不动金刚佛像、弥勒像、旃檀救度母像等；复与汉地皇帝太宗森格赞普（意为‘狮子王’）的文成公主结了婚，由公主迎请来幻现的释迦牟尼佛像。”[3]对比《拔协》《柱间史》《布顿佛教史》可知，早期的藏文史籍作者对唐朝皇帝的名称基本上都不用他们本来的汉式姓名或中原政治文化传统中的谥号庙号，而是创造出了一套唐朝皇帝在藏文化中所特有的名称形式。但自《红史》问世后，藏文史籍对唐朝皇帝的称呼完全转录汉地自身的记载，对唐朝的王统世系也有了系统记载。

在谈及《红史》之前，不能不谈到《红史》产生的时代背景。《红史》的作者贡噶多吉处在元朝统治时期，而元朝以霸主的角色屹立在欧

[1]（宋）欧阳修、宋祁等：《新唐书》卷二百一十六《吐蕃传》，北京：中华书局，2000年，第6074页。

[2] [古印度]阿底峡尊者发掘：《柱间史——松赞干布的遗训》，卢亚军译注，北京：中国藏学出版社，2010年，第25—26页。

[3]（元）布顿大师：《佛教史大宝藏论》，郭和卿译，北京：民族出版社，1986年，第170—171页。

亚之巅。一方面，元廷整合了周边的各个民族融入其统治秩序；另一方面，以其强大的政治和军事实力取得周边政权政治上的归属和认同。在这种大一统的历史背景下，藏族史学得到了空前发展。这一时期藏文史籍作者开始逐渐了解周边的民族，积极吸收周边先进的文明因素，产生了新的史学观念。其中元代帝师八思巴《彰所知论》、蔡巴·贡噶多吉《红史》与布敦大师《佛教史大宝藏论》，以及索南坚赞的《西藏王统记》都颇为有名。明朝之世，藏文史籍的创作更是达到了前所未有的高度，出现了《汉藏史集》《贤者喜宴》《新红史》《青史》等史学名著。

对于唐朝的记载，《红史》是藏文史籍的奠基之作。这里为方便讨论，以《红史》为例，引用材料如下：

唐高祖于阳土虎年（戊寅）即帝位，在位九年，于七十岁去世。其子唐太宗在其父在位时，被封为秦王，击破突厥。于阳木虎年（甲寅）与吐蕃国王互赠礼品，结为朋友。……唐高宗从阳土鸡年起执政三十四年，于阴水羊年五十六岁时去世。唐太宗的皇后女侍从，在唐太宗死后降为女奴，又被唐高宗娶为皇后，她生了儿子唐中宗、唐睿宗、女儿太平公主。唐高宗遗诏让长子唐中宗继位，但皇后不听从，自己当了女皇。因她姓武，故起名叫武则天，女皇派兵将吐蕃的许多地方夺去。……阴木猴年女皇的儿子唐中宗即位，吐蕃向唐朝皇帝求娶公主，皇帝将自己的弟弟雍王的女儿金城公主嫁给吐蕃，陪送绸缎许多万匹、各种工匠、许多杂伎乐人，并派左卫大将军领兵护送。后来又将西夏之地都陪送公主。唐中宗在位六年，于阳铁狗年五十岁时去世，阴铁猪年金城公主之父唐睿宗即位，他在位两年，于阳水鸡年五十五岁时去世。唐睿宗的第三个儿唐玄宗于阴水牛年二十九岁时即位。金城公主在吐蕃住了三十一年，于阴铁猴年去世。这以前唐朝国土平安达一百一十年。阴木羊年吐蕃国王去世，王子赤松德赞继位。唐玄宗在位四十三年，于阴铁鸡年七十三岁时去世。唐玄宗的第三个儿子唐肃宗于阳火猴年即位。当年，吐蕃军前来，占领了蛮子河西等地，后来州城二十四座全部陷于吐蕃。唐肃宗在位七年，于阳水虎年五十二岁时去世。当年，唐肃宗的长子唐代宗即位。阴水兔年吐蕃军又来了，唐代宗逃往陕州，唐朝的大臣高晖投降吐蕃，吐蕃军进入京兆府，立唐朝的广武王为唐朝皇帝，并且改元，传诏大赦。后来汉人杀高晖，驱除吐蕃军，唐代宗重返都城。唐代宗在位十七年，阳土羊年五十岁时去世。唐代宗的长子唐德宗于阳铁猴年继位，因德宗明哲贤达，多年未与吐蕃交战。……

后来，唐蕃双方又多次交战，阴火牛年吐蕃国王去世，足之煎赞普即位，阳木猴年去世，当年赤德松赞继位。唐德宗在位二十五年，于阴木鸡年六十四岁时去世。当年，唐德宗的长子唐顺宗继位，唐顺宗在位一年，二十六岁或说四十六岁时去世。阳火狗年，唐顺宗的长子唐宪宗继位，他于鼠年去世。牛年，唐宪宗的儿子唐穆宗继位，此时吐蕃国王去世，可黎可足继位，在拉萨地方召集吐蕃大臣会议，由钵阐布念盟辞，祝祷神灵，所有的人都立誓证盟。唐穆宗于阳火马年被大臣杀死。阴火羊年，唐穆宗的第二个儿子唐文宗继位。阳火龙年，吐蕃国王去世，当年，他的弟弟达磨继位，达磨嗜酒，凶愎少恩，吐蕃国内混乱。悉州、夏州，吐蕃所辖的大山崩裂，碌曲倒流三日，各种凶兆产生，国政衰败。阴土羊年以上，为二百零八年。唐文宗在位十二年，阳木龙年三十岁时去世。当年，唐穆宗的第五个儿子唐武宗继位，唐武宗在位六年，于阴木牛年三十四岁时去世。阳火虎年，唐桓（文）宗的第三个儿子唐宣宗继位，此后吐蕃境土大部被唐朝占领。最初，唐朝的境土由京兆府至吐蕃边界九千九百里，后来从唐中宗开始有三百余城陷于吐蕃，此后唐朝全部收复。唐宣宗在位十四年，于阴土兔年五十岁时去世。阳铁龙年，唐宣宗的长子唐懿宗继位。此后唐朝与吐蕃联系中断，由唐高祖至此时共二百三十九年。唐懿宗在位十四年，阴水猴年去世。阳木马年唐懿宗的第五个儿子唐僖宗继位，唐僖宗在位十五年，阳土猴年去世。唐僖宗的第七个儿子唐昭宗继位，在位十四年，于阴水猪年去世。阳木鸡年唐昭宗的第九子唐哀宗继位，在位四年，于阴火兔年去世，至此唐朝王统断绝。总计唐朝共有二十一个皇帝，立国二百八十八年。此后由梁朝改替朝代。[1]

在上述引文中，我们可以清晰地看到《红史》的作者贡噶多吉对于唐朝皇帝世系是有一个完整认识的，对于各个皇帝的称谓和在位时间相当详实和准确。作者在叙述唐代历史时，也直接引用并指明是“汉文史籍《唐书·吐蕃传》”[2]。同时，在章节的结尾作者再次强调，“这些唐蕃之间的史实由太宗时的史官名叫宋祁者写成，后来由范祖禹收集成册。由汉族译师胡将祖于阴木鸡年在临洮翻译成藏文，由喇嘛仁钦国师于阴木牛年刊行藏文本。其中纪年有几处错误，还有将吐谷浑误为突厥，将

[1] （元）蔡巴·贡噶多吉：《红史》，东嘎·洛桑赤列校注，陈庆英、周润年译，拉萨：西藏人民出版社，1988年，第15—21页。

[2] （元）蔡巴·贡噶多吉：《红史》，东嘎·洛桑赤列校注，陈庆英、周润年译，拉萨：西藏人民出版社，1988年，第21页。

和田误为沃田。此外与藏文史籍记载大致相符，故摘其大要抄录在此。唐蕃之间反复交战及有时和好，互致礼品，互相问聘吊祭等史实，详见于《唐书·吐蕃传》”[1]。另一方面，我们在梳理《红史》关于唐朝皇位传承系统和相关史实时，虽然发现藏文史籍中记载的传承系统大致内容是一致，但是还是存在一些时间错误和皇帝的缺漏。下文以《红史》为主干，《青史》和《汉藏史集》为佐证，对照汉文史籍的唐朝王统记载，来一窥藏文史籍对于唐朝王统记载的正误。

为方便讨论，依据《红史》《汉藏史集》《青史》及范文澜的《中国通史》，制作表格如下：

表3.1　汉藏文史籍关于唐代王统的记载

| 唐代王统 | 汉史记载（在位时间） | 《红史》 | 《青史》 | 《汉藏史集》 | 时间记载差异 |
|---|---|---|---|---|---|
| 高祖李渊 | 618—626（在位9年） | 阳土虎年（戊寅）— | 戊寅（618）— | 阳土虎年（戊寅618）— | 无 |
| 太宗李世民 | 626—649（在位23年） | 阳火狗年—阴土鸡年（在位23年） | 丙戌（626）—乙酉（649）（在位24年） | 阳火狗年（丙戌626）—阴土鸡年（己酉649）（在位23年） | 《青史》有异 |
| 高宗李治 | 649—683（在位35年） | 阴土鸡年—阴水羊年（在位34年） | 庚戌（650）—癸未（683）（在位35年） | 阴土鸡年（己酉649）—阴水羊年（癸未683）（在位34年） | 《青史》有异 |

[1]（元）蔡巴·贡噶多吉：《红史》，东嘎·洛桑赤列校注，陈庆英、周润年译，拉萨：西藏人民出版社，1988年，第21页。

续表

| 唐代王统 | 汉史记载（在位时间） | 《红史》 | 《青史》 | 《汉藏史集》 | 时间记载差异 |
|---|---|---|---|---|---|
| 武则天 | 690—705（在位16年） | 阳木猴年—阴木猴年（在位21年） | 甲申—乙巳（在位21年） | 阳木猴年（甲申684）—阴木蛇年（乙巳705）（在位21年） | 汉藏有异 |
| 中宗李显 | 705—709（在位5年） | 阴木猴年—阳铁猴年（在位6年） | 己巳—庚戌（710） | 阴木蛇年—阳铁鼠年（庚子）（在位6年） | 汉藏有异 |
| 睿宗李旦 | 710—712（在位3年） | 阴铁猪年—阳水鸡年（在位2年） | 辛亥—壬子 | 阴铁猪年（辛亥711）—阳水鼠年（壬子713）（在位2年） | 汉藏有异，《红史》与其他记载有异 |
| 玄宗李隆基 | 712—756（在位45年） | 阴水牛年—阴铁鸡年（在位43年） | 癸丑（713）—丙申（在位43年） | 阴水牛年（癸丑713）—阴铁鸡年（辛酉781）（在位43年） | 汉藏有异藏文一致 |
| 肃宗李亨 | 756—762（在位6年） | 阳火猴年—阳水虎年（在位7年） | 丙申—壬寅 | 阳火猴年（丙申756）—阳水虎年（壬寅762）（在位7年） | 汉藏有异藏文一致 |
| 代宗李豫 | 762—779（在位17年） | 阳水虎年—阳土羊年（在位17年） | 壬寅—己未（在位17年） | 阳水虎年（壬寅762）—阴土羊年（己未779）（在位7年） | 藏文史料有异，疑似抄写错误 |
| 德宗李适 | 779—804（在位25年） | 阳铁猴年—阴木鸡年（在位25年） | 庚申（780）—乙酉（在位25年） | 阳铁猴年（庚申780）—阴木鸡年（乙酉805）（在位25年） | 汉藏有异藏文一致 |
| 顺宗李诵 | 805年1—8月（在位几月） | 阴木鸡年（在位1年） | 乙酉（在位1年） | 次年—阳火狗年（丙戌806）（在位1年） | 汉藏有异藏文有异 |

**续表**

| 唐代王统 | 汉史记载（在位时间） | 《红史》 | 《青史》 | 《汉藏史集》 | 时间记载差异 |
| --- | --- | --- | --- | --- | --- |
| 宪宗李纯 | 805—820（在位15年） | 阳火狗年（806）—鼠年（820） | 丙戌（806）—庚子（820） | 此年—鼠年（820） | 汉藏有异藏文一致 |
| 穆宗李恒 | 820—824（在位4年） | 牛年—阳火马年 | 辛丑—丙午 | 牛年（辛丑821）—阳火马年（丙午826） | 汉藏有异藏文一致 |
| 敬宗李湛 | 824—826（在位2年） | 无 | 无 | 无 | 藏文史料完全没有记载 |
| 文宗李昂 | 826—840（在位14年） | 阴火羊年—阳木龙年（在位12年） | 丁未—己未（在位13年） | 阴火羊年（丁未827）—阴土羊年（839）（在位12年） | 汉藏有异，《汉藏史集》与其他有异 |
| 武宗李炎 | 840—846（在位6年） | 阳木龙年（836）—阴木牛年（在位6年） | 己未（839）—乙丑（845）（在位6年） | 此年—阴木牛年（在位6年） | 藏文一致 |
| 宣宗李忱 | 846—859（在位14年） | 阳火虎年（846）—阴土兔年（在位14年） | 丙寅（846）—己卯（859）（在位14年） | 阴火虎年—阴火兔年（丁卯859） | 汉藏有异藏文有异 |
| 懿宗李漼 | 859—873（在位15年） | 阳铁龙年—阴水猴年（在位14年） | 庚辰—癸巳（873）（在位14年） | 阳土龙年（戊辰860）—阴水蛇年（癸巳873）（在位14年） | 汉藏有异藏文有异 |
| 僖宗李儇 | 873—888（在位16年） | 阳木马年—阳土猴年（在位15年） | 甲午—戊申（888）（在位15年） | 阳木马年（甲午874）—阳土猴年（戊申888）（在位15年） | 汉藏有异藏文一致 |

续表

| 唐代王统 | 汉史记载（在位时间） | 《红史》 | 《青史》 | 《汉藏史集》 | 时间记载差异 |
| --- | --- | --- | --- | --- | --- |
| 昭宗李晔 | 888—904（在位17年） | 阳土猴年—阴水猪年（在位14年） | 己酉—癸亥（903）（在位15年） | 此年—阴水猪年（癸亥903）（在位40年） | 汉藏有异<br>藏文有异 |
| 哀帝李柷 | 904—907（在位4年） | 阳木鸡年—阴火兔年（在位4年） | 甲子—丁卯（907）（在位4年） | 阳木鼠年（甲子904）—阴火兔年（丁卯907）（在位4年） | 汉藏有异<br>藏文有异 |

这三种藏文史籍所记载的唐朝皇帝，其内容为皇帝的登基时间、去世时间和其他相关史实，但其记载的时间与汉文史料有差异。这些差异应是由于汉藏历法互换存在的误差及主观的记载失误造成的。

关于唐代历史的汉文正史著作，无论《新唐书》还是《旧唐书》，对于唐朝王统的记载均是有二十一帝，即高祖、太宗、高宗、武则天、中宗、睿宗、玄宗、肃宗、代宗、德宗、顺宗、宪宗、穆宗、敬宗、文宗、武宗、宣宗、懿宗、僖宗、昭宗和哀帝。据此分析，《红史》记载唐朝二十一位皇帝是正确的，而内容上则遗忘了一位皇帝，导致了以后的藏文史籍中记载的唐王统依然缺少了这位帝王——唐敬宗李湛。

唐敬宗李湛是唐穆宗的长子，初封为鄂王，后徙封为景王。因其父穆宗健康恶化而以太子身份监国，穆宗于公元824年正月病死后，他于同月丙子日即位。第二年改年号为“宝历”。唐敬宗在位两年，死后由其弟唐文宗即位。但是这段关于唐敬宗的历史，藏文史籍完全没有记载。《红史》说：“唐穆宗于阳火马年被大臣杀死。阴火羊年，唐穆宗的第二个儿子唐文宗继位。”《青史》亦说：“于丙午年穆宗被大臣杀害。

次年丁未由穆宗之次子文宗继掌国政。”《汉藏史集》亦记载：“穆宗于阳火马年去世。穆宗第二子文宗于阴火羊年即位。”在这些藏文史籍中，穆宗之后即位的皇帝被一致记载为文宗，完全忽略了穆宗和文宗之间的敬宗。

在三种藏文史籍对唐王统的记载中，对唐朝皇帝的驾崩之期都有记载，然对唐朝皇帝的死因却只记载了一位皇帝——唐穆宗。《红史》和《青史》称唐穆宗“被大臣所杀”。而此事在汉文史料中是没有记载的。以《旧唐书》为代表的汉地官方史书记载穆宗驾崩为：“四年正月辛亥朔，上御殿受朝如常仪。上饵金石之药，处士张皋上疏切谏，上悦，召之，求皋不获。泽、潞判官贾直言新授谏议大夫，刘悟上表乞留，从之。礼部尚书致仕孔戣卒。辛未，上大渐，诏皇太子监国。壬申，上崩于寝殿，时年三十。群臣上谥曰睿圣文惠孝皇帝，庙号穆宗。十一月庚申，葬于光陵。”[1]分析汉地资料，唐穆宗应为自然死亡，即非暴力死亡。故《红史》称唐穆宗被大臣所杀，应该是误记。关于此事所误记的对象，有可能是两人。一位是唐穆宗的父亲——唐宪宗；另一位是唐穆宗的儿子——唐敬宗。以《旧唐书》所记，宪宗和敬宗是唐朝二十一帝中仅有的直接被臣子所弑杀的两个皇帝。关于唐宪宗的死因，《旧唐书》的说法是：“时以暴崩，皆言内官陈弘志弑逆，史氏讳而不书。”[2]而唐敬宗，《旧唐书》载其死因是：“十二月甲午朔。辛丑，帝夜猎还宫，与中官刘克明、田务成、许文端打球，军将苏佐明、王嘉宪、石定宽等二十八人饮酒。帝方酣，入室更衣，殿上烛忽灭，刘克明

[1]（后晋）刘昫：《旧唐书》卷十六《穆宗本纪》，北京：中华书局，1975年，第2567页。

[2]（后晋）刘昫：《旧唐书》卷十五《宪宗本纪》，北京：中华书局，1975年，第2784页。

等同谋害帝，即时殂于室内，时年十八。群臣上谥曰睿武昭愍孝皇帝，庙号敬宗。大和元年七月十三日葬于庄陵。”[1]由此可见在汉地官方史料的记载中，唐宪宗和唐敬宗才是“被大臣所杀”的皇帝。而夹杂在这两位“被大臣所杀”的皇帝中间的唐穆宗是自然死亡，却被藏文史籍误记为“被大臣所杀”。

在记载唐王统时，藏文史籍注意记载新旧皇帝之间的关系，但其记载中出现了两个错误。其一为唐武宗和唐宣宗关系，藏文史籍均记载，唐武宗去世后，“唐文宗的第三个儿子唐宣宗继位”[2]。从藏文史籍来分析，会得出唐武宗和唐宣宗的关系为叔侄关系。但是根据汉文史料的记载，唐武宗和唐宣宗的关系并非叔侄关系，而是侄叔关系。唐宣宗是唐武宗的叔叔，而非侄儿。

综上所述，藏文史籍作者对唐朝皇帝的认知是一个逐步加深的过程。最早藏族对唐朝的政治、经济、疆域以及在位的统治者的了解，可前溯至吐蕃时期。这归结于吐蕃统治西藏期间，西藏与中原发生了直接的交往。关于此时期的唐朝皇帝的记载，藏文文献也留下了珍贵的材料，如《唐蕃会盟碑》等。随着吐蕃的崩溃，西藏开始了持续四个世纪的分裂割据状态，到元代在蒙古军事力量的帮助下重新实现了统一。在西藏分裂割据时代里，大量的珍贵文献遭到毁坏和遗失，藏文史籍作者对唐代历史的记忆与认知也几乎被一扫而空。直到12世纪，西藏的动荡才逐渐平息。此时期，西藏佛教的各教派开始走向了西藏政治舞台，同时为宣扬教义的需要，将宣扬自身教义和教派的著作埋于地下，再取出

[1]（后晋）刘昫：《旧唐书》卷十七《敬宗本纪》，北京：中华书局，1975年，第2864页。

[2]（后晋）刘昫：《旧唐书》卷十八《宣宗本纪》，北京：中华书局，1975年，第2563页。

伪托是先世的大师所作，故称为伏藏。据学者考证，成书于不晚于12世纪的《拔协》和《柱间史》即是著名的伏藏典籍。其中涉及唐朝王统的记载，对于唐朝皇帝，多在文成公主和金城公主论述中点到几笔，篇幅很小，而且译名往往是藏语的。到了14世纪中后期，即随着《红史》的问世，藏文史籍对于唐朝王统才有清晰明确的了解和记载。元朝大一统的政治格局和对西藏佛教的推崇，是促使像《红史》《布顿佛教史》这样优秀的史册类典籍产生的重要历史背景和原因。《红史》《汉藏史集》《青史》等典籍虽然也有误载和缺漏的毛病，但大致符合汉史有关唐朝皇帝世系的记载。其后的藏文史籍如《如意宝树史》《土观宗派源流》等对于有唐一代王统的记载，大都没有超越《红史》的记叙范围。

**五代王统世系**

附在唐代的历史之后的是五代十国，在中国历史上，五代十国是继东汉末年又一次大的分裂时期。学界一般认为，五代始于907年，终于960年。其中五代是指907年唐朝灭亡后依次更迭的位于中原地区的五个政权，即后梁、后唐、后晋、后汉与后周。直至960年，赵匡胤取代后周建立北宋，五代结束。而在唐末、五代及宋初，中原地区之外存在过许多割据政权，其中前蜀、后蜀、吴、南唐、吴越、闽、楚、南汉、南平、北汉十个割据政权被《新五代史》及后世史学家合称“十国”。北宋建立后先后统一了尚存的荆南、武平、后蜀、南汉、南唐、吴越、北汉等政权，基本实现了全国的统一。另一方面，处于边陲的吐蕃也共同经历着分裂、战乱所带来的痛楚，双方此时不得不结束之前唐朝与吐蕃王朝频繁的交往。这一时期，双方都陷入了乱世的困境，各自期盼着和平繁荣的盛世。

中原五代十国的历史，《红史》《雅隆尊者教法史》《西藏王统记》《汉藏史集》《青史》《如意宝树史》等藏文史籍均有记载。最早涉及这段历史的是《红史》，继之的是成书于1376年的《雅隆尊者教法史》和成书于1388年的《西藏王统记》。记载此时期的藏文史籍的成书年代多是在元明之世，更早涉及五代十国历史的藏文史籍尚未发现。在元明之世，藏族文化空前繁荣，藏族史学更进入了丰收期，此刻涌现出大量优秀的藏文史籍也就不难解释。[1]虽然五代十国在历史上的时间不过半个世纪，但其间包括的政权众多，各政权之间的历史演变过程更是千头万绪，然而藏文史籍中五代十国及其相关历史事件的描述却相当简单。

以《红史》为例，在"汉地由梁至南宋的历史简述"一章中记载五代十国：

> 唐朝之时，有一个名叫黄巢的私贩造反，夺取帝位，由名叫朱温的人任大臣。后来朱温投降唐朝，任统兵的将军。继而朱温又反叛唐朝，夺取帝位，建立梁朝。此后，有不同姓氏的五个朝代十五个皇帝，共计五十年。[2]

稍晚于《红史》的《雅隆尊者教法史》亦载：

> 唐王时，有一秀才之子名黄巢，造反为王。朱温任大臣。后，朱温降唐，为枢密院将军，终于反叛篡位，称梁王。兹有不同姓氏

[1] 王尧、沈卫荣：《试论藏族史学和藏族史籍》，《史学史研究》1988年第2期。
[2] （元）蔡巴·贡噶多吉：《红史》，东嘎·洛桑赤列校注，陈庆英、周润年译，拉萨：西藏人民出版社，1988年，第21—22页。

之五王统，计十五王，历五十年。[1]

在这两本重要的后弘期藏文史籍中，我们可以明显看出：一、藏文史籍对五代十国的记载非常简短，两本书的篇幅没有超过一百个字。二、涉及的历史人物有且只有黄巢和朱温。三、对于此段历史的概括，都有提炼性的陈述，“有不同姓氏的五个朝代十五个皇帝，共计五十年”。同时，比较藏文史籍对五代十国的记载，可以发现即便是号称名著的《红史》和《雅隆尊者教法史》，其中也不无矛盾和抵牾之处。此外，我们在搜集关于此时期其他的藏文史籍的材料的时候，许多重要的后弘期藏文史籍也都在重复着相同的特点和差异。为方便比较，按照成书的年代罗列如下：

《汉藏史集》：

唐朝皇帝之时，有一姓黄名巢之人造反，当了皇帝，有一名叫朱温之人当了大臣。后来朱温投降了唐朝，当了枢密院的将军。其后，朱温又造反夺取帝位，建立了梁朝。由此出现了不同姓的五个朝代，共有十五个皇帝，执政五十年。[2]

《青史》：

唐代王朝断灭后，继为后梁王朝执掌江山。先是在唐皇时代

[1]（明）释迦仁钦德：《雅隆尊者教法史》，汤池安译，拉萨：西藏人民出版社，2002年，第21页。

[2]（明）达仓宗巴·班觉桑布：《汉藏史集》，陈庆英译，拉萨：西藏人民出版社，1999年，第72页。

中，有秀才名黄巢造反而为王，朱温任其大臣。后来朱温顾唐情面，当了枢密院将军，到后来复造反而夺取江山，始有后梁皇朝出现。如是等不同姓氏的王朝出有五者共出有十五帝。共约统治了五十年之久。[1]

《如意宝树史》：

唐第二十代皇帝时，大臣朱温篡权，建后梁。后梁第二代皇帝时，被原属大唐的边地王霍尔李存勖所推翻，李存勖建后唐。后唐传位至第四代皇帝时，小国王石敬瑭夺取政权，建后晋。后晋至第二代皇帝时被契丹所灭。继由边地王刘承祐登基，建后汉。后代第二代皇帝时，小国王郭威夺得政权，建后周，以上号称五代。……五代共二十帝，计五十三年。[2]

在继之的后弘期藏文史籍中，《西藏王统记》的记载更是简短，在行文中只说到僖宗时“其臣下黄巢反叛，颠覆唐室。遂有所谓梁等五代突起称帝，凡五十余年”，但也增加了新的历史信息，明确提到的是黄巢反叛是在唐僖宗的执政年间。《汉藏史集》和《青史》较之稍微丰富。值得让人重视的是，这几本藏文史籍重复的历史叙述，也在昭示着一个明显的史料传统和记史脉络。反观《如意宝树史》，作者则向当时的史料系统提出质疑和挑战，这从文中较之以往的历史陈述的丰富性可

[1] （明）廓诺·迅鲁伯：《青史》，郭和卿译，拉萨：西藏人民出版社，2003年，第35页。

[2] （清）松巴堪布·益西班觉：《如意宝树史》，蒲文成、才让译，兰州：甘肃民族出版社，1994年，第504页。

以看出。笔者希望通过这几本重要的后弘期藏文史籍的比较分析，看出藏文史籍在不同的时代是否有一个明确的史料系统，并以汉文史籍做佐证，观察藏文史籍对于汉地历史记载的可信程度。

关于黄巢的身份，藏文史籍提出了三种：私贩、秀才、大臣。《红史》在谈到黄巢时，认为其是作为“私贩”的身份反抗唐朝的，《雅隆尊者教法史》和《青史》则认为黄巢是以“秀才”的身份反抗唐朝的，而《如意宝树史》认为黄巢应是以“大臣”的身份反抗唐朝的。从这一点上，可以得出不同年代的藏文史籍在记载细节上并不一致，对黄巢的身份有着不一样的认知。至于黄巢真正的身份，据《旧唐书·黄巢传》，“黄巢，曹州冤句人，本以贩盐为事”[1]。所以，《红史》的说法无疑是符合《旧唐书》记载的，黄巢的真实身份是一个私盐贩。但有意思的是，《青史》明确地说黄巢是“秀才”，而这在正史中并无出处，但在元明之际的民间话本小说中，黄巢最重要的形象是“落第士子”，宋代的民间流行的《五代史平话》，以及元明之际托名施耐庵所编的《残唐五代史演义传》里，都讲述了黄巢早年科举不中的故事，如《五代史平话》说他“自小学习文章，博览经史”。乾符二年到长安考进士，虽然“把十年灯窗下勤苦的工夫尽力一战”，但最后却落第了。按照当时的惯例，黄巢能去考进士，肯定是通过了“发解试”的，把他叫作“秀才”倒是很贴切。《青史》说黄巢的身份是秀才，大概是从这些民间流行的话本小说而来，极可能是从说书先生那里听来的。[2]

藏文史籍涉及朱温的记载大体是一致的：朱温原是黄巢的大臣。

---

[1]（后晋）刘昫：《旧唐书》卷二百《黄巢传》，北京：中华书局，1975年，第4267页。

[2] 有关黄巢的描写，参见《新编五代史平话》，上海：中国古典文学出版社，1984年，第8—9页。

朱温投降了唐朝，并出任了唐朝的枢密院将军。最后反叛，建立后梁政权。只有《青史》关于朱温降唐的原因提出自己观点——“顾唐情面”。汉文史书一般认为，朱温降唐乃是眼见起义军形势不妙之后的投机之举，《通鉴》的解释是“温见（黄）巢兵势日蹙，知其将亡”[1]，于是在亲信的劝说下投降了唐朝，把他的降唐说成是“顾唐情面”，表明《青史》对朱温此举的理解颇为肤浅。

《红史》《雅隆尊者教法史》《汉藏史集》《青史》在谈到五代十国时只有大致相同的简短记载，以《红史》为代表，载“有不同姓氏的五个朝代十五个皇帝，共计五十年”。《如意宝树史》的记载则要详细得多，显然，《如意宝树史》的作者增加了更多的汉文史料。参照汉文史籍的记载，《如意宝树史》关于五代十国存在五十三年之说更加准确。

藏文史籍在记载五代十国时，往往存在着时代和材料的局限，对五代十国的历史叙述，整体上呈现出简单化的面貌。另一方面，藏文史籍关于五代十国的很多描写，又保持差不多一致的说法。只有成书于18世纪左右的《如意宝树史》增加了更多的汉文史料，这对于藏文史籍中的中原王朝历史认知的丰富颇多裨益。

**宋朝王统世系**

9、10世纪开始，整个中国境内各民族、各地区的政治力量陷入了一段较长时期的混乱和整合之中，首先是吐蕃王朝和回鹘汗国的崩溃，然后是唐王朝在农民起义和藩镇割据的联合打击下崩解，同一时期契丹在北方崛起，逐渐整合北方游牧地区。宋朝建立后，中国历史的大格局呈现出多民族竞相崛起、各放异彩的局面，契丹、女真相继在北方建立

[1]（宋）司马光：《资治通鉴》卷二百五十二，北京：中华书局，2011年，第8396页。

了辽朝和金朝，党项人在西北建立了西夏，在持续了两百多年的多民族交往、交流和交融之后，蒙古人建立元朝，最终结束了中国历史上这个多民族政权并立的时代。这时期，由于各民族政治、经济和文化的大发展，从而促进了一次新的民族大融合，为元代更大规模的全国大一统奠定了基础。因此，宋朝是中国历史上承五代十国、下启元朝的重要时代，分北宋和南宋。960年，后周大将赵匡胤黄袍加身，建立北宋。宋真宗、宋仁宗时期步入了盛世，北宋初期加强了中央集权，解决了藩镇割据问题。1127年靖康之耻，北宋灭亡。北宋政权先后与辽、金及西夏对峙。靖康元年（1126）金兵攻入开封，次年灭亡。共历九帝，一百六十七年。靖康之变后，宋徽宗第九子康王赵构在北宋应天府南京继承皇位，后迁都临安，史称南宋。从建炎元年（1127）到祥兴二年（1279），南宋共历十帝，一百五十二年。[1]可以说宋朝是中国历史上经济与文化教育最繁荣的时代之一，儒学复兴，社会上弥漫尊师重教之风气，科技的积累与发展也达到中国历史上的高峰水平，政治环境也较开明和宽松，终宋一代没有严重的宦官乱政和地方割据，兵变、民乱次数与规模在中国历史上也相对较少。

关于宋朝皇帝世系的记载，藏文史籍的描述跟之前的朝代一样，都只是给予简略列举，提供的宋朝王统谱系大多涉及传了多少代，至于具体的皇帝传承的次序和统治的时间没有详细的记载。最早对宋朝王统进行记载的仍是《红史》，其后成书的《雅隆尊者教法史》《西藏王统记》《汉藏史集》《青史》《新红史》《如意宝树史》也都有记载。梳理相关记载，不难发现藏文史籍作者在撰写宋代历史的时候，对宋代历史的知识来源更加重视，其史料来源并非直接翻译自汉文史书，而是经

[1] 吕思勉：《中国通史》，南京：江苏凤凰出版社，2011年，第546页。

过了藏文史籍作者的吸收和改造。比如藏文史籍关于宋朝王统的记载就恰恰揭示了这一现象。《青史》关于汉地宋朝王统篇末载，“据说系藏跋拉即吉祥怙主所说，贡嘎多吉所记”。从《青史》和《红史》的记载来看，他们各自吸收了《红史》和《西藏王统记》的相关记载。此外，关于宋朝王统的记载，以《红史》《雅隆尊者教法史》《青史》《如意宝树史》等最为详细。为方便讨论，藏文史籍中有关宋朝王统的记载陈列如下。

《红史》：

其后宋太祖继位，建都汴梁，传了八个皇帝。到第八个皇帝宋徽宗、宋钦宗父子二人之时，契丹大辽夺取汴梁和宋朝的一半国土，建立的朝代称为大辽。宋徽宗的一个嫔妃的儿子名叫康王，逃到蛮子地方，保住宋朝的半壁江山，蒙古人称其为南朝。他建都在建康、杭州，国号仍称为宋。由康王到蛮子合尊之间在蛮子地方传了八代皇帝。……薛禅汗继位后的至元十三年，伯颜丞相攻取南宋地方，将其皇帝送往萨迦寺，出家为合尊大师，后来到格坚汗（英宗）时将其杀死，死时不流血而流奶。[1]

《雅隆尊者教法史》：

嗣后，赵太祖为王。在汴梁历八代。从第八代宣和父子手中，契丹大辽夺去汴梁等半壁江山，国号大辽。宣和庶出之子康王，走

[1]（元）蔡巴·贡噶多吉：《红史》，东嘎·洛桑赤列校注，陈庆英、周润年译，拉萨：西藏人民出版社，1988年，第21—22页。

蛮子地，据有父传之半壁江山居建康，立国杭州府。传至蛮子拉尊王，时在蛮子地已历八代。……至元十三年，蛮子国幼主在位三年后，伯颜丞相军取得国土，王被遣至拉萨出家，为拉尊。后于格坚王时被杀，其血如乳。[1]

《青史》：

最后为后周太祖。在第八代王朝来到汴梁。契丹大辽从第八代王朝襄皇父子手中夺得汴梁等半壁江山，称国号为大辽。襄皇的夏贡玛之子康王来到“墨哲”（即“蛮子”）地方，收复父皇半壁疆土。蒙古呼作朗泰，住在靖康皇城。国号称作“宋”。此后到墨哲拉準之间共传有八代王朝而到墨哲。……当元世祖忽必烈在位至元十三年时，恰是墨哲王住在国都幽州已经三年时，由伯颜丞相进言取了墨哲的国土，国王放逐到萨迦当了王僧。后来元成宗在位时杀之，血出如乳。[2]

《如意宝树史》：

后周传位至第三代皇帝时，众人拥戴赵匡胤登基，国号大宋。除契丹、霍尔和边人外，宋朝统治了大部分中原地区，国泰民安。宋第四代皇帝时，边地之王李元昊反叛自立，建西夏政权。……第

[1]（明）释迦仁钦德：《雅隆尊者教法史》，汤池安译，拉萨：西藏人民出版社，2002年，第21页。

[2]（明）廓诺·迅鲁伯：《青史》，郭和卿译，拉萨：西藏人民出版社，2003年，第35—36页。

> 二皇炎帝苗裔建霍尔契丹国，共出九帝，国号大辽，立国二百二十年，被宋第八代皇帝宋徽宗联合满洲攻灭。……宋灭辽不久，第八代皇帝时被金朝攻灭，时一皇室宗王逃至江南立国。当时称满洲皇帝为大金，或金子之王，金立国一百二十年至第十代皇帝时，被成吉思汗次子太宗攻灭。成吉思汗孙子薛禅汗攻取南宋。以上各朝年代：唐朝二十帝，计二百八十九年；五代共二十帝，计五十三年，宋朝前后十八帝，计三百二十年。[1]

依据上文所展示的材料，我们可以看出《红史》《雅隆尊者教法史》《青史》保持了同一个叙述结构：宋太祖建立宋朝，传八代，尔后都记载了一个重要的史实：南宋最后一个皇帝即蛮子拉尊在西藏被处决。从这里我们也可以简略地看到，上述三书记载或遵循了同一个史料系统。此外，《西藏王统记》《汉藏史集》和《新红史》都保持了同一个记载系统，如《西藏王统记》载："其后则为赵太祖出而称帝。赵宋以后，王都又为木雅所攻陷。太宗之裔，递传八代，均都汴梁。直至蛮子拉尊之间。"[2]与此同时，《如意宝树史》记载宋朝王统的叙述模式显然不同于《红史》和《青史》。从这里，我们可以得出成书于1363年的《红史》和成书于1743年的《如意宝树史》是藏文史籍关于宋朝王统的两大代表性叙事系统和史料系统。

关于北宋的记载，《红史》曰："其后宋太祖继位，建都汴梁，传了八个皇帝。到第八个皇帝宋徽宗、宋钦宗父子二人之时，契丹大辽

---

[1] （清）松巴堪布·益西班觉：《如意宝树史》，蒲文成、才让译，兰州：甘肃民族出版社，1994年，第745页。

[2] （明）索南坚赞：《西藏王统记》，刘立千译，北京：民族出版社，2001年，第13页。

（应为金国）夺取汴梁和宋朝的一半国土。”[1]《雅隆尊者教法史》《青史》《西藏王统记》亦有相同的记载。这一段史料说，宋太祖建都汴梁，传了八代，到了第八代契丹大辽从徽、钦两宗夺取了一半的国土，北宋灭亡。这三本藏文史籍略有不同的是对徽、钦两宗的称呼，《红史》的记载直接是汉文史籍中正式的称呼，《雅隆尊者教法史》与《青史》的记载分别是“宣和父子”“襄皇父子”。这两个名称都不是宋徽宗、宋钦宗二人的正式名字或庙号，都带有“俗称”的意味。“宣和”之称比较好理解，因为这是宋徽宗的统治时期最著名的年号，即1119—1125年，从南宋起一直到元代，关于宋代最流行的话本故事就叫《大宋宣和遗事》，这部话本通常也被认为是后世《水浒传》的蓝本，故而“宣和”年号在民间的影响极大。[2]但“襄皇”之称颇令人费解，其实这是因为《青史》的误译造成的。笔者认为，这个“襄皇”应该是对汉文“上皇”的音译，中古时代藏文的“shang”通常可以用来音译汉文的“上”，这在敦煌的汉藏对音写卷中是很常见的[3]，徽宗在金兵南侵之际束手无策，又想南逃避敌，所以主动让位给太子，退位为太上皇，他是宋代的第一个太上皇，当时的史书和民间都称其为“上皇”，可能是因为这样的原因，藏文史籍就把这个称呼误会为徽宗的名字或帝号了。而徽宗的本名赵佶，以及正式的庙号“徽宗”，《青史》却是不知道的，由此可以推测，《青史》关于宋代的历史认知，主要不是来自中原王朝编订的有关宋代的各种“正史”，其史料来源可能主要是民间流行的话

[1] 蔡巴·贡噶多吉：《红史》，东嘎·洛桑赤列校注，陈庆英、周润年译，拉萨：西藏人民出版社，1988年，第22页。

[2] 参见马幼垣：《〈宣和遗事〉中水浒故事校释》，《汉学研究》1994年第1期。

[3] 参见周季文、谢后芳：《敦煌吐蕃汉藏对音字汇》，北京：中央民族大学出版社，2006年，第135页。

本小说之类的“野史”。

可以说，对于宋代的历史知识，藏文史籍作者可能更多的是通过民间艺人的讲谈、平话，道听途说居多，而较少通过阅读或翻译汉文典籍来获取宋朝的历史信息，可以印证上述论断的还有《红史》《雅隆尊者教法史》《青史》，它们都明确地指出了宋朝建都汴梁的问题。但事实上，在宋代及后世的正史系统中，宋代都城的正式名称是“开封府”，“汴梁”这个名称从来不是一个正式的名称。开封古称“大梁城”，曾是战国时代魏国的都城。北周武帝时代，因临汴河之故，建置汴州，这一建制为隋唐两代所继承，直到朱温称帝，定都汴州，在此奠立开国之基，才将汴州升格为开封府，宋代也沿用了开封的名称。[1]不过由于大梁和汴州的历史更悠久，名声也更大，五代和北宋以来，民间其实更喜欢称开封为汴梁，说书人更是称汴梁不称开封。如前揭的话本《大宋宣和遗事》中，提到开封时都是以汴梁称之。

这三种藏文史籍明显错误的是，关于大辽夺取北宋疆土的记载，参考汉文史籍应该是金国在靖康二年攻破东京，俘虏了宋徽宗、宋钦宗父子，以及大量赵氏皇族、后宫妃嫔与贵卿、朝臣等共三千余人，北宋灭亡。《如意宝树史》关于北宋开国君主予以更加详细的记载：“后周传位至第三代皇帝时，众人拥戴赵匡胤登基，国号大宋。”而关于北宋灭亡的情况，其载：“宋灭辽不久，第八代皇帝时被金朝攻灭，时一皇室宗王逃至江南立国。”参考汉文史籍，《如意宝树史》的记载更符合史实。

一般认为北宋皇帝的世系依次为：宋太祖、宋太宗、宋真宗、宋仁宗、宋英宗、宋神宗、宋哲宗、宋徽宗、宋钦宗，共九位皇帝。而藏文

[1] 刘春迎：《北宋东京城研究》，北京：科学出版社，2004年，第7—12页。

史籍记载的北宋王统世系中却只有八位君主，但仔细思考，可以发现藏文史籍在叙述北宋历史时常常把徽、钦二帝放在一起说，因此或可认为藏文史籍误会他们二人为一人，即把徽、钦二帝算为一个皇帝了。

宋高宗赵构作为南宋的创建者，在藏文史籍中关于他的事迹各种著作又略有不同，《红史》记载其为“宋徽宗的一个嫔妃的儿子名叫康王”，《雅隆尊者教法史》载“宣和庶出之子康王”，《青史》亦载“襄皇的夏贡玛之子康王来到‘墨哲’地方，收复父皇半壁疆土”。《三朝北盟会编》《建炎以来系年要录》等书记载赵构为宋徽宗的第九子，母亲为韦贤妃，1127年年底金军攻破开封城，徽、钦二帝及在开封的宗室、朝臣三千余人被金兵掳走，但开封沦陷前康王赵构因为被委派去和金军议和而离开开封，稍后被宋钦宗委任为河北兵马大元帅，开封沦陷之时，只有他因为在外活动而没有被金军俘获，北宋亡国后不久，赵构在应天登基称帝，建立南宋，但金兵继续追杀，他逃到了扬州，后来又被逼无奈，出海逃亡，最后在临安落脚，暂时稳定下来，是为宋高宗。[1]《红史》《青史》《雅隆尊者教法史》都准确地记载康王赵构是宋徽宗庶出的，但具体的称呼却出现了错误。

宋末帝赵昺，南宋第九位皇帝，亦是宋朝最后一位皇帝，在位两年，只活到八岁。赵昺是宋度宗第三子，宋恭帝、宋端宗的弟弟，曾被封为信国公、广王、卫王等。1279年3月19日，宋、元在崖山展开决战，宋军被元军击败，全军覆灭，元军随后包围崖山，左丞相陆秀夫眼看靖康之耻又要重演，在广州崖山遂背时年八岁的赵昺跳海而死，张世杰、杨太妃等十万军民也相继投水殉国，宋王朝灭亡。

《红史》《青史》等藏文史籍关于宋末帝却有另一段故事：薛禅汗

[1] 王曾瑜：《宋高宗传》，北京：中国书籍出版社，2016年，第19—80页。

继位后的至元十三年，伯颜丞相攻取南宋地方，将其皇帝送往萨迦寺，出家为合尊大师，后来到格坚汗时将其杀死，死时不流血而流奶。从这一段记载来看，所谓的蛮子合尊就是宋末帝，至元十三年，宋末帝被送到西藏，并出家为僧，后被杀死。这一段史实多为藏文史籍记载，并为众多史家所肯定。校注本《红史》的汉译者的注释中，就认为蛮子合尊指的是宋帝㬎。[1]不过，也有研究者认为，蛮子合尊指的应该是宋恭帝（这一点将在第四章有所讨论）。

由于宋朝处在与辽、金、西夏等多个政权并存的时代，它与西藏的联系远远不如唐代深远，除青唐政权与宋代官方有着长期的、固定的政治经济联系以外，其余地方只限于双方在边境地区的茶马贸易等边贸活动上，更重要的是，不像唐代，吐蕃王朝曾大量吸收中原文化，翻译了大量的汉文典籍，由此积累了有关唐代的丰富知识。在宋代，大量翻译汉文典籍、吸收中原文化的活动渐渐息止，由此带来的结果是藏文史籍对其记载简略。藏文史籍对于宋朝王统的记载虽然没有列出各个皇帝以及统治的具体时间，但大致记载的史实是准确的。其史料的来源多元化，有的无疑是源出中原地区的正史系统的典籍，但这类史源并不多，关于宋代的历史，藏文史籍作者杂入了不少民间流行的话本野史。这或许也是因为当时双边经济、文化联系更多的是以商业贸易的形式展开，参与者多是文化程度不高的普通人，但也侧面反映了当时藏、汉双方民间文化交流相当发达的状态。另一方面，《红史》《雅隆尊者教法史》《青史》等显然是有一个相同的汉文史料系统，具体的记载亦有各自的细微变化和错误，如上文讨论的康王赵构的记载。后期成书的《如意宝

[1] （元）蔡巴·贡噶多吉：《红史》，东嘎·洛桑赤列校注，陈庆英、周润年译，拉萨：西藏人民出版社，1988年，第195页。

树史》则没有继承《红史》已经有的汉文史料系统，而是添加和更新了汉文史籍关于此时期的记载。

## 第二节　有关唐宋政治人物的记载

### 唐太宗

唐太宗李世民是唐朝的第二位皇帝，因为他虚怀纳谏、政治清明，开创了著名的“贞观之治”，为后来“开元盛世”的全盛奠定了基础，所以在汉文史籍中充满了对他的赞颂与褒奖，《旧唐书》曰：“迹其听断不惑，从善如流，千载可称，一人而已！”又说：“昌、发启国，一门三圣。文定高位，友于不令。管、蔡既诛，成、康道正。贞观之风，到今歌咏。”[1]因此，唐太宗也被后世尊为一代圣君。然而查阅后弘期的藏文史籍就会发现，有关唐太宗的叙事与汉文史籍中的描叙并不一致。

提到后弘期的藏文史籍，当首推《拔协》一书。《拔协》的成书年代虽然在藏学界众说纷纭，但是根据后弘期大多史籍援引该书材料的情况来推测，“《拔协》的著作年代当不晚于12世纪。可以说它是目前见的比较早期的藏族古代历史著作”[2]，所以本节将《拔协》一书作为成书年代离吐蕃王朝最近的一部史籍来进行分析介绍。其中，该书在写到王子降擦拉温到了娶妻的年龄、赤德祖赞与众大臣商量为王子选妃时，有一位大臣说道：“他（指松赞干布）的亲翁是唐皇公子初琼（此处应指唐太宗），据说他也是观音菩萨的化身。……他有三百六十部经典，

[1]（后晋）刘煦等：《旧唐书》卷三《太宗纪》，北京：中华书局，1975年，第63页。
[2]（唐）拔·塞囊：《拔协》，佟锦华、黄布凡译注，成都：四川民族出版社，1990年，译序之第4页。

被誉为汉地的经典皇帝。”[1]《拔协》将唐太宗称作“加吉公则初琼”（rgy-rje-kon-rtse-vphrul-chung）[2]，即“具有（与神相比）是小的神奇能力的孔子（一样的人）”[3]。孔子是春秋时期儒家思想的创始人，是中国历史上著名的思想家和教育家，然而《拔协》却将唐太宗比喻为孔子，看似并无多少联系的两个人为何会在藏文史籍作者的笔下具有可比性，这主要还是与孔子崇拜在西藏的流传有关。

首先，汉传佛教在很早时候，就把孔子视作菩萨的化身，如唐末五代时期净土宗六祖之延寿大师的《万善同归集》就写道：“佛言：我遣二圣往震旦行化，一者老子，是迦叶菩萨；二者孔子，是儒童菩萨。”[4]本节姑且不论这一说法的真伪，但就这句话而言，佛教在传入中土之后，为了适应汉文化的特殊环境，而将孔子纳入其神灵体系当中，又如将关羽视为守伽蓝神即是一例。其次，从吐蕃时期开始，随着汉藏文化的交流日益密切，中原地区的儒家、佛教等众多典籍传入吐蕃境内，作为儒家思想创始人的孔子也随之被藏族所认识，而孔子为佛教菩萨化身的这种说法自然也被藏族所知，并且随着历史的发展，藏族对孔子又赋予了更多的文化含义，将其看作是占卜、禳灾、咒语、历算、工巧、仪式等神秘文化的创造者，并分别被本教和西藏佛教吸收转化为教内重要

[1]（唐）拔·塞囊：《拔协》，佟锦华、黄布凡译注，成都：四川民族出版社，1990年，第2页。

[2]《拔协》增补译注将“kon rtse”译作“公子”，实际应译作“孔子”，土观·罗桑却吉尼玛就指出：“儒家的导师是孔夫子或称孔子。藏人不能如汉语发音，遂讹称公子，实际指的是此人。”见（清）土观·罗桑却季尼玛：《土观宗派源流》，刘立千译注，北京：民族出版社，2000年，第202页。

[3] 魏东、益西群培：《藏族传统文化中的孔子形象》，《西藏研究》2009年第1期。

[4]（五代）延寿大师：《万善总归集》卷六。

神灵。[1]

唐太宗在位时期，吐蕃与唐朝之间正式开始了政治、经济、文化等诸多领域的交流，和亲吐蕃的文成公主被藏族尊为传播汉文化的使者，那么其“父”唐太宗则自然被视为拥有汉地文化的最高统治者，也就是《拔协》所说的唐太宗拥有大量的“经典”，被誉为“经典皇帝”。因此，当后弘期藏族学者在编修吐蕃时代的历史时，藏文史籍就将唐太宗视为孔子的化身（甚至是佛教中的观音菩萨化身），因为在藏族看来，这二人都是汉文化的代表。

通过《拔协》我们可以看出，后弘期的藏文史籍从一开始，就认为唐太宗是一位与佛教有着紧密联系的帝王，唐太宗本人对佛教比较重视，他在位时还支持了著名的玄奘大师西天取经的弘法大业，唐太宗还亲自为玄奘大师的译师事业写下了名篇《圣教序》，这篇文章后来被唐代的大书法家们作为范文广为抄写，比较流行的就有大书法家，也是唐太宗和唐高宗时代的宰相褚遂良亲笔书写的《雁塔圣教序》，此外还有怀仁集书圣王羲之的字而汇辑的《集王圣教序》，这些东西是古人练习写字的范本，对初步接触到汉文化的人来说可谓印象深刻，唐僧的故事加上《圣教序》的广泛传播，对藏族而言，说唐太宗是一位佛教帝王也并不为过。事实上。唐代前期本来就是儒释道三教并重，三教都得到繁荣发展，但是藏文史籍在叙述唐太宗时基本上都倾向于夸大唐太宗与佛教的关系，特别有意回避和遮避了唐朝三教并重的事实，其实唐代的统治者虽然崇佛的不少，但也积极扶持和极力尊崇道教，并且在治国理念上仍然宣扬以儒家思想为本的理念。

事实上，唐代并非独尊佛教，因为“唐高祖李渊，是非常尊崇道教

[1] 魏东、益西群培：《藏族传统文化中的孔子形象》，《西藏研究》2009年第1期。

的，他认道教教主太上老君为祖先，优礼道徒，封官赐物，并于全国遍立老君祠……625年，钦定三教秩序，宣布道教在儒家和佛教之上，确定了有唐一代尊崇道教的国策”[1]。唐太宗为了其政治统治的需要，自然也要继承唐高祖崇奉道教的政策。但是，《拔协》一书却塑造出唐太宗崇佛的这样一种形象，据此也可以推测后弘期早期的藏文史籍在编修过程中，并没有参照吐蕃时期的历史文献或者是唐代的汉文史籍，部分内容很可能是作者根据吐蕃流行的说法进行的推测。造成这一结果的主要原因是，吐蕃末代赞普朗达玛灭佛，以及之后的吐蕃王朝崩溃及百余年的黑暗期，导致藏族“史料的传承断裂”[2]，而大量吐蕃文献的散佚，导致《拔协》的作者（或增补者）很可能没有接触到吐蕃时期的文献；另外，《拔协》成书的最晚年代正值中原的宋代，除了青藏高原东部的唃厮逻政权外，西藏本部已很少与中原建立联系，所以《拔协》的作者（或增补者）也不可能参阅到汉文正史。因此，也就有了所谓唐太宗崇佛的记载。虽然这一说法与史实并不相符，但却反映出当时藏族对唐太宗的认识，而且这一观点也成为后弘期藏文史籍作者的共识，并被后世的藏文史籍所沿用。

《佛教史大宝藏论》（也叫《善逝教法史》或《布顿佛教史》），虽然主要介绍的是印度佛教和西藏佛教的历史，但对吐蕃王统也单列一节记之，其中在介绍唐蕃和亲时提到了唐太宗，称其为“生格赞普”[3]，汉译本写作“狮子王”，这一称呼明显具有佛教的色彩和吐蕃的特点，

[1] 陶志平：《唐代道教的心声及其政治背景》，《西南师范大学学报》1988年第2期。

[2] 石硕：《从有关止贡赞普父子的记载看藏文史料的两个传承系统》，《中国藏学》1997年第1期。

[3] （元）布顿大师：《佛教史大宝藏论》，郭和卿译，北京：民族出版社，1985年，第170页。

因为在古印度，狮子是作为“君权和护佑的象征。早期佛教选用狮子作为佛陀释迦牟尼的象征，佛陀也叫作释迦僧格”[1]，以狮子来比喻国王，成为佛教的一个传统，所以自然也会借用这一说法来称呼国王或活佛、高僧等；而“赞普”一词是对吐蕃国王的称谓，《新唐书·吐蕃传》解释说：“其俗谓强雄曰赞，丈夫曰普，故号君长曰赞普。”[2]另外，《拔协》一书在介绍唐蕃会盟时说道“唐蕃甥舅二赞普”[3]，也把唐朝皇帝称作“赞普”。所以，《佛教史大宝藏论》的作者沿用印度佛教和《拔协》一书的说法，不仅将唐太宗与吐蕃赞普等而视之，而且依旧使用具有佛教色彩的词汇进行称呼。

如果说《拔协》关于唐太宗的记述过于简略，是因为特殊的历史环境所造成，那么到了13世纪，随着元朝的建立和西藏地方纳入中央政府的治理之下，汉藏文化的交流，特别是中原地区的历史知识开始大量被藏族知识阶层吸收，这一时期藏文史料则开始出现一些新的变化，尤其表现为相关内容逐渐变得丰富起来。这是因为，中原地区与西藏的关系变得空前紧密，尤其是文化方面的交流日趋频繁，所以藏文史籍作者有机会接触到汉文版的唐代史籍，并将其运用到吐蕃史的编纂当中。

《红史》第四节“汉地由周至唐的历史简述”中就写道：“……有称作隋炀帝的父子二王出世，在其治下有一名叫唐高祖者，任太原府留守之职，后来他反叛隋朝夺取帝位，他即是唐朝最初的皇帝。在他的三个儿子

[1] [英]罗伯特·比尔：《藏传佛教象征符号与器物图解》，向红笳译，北京：中国藏学出版社，2007年，第68页。

[2] （宋）欧阳修等：《新唐书》卷二百一十六《吐蕃传》，北京：中华书局，1975年，第6071页。

[3] （唐）拔·塞囊：《拔协》，佟锦华、黄布凡译注，成都：四川民族出版社，1990，第63页。

中的第二子唐太宗……”[1]在这一节的末尾，作者注明：“以上所记，是赞巴拉多室利衮阅读汉文古籍后在拉萨大昭寺写成文书的。”[2]之后，该书的第五节“由汉文译成藏文的唐朝历史中的唐朝吐蕃历史简述”，开篇直接写明这一节的内容来自汉文史籍的《唐书·吐蕃传》，书中记载：

> 其子唐太宗在其父在位时，被封为秦王，击破匈奴。于阳木虎年（甲寅）与吐蕃国王互赠礼品，结为朋友。……（吐蕃）又派大臣东赞献黄金五千两及多种宝物，唐太宗于阴铁牛年允嫁其女文成公主，并派皇亲江夏王率兵护送……唐朝皇帝伐高丽还朝，吐蕃国王派大臣噶尔·东赞域宋献金鹅……唐太宗很喜欢大臣噶尔，将自己的外孙女公主嫁给他，又封为右卫大将军。唐太宗派遣金字使臣到印度，在摩揭陀被拦截，吐蕃国王……派兵击破摩揭陀。唐太宗自阳火狗年即位，在位二十三年，五十二岁时阴土鸡年四月去世。唐太宗的第九个儿子唐高宗即位。[3]

该节末尾也注明这段史料由汉史官宋祁（即与欧阳修等合修《新唐书》的宋代文学家）写成，后来译成藏文并刊行，之后被《红史》所采用。从上述记载可以看出，到了元代，后弘期的藏文史籍作者会依据汉文史料去还原吐蕃的历史，以此来弥补因为灭佛、战乱所造成的吐蕃文献大

[1] （元）蔡巴·贡噶多吉：《红史》，东嘎洛桑赤列校注，陈庆英、周润年译，拉萨：西藏人民出版社，1988年，第14页。

[2] （元）蔡巴·贡噶多吉：《红史》，东嘎洛桑赤列校注，陈庆英、周润年译，拉萨：西藏人民出版社，1988年，第15页。

[3] （元）蔡巴·贡噶多吉：《红史》，东嘎洛桑赤列校注，陈庆英、周润年译，拉萨：西藏人民出版社，1988年，第15—16页。

量散佚之不足。虽然，在一些细节问题上，《红史》与汉文正史存在偏差（如唐太宗实际在位时间为二十四年，与藏文史籍记载相差一年；所击破的并非匈奴，而是突厥；文成公主的身份，学界一般认为是唐代宗室之女，并非当朝皇帝唐太宗的女儿；唐太宗许嫁噶尔·东赞域宋之公主为琅琊长公主的外孙女段氏，而且噶尔并未接受赐婚等），但其他内容记载基本与新、旧《唐书》等汉文史籍一致。由此也说明，后弘期的藏文史籍对唐太宗的认知更为丰富和准确。

《汉藏史集》关于唐太宗的记载也较为符合汉文正史，该书载：

> 唐高祖有三个儿子，次子唐太宗在位……唐太宗于阳木马年与吐蕃王互相聘问赠礼，这是汉藏之间最早建立联系。吐蕃王松赞干布赠送金甲求娶唐朝公主，唐朝没有答应。所以松赞干布率领吐蕃二十万军队攻破吐谷浑，后来退兵。过了一段时间，吐蕃又派大臣噶尔·东赞携带黄金五千两和各种珍宝向唐朝求娶公主。唐太宗的公主文成公主于阴铁鸡年（辛酉）入蕃，护送的人和迎接的人会于柏海。……又，唐朝皇帝喜爱大臣噶尔，将一位侄孙女公主嫁给他，封他为右卫大将军，这是第一次将汉地官职授予吐蕃人。唐太宗派兵击破印度拔马迦达……唐太宗于阳火狗年起执掌国政二十三年，五十二岁的阴土鸡年四月去世。他的第九个儿子高宗即位。[1]

这段史料，除了一些细节与汉文正史有出入外，其他内容基本一致。而且《汉藏史集》在文中也指明这段历史材料来自宋祁所编修的《新

[1] （明）达仓宗巴·班觉桑布：《汉藏史集》，陈庆英译，拉萨：西藏人民出版社，1986年，第66—67页。

唐书·吐蕃传》，并强调如果个别年代干支的译名有误，请以《新唐书·吐蕃传》原本为准。

需要特别说明的是，《青史》关于唐代历史的记载虽然极为简略，但却与汉文正史最为一致：

> 据汉地史籍载……高祖之子唐太宗在丙戌年即位，九年后于甲午年即与吐蕃王互献礼品结为友好。……于辛丑年唐太宗许赐文成公主。……唐太宗执政二十四年，于乙酉年在五十二岁时驾崩。其子高宗即位执政。[1]

将这段记载与《旧唐书·太宗本纪》进行对比，其文曰："文武大圣大广孝皇帝讳世民，高祖第二子也。……（武德）九年，……甲子，立为皇太子，庶政皆决断。……八月癸亥，高祖传位于皇太子，太宗即位于东宫显德殿。……贞观元年春正月乙酉，改元。"[2]另外，《旧唐书》对唐蕃和亲之事记为："（贞观）十五年春正月丁卯，吐蕃遣其国相禄东赞来逆女。丁丑，礼部尚书、江夏王道宗送文成公主归吐蕃。"[3]而唐太宗去世的时间则为："（贞观二十三年五月，649）己巳，上崩于含风殿，年五十二。……上谥曰文皇帝，庙号太宗。"[4]通过上述藏汉史料的对比可以发现，《青史》关于唐太宗的记载，除按藏历纪年外，其他内容与唐史完全一致。

[1] （明）管·宣奴贝：《青史》，王启龙、还克加译，王启龙校注，北京：中国社会科学出版社，2012年，第51—52页。

[2] （后晋）刘昫：《旧唐书》卷二《太宗本纪上》，北京：中华书局，1975年，第21页。

[3] （后晋）刘昫：《旧唐书》卷三《太宗本纪下》，北京：中华书局，1975年，第53页。

[4] （后晋）刘昫：《旧唐书》卷三《太宗本纪下》，北京：中华书局，1975年，第62页。

通过以上对《红史》《汉藏史集》《青史》的分析介绍可知，这三部藏文史籍虽然叙述详略各有不同，但成书年代较为接近，而且在各自的行文中都明确指出有关唐代的历史都参考过汉文正史。这三部藏文史籍的相关记载在后弘期众多史料中，是与汉文史籍一致程度最高的。

后弘期藏文史籍在其编修过程中，虽然有相关的吐蕃时期的藏文文献和汉文正史可供参考，但这些材料毕竟数量有限且记载简略，所以史家将目光转向了本土的民间故事、神话传说、民歌说唱等文化元素，并将其运用到吐蕃史的撰写当中。

比如成书于1388年的《西藏王统记》，在第三章“讲述汉土霍尔两地佛法如何弘扬和出现若干朝代等情”中记载：“（唐）高祖后其子太宗嗣立。太宗皇帝与吐蕃松赞干布同时。太宗之女文成公主亦于此时来藏和婚。太宗有七子，次第继承大位。”[1]这一段记载既有对汉文史料的运用，同时也有作者杜撰的部分（如文成公主并非唐太宗之女，而是宗室之女；唐太宗之子共有十四人，因太子李承乾被废，故继承大统者为唐太宗第九子李治，也就是后来的唐高宗，并非“次第继承大位”，这可能是《西藏王统记》的作者将武周前后高宗之子中宗李显、睿宗李旦先后继位的历史相混）。从这一段记载可以看出，一些藏文史籍作者在将汉文正史翻译成藏文时，就对原始材料进行了删减（如前面介绍的《红史》等藏文史籍即是如此），而之后的藏文史籍作者在援引这些翻译材料时，则更是进行一些创作加工，使其与历史原貌开始发生偏离。

《西藏王统记》的“迎娶甲木萨汉公主”篇章，对唐太宗也有较为详细的记载，大致内容是：当时有天竺法王、格萨武王、大食富王、白达霍尔王之使臣也来唐朝请婚，当吐蕃婚使向唐太宗献上礼物后，介绍

[1]（明）索南坚赞：《西藏王统记》，刘立千译注，北京：民族出版社，2000年，第13页。

琉璃宝甲的诸种功德，唐太宗与众大臣并不相信，而且唐太宗向吐蕃婚使提出了三个问题，分别是“能否建立十善法律？……有建立佛殿之能力否？……有五欲受用否？有即许婚公主，否则不许”[1]。吐蕃婚使遂将松赞干布提前授予的三卷缄札纸卷依次呈给唐太宗，纸卷中对这三个问题一一进行了回答，并写道“若如此行，不许公主，我即遣化身军旅五万，杀汝，掳公主，劫掠一切城市而后已”[2]。唐太宗看完信札后“大为震惊”，“惊骇尤甚”，并认为“吾女求婚者固多，其后必将婚于藏王乎”[3]，但为公平起见，提出了以斗智的方式决定将公主赐嫁哪国。接着《西藏王统记》用了大段的文字来讲叙“七难婚使”[4]的故事。斗智的最终结果是吐蕃使臣胜出，但文成公主却表示不愿前往吐蕃，于是唐太宗好言劝慰并赐予大量的嫁妆，“谆谆教以立身处世之道”[5]。之后，唐太宗下令术士占卜究竟是何人私告公主之情以致被吐蕃娶走，结果算出的卦象甚是奇怪，太宗一怒之下将“八十种博唐算经”之书毁之一炬，导致该卜算法在汉地失传，而被留作人质的噶尔·东赞域宋凭借其聪明才智得以逃脱。

从《西藏王统记》的这些记载可以看出，该书就唐太宗的叙述已增加了大量以往藏汉史料中都没有的内容，如果将这些新增“故事情节”进

[1] （明）索南坚赞：《西藏王统记》，刘立千译注，北京：民族出版社，2000年，第61—62页。

[2] （明）索南坚赞：《西藏王统记》，刘立千译注，北京：民族出版社，2000年，第62页。

[3] （明）索南坚赞：《西藏王统记》，刘立千译注，北京：民族出版社，2000年，第62页。

[4] 按照《西藏王统记》的记载，唐太宗所提出七个难题分别是：1.用绢绸穿玉孔；2.一日之内杀尽五百只羊，并能吃完羊肉、揉尽羊皮；3.饮百坛酒不醉；4.识别母马和马驹、母鸡和鸡雏的母子关系；5.分辨百条松木的本末；6.宫中聚会之后顺利返回馆舍；7.从三百美女中认出文成公主。其后成书的藏文史籍有关这一记载大致与此相同，只是叙述略有简繁。

[5] （明）索南坚赞：《西藏王统记》，刘立千译注，北京：民族出版社，2000年，第69页。

行分析的话，就会发现唐太宗的人物形象虽然趋向立体化，但也表现出更为佛教化或者藏族化的特点，比如唐太宗与吐蕃使臣的对话以及其本人心理活动等细节的描写。其中，唐太宗所问的三个问题，均为松赞干布建立吐蕃王朝后的部分政绩，即制定法律、修建佛寺、发展生产、建立外交、互通有无等；问题中所提到的“十善法”“修庙宇”“五妙欲”等词汇则都与佛教有关，而唐太宗不可能向吐蕃使臣提出有关佛教和松赞干布政绩的问题，一方面是因为这一时期佛教并没有在吐蕃广泛传播开，另一方面这些问答均不见于敦煌文书，新、旧《唐书》以及《册府元龟》等文献记载。此外，关于吐蕃使臣就唐太宗所提出的三个问题呈上松赞干布的回信，以及唐太宗“七难婚使”、派人算卦、焚烧博唐算经等故事，则更像是后弘期藏族社会佛教化后的民间传说。由此也可推断，到了编修《西藏王统记》的时代，唐太宗的形象在藏族的心目中，除了依旧保持其崇信佛法的这一特点外，已然发生了很大的转变。

然而，若将《西藏王统记》的成书年代与《红史》进行对比，前者比后者仅仅晚了二十五年，基本可以确定两部史书的作者索南坚赞和蔡巴·贡噶多吉为同一时代的人，那么索南坚赞很有可能也接触过或知道有译成藏文的《新唐书》等汉文史料，但是索南坚赞并没有将其采纳到《西藏王统记》，可见在索南坚赞看来，有关唐太宗形象转变的“历史”是否真实，已不再成为他所要关心的，作者通过这样的描写，就是想反衬出松赞干布的英武和噶尔·东赞域宋的聪慧，以达到强化当时的藏族对这两位历史人物“英雄事迹”记忆与信仰的目的，所以作者选择对唐太宗进行“改装”，而不是吸收或采纳汉文正史中有关唐太宗的内容，由此索南坚赞也开创了一条新的藏族史学发展道路，即中原历史的吐蕃化叙事的道路。

另外，《西藏王统记》还对吐蕃婚使请婚的场景进行了描述，比如当文成公主被噶尔·东赞域宋从三百华装炫服的女子中选出时，文成公主“含涕”，这与藏族传统婚俗中新娘“哭嫁”的习俗相似；而噶尔·东赞域宋为止住公主涕泣而“引吭高歌”，则与藏族传统婚俗中男方迎亲时所唱的婚歌类似；另外，唐太宗与文成公主的对话也都是用藏族民歌的形式来表现的，比如三句为一节或四句为一节，最末一句会反复吟诵，如唐太宗赐予文成公主嫁妆时说道：

> ……
>
> 利乐源泉觉阿像，舍此如舍寡人心，仍以赏赐我娇女。
>
> 诸种府库财帛藏，众多宝物虽难舍，仍以赏赐我娇女。
>
> 告身文书金玉制，经史典籍三百六，还有种种金玉饰，以此赏赐我娇女。
>
> 诸种事务烹调法，与及饮料配制方，玉片鞍翼黄金鞍，以此赏赐我娇女。
>
> 八狮子鸟织锦垫，并绣枝叶宝篆文，赐女能使王惊奇，以此赏赐我娇女。
>
> 工巧技艺制造术，高超能令人称美，如此工艺六十法，以此赏赐我娇女。
>
> ……[1]

从这一段话语可以看出：后弘期的藏文史籍作者在编纂史籍时，会有意识地以文学化的描写、夸张、修饰等“加工”手段，加入很多本民

[1]（明）索南坚赞：《西藏王统记》，刘立千译注，北京：民族出版社，2000年，第68页。

族的文化元素，这些新添加的内容虽然导致新编史书的记载与历史事实发生偏离，但却开始逐渐适应藏族的人物塑造特点与情感追求，显示出他们对于历史书写的一种全新的认知。

《西藏王统记》之后成书的藏文史籍，虽然关于唐太宗的记载略有差异，但大多继承了这一模式，如成书于1538年的《新红史》，除了沿用《佛教史大宝藏论》将唐太宗称为“狮子赞普”[1]的写法外，在其第三节“西藏（吐蕃）王统”中也有“多国请婚”“太宗问难”“噶尔献信”等故事的描述，虽然没有记载“七难婚使”，但却用“大臣噶尔所显示的七八种聪明智慧”[2]这样一句话间接地有所交代。另外，作者索南坚赞在处理这段材料的时候，并非全盘接受民间传说，而是表现出较为慎重的态度，指出这段历史是“据说”而来，而非源自某一汉文或藏文史籍的记载。可见并非所有后弘期的藏文史籍作者都全盘接受这一说法，部分学者也会对其进行甄别。

《贤者喜宴》在描写唐太宗时也是沿用了《西藏王统记》的叙述模式，基本叙事结构与《西藏王统记》和《新红史》相似，只是没有“太宗问难”“噶尔献信”和“父女问答”等情节，并且将“七难婚使”的故事改为“六难婚使”（即将限期吃羊肉、揉羊皮与喝酒不醉之“两难”合为“一难”来记）。成书于1643年的《西藏王臣记》也属于这一类史籍，对于唐太宗的记载主要在“松赞干布迎娶文成公主”一节中，只不过在情节叙述上稍显简略，其中当文成公主表示不愿前往吐蕃时，唐太宗也进行了劝慰和教诲，然而《西藏王臣记》所记的劝慰之词，已不同于《西藏王统记》的民歌形式，完全变成了辞藻华丽、韵律规整的

[1]（明）班钦索南查巴：《新红史》，黄颢译，拉萨：西藏人民出版社，2002年，第32页。
[2]（明）班钦索南查巴：《新红史》，黄颢译，拉萨：西藏人民出版社，2002年，第14页。

诗歌，原文这样写道：

……
吁嗟女儿汝其听，所谓吐蕃有雪邦，
其土优异又如是。雪山自然宝塔形，
任运天成最胜地。四湖状若玉曼达，
四大平原如上供，四江四河天然生，
山高地净雪岭颈，吉祥如意万字图。
他邦皆人作君主，神作藏王真希有，
四邻邦君威敬服。法王松赞干布者，
菩萨化身有六人，诚为众德齐备王。
……[1]

可以看出，这段话语完全是藏族后人对雪域圣地和松赞干布的溢美之词，而且《西藏王臣记》的作者第五世达赖喇嘛阿旺·洛桑嘉措本身就是一位精通五明的学者，所以他在编写这段历史时，自然会使用文学化的手法，注重文辞的修饰和语句的华美，虽然这种修史方式会让史料的历史信息的准确性受到影响，但是其文学上的审美价值却得到了提升。

另外需要单独说明的是，在后弘期的藏文史料中，还有一类文献虽然在学术界广受争议，但也是后世研究吐蕃历史的参考资料之一，这就是伏藏。其中，《柱间史》因为主要介绍松赞干布的历史，所以对唐太宗也有部分记载，其中在介绍唐蕃和亲时，其故事情节也与《西藏王统记》等

[1]（清）五世达赖喇嘛：《西藏王臣记》，刘立千译注，北京：民族出版社，2000年，第21页。

史书大致类似，主要为“噶尔献宝”“太宗问难”“噶尔呈信”“六难婚使”等，而且文成公主与唐太宗的问答也是以诗歌的形式进行记述的[1]，这与《西藏王臣记》的记载极为相似，摘录其中一段如下：

>……人说雪域吐蕃，冰峰绵延千里，就像宝塔林立；四大高山湖泊，宛如碧玉坛城；四大高原江河，流经卫藏四如；四大高原草地，仿佛供品布陈；山高水清地灵，景色壮丽雄浑，风光呈祥如意，实乃殊胜之境。王者尽皆凡人，唯独赞普乃神，法王松赞干布，观音菩萨化身，功德无与伦比，属民无不恭顺。……

若将《柱间史》和《西藏王臣记》的这两段诗歌式对话进行比较，就会发现除了在格律上前者为六言、后者为七言之不同外，所叙述的内容基本一致。所以，据此也可推断，《柱间史》尽管相传是由阿底峡尊者发掘所得，但存世的版本在几百年的流传过程中被修改和增补过，可见后世的藏文史籍作者逐渐对这段历史形成一种共识之后，对早先并不“完善”的史料进行增补，故本节将其归为“加入藏族本土文化元素的后弘期史料”之中。

通过以上就唐太宗这个历史人物的藏文相关史料进行文献梳理与简要分析后，可以看出后弘期的众多藏文史籍在几百年的发展过程中，除了保持其崇佛的基调不变外，依各自成书年代的早晚，呈现出由简到繁、由客观记载到文学创作、由单纯摘引文献到融合本土元素的演变特点，我们将按其演变规律将所引的九部藏文史籍分为三个阶段（各阶段

[1] [古印度]阿底峡尊者发掘：《西藏的观世音》，卢亚军译注，兰州：甘肃人民出版社，2001年，第150—177页。

间有重合），也以此为准分为三种类型，进行分别说明：

第一，离吐蕃时期较近的时代产生的藏文史籍。从吐蕃王朝崩溃到元代完成对西藏的统一事业前，即后弘期前期的四百年间，虽然吐蕃王朝的崩溃及其百余年的“黑暗期”对于吐蕃文化的传承破坏很大，但还是有一些文献保留了下来，这其中既有传世文本也有伏藏，虽然对这些史料的断代还有争议，其真实性也有待考证，但却是当时的藏文史籍作者所能援引的第一手材料，而且也可以确定是属于后弘期早期的历史文献，因而也就成为后弘期的藏文史籍作者修史时的主要参阅材料之一。

第二，参考汉文正史的藏文史籍。自元以来，西藏与中原的联系逐渐得到加强，尤其在文化方面的交流，西藏佛教开始东传汉地，而汉文典籍也得以西传西藏，因此藏文史籍作者在编纂吐蕃时期的文献时，就有了新的材料来源，即新、旧《唐书》等一系列汉文史籍，然而这些材料对于吐蕃的历史是以客位的角度进行编修的，所以藏文史籍作者在使用这些材料时进行了适当的选择，将唐蕃和亲作为重点进行描述，也通过这一历史事件来塑造唐太宗的人物形象，而将唐蕃之间的战争与会盟等内容则简要叙述或省略不记，所以导致藏文史籍中援引的汉文史料与其原始文本相比会有一些不同。

第三，本土化的藏文史籍。关于吐蕃时期的汉藏文献毕竟不多，所以在修史的过程中，藏文史籍作者又将本土的文化元素融入到藏文史籍的编修中。比如在藏族民间有大量关于文成公主入藏的故事，这其中自然就会提到文成公主的“父亲”唐太宗，民间故事有其虚构、夸张、神化的特点，所以唐太宗的形象也就开始发生很大的变化，尽管这些描述与历史真实相去甚远，但却符合藏族的传统审美习惯，因而在吸收藏族民间故事后编写的史料就也呈现出成书年代越晚、唐太宗被“藏化”程度越深的特点。

那么，为什么后弘期的藏文史籍中关于唐太宗的记载会产生如此大的差异？笔者认为主要有以下三个原因：

第一，由于吐蕃时期，佛教是从印度和中原两地同时传入青藏高原的，其中，文成公主对于佛教在吐蕃的推广所发挥的重要作用，使得后弘期的藏人认为，除了佛教发源地印度之外，中原就是佛教兴盛的地区之一，而文成公主就是佛教女神——绿度母的化身，作为文成公主的“父亲”——唐太宗，自然也被认为是佛教的积极倡导者，所以理应表现出对佛教的偏爱与尊崇，比如唐太宗与吐蕃使臣的三次问答，无一不与佛教有关；而对文成公主的劝慰之词，则充分表现出唐太宗深受佛教思想的影响。因此，后弘期的史料中关于唐太宗的描写，也都是将其置于佛教的叙事背景中进行的。

第二，自元统一西藏以来，历经元、明、清三朝，西藏佛教的各大教派都曾与中央王廷积极建立联系，先后有萨迦、帕竹噶举、噶玛噶举、格鲁等教派得到中央政府的册封与扶持，以此先后掌握西藏的政教大权，而藏文史籍作者多是各教派的高僧大德，所以他们要为自己或本教派的政治行为寻求一种合理化，来说明这种西藏与中原的联系是有其深厚历史渊源的。于是，这些藏文史籍作者都将中原与西藏的关系向上追溯到吐蕃王朝时期，在修史时均单独列出章节来介绍汉地的王统和唐蕃和亲的历史，以此说明从唐朝开始，因为中央王廷崇信和扶持佛教，西藏佛教才得以传播和兴盛，而西藏佛教能统领西藏地方也有其传统可依，强调的是汉藏民族间的友好与和谐，反倒是唐蕃间的战争与会盟史则被有意地“省略”或是“遗忘”。另外在后弘期，西藏地方的政教合一制度是在中央王朝的统领下推行的，所以各教派也尊奉中原皇帝并且承认其对西藏的统治，而且这种观念一直延续下来，比如称清代帝王为“文殊大皇帝”，这与尊称唐太宗为“孔子幻化王”或“狮子赞普”，都有异曲同工之处。

第三，藏族历史进入后弘期之后，西藏佛教逐渐成为藏族社会意识形态中的主流，由此形成所谓的藏文化圈，并由此产生对历史的独特认识，即佛教文化主导下的历史观，在这种文化环境中，历史成为一种掺杂了宗教、神话、传说、民俗等各种元素的综合体，体现了藏族对历史的看法和认识，反映出藏族的审美情趣和情感世界，所以不能单纯地以史载内容是否真实或虚构来进行分类，而应看到其特殊的历史和文化价值。

通过以上三类藏文史料对唐太宗的不同记载，可以反映出这种演变过程经历了由最初的“孔子幻化王”“狮子赞普”的美誉，到中期采用汉文正史中白描式的客观记载，再到后期成为藏文史籍作者笔下一个崇信佛教、偏向吐蕃、推动藏汉交流的中原皇帝，并最终将此确定为一种固定的范式，如本节所介绍的九部藏文史籍中，有四部（《西藏王统记》《西藏王臣记》《新红史》《柱间史》）即遵循了这一范式。这种转变过程，可以通过《柱间史》这部产生年代较早、内容却表现出较晚特点的藏文史籍体现出来，因为根据后弘期藏文史籍作者对这段历史的“记忆”与“选择”，对《柱间史》进行了很大的改动与增补，形成了以通过唐蕃和亲等种种传说来反映唐太宗这个历史人物的叙述版本。由此，也可以总结出后弘期的藏文史籍，也同样经历了从文本的不断变化到最终形成较为统一模式的演变过程，并将这一模式当作藏族对那段历史的普遍性认识，这既是“‘文本’与‘情境’的互映”[1]，也是本土记

[1] 王明珂：《兄弟民族与英雄祖先：根基历史的文本与情境》，北京：中华书局，2009年，第105页。

忆被不断强化的过程。在这一过程中，“文本”与“情境”之间相互影响、彼此推进演变，然而历史有其连续性的特点，所以当某一文本成为一个人群的集体记忆而被固定下来时，这些“文本”就会以一种范式被后世所沿用，由此将这一段历史记忆不断强化并延续下去，就比如《西藏王统记》所记载的唐太宗形象，逐渐成为后世藏族所普遍认同的历史记忆，并由之后的藏文史籍作者所遵循并固定下来，而几乎与之同时代成书的《汉藏史集》等史料则被放弃不用。这是因为唐太宗尊崇佛教、偏向吐蕃等特点，符合当时的社会情境，被当时的藏族认为是一种可接受的“历史真实”，因为这种叙述模式符合元代时期西藏为中原王朝统辖下的一个行政区域这一“历史真实”，藏文史籍作者通过这一叙事模式，来强化藏族的历史记忆，强调这一族群内部成员间的情感联系与中原的关系。由此也说明，藏文史籍作者将各种与唐太宗有关的神话传说汇聚成历史文本，由此建构或强化起藏族对于这段历史的共同记忆，在特殊的“历史心性”和“社会情境”下，对“过去”进行想象与建构。在这样一种“社会情境”下产生的藏文史籍“文本”，“存在并产生于特定社会情境脉络中，社会情境脉络，也因其相应‘文本’而得以显现和强化”[1]。

在西藏佛教后弘期这样一个特定的时代背景和历史阶段中，整个藏族社会经历了佛教化以及民族性格逐渐形成的过程，由分裂割据的局面逐渐形成了统一于中央王廷之下的地方政权，所以对于历史人物，其认识过程也是经历了从简略到复杂、单一到丰富的过程，并且在此过程中逐渐融入并适应本民族的一些特点，如事事皆以佛教为准

[1] 王明珂：《兄弟民族与英雄祖先：根基历史的文本与情境》，北京：中华书局，2009年，第234页。

等，虽然部分记载的真实性受到怀疑，但是却反映出这一历史时期藏族的一种史学态度。如果以此为参照，对以汉文史籍为“典范”的史学观进行对比与反思，由此探索后弘期藏文史籍叙写者的情感意图和所处的时代背景，不单纯将这段历史记忆认为是神话传说，而是将关注点转向对当时历史情境的解读，这应该是对藏族后弘期历史的较为客观的认识。

**武则天**

不管出于何种目的，武则天时期，唐朝重视佛法，武则天本人也大力弘扬佛教。武则天支持佛教，表现在各个方面。首先，她曾亲自参与组织了《华严经》的翻译。武则天时曾派人去于阗求取梵文的全本，组织力量进行翻译。中国佛教宗派之一的华严宗就是依据此经，在唐武则天时创立的。武则天时代的译经水平之高，译经数量之多，可以说是中古时代中原地区佛教发展的一个高峰；其次，她结交僧人，给一些著名僧人以很高的礼遇。如禅宗北宗的神秀被她请到京师，“亲加跪礼，时时问道”。她还经常请华严宗创始人法藏入宫讲经说法，并赐法藏为“贤首”国师的称号等。另外，她还热衷于建寺造像，如著名的龙门奉先寺毗卢遮那佛像，就是在她直接支持下雕凿的。据说为了雕凿此像，武则天还捐赠了两万贯脂粉钱。[1]

武则天在佛教史上有着独特的地位，除了她本人对佛教的信仰和大力发展佛教事业以外，她还是中国历史上少有的成功运用佛教思想来为自己当皇帝制造舆论氛围和合法性的典型。武则天利用《大云经》等佛

[1] 赖永海主编：《中国佛教通史》第五卷，南京：江苏人民出版社，2010年，第187页。

经中的佛陀给净光天女“即以女身，当王国土”的授记[1]，成功地找到了女人做皇帝的思想资源。武则天成为中国历史上第一个也是唯一的女皇帝，跟唐代佛教的兴盛关系密切，以佛教思想立国，按理说武则天时代的历史情境，与西藏后来的政教合一体制最能产生共鸣，但是有意思的是，武则天在藏文史籍中的分量并不重，对她的描写不多，而且武则天在藏文史籍中的形象也并不好，藏文史籍中的武则天，给读者的总体感观基本上是负面的。

在后弘期史料中，提及武则天事迹的甚少，很多都是一笔带过。现将关于武则天的内容摘录如下：

《青史》记载：

> 先是唐太宗之王妃有一侍女，太宗逝世后，侍女出家为尼，后来当了高宗之妃，高宗临终时虽有遗嘱由太子继承王位，然而王妃却自当皇帝，以其姓武名则天。她发动兵马夺去了西藏的许多土地。她是一位极厉害的女皇，她从甲申年起共执掌国政二十一年，享寿八十岁于甲辰年逝世。[2]

这条史料关于武则天的信息集中于以下两点。首先，武则天不听从高宗遗嘱而继位。其次，武则天在位期间与吐蕃发生多次战争，武则天时代唐朝与吐蕃进入了全面争霸时期，双方关系紧张并且爆发了大规模的战争。这一点在敦煌古藏文文献中有清楚的反映，如P.T.1288《大事纪年》

[1] （北凉）昙无谶：《大方等无想大云经》卷四，《大正新修大藏经》第12册，台北：新文丰出版有限公司，1983年，第1097页。

[2] （明）管·宣奴贝：《青史》，王启龙、还克加译，王启龙校注，北京：中国社会科学出版社，2012年，第53页。

就有大量武则天时期唐蕃双方交战的记录，摘录数条如下：

> 羊年……大论钦陵赴吐谷浑，于达拉甲都尔，与唐将王尚书（王孝杰）作战，杀死许多唐人。
>
> 至狗年，……大论钦陵引兵至大小宗喀，生擒唐大将都护使。
>
> 至鼠年，……秋，赞普出巡，领兵至河州。
>
> 至牛年，夏，赞普驻色尔夏，后领兵至松州、洮州……冬，赞普驻尺孜（宫）。春末，领兵至松州、洮州。[1]

敦煌古藏文文献的记录反映了吐蕃时代的历史书写，可见武则天时代唐蕃关系的紧张程度已经给早期的藏族史学工作留下了深刻的印象，《红史》关于武则天事迹的记载颇为有趣，强调的是武则天时代唐蕃之间的紧张关系，特别是武则天派兵攻占吐蕃地方，对吐蕃的贵族招降纳叛，对武则天的整体印象很差：

> 唐高宗遗诏让长子唐中宗继位，但皇后不听从，自己当了女皇。因她姓武故起名武则天，女皇派兵将吐蕃的许多地方夺去。唐朝女皇封赞婆为归德郡王，任为大臣，封莽布支为左羽林大将军安国公，并赐给他们三人犯罪不予惩罚的铁券誓书。在都松莽布杰逝世以后，女皇武则天从阳木猴年起在位二十一年，于阳木龙年八十岁去世。

[1] 王尧、陈践译注：《敦煌古藏文文献探索集》，上海：上海古籍出版社，2008年，第91页。

事实上，当时唐蕃之间的争霸是互有胜负，692年唐军在主帅王孝杰的率领下击败吐蕃在西域的主力，一举收复安西四镇，将龟兹、于阗、疏勒、碎叶等镇重新纳入到唐朝的军事控制之下，《新唐书》描写这场胜利，用了“大破其众”的措辞，可见《红史》所谓的“女皇派兵将吐蕃的许多地方夺去”确实是有一定的历史事实为基础的（尽管安西四镇本来并不能算是吐蕃的地方），吐蕃失去安西四镇，在心理上的冲击后来就沉淀到了历史记忆之中，这笔账自然就“算”到了武则天头上。但是696年前后发生的素罗汗山之战，唐军则被吐蕃军队打得大败，当年率领唐军取得西域大捷的王孝杰被罢官，这是吐蕃在军事上取得的一次重大胜利，前引敦煌古藏文文献P.T.1288《大事纪年》对此事的记载就大肆宣扬吐蕃击败王尚书，杀死许多唐人的功业。然而有意思的是，《红史》似乎只记得吐蕃在西域吃的败仗，而忘了素罗汗山的大捷，这恐怕与取得这次大捷的主帅是噶尔家族的论钦陵、赞婆兄弟不无关系，因为专权多年的噶尔家族稍后被赞普赤德松赞清算，论钦陵兵败自杀，与唐军在河陇地区交战三十多年的赞婆最终为了自保而投降了唐朝，素罗汗山大捷自然就在后来的藏族历史书写中消失了。

《红史》对武则天时代的印象，除了吐蕃被夺去许多土地外，第二件大事就是河陇地区的主将赞婆的降唐，赞婆是当时吐蕃权臣论钦陵之弟，长期事兵驻防在唐蕃边境，699年执掌吐蕃军政大权的噶尔家族被新赞普清算，论钦陵兵败自杀，赞婆率领余众投降了唐朝，对此中原方面的汉文史籍有详细的记载，《新唐书》的说法是：

> 钦陵专国久，常居中制事，诸弟皆领方面兵，而赞婆专东境几三十年，为边患。兄弟皆才略沉雄，众惮之。器弩悉弄既长，欲自

得国，渐不平，乃与大臣论岩等图去之。钦陵方提兵居外，赞普托言猎，即勒兵执其亲党二千余人杀之，发使者召钦陵、赞婆，钦陵不受命，赞普自讨之。未战，钦陵兵溃，乃自杀，左右殉而死者百余人。赞婆以所部及兄子莽布支等款塞，遣羽林飞骑迎劳，擢赞婆特进、辅国大将军、归德郡王，莽布支左羽林大将军、安国公，皆赐铁券，礼尉良厚。赞婆即领部兵戍河源，死，赠安西大都护。[1]

《红史》对赞婆降唐的情况，特别唐朝方面封他为归德郡王的情况都叙述得非常准确，接纳边疆叛将的武则天，在吐蕃方面的印象当然不会好了。所以《红史》接下来又写了一段非常“离奇”的故事：

另外一个故事中说，女皇当初生了一个长着驴耳朵的儿子，因为羞愧，在儿子幼小时去派人杀他，当时有一位吐蕃的大臣，没有让杀皇子而悄悄带去抚养。后来年老时唐朝没有后嗣，打算把皇位传给她的兄弟武三思。当召集众人开会时，拖长声音问：“立武三思是否同意？”有人说不同意，女皇立即下令将其杀死。吐蕃的大臣也拖长声音对武三思问：“立武三思是否同意？”武三思本想回答：“若不同意立我，女皇就下令将其杀死。”当他正说道“不同意立我”时，吐蕃大臣就拔剑把他杀死。当问他何故杀人时，吐蕃大臣说是按女皇的命令杀的，所以女皇对他也没有办法。当女皇去世后，办理丧事时，吐蕃大臣将长驴耳朵的皇子领来，立为皇帝，成为驴耳皇帝。据说武则天母子二人的陵墓还在乾州以北的地方。

[1]（宋）欧阳修等：《新唐书》卷二百十六上《吐蕃传上》，北京：中华书局，1975年，第6080页。

女皇武则天被吐蕃人称为阿则老母。[1]

关于武三思，史料记载是武则天的侄子而获武则天起用，由右卫将军累进至兵部、礼部尚书，并监修国史。大封武氏宗族为王。武三思为梁王。武三思性格跋扈，善于阿谀奉承，为武则天称帝扫清道路。武后曾欲立武三思为太子，为狄仁杰所驳，仍受武后所信任。唐中宗复位后，进位司空、同中书门下三品，降封德静王。武则天驾崩后，武三思为专权，构陷忠良，并以此为乐。与韦皇后、上官婉儿潜通，而儿子武崇训跟媳妇安乐公主密谋废节愍太子李重俊，让安乐公主当皇太女。李重俊发动重俊之变，诛杀武三思、武崇训，但起事很快就失败，被杀。

在《红史》关于唐朝王统历史的记载中，有两个细节值得玩味。第一个细节是武三思是被吐蕃大臣所杀。武三思因为阿谀奉承而留下恶名，按当今价值标准而言，杀之所谓大快人心。但是当杀武三思者成为吐蕃人时，可能就需要深思了。首先在于，藏文史籍作者也试图在史料中构建自己为中原文明的参与者，而不是旁观者的身份。一些惩恶扬善的正义事件的发生，甚至中原历史的重大改变，都与藏族休戚相关。这样的目的似乎在于，用重塑历史的方式摆脱自己处于先进文明之侧的尴尬地位，建立属于自己政权和佛教文化的信心。其次，这个小故事也在一定程度表达了藏族的善恶观，对于阿谀奉承和篡夺政权的厌恶，在《红史》的记载中表现为武三思的被杀，表现为武则天的驴耳朵皇子，它们都表现了当时史书编纂的“春秋笔法”。

第二个细节，虽然我们很难发现后弘期史料中对于武则天的评价，但是字里行间已看出端倪，比如武则天驴耳朵的皇子，又例如史书中提

[1]（元）蔡巴·贡噶多吉：《红史》，东嘎·洛桑赤列校注，陈庆英、周润年译，拉萨：西藏人民出版社，2002年，第13页。

到武则天占领了许多吐蕃的土地，称其为一名残暴的君主。这样的措辞已经说明了在后弘期史料中，对武则天的贬损大于赞扬。

由此我们不得不思考，后弘期史料描写吐蕃史，往往将吐蕃的兴衰和吐蕃赞普对待佛教的态度紧密关联。因为赞普崇佛而国家兴盛，佛法昌隆；而因为朗达玛赞普灭佛，所以西藏佛法消弭，统治覆灭，社会退步。因此，可以说后弘期史料中存在这样一个佛教逻辑，对于佛教的态度决定了一个社会的进步，也左右了后世对于一位君主的评价。然而，这样的历史逻辑也仅仅限于藏文史籍作者评价西藏历史。在后弘期史料的汉地王统中我们能轻而易举地找出反例。例如，武则天崇佛的事迹在后弘期史料中只字未提，武宗时期会昌法难也没有出现在史籍之中。因此可以这样说，对于佛教的态度是藏文史籍中评价西藏人物的重要标准，而对于中原人物的评价或许不适用。

那么，哪些因素可以影响藏文史籍作者对于中原王朝君主的评价？或许从其历史叙事内容中可以发现两个要素。第一个是吐蕃人对于唐代人物的感知往往与该人物和吐蕃自身的影响程度有关。以这点来判断，我们不难看出，唐太宗是因为文成公主入藏，武则天、唐玄宗是因为和吐蕃发生多次战争，唐穆宗是发生甥舅之盟等，藏文史籍对上述人物都有记载。第二个因素在于，藏文史籍对人物评价的好坏，不一定与该人物对待佛法态度的好坏相关，更取决于在其当政时期与吐蕃的关系。

**文成公主**

藏文史籍中用了大量笔墨来描写文成公主进藏的前前后后。即使是为数不多的前弘期史料之中，文成公主进藏的事迹依然清晰可见。《敦煌本吐蕃历史文书》记载："赞蒙文成公主由噶尔·东赞域松迎至吐蕃之地"，"及至羊年（683）……冬，祭祀赞蒙文成公主"，"及至狗年

（710）……赞蒙金城公主至逻些”，“及至兔年（739）……赞蒙金城公主薨逝”，“及至蛇年（741）……祭祀赞普王子拉本及赞蒙金城公主二人之遗体”。[1]简单的史料中不仅提到了文成公主入藏、薨逝和入葬，亦说明了吐蕃对文成公主的重视和尊崇，也看出了吐蕃对中原唐朝的重视。

当然，关于文成公主的事迹，更多且更大篇幅出现在西藏后弘期的史料之中，文成公主这些事迹不仅篇幅宏大，情节离奇，还充斥着浓郁的佛教化气息。在此，限于篇幅，仅节取《西藏王统记》关于文成公主进藏的记载：

如是等类处世之道，凡所需要，悉为教诲。帝父紧握其手，虽不忍别，然念终须入藏，上赐公主嫁妆极丰，不可计量。于是公主同侍女等，来伦布噶处谓曰：“大伦，觉阿释迦牟尼佛像，当迎汝土，无量财宝，亦当携往汝上，汝之境内，有陶土否？有多生神否？有桑树否？有马兰草否？有蔓菁否？”如是发问已，噶答曰：“余物皆有，唯无蔓菁。”遂携蔓菁种子，复造车舆，置觉阿释迦像于其上。此车命汉族力士拉噶及鲁噶二人挽之。复赐负运此珍宝、绫罗、衣服、饰品以及当时所需资具之马骡骆驼等甚众。对诸吐蕃使臣，款以盛宴，并厚其赏赐。于是公主盛装，偕同二十五位韶美侍女，并皆乘马，皇上皇后率大臣等均短送一程。王父母二人眷恋难舍，又谆谆教以立身处世重要之道，始起程往吐蕃而去。于时，送行众臣之中，有止塞如恭顿其人，颇妒嫉伦布噶，遂启奏于

[1] 王尧、陈践译注：《敦煌本吐蕃历史文书》，北京：民族出版社，1992年，第147—153页。

王曰："需有一聪颖大臣留为公主人质，则汉藏可永保和谐。"旋以目睨视伦布噶。唐主曰："朕之妙丽公主，即归尔吐蕃，当留噶为质。"伦布噶知止塞如恭顿之嫉己，乃奏言："为汉藏和好，我当如命留质。"遂留住于唐焉。[1]

后弘期史料虽然丰富，然无论各方史料都充斥着大量的佛教色彩浓厚的故事描写。文成公主个人及其入藏的经历，就成为西藏佛教化历史的滥觞。例如六度试婚、文成公主堪舆，以及遍布西藏各地的文成公主诗歌遗迹，将文成公主集中成了汉藏交流史和西藏佛界文明化的典范形象。文成公主形象的典范化，几乎与西藏文化的佛教化亦趋亦步，后弘期史料中的唐和中原，是一个有着高度佛教文明的世界，这一点毋庸置疑。

有趣的是，后弘期藏文史籍中也在某些叙事中反映出藏文史籍作者虽然在整体上对尊崇佛教的唐代文化表示推崇，但在一些描写上也体现了与中原文化的隔膜和不理解。如下面这一段《西藏王统记》中的记载：

赞普亦因一月之间，未与公主相见，心极歉悔，为安公主之心，故慰问公主云："卿得无辛劳耶？得无烦恼耶？平安抵藏，实属难得。觉阿释迦像，如何迎来？山巅水涯，如何通过？"公主答曰："觉阿置于车上，力士拉噶及鲁噶二人挽之，经甲曲库巴，以舟横渡。道路虽遥，巧施方便而行。越吉马拉古山口时，是绕冰而来者。黑暗之处，是擎灯而来者。紫檀之林，偃于道右而来者，刺

[1]（明）索南坚赞：《西藏王统记》，刘立千译注，北京：民族出版社，2000年，第69页。

黎之树，卧于道左而来者。汉地福运耗损，吐蕃克享康乐，然藏人实无良者也。”语毕大哭。时诸臣等亦来斥责，作不平之鸣。伦布噶言：“本诸汉人皆轻视我等，除馆舍妇一人而外，更无同情于吐蕃者，尤以大唐天子偏私心重，即化人公主，汝亦对我吐蕃多所鄙薄轻视也。”汉公主闻之，亦生内疚，遂不作语矣。[1]

众所周知，《西藏王统记》的作者是西藏佛教萨迦派僧人索南坚赞，这段情节颇能反映后弘期的藏族僧人对于唐蕃文化冲突的理解。关于公主入藏的事迹，作者先借公主之口指出唐代中原人民对于吐蕃人的一般看法是“藏人实无良者”，又在结局中插入伦布噶言，“本诸汉人皆轻视我等”“亦对我吐蕃多所鄙薄轻视也”[2]，可以说直截了当地表明了吐蕃人对自己遭到唐代中原人轻视的不满。这样的史料例证仔细分析起来，不胜枚举。又例如《柱间史》称松赞干布向唐皇请婚时言：“启请陛下恩准把文成公主嫁给我边鄙吐蕃松赞干布。”“大臣噶尔奏毕，皇上及其臣僚哗然大笑。”

和亲并不是吐蕃和唐朝之间的独创形式，事实上，可能早在春秋时期，为了政治稳定和经济利益的特殊需要，和亲形式已经存在。例如《左传·襄公二十三年》：“中行氏以伐秦之役怨欒氏，而固与范氏和亲。”要注意的是，唐蕃之间的和亲，并不完全是唐朝的传统，吐蕃自身的发展史上，也有着相当发达的政治联姻传统。吐蕃王朝在崛起阶段就跟青藏高原上的诸小邦国有着广泛的政治联姻，因此用和亲这一方式建立起政治互信，对唐蕃双方而言都是可以理解和可以接受的一种

[1]（明）索南坚赞：《西藏王统记》，刘立千译注，北京：民族出版社，2000年，第76页。
[2]（明）索南坚赞：《西藏王统记》，刘立千译注，北京：民族出版社，2000年，第77页。

办法。

按照中原正史系统的史料记载，唐蕃双方最早的和亲是松赞干布与文成公主。唐太宗封“宗室女”为文成公主，远嫁吐蕃。这些史实保存最多的是新、旧《唐书》。《旧唐书》关于文成公主入蕃和亲之事有如下记载：

贞观八年，其赞普弃宗弄赞始遣使朝贡。弄赞弱冠嗣位，性骁武，多英略，其邻国羊同及诸羌并宾伏之。太宗遣行人冯德遐往抚慰之。见德遐，大悦。闻突厥及吐谷浑皆尚公主，乃遣使随德遐入朝，多赍金宝，奉表求婚，太宗未之许。使者既返，言于弄赞曰：“初至大国，待我甚厚，许嫁公主。会吐谷浑王入朝，有相离间，由是礼薄，遂不许嫁。”弄赞遂与羊同连，发兵以击吐谷浑。吐谷浑不能支，遁于青海之上，以避其锋。其国人畜并为吐蕃所掠。于是进兵攻破党项及白兰诸羌，率其众二十余万，顿于松州西境。遣使贡金帛，云来迎公主。又谓其属曰：“若大国不嫁公主与我，即当入寇。”遂进攻松州，都督韩威轻骑觇贼，反为所败，边人大扰。太宗遣吏部尚书侯君集为当弥道行营大总管，右领军大将军执失思力为白兰道行军总管，左武卫将军牛进达为阔水道行军总管，右领军将军刘兰为洮河道行军总管，率步骑五万以击之。进达先锋自松州夜袭其营，斩千余级。弄赞大惧，引兵而退，遣使谢罪。因复请婚，太宗许之。弄赞乃遣其相禄东赞致礼，献金五千两，自余宝玩数百事。

贞观十五年，太宗以文成公主妻之，令礼部尚书、江夏郡王道宗主婚，持节送公主于吐蕃。弄赞率其部兵次柏海，亲迎于河源。

见道宗，执子婿之礼甚恭。既而叹大国服饰礼仪之美，俯仰有愧沮之色。及与公主归国，谓所亲曰："我父祖未有通婚上国者，今我得尚大唐公主，为幸实多。当为公主筑一城，以夸示后代。"遂筑城邑，立栋宇以居处焉。公主恶其人赭面，弄赞令国中权且罢之，自亦释毡裘，袭纨绮，渐慕华风。仍遣酋豪子弟，请入国学以习《诗》《书》。又请中国识文之人典其表疏。[1]

《新唐书》对于文成公主入蕃和亲，也记之颇详：

太宗贞观八年，始遣使者来朝，帝遣行人冯德遐下书临抚。弄赞闻突厥、吐谷浑并得尚公主，乃遣使赍币求昏，帝不许。使者还，妄语曰："天子遇我厚，几得公主，会吐谷浑王入朝，遂不许，殆有以间我乎？"弄赞怒，率羊同共击吐谷浑，吐谷浑不能亢，走青海之阴，尽取其赀畜。又攻党项、白兰羌，破之。勒兵二十万入寇松州，命使者贡金甲，且言迎公主，谓左右曰："公主不至，我且深入。"都督韩威轻出觇贼，反为所败，属羌大扰，皆叛以应贼。乃诏吏部尚书侯君集为行军大总管，出当弥道，右领军大将军执失思力出白兰道，右武卫大将军牛进达出阔水道，右领军将军刘兰出洮河道，并为行军总管，率步骑五万进讨。进达自松州夜鏖其营，斩首千级。

初东寇也，连岁不解，其大臣请返国，不听，自杀者八人。至是弄赞始惧，引而去，以使者来谢罪，固请昏，许之。遣大论薛禄

[1] （后晋）刘昫：《旧唐书》卷一百九十六上《吐蕃传上》，北京：中华书局，1975年，第5221—5222页。

> 东赞献黄金五千两，它宝称是，以为聘。十五年，妻以宗女文成公主，诏江夏王道宗持节护送，筑馆河源王之国。弄赞率兵次柏海亲迎，见道宗，执婿礼恭甚，见中国服饰之美，缩缩愧沮。归国，自以其先未有昏帝女者，乃为公主筑一城以夸后世，遂立宫室以居。公主恶国人赭面，弄赞下令国中禁之。自褫毡罽，袭纨绡，为华风。遣诸豪子弟入国学，习《诗》《书》。又请儒者典书疏。[1]

新、旧《唐书》中从汉地中原的历史脉络出发，记述了文成公主的入藏事迹。两部史书中的《吐蕃传》大致相同，我们也因此可以将这事具体细节归纳如下要点。

首先，从唐朝的观念和史料记载中，吐蕃要求和亲的理由，是因为吐蕃赞普“闻突厥及吐谷浑皆尚公主”。唐朝所嫁吐谷浑之公主，是贞观十四年，嫁吐谷浑王诺曷钵的弘化公主。通过将中原王朝的“公主”嫁给周边少数民族政权首领的方式，中原王朝与周边少数民族政权在结成亲家后建立起一定程度上的政治互信，在此基础上，双方拥有了解决争议和纠纷的良性互动机制，有力地减少和阻止了战争的发生，有助于边疆的安定和人民生活的安宁，《唐书》中着重指出吐蕃希望和亲的愿望，在某种程度上也暗含了中原王朝对待周边少数民族政权的态度：形成一个以唐为中心的版图，一个以中原为中心的稳定阶级顺序。不过吐蕃第一次遣使求婚后，唐并未答应联姻的要求，可能是因为唐对吐蕃的生疏，以及在唐政权眼中，吐蕃的无足轻重所造成的。但是当吐蕃破吐谷浑、松州大战之后，唐政权对于吐蕃的认识和了解加深，唐太宗此时

[1] （宋）欧阳修等：《新唐书》卷二百一十六上《吐蕃传上》，北京：中华书局，1975年，第6073—6074页。

才在禄东赞遣使期间答应了吐蕃的和亲请求。由此我们可以看到，在中原王朝眼中，“和亲”虽然是一种维系其与周边少数民族各系的有效途径，但是能纳入和亲范畴的政权，必须要有一定实力。换而言之，对于少数民族而言，能与唐朝发生某种关系，特别是联姻，也许也意味着这些国家在周边地区的强势地位得到了中原的肯定。

其次，史料中均记载了文成公主禁止吐蕃的“赭面”习俗、请入国学以习《诗》《书》的事件。这些事例选入史料，凸显了唐朝人自视本身文明是文化中心，有意通过文化的形式来向周边传播自身软实力的愿望。通过联姻的形式，也可能附加了中原人一直以来鄙夷边夷，试图将吐蕃文化“华夏化”的希冀。

**金城公主**

金城公主是吐蕃王朝迎来的第二个唐朝公主，也是真正在血源意义上的中原王朝的皇室成员，她当然也是唐蕃联姻的另一个重要角色。在谈到中原历史时，藏文史籍一般也会叙述这一历史事件，特别是对金城公主的事迹着墨也较多。且从后弘期初期一直到后期，在藏文史籍中关于她的记载都层出不穷，连绵不断。最近发现的《韦协》写本，可能是最早描写金城公主的藏文史籍，据巴桑旺堆考订，此写本属于11世纪的手抄本，保留了诸多原始写本的特点，所述事件与吐蕃时期的金石铭文多有吻合，在《拔协》一书中，大量的传说和神奇故事大为减少，因此这个写本更符合传统史学的特征，具有非常高的史学价值。[1]书中有关金城公主的段落为：

其后，王子赤德祖赞在位时，迎娶了金城公主，在钦普囊热、

[1] 巴桑旺堆：《〈韦协〉译注》，《中国藏学》2011年第1期。

扎玛噶曲、詹桑、喀查、麻贡等地修建了佛堂。金城公主每年在拉萨热木其瞻仰释迦牟尼像，供养其先辈姑姑文成公主所迎请的佛像，祈祷此佛向千名僧俗宣法。为了蕃地亡灵的福祉，公主一改不向佛像供奉食物的习俗，开创了称之为“茨”的祭司亡灵的仪轨。赞普赤德祖赞在位时其佛法业绩也仅此而已。[1]

《韦协》关于金城公主的描述比较简单，归纳起来有：一、赤德祖赞时迎娶金城公主；二、她在吐蕃大力提倡佛教，并入乡随俗地创立了新的仪轨。这一描述着力点全在佛教事业上，而事实上关于金城公主的历史信息包含得非常少，如她与唐朝皇帝的关系、寿命等基本的信息都没有。

另一部后弘期初期形成的藏文史籍《拔协》对金城公主的描写就要丰富得多了。该书的故事更加丰富，情节也更为奇特，增加了不少关于金城公主本身的历史信息，如在讲述吐蕃王臣商议迎亲事宜时，借大臣之口道出了金城公主的身世：

吐蕃诸王中，以先祖松赞干布最为杰出，据传他是观音菩萨的化身。他的亲翁是唐皇公子初琼，据说他也是观音菩萨的化身。他的女儿是文成公主。他有三百六十部经典，被誉为汉地的经典皇帝。他的儿子是唐王卓木兴，卓木兴的儿子是唐王太巴，太巴的儿子叫唐王韩盘，韩盘的儿子是唐王姜桑，姜桑的儿子是唐王李赤协朗米色。现在

[1] 巴桑旺堆：《〈韦协〉译注》，《中国藏学》2011年第1期。

在位的唐王的女儿叫金城公主，迎娶她来，最为合适。[1]

这段话里指明，藏文史籍作者所知的历史信息是，当时流传着一个唐朝前期皇帝的系谱，为唐皇公子初琼、唐王卓木兴、唐王太巴、唐王韩盘、唐王姜桑、唐王李赤协朗米色，并且都是父子相承。这一串名字今天我们都无法理解，其谱系也很有问题，唐初并非全是父子相承，且如果初琼是唐太宗的话，接着只有高宗、武则天、中宗、睿宗、玄宗，与这段话的藏文名字完全对不上。不过这个故事里给出金城公主的身份这一重要历史信息，即金城公主是当时唐朝皇帝的女儿，只是他没有说当时的唐朝皇帝是谁。不过稍晚一点的《红史》等书就明确地记述了金城公主的准确身份和历史时间：

阴木猴年女皇的儿子唐中宗即位，吐蕃向唐朝皇帝求娶公主，皇帝将自己的弟弟雍王的女儿金城公主嫁给吐蕃，陪送绸缎许多万匹，各种工匠，许多杂伎乐人，并派左卫大将军领兵护送。后来又将西夏之地都陪送公主。……阴铁猪年金城公主之父唐睿宗即位，他在位两年，于阳水鸡年五十五岁时去世。……金城公主在吐蕃住了三十一年，于阴铁猴年去世。

《红史》的记载较之《韦协》和《拔协》更为精确，明确地指出吐蕃向唐朝求婚是在唐中宗时，金城公主的身份是皇帝的弟弟雍王守礼之女。《旧唐书·吐蕃传》对此有明确说明："中宗以所养雍王守礼女为金城

[1]（唐）拔·塞囊：《拔协》，佟锦华、黄布凡译注，成都：四川民族出版社，1990年，第2页。

公主。”可见《红史》对其中的详情是清楚的。不过《韦协》以金城公主为现在唐王的女儿也是可以的，因为中宗在诏书明确宣布金城公主为自己的女儿，“金城公主，朕之小女”[1]。《红史》对金城公主的年代记录有着相当精确的数字，705年武则天病重，唐中宗经过政变上台即位，这年确为藏历的木猴年。不过金城公主正式出嫁吐蕃的时间的确并不在唐中宗即位之初，而是差不多五年后的710年。汉文史料记载金城公主入蕃在景龙四年（710），同时吐蕃时代的藏文史料也记载为狗年（710）[2]，可见《红史》的数字虽然精确，但并不准确。关于金城公主的卒年，《红史》认为在铁猴年（741），这一时间也有误差。据敦煌写本《大事纪年》记载，金城公主死于739年，741年举行了盛大的祭祀活动。这一点在早期史料中是很明确的，《红史》时代因为吐蕃王朝崩溃后，文书散佚的缘故，可能把举行祭祀仪式的741年当作了金城公主的卒年。[3]此外，《红史》关于金城公主出嫁的这段记载，大体上来自汉文史籍的记录，只不过雍王守礼并不是中宗的弟弟，而是他的侄子，其父为中宗兄长章怀太子李贤。另外，所谓将西夏之地作为公主的陪嫁，这一事件可能指的吐蕃赂求九曲地一事，叶蕃贿赂护送金城公主的使者、鄯州都督杨矩，以作为公主汤沐邑之名求取河西九曲。杨矩遂上奏，唐朝同意将九曲地划给吐蕃。九曲之地水甘草良，是天然牧场，吐蕃于此设

[1]（宋）王钦若等：《册府元龟》卷九百七十九《外臣部·和亲二》，北京：中华书局，1960年。

[2]《册府元龟》记：“景龙四年二月壬午，以金城公主出降吐蕃，帝幸始平县以送之。”敦煌藏文写卷P.T.1288《大事纪年》亦载：“狗年，派员准备赞蒙公主来蕃之物事，以尚·赞咄热拉金等为迎婚使。”

[3]汉文史料方面，对金城公主的死也是很关注的，不过由于路途遥远和信息交流不便，记载的公主卒年也比《大事纪年》为晚，《新唐书·吐蕃传》《资治通鉴》记为开元二十八年（740），而《旧唐书》《唐会要》则记为二十九年（741）。

洪济（青海贵德县西）、大漠门（青海共和县东南）等城守卫，此地成为吐蕃东进的根据地。双方此后为争夺九曲地在开元年间进行长期的拉锯战。[1]

后弘期藏文史籍对金城公主的记载，除了在吐蕃弘扬佛教以外，最重要的就是诞生了著名的赞普赤松德赞，并演绎出一段二母争子的经典故事。关于金城公主为赤松德赞生母一事，后弘期藏文史籍如《拔协》《贤者喜宴》《西藏王统记》《西藏王臣记》《雅隆尊者教法史》《新红史》等书均有记载。有关此事的具体情节，《拔协》描述为：

> 第二天清晨，有使者前来向国王禀报：“公主生了一位王子。”听后，国王马上赶回旁塘去看视公主母子。这时，公主生的王子被纳囊妃子喜登抢去了说：“这是我生的！”大臣们为了弄明白真相，便把王子放在敞坝的一间屋子的孔洞中，让两位妃子去抱。金城公主先抱着了王子，喜登妃子前来，不管王子死活地拼命去抢夺。金城公主怕把王子拉伤了，放开手说：“孩子就是我的。你这魔妇。”由此大臣们确信王子是公主生的。[2]

这段描述在后弘期史籍中算是比较简单的一种，也有叙事比较复杂的，如《西藏王统记》中分为两段，前一段相争没有结果：

> 其后至秦浦，乃册立为麦阿葱王妃玛。越一年，腹中有妊，时有大妃那囊萨名西定者，心怀妒嫉，声言我身亦妊有王裔。汉公主

[1] 才让：《吐蕃史稿》，兰州：甘肃人民出版社，2007年，第111页。
[2] （唐）拔·塞囊：《拔协》，佟锦华、黄布凡译注，成都：四川民族出版社，第4—5页。

于阳金马年在札玛生产赞普赤松德赞。那囊萨至公主前，伪为亲昵，竟将公主之子夺去，诈言此乃我所生者。公主以乳示之，涕泣哀求，悲伤号呼，仍不授与其子。招诸朝臣往诉于王。那囊萨乃敷药于其乳上，使如真乳，流出乳汁，以示诸臣，群臣虽疑，未识其诈。于是汉妃之子为正妃所夺，其权势颇大，不能强争，亦唯置之而已。

不久又进行了一次争辩，这次才有结果：

如是作已，适小王已满一周岁，为设站立喜筵，那囊氏与汉家各招二妃戚党前来赴会。于是那囊人为引小王欢乐，携来各种珍玩、服饰花鬘，届时，汉妃与那囊二家所招亲党均如约而至，会于王宫。王坐中央黄金宝座，那囊人坐于右，汉人坐于左。王令为王子盛装华服，以满盛米酒之金杯，交与小王，王父语云："二母所生唯一子，身躯虽小神变化，金杯满注此米酒，子可献与汝亲舅，孰为汝母凭此定。"

如是作已，随即祷祝。时王子略能举步，乃纵之。王子渐移步行，诸那囊人出其衣服装饰花鬘等炫耀而呼之，然未听受，竟赴汉人之前，以金杯付于汉人而语曰："赤松我乃汉家甥，何求那囊为舅氏。"语毕，投于汉人之怀。于是王母汉妃欢喜踊跃而呼曰：……如是言已，众乃信其真为汉妃之子也。遂设广大欢宴为之庆祝。迨王子五岁时，母后即逝。[1]

此种情节在上述各书的记载中均大同小异。但出自后弘期藏文史籍的这

[1]（明）索南坚赞：《西藏王统记》，刘立千译，北京：民族出版社，2001年，第117页。

一记载，却与吐蕃时代藏文史料敦煌古藏文写卷的记载不相吻合。首先，敦煌藏文写卷P.T.1.1286《赞普世系表》明确记载：赤德祖赞与那囊妃芒保杰细登所生之子赤松德赞。其次，据前文所引，敦煌藏文写卷P.T.1288《大事纪年》记载，金城公主卒于兔年即739年，而赤松德赞则是生于马年即742年。按此记载，赤松德赞出生之年金城公主已死，故金城公主为赤松德赞生母显然不可能。

就史料角度而言，似乎有两个理由可使我们更倾向以敦煌藏文写卷的记载为实。其一，从一般意义上说，敦煌藏文写卷形成于吐蕃时代，其写成时间至少在9世纪中叶以前，是吐蕃同时代之直接史料。而后弘期藏文史籍则是在经历吐蕃末年的社会动荡和战乱之后，于11世纪以后逐步写成和流传下来的。两相比较，在有关吐蕃史实的记载上，敦煌藏文写卷的史料价值即其所载史实的时效性和可靠程度显然应在后弘期藏文史籍之上。其二，《赞普世系表》和《大事纪年》二者均出自吐蕃官方编史者之手。作为一种官方性质的大事记录，它们在记录赞普生年和赞普世系这类当时理属朝廷大事上出现偏差的可能性相对较小。

从史实迹象看，在赤松德赞执政时期，势力最为显赫的家族是那囊氏家族。出自此家族的尚结赞曾作为首席宰相长期把持朝政，权倾内外，并任用子侄亲族担任要职。如其子亦为吐蕃大兵马使，主对外征战，成为吐蕃最重要的军事统帅，那囊氏为吐蕃四大尚族之一，而其最显赫时期恰在赤松德赞执政之时，这似乎不是偶然。若按《赞普世系表》所记，赤德祖赞与那囊妃芒保杰细登所生之子赤松德赞，则那囊妃芒保杰细登为赤松德赞之生母，这样在赤松德赞执政之时，那囊氏家族作为尚族而得以显贵即与之相合。故那囊氏家族恰好显赫于赤松德赞执政期的事实，显然更多地支持和印证《赞普世系表》关于那囊妃芒保杰细登为赤松德赞生母的记载。

此外，汉文史料同样不支持后弘期藏文史籍所载金城公主生赤松德赞的说法。在汉文史料中，我们找不到有关金城公主为赤松德赞生母的任何记载或迹象。按理，倘若赤松德赞确为金城公主所生，而赤松德赞在赤德祖赞之后又被嗣立为吐蕃赞普，且其在位时间长达四十二年，则汉文史料不可能不见于记载。相反，此事作为重要的安边筹码，唐朝方面绝不可能不加以利用，而必定会大书特书。但从汉文史料中无丝毫反映来看，此事恐系虚妄。[1]

## 第三节　对初唐佛教人物的记述

### 玄奘

玄奘不仅在汉地佛教史上有重要的影响，而且在藏文史籍中也受到重视，被或详或略地记载下来。根据内容等方面的特征，藏文史籍中关于玄奘的记载可以分为两个阶段：元明时代和清代。元明时期成书的藏文史籍对玄奘的记载比较粗浅，评价也在鸠摩罗什之下，这除了对玄奘的了解不够深入之外，也和汉文史料来源及藏族的史观有密切的联系。清代成书的藏文史籍对玄奘的记载则比较全面、系统，且评价也很高，这是藏汉佛教交流程度加深的证明。[2]

最早记载玄奘的藏文史籍是《红史》，记载如下：

[1] 参见石硕：《金城公主事迹中一个疑案研究——关于金城公主在吐蕃是否生子问题的考证》，《民族研究》2002年第2期。

[2] 关于藏族史书中唐三藏的研究，参见朱丽霞：《藏族史书中的玄奘形象分析》，《北方民族大学学报》2013年第4期。

唐太宗在位之时，有一名叫唐三藏的译师将许多佛经从印度文译成汉文，协助他翻译的有一二百译师。唐三藏是印度的世友大师的门徒。[1]

作者对于玄奘生活的时代是有一定的了解的，他在贞观元年离开长安，西行印度求法，贞观十九年回到长安。他的整个西天取经的壮举确实是在太宗年间完成的。不过真正的译经工作，主要还是在高宗时代，所以《红史》认为唐太宗在位时译出很多佛经是不准确的。这显然与《红史》成书较早，其时对中原佛教史的知识并不丰富有关，在中原大名鼎鼎的玄奘，藏文史籍作者似闻其绰号“唐三藏”（*thang zam tshang*），而不知他的本名法号。玄奘一生译经甚丰，藏文史籍作者将他理解为译师，作为他对佛教的最大贡献，从行文上来看，似乎也是唯一的贡献。事实上，今天稍微熟悉一点唐代佛教史的人都知道，玄奘除了西天取经并主持译经之外，本身也是初唐一位非常有学问的佛教学者，创立中国佛教的唯识宗，并非仅仅是一位从事翻译的僧人。为了突出他译经的成就，《红史》作者认为有一二百人协助他译经，此说大概也有所本，事实上玄奘回到长安后，获得唐朝政府的支持，设立译场，一时高僧云集，确实有一个庞大的译经僧团存在，玄奘在开办译场后，先后召集全国各地的高僧到长安组建译经班子，这个班子核心成员包括：证义十二人，缀文九人，字学一人，证梵语梵文一人，参译、刊定、润文、梵呗等协助译经人员则无具体数目，整个译经过程参与的核心人员

[1]（元）蔡巴·贡噶多吉：《红史》，东嘎·洛桑赤列校注，陈庆英、周润年译，拉萨：西藏人民出版社，1988年，第13—14页。

据《慈恩传》大约有五十人，而现代研究统计，可能达一千人。[1]因此《红史》记载有一二百人协助他译经，倒是深刻地体会到了玄奘译经的真实场景。《红史》认为玄奘为印度世友大师的徒弟，事实上玄奘在印度游学十多年间，广参名师，先后跟随克什米尔的阇那因陀罗寺的称法师以及那烂陀寺高僧戒贤法师等数十名高僧听闻正法，可以说接触到了当时印度佛教界的大部分高僧大德。[2]不过说他是世友大师的门徒，则即无所本，也完全不可能，因为世友虽是印度佛教的大师，但其活动的时代为公元1—2世纪。他是犍陀罗（今巴基斯坦、阿富汗一带）说一切有部论师。佛教第四次结集时，他与胁尊者同被贵霜国迦腻色迦王尊为上座，解说《大毗婆沙》等。他主张“分位转变”说，并驳斥婆罗门教的哲学“数论”“胜论”等。与法救、妙音、觉天并称为说一切有部四大论师。著有《异部宗转论》。[3]所以《红史》的这一说法，完全是藏文史籍作者误解或附会。另外，《雅隆尊者教法史》《汉藏史集》等书关于玄奘的记载都是跟随《红史》而来，故而内容基本一致。

一个世纪后，《青史》对玄奘的描述中就删去了玄奘是世友大师的门徒的不实说法：

> 唐太宗在位时，出了个大译师唐三藏，翻译了大量的经论。在之前汉地出现过的译师约二百人，唐为姓氏，三藏是说经律论三藏。[4]

《青史》的作者还对“唐三藏”这个名字进行解释，特别是对“三藏”

[1] 马佩主编：《玄奘研究》，开封：河南大学出版社，1997年，第115—117页。
[2] 马佩主编：《玄奘研究》，开封：河南大学出版社，1997年，第94—104页。
[3] 任道斌主编：《佛教文化辞典》，杭州：浙江古籍出版社，1991年。
[4] 廓诺·迅鲁伯：《青史》，郭和卿译，西藏人民出版社，2003年，第60—61页。

的理解，他已经有很正确的认识了，只不过把唐理解为姓氏，是一种误会，众所周知，玄奘的俗家姓氏为陈。元明时期藏文史籍中对玄奘的这些记载，可以看出汉藏佛教文化交流之初的特质，即双方虽然已经有了初步的了解，但这种了解很可能是基于民间传说或者部分性的错读、误读，因此显得比较粗浅和非实质化。这是两种体系不同的文化在互为了解、互为认知过程中的必经阶段。

进入清代以后，汉藏佛教文化之间的交流历史已经持续了较长时间，双方对对方佛教史的发展脉络掌握得比较清晰了。这一阶段形成的藏文史籍如《如意宝树史》《汉区佛教源流记》《土观宗派源流》等对玄奘事迹描述的真实性则几近汉文史书的记载。而且《如意宝树史》《汉区佛教源流记》里对玄奘的介绍都有数千字之多，基本上较为全面地介绍了玄奘的事迹。《土观宗派源流》虽然对玄奘的介绍较为凝练，但这也是该书中用墨最多的一个中原佛教僧人了。

对于藏文史籍中关于玄奘记载的汉地资料来源，只有《汉区佛教源流》作了介绍："关于玄奘法师朝圣之少许内容，余由彼之《略传》二卷及《广传》十卷中摘录些许后，作为附录已记载于此。"[1]这里所谓的《略传》，即道宣撰写的《续高僧传》卷四之《京大慈恩寺释玄奘传》（分上下两部分），《广传》就是慧立、彦悰编撰的十卷《大唐大慈恩寺三藏法师传》。[2]《汉区佛教源流记》的作者贡布查布是雍正、乾隆时期一位精通满、蒙、藏、汉四种语言的蒙古族学者，也是一位西藏佛教的信仰者，受过近事戒，其师为当时在全蒙古都十分有名的班智达席力

---

[1] （清）贡布嘉：《汉区佛教源流记》，罗桑旦增译，北京：中国藏学出版社，2005年，第88页。

[2] 孙林、群培：《简论清代学者贡布嘉撰述藏文史籍汉区佛教源流的史料来源》，《西藏民族学院学报》2009年第5期。

图国师。贡布查布在以《续高僧传》和《大唐大慈恩寺三藏法师传》为资料来源，撰写了《汉区佛教源流记》的玄奘事迹之外，他还在乾隆年间将《大唐西域记》从汉文翻译成了藏文，这是蒙、藏、汉文化交流史上的又一座丰碑，充分体现了蒙、藏两个民族对玄奘及《大唐西域记》的熟知及认同。

在这几部史书中，《汉区佛教源流记》虽然指出了其汉文史料来源，其他两部史书并未涉及汉文史料来源，但对比最早成书的《如意宝树史》和《汉区佛教源流记》，可以发现二者对玄奘的记载异曲同工，较为相似，可以肯定有共同的史源。但是，清代以来成书的藏文史籍在提到玄奘西行之初的情况时，都有个明显的特征就是将《西游记》的内容夹杂其中，如它们广泛地取用了“唐僧”（*thang zing*）这样的称呼。《汉区佛教源流记》里甚至说玄奘“一路上宣扬此乃摩诃支那国之皇弟，亲自至天竺取经”。[1]另外，对照《续高僧传》和《如意宝树史》《汉区佛教源流记》，可以看出这两部藏文史籍相对于汉文史籍而言，对玄奘的描写着力在印度的游历和参学方面，对于其在西域和汉地的行程及译经，则描写得较为简略，这说明蒙藏僧人、学者都认为玄奘的西游历程真实地再现了佛教圣地印度的真实状况，通过对玄奘行程的再现，可以满足他们了解佛教圣地的希冀。

《土观宗派源流》就致力于玄奘在印度的宗教生活的描述：

> 广行宗，有名为唐僧法师者是汉丞相仲弓之裔。幼年出家，天生颖悟，辩才无碍，年十一即常诵持《维摩诘经》与《妙法莲华

[1]（清）贡布嘉：《汉区佛教源流记》，罗桑旦增译，北京：中国藏学出版社，2005年，第77页。

经》。初通《对法》等藏，继而博览汉译一切经藏。年二十九志欲游学天竺，学习梵语，以善巧方便请于皇帝，蒙允准，赐予敕旨，遂历诸国，达于西竺，遍游五印度和罽宾等诸国，凡有加持的神山道场，莫不巡礼。从祇陀山胜军等论师学习大小乘教法甚多。主要是谒见那兰陀寺法座戒贤，时贤年已百有六岁，为唯识派，其名又称为调伏天，或疑其为胜军弟子调伏军。虽传说唐三藏法师曾参礼觉阿的上师祇陀胜军，胜军与调伏军之间还有多师，时代不同，待考。他曾于一年零三个月间从其学《慈氏五部论》，后又于九月学《因明》与《俱舍》。此后三年之间，闻法甚多。曾和一外道论敌辩论而击败了他，依大乘门造破恶见论六千六百颂，一切学者皆生起崇敬。又班智达狮子光曾造论破唯识标，法师造《会宗论》三千颂，呈进于戒贤论师，贤大悦，因此善巧之名远播诸方。西竺之人皆呼其名为摩诃衍那提婆即大乘天之意。印度论师且有反而向他请学的。[1]

清代的藏文史籍提到玄奘的部分，都对他给予了高度的评价，其中，以《汉区佛教源流记》最为典型："由于法师完全具备了坚强之决心和真诚之誓愿，包含往返路途三年在内，于十七年之漫长岁月里，历经艰辛，翻山越岭，但却未曾有过任何劳累难忍之感。据说先后至印度学经之法师虽很多，但于天竺不仅享有论师之盛名，而且成为天竺诸王之应供者，唯独此法师也。"[2]

---

[1] （清）土观·罗桑却季尼玛：《土观宗派源流》，刘立千译，拉萨：西藏人民出版社，1985年，第218页。

[2] （清）贡布嘉：《汉区佛教源流记》，罗桑旦增译，北京：中国藏学出版社，2005年，第86页。

**道宣**

后弘期撰写的史书，在提到玄奘的同时，一般也会提到唐代中国佛教史上律宗的代表人物道宣，他同时又是一位著述丰富的佛教大学者，著书达六十余部，因此藏族史书中道宣占有重要的篇幅。特别是中古时代中国佛教史的一些重要典籍如《续高僧传》《释迦方志》《集古今佛道论衡》《大唐内典录》等，都是了解唐代及其以前中国佛教史的基本著作，因此道宣也就成为藏文史籍作者心目中中原佛教的重量级人物之一。

《红史》专门叙述了一个唐朝僧人和天神之子对话的故事：

唐朝时，有一名叫宋律师的僧人，持戒甚严。有一次，他从高山崖上跌入山洞，有一天神之子在空中将他接住，因而未受损伤。宋律师向天神之子问道："你是何人？"答道："我是多闻天王的次子，我兄弟十二人负责守护如来佛的十二部经典，我是守护戒律藏者。"宋律师心生骄傲，又问道："世界上像我这样严格持戒者能找到多少？"天神之子答道："像你一样严守戒律的人，数目犹如恒河的沙粒。"

又问："密宗的经典是否真实？"答曰："密宗经典真实，在金刚手菩萨的宫殿中，即安放有密宗经典，我的哥哥赞巴那波即守护密宗经典，即使是我也不能随便进入此宫殿，若不信仰密宗，罪过甚大，即须忏悔。"

又问："班智达鸠摩罗室利是何许人？"答曰："他是见道菩萨，此刻已转生兜率天莲花座，正听弥勒佛讲法。"又问："唐三藏何许人也？"答曰："他是加行道弟子，此刻在兜率天宫院外听弥勒佛说法，未见其身。”[1]

这个故事中所提到的宋律师（*zon-klu-sri*），《雅隆尊者教法史》写作“*zon-glu-sri*”，其真实译音当为“宣律师”，即道宣。类似的故事在《汉藏史集》中也可以看到：

> 有一名大持律师名叫索论师，他从高山悬崖上跌下，被一天神之子从空中接住，没有跌伤。他问天神之子：你是谁？答曰：我是毗沙门天王的第二子，我们兄弟十二个，立誓守护十二分教，我守护律藏。你是索论师、唐玄奘、鸠摩罗什等人中的哪一个？[2]

道宣开创的南山律宗是中古律宗最重要的一支，他本人也以精通戒律，持律精严著称，《宋高僧传》以他为明律篇的第一人。可见《红史》以他为宣律师，而故事的第一段也主要表现他在律学方面的自负，正好印证了这一点。至于《红史》和《汉藏史集》都记载了他从山上跌下碰到多闻天王（毗沙门天王）次子的奇遇，也并非藏族高僧们的臆想，这个奇遇事实上在汉文文献中颇为有名，《宋高僧传》记载了一个类似的故事：

> （道宣）贞观中曾隐沁部云室山，人睹天童给侍左右。于西明寺夜行道足跌前阶，有物扶持，履空无害。熟顾视之，乃少年也。

[1]（元）蔡巴·贡噶多吉：《红史》，东嘎·洛桑赤列校注，陈庆英、周润年译，拉萨：西藏人民出版社，1988年，第13—14页。

[2]（明）达仓宗巴·班觉桑布：《汉藏史集》，陈庆英译，拉萨：西藏人民出版社，1999年，第58页。

> 宣遽问："何人中夜在此？"少年曰："某非常人，即毗沙门天王之子那吒也。护法之故，拥护和尚，时之久矣。"宣曰："贫道修行无事烦太子，太子威神自在，西域有可作佛事者，愿为致之。"太子曰："某有佛牙宝掌，虽久头目犹舍，敢不奉献！"俄授于宣，宣保录供养焉。复次庭除，有一天来礼谒，谓宣曰："律师当生睹史天宫。"[1]

显然，《红史》所说的道宣与毗沙门天王之子相遇的故事，与《宋高僧传》记载的故事框架相同，《宋高僧传》直接点出了那吒，而藏文史籍作者则以毗沙门天王的第二子代替，二者用词不同，但意思一致。然而两者除了叙述框架上的相似外，在问答的具体内容上又非常不一样。显然，《红史》在《宋高僧传》的基础上又有所发挥，书中虽然采用了《宋高僧传》的道宣遇神人的问答形式，但问答的内容却是西藏佛教僧人所关心的问题，而非道宣的思考。第一段问答在于批判道宣对持律的自负，事实上是对中原僧人以戒律严谨自许的一种反动，因此将持律第一的道宣塑造得如此浅薄。《红史》撰写的时代，正是西藏佛教挟元朝皇室之威，横行中原的时代，不少僧人在内地恣意妄为，使得内地士大夫包括僧人在内，对西藏佛教在持戒方式上的不谨非常不屑。[2]

问答的第二段更为有趣，因为道宣生活的时代，密教在中原并不盛行。唐代密教的兴盛始于玄宗年间开元三大士入华弘法，经肃宗、代宗的崇奉，一时风头盛劲，但在会昌灭法以后又迅速衰落。[3]因此无论是

---

[1]（宋）赞宁：《宋高僧传》卷五，北京：中华书局，1987年，第327页。

[2] 关于元代西藏佛教在中原的形象，参见沈卫荣：《神通、妖术和贼髡：论元代文人笔下的番僧形象》，《汉学研究》第21卷第2号，2003年。

[3] 夏广兴：《密教传持与唐代社会》，上海：上海人民出版社，2008年，第22—24页。

初唐的道宣本人还是宋初撰写《宋高僧传》的赞宁，似乎都不会产生密教是否是真的佛教的这种宗教关怀，显然这一问题也只有在元代，才会成为中原佛教僧人的普遍疑问，也才会成为以密教修持为特色的西藏佛教高僧们与中原佛教对话时不得不面对的问题，《红史》虚拟的这个问答，或许就是要回应中原佛教界对西藏佛教的质疑。

第一个问答，涉及西藏佛教界对中原佛教界的重要人物——鸠摩罗什和玄奘的评价。显而易见，《红史》对鸠摩罗什的评价要高于玄奘，前者已是见道菩萨，而后者只是加行道弟子。道宣参加了玄奘的译场，但从传诵的角度来看，佛教界当时存在着这样一个事实：玄奘所译经典不如鸠摩罗什所译经典流通性大。道宣大概对这个问题进行了一定时间的思索，最后通过神人之口，实际上给出了答案，即鸠摩罗什所译经典以通达宗旨为先，故对繁杂、重复性的经文删减得比较多，以这样的方式翻译的经文当然便于诵读。从这段史料的用词及表述口吻来看，道宣显然更欣赏鸠摩罗什的翻译风格。藏族佛教史中对有神通的僧人，无论是汉地僧人还是西藏僧人都比较尊崇，常常不吝笔墨加以铺陈，鸠摩罗什在他们看来就是这一类僧人的代表。《红史》《汉藏史集》《雅隆尊者教法史》对鸠摩罗什的记载都停留在他的神通方面，而这些神通在《晋书》《佛祖历代通载》等书中也都有所体现，这些神迹很合乎藏文史籍作者的史观特质，藏文史籍所记载的佛教史也几乎总是和神异、传说夹杂并行，从西藏佛教徒的角度来看，他们“并不认为汉文史料中那些充满夸张、怪诞的记载有什么不妥，这个世界在宗教徒的眼中，本来就是一个人神共居、人佛共居的世界，人如何有离开神异、神迹而独立发展的社会”，但汉地所有涉及玄奘的记载都没有此类内容，因此，对藏族僧人来说，玄奘自然不如鸠摩罗什修行圆满。

## 第四节　藏文史籍有关唐宋时期中原与周边民族关系的记载

### 蛮子：对南宋的称呼

在后弘期的藏文史籍中有一个十分有趣的事情就是，凡是叙述南宋的历史时，南宋人及其地方都被冠以“蛮子”（*sman rtse*）之称，如《红史》所述的南宋历史：

> 宋徽宗的一个嫔妃的儿子名叫康王，逃到蛮子地方，保住宋朝的半壁江山，蒙古人称其为南朝。他建都在建康、杭州，国号仍称为宋。由康王到蛮子合尊之间在蛮子地方传了八代皇帝。[1]

关于这段历史的描述在后来的《雅隆尊者教法史》《汉藏史集》《新红史》等书中都基本相同，而且提到南宋时都以“蛮子”称之。这一称呼显然带有蔑视意味，不过从藏文史籍上用蛮子一词采用的是汉语的对音，而不是意译来看，他们未必能够完全理解其真实的含义。有意思的是，描写元代中国情况的《马可波罗行纪》也称原南宋的都城杭州为“蛮子国都行在城”，称原南宋所在的江南地方为蛮子地方。[2]《红史》撰写于元代，看来此时把南宋以及南宋统治下的江南人称为“蛮子”乃是元朝统治下的普遍称呼，特别蒙古人中大概这一称呼比较流行。事实上元代将南宋以及南宋统治下的江南地区的人称为蛮子，自然有蔑视南宋的意味，这与

[1]（元）蔡巴·贡噶多吉：《红史》，东嘎·洛桑赤列校注，陈庆英、周润年译，拉萨：西藏人民出版社，1988年，第20页。

[2][意]马可波罗：《马可波罗行纪》，冯承均译，上海：商务印书馆，1947年，第570页。

南宋方面将蒙古称为“鞑虏”一样，而“蛮子”作为口语的一种蔑称用法，到明初仍然流行，如明太祖欲用杨维祯为官被拒后，怒称杨为“老蛮子”。[1]可见，藏文史籍中的蛮子之称，乃袭自蒙古人的说法。蒙古将治下的人分为四类，其中最下等的南人可能在蒙古人的口语里面就被叫作蛮子。这个词当是与蒙古人关系密切的人群从他们的口语中借用过来的，如藏文史籍和《马可波罗行纪》等。

**西夏建国传说**

后弘期以来的藏文史籍都非常关注自唐末五代一直到蒙古汗国初年统治西北的西夏王朝的历史情况。并且在藏文史籍作者笔下，西夏王朝的开国史有着与中原汉文史籍完全不同风格的另一种叙事。[2]这一叙事以《红史》为最早，其后的《西藏王统记》《汉藏史集》《贤者喜宴》等全都沿用了《红史》的内容，《红史》的西夏建国传说是这样的：

> 最初，西夏地方全部在汉人皇帝的统治之下，在北面都城和尕地方之间，有一座叫曼西的山，此山的山神叫格胡。有一天，北面都城中的一妇人处，来了骑白马的主仆七人，妇人与骑白马的主人同居，一年后生了一个男孩。这时天空中出现了以前未曾有过的异星，汉人中观测算天象的人说：“北面都城中有一将来夺取皇帝社稷的人出生。”皇帝命令详细测算，以便寻获这个男孩，这时妇人

[1] （明）王世贞：《弇山堂别集》卷二十：野记谓太祖召杨维祯将用之，维祯八十余矣，作老客妇谣以见志，或劝上杀之，上曰：“老蛮子止欲成其名耳。”不僇而遣之，一时颇高其事。

[2] 藏文史籍中的西夏历史故事，目前已有不少研究，参见陈庆英：《简论藏文史籍关于西夏的记载》，《中国藏学》1996年第1期；卢梅、聂鸿音：《藏文史籍中的木雅诸王考》，《民族研究》1996年第5期；钟焓：《失败的僭伪者与成功的开国之君——以三位北族人物传奇性事迹为中心》，《历史研究》2012年第4期。

将男孩藏在一土坑中，上面盖上木板，木板上再放一碗水。测算的人说："在一个大海的下面有木头的地方，男孩就在那下面。"因此没有寻获。因城中两岁以下的男孩都被杀死，妇人只得设法假说自己的儿子已死，于是将男孩装在棺材中哭着带出城外，丢弃在河边草木厚密处。每天都有一只大雕飞来覆盖男孩，使其不冻死，又有另外一妇人养有一头挤奶的黄牛，每天前来男孩处给他喂奶。有一天，妇人跟在黄牛后面前去查看，见黄牛正在给男孩慢慢喂奶，知道这个男孩必是异人，于是将男孩带回养为异子。取姓氏为鄂鲁氏，译成藏语为喝黄牛奶的人。

男孩长至七岁时，联络与己年龄相仿的男孩六人，逃往北面都城的雪山深处造反，将此山中打柴的人都收编为军队。男孩又去向北面都城中有学问的人询问造反的方法，有一个汉人老妇教给他的办法说："这个月的十五日你可领兵来，多带一些马鞭、马粪，抛入黄河中，我有办法让汉人国王把大印交到你手中。"到十四日那天，老妇人登上城墙捶胸大哭，国王前去询问是何缘故，老妇人回答说："帝释天神已下令让一个西夏国王出世，我们若不归顺，恐汉人将被杀绝，明天将有不计其数的大军前来。"国王问何以见得，老妇人说："你明天早晨到黄河边上去看，他们遗落的马粪、马鞭使黄河河水都要变色。"次日清晨，众人前去观看，果如老妇人所说。于是问道："怎样办才好？"老妇人说："只有投降，才能免祸。"于是国王君臣三人送印前去，正与西夏国王一行七个骑士相遇，西夏国王取了大印，将汉人国王杀死，以后又渐次将大臣们杀死。此即汉地流传的谚语"因一老妇人胡言乱语的罪过，三角六门的汉城被毁坏"的由来。西夏国王取其父亲格胡神名字中的格字，起名为格祖王。[1]

这个故事可以分成两个部分，第一部分讲述建国者的来历，第二部分讲述建国的过程。晚于《红史》的藏文史籍在叙述党项王统治时均取材于此，仅在细节上略有出入。该故事源自西夏后裔、禅师喜饶益西的口述，他曾作为萨迦班智达的门徒在14世纪初活动于凉州。这个故事不见于传统的汉文典籍，而其来源又与西夏后裔有关，则它是一个西夏人自己建构的建国故事无疑。西夏人自己讲述的建国故事，与此颇有相合之处，约在12世纪写成的西夏文诗歌作品《夏圣根赞歌》有一段类似的描述：

此后，其子额登与龙匹配于某因，从此子孙代代繁衍。番细皇，初出生时有二齿，长大后十大吉兆皆主集。攻乘伴导来为帝，号召大地弥药孰不附？圣王似风疾驰去，拉缰牵马人强国盛。[2]

《红史》称木雅王父亲为山神，母亲是凉州民女。略晚的《西藏王统记》则称其父亲是龙魔，母亲则是一食肉罗刹女。在藏族宗教观念中，山神往往和龙神具有身份上的重合性，这可以解释上面的细节出入。这与西夏文诗歌中讲到的与龙匹配的情节完全相符。此外，《红史》的译文由于音译的原因，对一些西夏历史上重要的地名和说法产生了误译，如“在北面都城和尕地方之间”，北面都城指的应该是凉

[1] （元）蔡巴·贡噶多吉：《红史》，东嘎·洛桑赤列校注，陈庆英、周润年译，拉萨：西藏人民出版社，1988年，第21—23页。

[2] 克恰诺夫：《夏圣根赞歌》，张海娟、王培培译，《西夏学》第8辑，2011年，第171页。

州，而尕（ga）则是当时的藏族模拟的西夏国号“夏”的读音，据学者考证，真正的西夏国名在藏族拟音中，“夏”接近于“嘎”或“卡”，“夏”在古汉语为匣母字，对于没有这个音的藏语而言，只有用接近的音ga来代替。[1]另外，在众多藏文史籍中记录过的西夏建国者“西吴王”，其实是西夏文“细皇”的音译，指的是西夏王朝的奠基人李继迁。

不过非常有意思的是，藏文史籍作者记录的这个西夏人建构的开国故事中，也运用了一些在中原历史中经常使用的故事情节作为模板，如建国故事的第一高潮星占的情节。该传说的初次高潮也是从星占汇报开始，引发占测婴孩方位的情节。结果其母用一种奇异的办法将他安全藏好，使卜师得出了貌似荒诞的结论而免于劫难。与文中描述类似的脱险策略早见于《世说新语》以及敦煌变文中伍子胥的诈死方式。此外，这种未来帝王以类似手段化解危机的情节，还出现在敦煌变文《前汉刘家太子传》孤儿刘秀的逃难故事中。这些故事都是在中原地区的通俗历史叙事中被反复使用的主题。如在敦煌地区非常流行的伍子胥故事中类似的描写为：

> 行得廿余里，遂乃眼润耳热，遂即画地而卜，占见外甥来趁。用水头上攘之，将竹插于腰下，又用木剧（屐）倒着，并画地户天门。遂乃卧于芦中，咒而言曰：“捉我者殃，趁我者亡，急急如律令！”子胥有两个外甥：子安、子永——至家有一人食处，知是胥舅，不顾母之孔怀，遂即生恶意奔逐：“我若见楚帝取赏，必得高迁。逆贼今既至门，何因不捉？”行可十里，遂即息于道旁。子永

[1] 卢梅、聂鸿音：《藏文史籍中的木雅诸王考》，《民族研究》1996年第5期。

少解阴阳，遂即画地而卜。占见阿舅：“头上有水，定落河傍；腰间有竹，冢墓城荒；木剧倒着，不进傍徨。若着此卦，必定身亡。不复寻觅，废我还乡。”子胥屈节看文，乃见外甥不趁，遂即奔走，星夜不停。[1]

将此段文字中提到的伍子胥为欺骗其外甥而采取的诈死方式与《红史》所记载的妇人为瞒过汉地卜师而采用的隐藏婴儿的做法对比，则不难发现它们之间的相似性。变文里的伍子胥“用水头上攘之”，因而使其甥占卜后相信其“头上有水，定落河傍”，《红史》里的老妇人则在男孩藏身处上面放一碗水，使卜师误以为其处在大海之下。又变文中，伍子胥还将竹插于腰下，诱使其甥相信他已进了坟墓（所谓“冢墓城荒”），《红史》中的妇人则把婴儿埋入土坑，并在上方盖上木板，实际上也是为了使卜师确信他已死去并被埋入棺材中了。总之，二者所采用的假死手段几乎在细节上完全一致，结果也都成功地骗过了占卜者。由于《红史》的成书年代远晚于敦煌变文的时代，故我们可以初步认为，《红史》出现的这一具体细节当源于汉地的民间故事。《红史》接下来将婴儿第二次成功逃生归结于动物对他的呵护照料。这种动物保护弃婴的题材曾见于乌孙、突厥等北方民族的传说中，其中的幼儿或如乌孙王子昆莫那样长大后成为国君，或像突厥传说中那样成为其男性始祖。可见，藏文史籍中关于西夏建国的传说正是一个融合了历史上多民族文化传统的结晶。

[1] 王重民等编：《敦煌变文集》（上），北京：人民文学出版社，1957年，第8—9页。

# 第四章　藏文史籍所记元朝史实

元朝是由漠北游牧民族入主中原而建立的多民族、统一的王朝。元朝借由扶持西藏佛教上层势力、设立中央及地方治理机构确立了对西藏地方的统治。[1]在此大背景下，西藏与中原在政治、经济和文化方面发生了深刻的联系。这种联系也被藏文史籍作者记载于各类史册、教法史和王统记等藏文文献中。大体来看，这类记载可划分为四大类：对元王朝王统的概述性记载；对元朝人物的记载；对元朝宗教的记载；对元朝与西藏关系的记载。上述记载不仅可以弥补汉、蒙文献对元朝史实记载之不足，而且也反映出藏人对中原及中央王朝的真实认知。本章主要以14世纪中叶至18世纪中叶的藏文史籍为出发点对上述四类作详细的探讨。

## 第一节　藏文史籍对元王朝王统的记载

藏文文献对元朝王统进行较为系统的记述可能始于元代中后期，其内容大致包括四个方面：一是元朝的帝系，二是元朝的国号，三是元惠

[1] 石硕：《西藏文明东向发展史》，成都：四川人民出版社，1994年，第168—212页；张云：《元代吐蕃地方行政体制研究》，北京：中国社会科学出版社，1998年；陈庆英：《元代宣政院对藏族地区的管理》，《青海社会科学》1990年第4期。

宗的继位问题，四是元朝的灭亡。

**《红史》所记元朝王统**

就目前所见的材料来看，最早较成系统地记载元朝王统世系的藏文史籍当是卫地蔡巴万户长蔡巴·贡噶多吉所撰写的《红史》一书。按东嘎·洛桑赤列的意见，该书于1346年撰写，1363年集结成册。[1]不过，该书记载元朝王统世系的末尾还有这样一段话：

> 和世㻋的大儿子妥懽帖睦尔于水阳鸡年即位，年号至顺一年、元统一年、至元六年、至正三年，总妥懽帖睦尔在位三十七年，其后于猴年八月放弃大都城退回蒙古地方。[2]

所谓妥懽帖睦尔在位三十七年，于“猴年八月放弃大都城退回蒙古地方”显然指的是至正二十八年（1368）八月元顺帝逃离大都之事。由此而观，目前通行的由东嘎·洛桑赤列校注版《红史》的最终成书时间当在元朝灭亡之后。[3]再考虑到其书中并未提及明朝，推测此上引这段文字应该是在明初补写的。

我们可以对原著及增补部分作一个简单的区分。首先，蔡巴在元初就获得元世祖的册封并逐渐成为卫地较有势力的三个万户之一[4]，元惠宗时仍与元廷保持着较为密切的联系。如《红史》称，元惠宗在认定三世噶

[1]（元）蔡巴·贡噶多吉：《红史》，东嘎·洛桑赤列校注，陈庆英、周润年译，拉萨：西藏人民出版社，1988年，第1—2页。

[2]（元）蔡巴·贡噶多吉：《红史》，东嘎·洛桑赤列校注，陈庆英、周润年译，拉萨：西藏人民出版社，1988年，第27页。

[3] 林传芳：《新发见的西藏文文献 Hu Lan Deb Ther的内容及其价值》，《华岗佛学学报》1968年第1期。

[4] 王森：《西藏佛教发展史略》，北京：中国藏学出版社，2001年，第137页。

玛巴的转世时曾征求过蔡巴·贡噶多吉的意见。[1]巴卧·祖拉陈瓦的《贤者喜宴》亦有此记载，并且还指元惠宗赐三世噶玛巴让迥多吉的弟子蔡巴格迥钦波司徒印。[2]因此，贡噶多吉在1346—1363年撰写《红史》过程中，应对元惠宗的登基年份、年号有一定的认识。其次，贡噶多吉在写作时有一个独特的习惯，在记年时往往写“水阳某某年”，如记述薄伽梵成佛的时间为“水阳虎年”，帝师贡噶洛追坚赞贝桑波受戒时间为“水阳狗年”[3]等。按照一般的藏文文法来讲其顺序应为阳水，即阳水狗年。最后，由贡噶多吉撰写元朝王统的风格来看，一般是某某汗王，执政多少年，分述年号及时间。如“第三子是铁穆耳完泽笃汗，他即位执政十三年，年号元贞两年、大德十一年”“王子答剌麻八剌和太皇太后答吉二人所生的长子海山曲律汗继位执政四年，年号至大”[4]。前文引对元惠宗的描述是“和世球的大儿子妥懽帖睦尔于水阳鸡年即位，年号至顺一年、元统一年、至元六年”。对比前后，有两处不同：一是妥懽帖睦尔未有蒙古汗的称谓；二是未写执政多少年，后者仅写水鸡年即位。除此两处不同外，其余行文基本一致，究其原因之一是蒙古汗的称谓是元朝帝王去世后的谥号，《元史》载：“遣摄太尉臣兀都带奉册上尊谥曰圣德神功文武皇帝，庙号世祖，国语尊称曰薛禅皇帝。”[5]此外，著者著述时妥懽帖睦尔

[1]（元）蔡巴·贡噶多吉：《红史》，东嘎·洛桑赤列校注，陈庆英、周润年译，拉萨：西藏人民出版社，1988年，第97页。

[2]（明）巴卧·祖拉陈瓦：《〈贤者喜宴——噶玛噶仓〉译注（一）》，周润年译，《西藏民族学院学报》2011年第2期；（明）巴卧·祖拉陈瓦：《〈贤者喜宴——噶玛噶仓〉译注（三）》，周润年译，《西藏民族学院学报》2011年第4期。

[3]（元）蔡巴·贡噶多吉：《红史》，东嘎·洛桑赤列校注，陈庆英、周润年译，拉萨：西藏人民出版社，1988年，第5、8页。

[4]（元）蔡巴·贡噶多吉：《红史》，东嘎·洛桑赤列校注，陈庆英、周润年译，拉萨：西藏人民出版社，1988年，第27页。

[5]（明）宋濂：《元史》卷十七《世祖本纪》，北京：中华书局，1976年，第376—377页。

仍执政因而也无法写执政多少年，但是“至顺一年、元统一年、至元六年”这种风格与上文相同。因此，综合以上三点至少可以判断在上述引文中“和世球的大儿子妥懽帖睦尔于水阳鸡年即位”此句以上的王统世系部分应是由贡噶多吉撰写，而并非增补者所补。

此结论还可由该版《红史》的增补部分作为佐证。此段王统世系的末尾又载有一段关于元惠宗的记载：“以后在阴水鸡年的六月八日妥懽帖睦尔在上都大殿登上皇位……阳土猴年八月二十九日黄昏皇帝父子离开大都逃走。”[1]这一段增补部分包含有更多的细节，如“在上都大殿登上皇位”“六月八日”等，并且也订正了贡噶多吉在元惠宗登基年份纪年上的错误。因1333年是癸酉年，相对应的五行是阴水，因此该年应为阴水鸡年。从增补方式来看，增补者并未直接对原著者原文存在的问题进行修改，而是直接将增补及订正的部分补于原文后，一方面在内容上补全了原文，另一方面订正了原文的错误并在行文上形成一种并列结构。[2]因而，此版《红史》的增补方式也可证明上文结论的正确性。

**藏文史籍元朝王统记载的演变**

1. 元朝帝王世系

上文对东嘎校注版《红史》有关元朝王统史料辨析的目的就是明确史料的出现年代，而这将有助于考察藏文史籍中对元朝王统世系记载的流变。这是下文将要讨论的重点问题。13世纪元朝对西藏的治理结束了自吐蕃王朝崩溃后的割据局面。同时，西藏佛教的各个教派也得到了元政府在政治和经济上的巨大支持，而这对西藏佛教各派的发展起到了一

[1]（明）蔡巴·贡噶多吉：《红史》，东嘎·洛桑赤列校注，陈庆英、周润年译，拉萨：西藏人民出版社，1988年，第29页。

[2]林传芳：《新发见的西藏文文献 Hu Lan Deb Ther的内容及其价值》，《华岗佛学学报》1968年第1期。

定的推动作用。在此大背景下，元王朝蒙古帝王世系及其与西藏佛教各派之间的关系就多见于藏文史籍。

表4.1　元明时期藏文史籍关于元朝王统世系记载表

| 名称 | 成书时间 | 著者 | 章、节或品的名称 |
|---|---|---|---|
| 《红史》 | 1363年（至正二十三年） | 蔡巴·贡噶多吉（1309—1364，蔡巴噶举派） | 蒙古简述 |
| 《雅隆尊者教法史》 | 1376年（洪武九年） | 释迦仁钦德（萨迦派） | 蒙古王统及其版图扩张史 |
| 《西藏王统记》 | 1388年（洪武二十一年）[1] | 索南坚赞（1312—1375，萨迦派） | 讲述汉土、霍尔二地佛法如何弘扬和出现若干朝代 |
| 《汉藏史集》 | 1434年（宣德九年） | 达仓宗巴·班觉桑布（萨迦派） | 大蒙古之王统综述 |
| 《青史》 | 1478年（成化十四年） | 廓诺·迅鲁伯（1392—1481，噶举派） | 教法来源、西藏历代王朝、西藏前弘期佛教 |
| 《新红史》 | 1538年（嘉靖十七年） | 班钦索南查巴（1478—1554，格鲁派） | 汉地与蒙古的王统之蒙古王统 |

[1] 目前学界已经公认《西藏王统记》为作者逝世后由后人增补完成的作品，本文采用的版本是刘立千先生根据民族出版社的译本，而此版与其在40年代翻译的德格版本对蒙古王统世系的记述差异不大。以目前的现有资料很难区分蒙古王统世系部分究竟全部由索南坚赞撰写，还是其撰写了部分内容。蒙古王统世系在文中所处的位置是文中的第三品（全书共三十三品），以一般逻辑推理极有可能该部分均由索南坚赞著，但是也不排除有增补的现象存在。本文对史料的处理主要是基于该史料出现的年代，并非要考证史料是否出自作者本人之手，而该书在元朝灭亡20年后成书，如果转换视角，将其视为14世纪诸多史料中的一类，那么该书中的史料还是有一定的使用价值。参见（元）索南坚赞：《西藏王臣记·前言》，刘立千译，北京：民族出版社，2001年，第1—7页；任乃强：《西藏政教史鉴（续一）》，《康导月刊》1940年第2卷第12期。

续表

| 名称 | 成书时间 | 著者 | 章、节或品的名称 |
|---|---|---|---|
| 《如意宝树史》 | 1748年（乾隆十三年） | 松巴堪布·益西班觉（1704—1788，格鲁派） | 霍尔地区法王、佛教大师、佛法源流概述中的王统世系 |

上表罗列了载有蒙古帝王世系的代表性书籍。从著者的身份背景来看，上述著者均为佛教徒，且主要是萨迦派、噶举派和格鲁派的高僧。记述元朝王统世系的习惯最早源于14世纪中叶的《红史》，而这一传统一直延续至18世纪。以上仅是作了简要的初步分析，后文依据著者的写作方式将藏文史籍中关于元朝帝王世系的记载分为三类。

Ⅰ.叙事型

叙事型是指在陈述帝王世系的过程中，将各个帝王之间的关系作简单的勾画，同时详列各帝王的姓名、谥号、年号。开创此先河的是蔡巴·贡噶多吉的《红史》，虽然其仅记载至元惠宗，但是其确立的这种叙事风格一直延续到14世纪中叶。成书于1376年的《雅隆尊者教法史》则延续了《红史》的这一传统。

《红史》：薛禅汗从阳铁猴年起在位执政三十五年，年号中统五年、至元三十年，于阳木马年去世。……薛禅汗的儿子朵儿只无子，真金和也克太后阔阔真所生的长子是甘麻剌，第二子是答剌麻八剌，他是哑巴，第三子是铁穆耳完泽笃汗，他即位执政十三年，年号元贞两年、大德十一年。铁穆耳完泽笃的儿子德寿早夭，王子答剌麻八剌和太皇太后答吉二人所生的长子海山曲律汗继位执政四年，年号至大……

《雅隆尊者教法史》：大转轮王忽必烈四十六岁时，于铁猴年即位。历中统五年、至元三十年，共在位三十五年。忽必烈之皇后有朵儿只、真金、忙哥剌、那木罕四子。……朵儿只无子。真金之长子甘麻剌；次子答剌麻八剌；幼子铁穆耳。铁穆耳即位，历元贞二年、大德十一年，共在位十三年。归天后谥曰完泽笃皇帝。铁穆耳之子德寿早夭。答剌麻八剌之长子海山即位，改元至大，在位四年。归天后谥曰曲律皇帝。[1]

上述只是摘引了王统世系的部分内容，如进一步将前后（以年代来区分）两种史料对比，则会发现两者除对元惠宗执政年数有差异外，对元朝其他帝王的执政年数、年号的记载完全一致。同时，后者基本继承了前者的写作风格，但在细节上有一定的差异。前者虽然也记载了各个帝王的姓名和谥号，但是并未将此区分清楚，而后者进一步明确了完泽笃为铁穆耳死后的谥号。同时，后者将前者史料中的一些细枝末节删去，如前者指出“答剌麻八剌是哑巴”。但后者也增添了一些新的内容，如将忽必烈称为“大转轮王”等。

Ⅱ.提纲型

这类记述方式仅列出元朝的各代帝王，而其他的一些相关细节则省去不叙。这种记叙方式的最大特点是突出主线，使读者有一目了然之感。代表著述有《西藏王统记》《青史》和《新红史》。但与后两者相比，《西藏王统记》是一部介于叙事型和提纲型的过度作品。

[1]（元）蔡巴·贡噶多吉：《红史》，东嘎·洛桑赤列校注，陈庆英、周润年译，拉萨：西藏人民出版社，1988年，第27页；（明）释迦仁钦德：《雅隆尊者教法史》，汤池安译，拉萨：西藏人民出版社，2002年，第47—48页。

> 薛禅汗在位三十五年，彼有四子：多尔济、真金、忙哥剌、那木罕。真金王有三子：甘麻剌、塔剌麻八拉、鄂尔济图（原注：此王在位十三年）。塔剌麻八拉之王后宏吉剌氏生二子：库鲁克王（原注：此王在位四年）和爱育黎拔力八达（此王在位九年）。[1]

与叙事型相比，《西藏王统记》在对帝王王统记载上明显省去了很多细节，但是此种记述方式的清晰性并未完全显现。15世纪，噶举派廓诺·迅鲁伯的《青史》以一种更为清晰干练的形式使帝王世系呈现了另一种面貌：

> 继由世祖忽必烈即位，从庚申起至甲午之间，计在位三十五年。享寿八十岁而逝世。继为铁穆耳即位，在位十三年。在此时代中，西藏纳塘版《丹珠尔》刊行于世。继为武宗海山即位，在位四年。继为仁宗爱育黎拔力八达即位，在位九年。

此类记叙方式除清晰明了外，另一特点就是凝练。这两部作品选择此种方式是有其内在的原因。由表4.1可以看出，《西藏王统记》和《青史》均将元朝的王统世系纳入到讲述佛教传播情况的品或章节中。不难发现，王统世系的记载并非是记述重点，而佛教流布情况才是叙述的核心，因此简练的提纲式的记述方式是与作者的写作意图相符合的。16世纪的格鲁派班钦索南查巴《新红史》一书，改革了以往各王统世系独立成章或品的套路，而采用了将非吐蕃王统的其他王统世系合并为一章或品的形式。著者将以简代繁的提纲式的记叙方式运用到该书的写作中，

[1]（明）索南坚赞：《西藏王统记》，刘立千译，北京：民族出版社，2001年，第15页。

从而使各章节在篇幅上更为平衡，行文更为工整清晰。

Ⅲ. 并列型

所谓并列式是指藏文史籍编著者将藏文史籍中关于同一事件的不同观点全部集结在一起，在行文上呈现出一种并列的态势。这种形式与上文所说的增补《红史》的做法相似。15世纪的《汉藏史集》就采用了此种方式来叙述蒙古王统世系，此后18世纪以博学闻名的松巴堪布更是将这种形式加以延伸。

达仓宗巴·班觉桑布《汉藏史集》先以《红史》的模式叙述元朝的王统世系。而在叙述完一个完整的王统世系后，又指出"蒙古之王统，简要言之如下"。[1]由上下行文来看，这似乎是对上面王统世系的简要总结，但是将两者对比可发现前者与后者帝王的继位顺序不一致。前者指出："第二子爱育黎拔力八达继帝位，……又被称为普颜笃皇帝。甘麻剌的儿子也孙铁木耳，……在帝位。普颜笃皇帝的儿子硕德八剌英宗格坚皇帝，在帝位三年。……也孙铁木耳的儿子阿速吉八……"[2]后者的排序为："蒙古第八位皇帝，普颜笃皇帝……蒙古第九位皇帝，格坚皇帝……蒙古第十位皇帝，也孙铁木儿皇帝……蒙古第十一位皇帝，阿速吉八皇帝。"[3]此处姑且不讨论其排序的正确与否，这两种不同的排列顺序本身就说明这两段史料是来自两个不同的系统。相比之下，1748年成书的《如意宝树史》在引用不同史料时则更为明确，如在记述王统世系的开头部分

[1]（明）达仓宗巴·班觉桑布：《汉藏史集》，陈庆英译，拉萨：西藏人民出版社，1999年，第162页。

[2]（明）达仓宗巴·班觉桑布：《汉藏史集》，陈庆英译，拉萨：西藏人民出版社，1999年，第155—156页。

[3]（明）达仓宗巴·班觉桑布：《汉藏史集》，陈庆英译，拉萨：西藏人民出版社，1999年，第163页。

均指出“在一蒙古史册中”“另一史书中则说”[1]。但是值得注意的是，这类并列式的特点是仅收录各史籍中对同一事物的不同看法，而不对任何史料作评析。无疑，此种写作方式为进一步的研究奠定了一个坚实的基础。

本节以上依据写作风格的不同将藏文史籍对元朝帝王世系的记叙分为三类，这三种类型从时间分布来看无法以年代来判断其流行程度。但如果转换视角，那么将会发现这些类型的使用与作者的写作意图、编排方式息息相关。《雅隆尊者教法史》就是以效仿《红史》的写作风格为基础而采用的与其同一种方式，而《青史》《西藏王统记》则以突出主题省略次题为目的而采用了提纲式的写作形式，而《汉藏史集》《如意宝树史》采用并列的方式，既展现了著者的博闻广识，又表明著者无意对内容本身作判断，而是将其全部收罗以表明对此问题尚有不同的记载。可见，藏文文献中对同一题材的不同记述方式是藏文史籍写作形式向多元化发展的重要表征。

2. 对元朝国号、元惠宗登基和元朝灭亡的记述

（1）元朝国号

14世纪中叶起，藏文史籍对元朝国号的记述方式可以分为两种类型：一、简单型；二、解释型。简单型主要以《红史》为代表，其“汉地由梁至南宋的历史简述”指出“蒙古之国为大元”[2]。解释型的代表作

[1]（明）达仓宗巴·班觉桑布：《汉藏史集》，陈庆英译，拉萨：西藏人民出版社，1999年，第778页。

[2] 虽然《红史》书末对元朝国号有进一步的解释，但《青史》载蔡巴·贡噶多吉的书中只指出元朝王统为大元，以此来看，《红史》末尾部分也为增补。林传芳对此问题也进行过探讨。参见林传芳：《新发见的西藏文文献 Hu Lan Deb Ther的内容及其价值》，《华岗佛学学报》1968年第1期；（明）廓诺·迅鲁伯：《青史》，郭和卿译，拉萨：西藏人民出版社，2003年，第32页；（元）蔡巴·贡噶多吉：《红史》，东嘎·洛桑赤列校注，陈庆英、周润年译，拉萨：西藏人民出版社，1988年，第22页。

品为《汉藏史集》，该文除指出蒙古之国为大元外，还对元朝帝王定国号为“大元”的含义及渊源进行了详细的叙述。上述两种记述方式均指出由蒙古创建的国家为“大元”，而进入到16世纪，藏文史籍中均不再单独对元朝国号进行记叙或解释，其又可划分两类：一是仅仅在文中对元朝人物冠以“大元帝师”“大元蒙古”[1]等此类称号；一是仅指出蒙古王系，“元”这一称呼完全被蒙古所代替，如《新红史》“在论及蒙古王统方面有两种情况：一是原蒙古本身的；另一个是在汉地出现的情况”[2]。可见，藏文史籍中对元朝国号的记述经历由简至繁再至简的过程。在这个过程中，虽然16世纪后出现了在记述蒙古王统时简化元朝国号的现象，但是不可否认的是藏文史籍作者对蒙古曾入主中原并建立王朝的事实已经达成统一。

（2）元惠宗登基

在本节开始，我们对《红史》关于元代王统的史料进行了辨析，指出贡噶多吉仅写到元惠宗登基为止，而后面部分则为后人补写。后人在蒙古王统补写部分记载了一段关于元惠宗延迟登基的事件。此后，《雅隆尊者教法史》和《汉藏史集》也记述了一个与《红史》补注相似的关于惠宗延迟登基的事件。由于《红史》对该事件的记述是由后人增补的，因此以目前的资料来看，藏文史籍中对该事件的记述最早可追溯到14世纪中后期的《雅隆尊者教法史》。从内容和记叙风格来看，《雅隆尊者教法史》和《汉藏史集》的记载是属于同一类型，即这一事件的开头均是以占卜者的占卜开始，随后是群臣对占卜结果而导致王位空悬的

[1] （清）二世嘉木样·久美昂波：《西藏的佛教》，杨世宏译，兰州：甘肃民族出版社，2008年，第125页。

[2] （明）班钦索南查巴：《新红史》，黄颢译，拉萨：西藏人民出版社，2002年，第33页。

担忧，而后燕铁木儿力挽狂澜承担了王位空悬时的国政事务，在结尾指出正是由于上述原因使王位空悬六个月，而最终导致惠宗在鸡年登基。[1]值得注意的是，这个事件在进入15世纪中叶后就已不再见于藏文史籍了。虽然如此，但是这个事件在流行于藏文史籍中的一个多世纪中，它在结构、内容相似度上始终保持着一定的稳定性。

（3）元朝灭亡

与元惠宗登基记载相同，藏文史籍中有关元朝灭亡的记载仅流行于15世纪中叶之前，并且也主要集中见于《雅隆尊者教法史》和《汉藏史集》。[2]《雅隆尊者教法史》载：

> 尔时，鞑靼官员反叛，火焚上都皇宫。如来之犬齿与钵盂，据云不知去向。
>
> 据说，土猴年八月二十九日黄昏，皇上父子被迫逃离大都皇宫。帝位丧失，奔抵蒙古。[3]

同样，《汉藏史集》也记载了一个与上述事件相似的故事：

[1]（元）蔡巴·贡噶多吉：《红史》，东嘎·洛桑赤列校注，陈庆英、周润年译，拉萨：西藏人民出版社，1988年，第28页；（明）释迦仁钦德：《雅隆尊者教法史》，汤池安译，拉萨：西藏人民出版社，2002年，第49页；（明）达仓宗巴·班觉桑布：《汉藏史集》，陈庆英译，拉萨：西藏人民出版社，1999年，第156—157页。

[2] 该故事也见于《红史》中《蒙古王统》一节的增补部分，在记述内容和方式上大体与《雅隆尊者教法史》和《汉藏史集》的记载相似。（元）蔡巴·贡噶多吉：《红史》，东嘎·洛桑赤列校注，陈庆英、周润年译，拉萨：西藏人民出版社，1988年，第28页；（明）释迦仁钦德：《雅隆尊者教法史》，汤池安译，拉萨：西藏人民出版社，2002年，第49页；（明）达仓宗巴·班觉桑布：《汉藏史集》，陈庆英译，拉萨：西藏人民出版社，1999年，第156—161页。

[3]（明）释迦仁钦德：《雅隆尊者教法史》，汤池安译，拉萨：西藏人民出版社，2002年，第49页。

> 妥懽帖睦尔即位后二十六年之时，即阴土狗年时，帝师贡嘎坚赞圆寂，蒙古的大臣们反叛（此并非为反叛），上都宫殿被火焚。据说释迦穆尼的佛牙舍利和石头钵盂升入天空。又过了十年，阳土猴年八月二十九日傍晚，皇帝父子被迫从大都宫殿逃往蒙古地方，帝位落入汉人大明皇帝手中。[1]

不难发现，两书对该事件的记载在内容上基本相似，但后者比前者在叙事上增添了更多的细节，如阴土狗年不仅帝师圆寂而且蒙古大臣反叛焚毁宫殿等。同时，后者借由明确各个事件的时间而使行文在起承转合上更有逻辑。但《汉藏史集》除此记载外，又并列记述了“蛮子合尊被杀转世为明王灭元”和“汉僧牟果受过后自封大明王合谋蒙古兵灭元（后其子被推举为大明皇帝）”[2]事件。同时，该书也未对这三个导致元朝灭亡的原因作判断，仅是将其罗列收集在一起。由此可见，有关元朝灭亡原因的记述是存在多个版本的。若以写作方式判断的话，藏文史籍对元朝灭亡的记载可以分为两类：一、简明叙事型；二、并列叙事型。《雅隆尊者教法史》和《汉藏史集》就是这方面的代表。

综上所述，14世纪中叶至18世纪中叶藏文史籍对元朝王统的记述呈现以下三个特点。首先，藏文史籍中对元朝王统记载最为详细的时期是在14世纪中叶至15世纪中叶。如《雅隆尊者教法史》不仅记载了帝王世系，而且对元惠宗登基和元朝灭亡有一定的记述，而《汉藏史集》还增加了对元朝国号的记述。其次，藏文史籍中对元朝王统记载较为详细的

[1] （明）达仓宗巴·班觉桑布：《汉藏史集》，陈庆英译，拉萨：西藏人民出版社，1999年，第156—157页。

[2] （明）达仓宗巴·班觉桑布：《汉藏史集》，陈庆英译，拉萨：西藏人民出版社，1999年，第156—161页。

14世纪中叶至15世纪中叶，著者主要是与元朝关系密切的萨迦派和噶举派。最后，元朝的帝王世系是各代西藏佛教主流派别最为关注的焦点。在近四个世纪的藏文史籍的演变过程中，各派别的藏文史籍著者无论有何种写作目的，他们都将元朝帝王世系的记载作为其著述中的一个重要组成部分。从作者的背景身份来看，元明时期的著者主要是以萨迦派和噶举派为主，而至清代则大部分出自格鲁派僧人的笔下。

**元朝王统记述准确性探讨**

1. 元朝帝系

1206年铁木真创建了大蒙古国，而蒙哥去世后忽必烈在与阿里不哥的争夺中获得了胜利，但导致了大蒙古国的分裂。继承汗位的忽必烈于至元八年（1271）改国号为大元。[1]至正二十八年（1368）八月，元惠宗北逃，元朝被明朝取代。[2]忽必烈改元后，元朝在中原共历十一代，其继位顺序依次为元世祖忽必烈、元成宗铁穆尔、元武宗海山、元仁宗爱育黎拔力八达、元英宗硕德八剌、元泰定帝也孙铁木儿、元天顺帝阿速吉八、元文宗图帖睦尔、元明宗和世㻋、元宁宗懿璘质班、元惠宗妥懽帖睦尔。[3]在国号改元之前，大蒙古国的帝王世系依次为铁木真、窝阔台、贵由和蒙哥，而此四位帝王后被元廷追谥为太祖、太宗、定宗和宪宗。

上文按照写作方式的不同将藏文史籍划分三类，但这三类型对这一问题的记述可划分为两类。16世纪之前叙事型和提纲型的史籍中均认为

[1] 陈得芝认为忽必烈时并未取消大蒙古国的国号，而是大元与大蒙古国两国号并用。参见陈得芝：《关于元朝的国号、年代与疆域问题》，《北方民族大学学报》2009年第3期。

[2] （明）宋濂：《元史》卷四十七《顺帝本纪十》，北京：中华书局，1976年，第986页。

[3] （明）宋濂：《元史》卷四至卷四十七，北京：中华书局，1976年，第57—815页。

蒙古国就是元朝，如《红史》载："蒙古之国为大元。"[1]实际上，这种说法虽然比较笼统，但是也并非完全错误。16世纪后，属于提纲型的《新红史》明确指出："在论及蒙古王统方面有两种情况：一是原蒙古本身的；另一个是在汉地出现的情况。"[2]可见，藏文史籍作者开始对蒙古王统有了新的区分。由《新红史》的分类来看，其是以蒙古统治地区的不同而划分蒙古王统的。尽管这一认知也与实际情况有一定的出入，但是这是藏人对蒙古国及元朝关系认知深化的重要反映。

另一方面，《红史》确立了藏文史籍对元朝在中原的帝王继位顺序和在位时间记载的范例。详细情况见下表[3]：

表4.2 元帝在位时间对比表

| 《红史》帝王顺序，在位时间，谥号，年号持续时间 | 实际帝王顺序，在位时间，谥号，年号持续时间 |
|---|---|
| 元世宗忽必烈，薛禅汗三十五年，中统五年，至元三十年 | 薛禅汗，三十五年，中统五年，至元三十一年，第一位 |
| 元成宗铁穆尔，完颜笃汗十三年，贞元二年，大德十一年 | 完颜笃汗，十三年，贞元二年，大德十一年，第二位 |
| 元武宗海山，曲律汗四年，至大四年 | 曲律汗，四年，至大四年，第三位 |
| 元仁宗爱育黎拔力八达，普颜笃汗九年，皇庆二年，延祐七年 | 普颜笃汗，九年，皇庆二年，延祐七年，第四位 |
| 元英宗硕德八剌，格坚汗三年，至治三年 | 格坚汗，三年，至治三年，第五位 |

[1] （元）蔡巴·贡噶多吉：《红史》，东嘎·洛桑赤列校注，陈庆英、周润年译，拉萨：西藏人民出版社，1988年，第22页。

[2] （明）班钦索南查巴：《新红史》，黄颢译，拉萨：西藏人民出版社，2002年，第33页。

[3] （元）蔡巴·贡噶多吉：《红史》，东嘎·洛桑赤列校注，陈庆英、周润年译，拉萨：西藏人民出版社，1988年，第27—28页；（明）宋濂：《元史》卷四至卷四十七，北京：中华书局，1976年，第57—986页。

续表

| 《红史》帝王顺序，在位时间，谥号，年号持续时间 | 实际帝王顺序，在位时间，谥号，年号持续时间 |
| --- | --- |
| 泰定帝也孙铁木儿泰定四年，至和一年 | 五年，泰定四年，至和一年，第六位 |
| 天顺帝阿速吉八四十天 | 约一个月，天顺，第七位 |
| 元明宗和世㻋，护都笃汗一个月 | 护都笃汗，八个月，天历，第九位 |
| 元文宗图帖睦尔，扎牙笃汗五年，天历三年，至顺二年 | 扎牙笃汗，五年，天历三年，至顺三年，第八位 |
| 元宁宗懿璘质班一个月 | 约一个月，第十位 |
| 元惠宗妥懽帖睦尔无 | 三十六年，至顺一年，元统二年，至元七年，至正二十八年，第十一位 |

由上表可知，《红史》对帝王世系继位顺序及执政时间的记载均存在一定的问题。这主要反映在两个方面：一、文宗与明宗继位顺序的颠倒；二、对泰定帝后各帝王执政时间的不准确性。此后，《雅隆尊者教法史》《青史》《新红史》均采纳了《红史》的记载（截至元惠宗登基）。[1]此外，《西藏王统记》《汉藏史集》及《如意宝树史》并未采用《红史》对帝王继位顺序及执政时间的记载。但是，上述三部书中的记载与实际情况仍有一定的出入。首先，《西藏王统记》认为天顺帝后由明宗继位，其后宁宗执政十一年，而省略了文宗。[2]其次，《汉藏史集》记载了两个帝王世系，第一个帝王世系对武宗和泰定帝的年号、泰定帝

[1]（明）释迦仁钦德：《雅隆尊者教法史》，汤池安译，拉萨：西藏人民出版社，2002年，第47—49页；（明）廓诺·迅鲁伯：《青史》，郭和卿译，拉萨：西藏人民出版社，2003年，第32—34页；（明）班钦索南查巴：《新红史》，黄颢译，拉萨：西藏人民出版社，2002年，第33—34页。

[2]（明）索南坚赞：《西藏王统记》，刘立千译，北京：民族出版社，2001年，第15—16页。

与英宗、明宗与文宗继位顺序均记载有误，第二个帝王世系对武宗、天顺帝、明宗和宁宗的执政时间不准确。[1]最后，《如意宝树史》也记载了四个帝王世系，而这四个帝王世系的记载更不准确，如第一个世系中将天顺帝略去。[2]但是，各类藏文史籍中对各代帝王蒙古谥号的记载是完全正确的。

2. 元朝国号、元惠宗登基和元朝灭亡

（1）元朝国号

藏文文献中对元朝国号的记载经历由简至繁再至简的过程，其中记载最为详细的应属《汉藏史集》，载蒙古成吉思汗皇帝，将国家起名为“大元”，其意义为《易经》一书中说，“乾元”二字为“广大、增长”，引申为“真实、坚固”。[3]但据《大元圣政国朝典章·建国号召》载：“至元八年十一月某日，钦奉圣旨：……可建国号曰大元，盖取《易》经‘乾元’之义。”[4]至元八年应为1271年，因而这一国号并非由成吉思汗确定。另一方面，《经世大典》对元朝国号的解释是：“元也者，大也。大不足以尽之，而谓之元者，大之至也。呜呼！制作若此，所以启万万年之基，讵不信欤。”[5]据《易经·乾卦》载：“大哉乾元，万物资始，乃统天。”朱子释义为“元，大也，始也。乾元，天德之大

[1]（明）达仓宗巴·班觉桑布：《汉藏史集》，陈庆英译，拉萨：西藏人民出版社，1999年，第155—157页。

[2]（清）松巴堪布·益西班觉：《如意宝树史》，蒲文成、才让译，兰州：甘肃民族出版社，1994年，第774—779页。

[3]（明）达仓宗巴·班觉桑布：《汉藏史集》，陈庆英译，拉萨：西藏人民出版社，1999年，第104页。

[4]《大元圣政国朝典章（一）》，天津：天津古籍出版社、北京：中华书局，2011年，第8页。

[5]（明）苏天爵：《国朝文类》卷四十一《经世大典序录》，四部丛刊本。

始。”[1]从《汉藏史集》的记载来看，该书对乾元解释为“广大、增长”基本符合其意，但却无法将其进一步引申为“真实，坚固”。

（2）元惠宗登基

1376年的《雅隆尊者教法史》在记述惠宗登基事件后指出：“故六个月无君，国事皆决于燕铁木儿。”[2]同样，《汉藏史集》在该事件结尾同样指出：“故此，有六个月帝位虚悬，刑法诸事，皆决于燕铁木儿。”[3]不难发现，藏文史籍的著者记述这个事件的目的就是解释为什么惠宗登基推迟了六个月。据《元史》载：“燕铁木儿既见帝，并马徐行，具陈迎立之意。帝幼且畏之，一无所答。于是燕铁木儿疑之，故帝至京，久不得立。……迁延者数月，国事皆决于燕铁木儿，奏文宗后而行之。俄而燕铁木儿死，后乃与大臣定议立帝。”[4]可见，元惠宗是在燕铁木儿逝世后才最终登上皇位。其延迟登基是因燕铁木儿不同意立惠宗而致，非藏文文献所载因顾及惠宗寿命或其执政时间。[5]另一方面，元宁宗至顺三年（1332）十一月去世，而惠宗是第二年六月登基[6]，因而皇位也并非仅虚悬六月。尽管藏文史籍中记载的这个事件并非完全还原史实，但是却以另一种方式合理地解释了帝位虚悬的原因。

[1] 《朱子全书·周易彖上传第一》，上海：上海古籍出版社、合肥：安徽教育出版社，2002年，第90页。

[2] （明）释迦仁钦德：《雅隆尊者教法史》，汤池安译，拉萨：西藏人民出版社，2002年，第49页。

[3] （明）达仓宗巴·班觉桑布：《汉藏史集》，陈庆英译，拉萨：西藏人民出版社，1999年，第157页。

[4] （明）宋濂：《元史》卷三十八《顺帝本纪一》，北京：中华书局，1976年，第816页。

[5] （明）释迦仁钦德：《雅隆尊者教法史》，汤池安译，拉萨：西藏人民出版社，2002年，第49页；（明）达仓宗巴·班觉桑布：《汉藏史集》，陈庆英译，拉萨：西藏人民出版社，1999年，第157页。

[6] （明）宋濂：《元史》卷三十八《顺帝本纪一》，北京：中华书局，1976年，第816页。

（3）元朝灭亡

有关元朝灭亡时间的记载在藏文文献中达成了一致，即“土猴年八月二十九日黄昏，皇上父子被迫逃离大都皇宫”[1]。据《元史》载，至正二十八年秋七月丙寅夜半惠宗由健德门北逃。[2]至正二十八年是藏历第六个饶迥阳土猴年，即1368年。秋七月丙寅是农历七月二十八日，转换为公历是九月十日。因而，藏文史籍对惠宗北逃的月份记载存有误差。另一方面，藏文史籍也指出在元惠宗北逃十年前，曾有“蒙古的大臣们反叛，上都宫殿被火焚”[3]。据查在至正十八年（1358）上都的确被毁于一旦，但焚毁者并非是反叛的大臣。《元史》载，至正十八年十二月癸酉，“关先生、破头潘等陷上都，焚宫阙”。[4]关先生、破头潘均为元末起义的红军巾，因而他们在中央政府角度来看确是反叛，但他们并非是蒙古大臣。此外，上文指出《汉藏史集》收录了两个关于元朝灭亡的故事，分别是“蛮子合尊被杀转世为明王灭元”和“汉僧牟果受过后自封大明王合谋蒙古兵灭元（后其子被推举为大明皇帝）”。《明太祖实录》载：“大明太祖圣神文武钦明启运俊德成功统天大孝高皇帝，姓朱氏，讳元璋，字国瑞，濠之钟离东乡人也，其先帝颛顼之后，周武王封其苗裔于邾，春秋时子孙去邑为朱氏，世居沛国相县，其后有徙居句容者世为大族，人号其里为朱家巷。……父仁祖讳世珍，元世又徙居钟离

[1]（明）释迦仁钦德：《雅隆尊者教法史》，汤池安译，拉萨：西藏人民出版社，2002年，第49页。

[2]（明）宋濂：《元史》卷四十七《顺帝本纪十》，北京：中华书局，1976年，第986页。

[3]（明）达仓宗巴·班觉桑布：《汉藏史集》，陈庆英译，拉萨：西藏人民出版社，1999年，第156页。

[4]（明）宋濂：《元史》卷四十五《顺帝本纪八》，北京：中华书局，1976年，第945页。

之东乡，勤俭忠厚，人称长者。”[1]除去文中附会的部分外，明太祖朱元璋并非是为宋恭帝的转世，而其父亲也并非是汉僧牟果。但是朱元璋灭元称帝的事实是毋庸置疑的。

综上所述，藏文史籍对帝王世系的记载主要在明宗与文宗的继位顺序以及泰定帝后各帝王的执政时间上存有误差，而这种误差从某种程度上讲也反映出当时元廷的帝位争夺呈现出混乱的局面。[2]同样，藏文史籍对元代灭亡以及元惠宗登基的记载也存在相同的情况，如惠宗登基事件就反映出当时燕铁木儿的专政，而元朝灭亡的记载也反映出当时元末明初社会状况（下文则详细论证该问题）。可见，尽管藏文史籍记载事件发生的过程与真实情况有一定的差距，但是结果与历史真实情况基本相符。

**王统记载的史料来源考察**

1. 元朝帝王世系

《红史》对元朝王统世系的记载止于元惠宗登基，但并未对资料的来源进行说明，而同一章在记述蒙古起源直至窝阔台执政时，作者指出该书出自《脱卜赤颜》，而从蔡巴与萨迦派以及蔡巴与元代帝王之间的关系来看，极有可能是借由上面两个渠道而获得的史料。[3]上文研究也指出从帝位顺序、执政时间来看《雅隆尊者教法史》《青史》《红史》在

[1] 《明实录·太祖高皇帝实录》卷一，台北：“中研院”历史语言研究所，1982年，第1页。

[2] 定帝死后，明宗、文宗以及天顺帝就帝位继承展开了激烈的争夺。见（明）宋濂：《元史》卷三十一《明宗本纪》，北京：中华书局，1976年，第693—695页。

[3] 蔡巴与夏鲁有姻亲关系，而夏鲁与萨迦之间也有姻亲关系，因而蔡巴与萨迦派之间关系密切，而且蔡巴噶举曾参加萨迦与帕竹之间的战事。王森：《西藏佛教发展史略》，北京：中国藏学出版社，2002年，第137页；（清）觉囊达热那他：《后藏志》，佘万治译，阿旺校订，拉萨：西藏人民出版社，2002年，第88页。

忽必烈至元惠宗登基时对元朝帝王世系的记载基本相似。有意思的是，《雅隆尊者教法史》也有不同于《红史》的地方，如其指出薛禅汗、曲律汗等均为蒙古谥号[1]，但是《红史》并未对此作出明确的界定。另一方面，《青史》虽然也与《红史》在帝王世系内容上记载相似，但其并未指出是源自《红史》，而同一品中在对元朝国号记述时著者就明确指出是源于《红史》。因而，极有可能上述两位著者除参阅《红史》外，还有其他史料来源。上述这一情况也适用于《西藏王统记》《汉藏史集》和《如意宝树史》。[2]遗憾的是，这些书籍的著者均未对其史料来源作详细的说明。从这些著者的教派来看，其均是与蒙古发生深刻关系的萨迦派、噶玛派和格鲁派，因而极有可能在与蒙古接触时参阅了元时保留的文献。[3]

---

[1] （明）释迦仁钦德：《雅隆尊者教法史》，汤池安译，拉萨：西藏人民出版社，2002年，第48页。

[2] 《西藏王统记》指其帝王王统世系是源自《红史》和汉族霍尔史籍之曾泽大师·喜饶耶协，《红史》仅记载至元惠宗登基，而据刘立千、东嘎·洛桑赤列和拉科·益西多杰研究可知喜饶耶协大致为八思巴时期的萨迦派高僧，因而《西藏王统记》对元朝王统世系部分的记载可能还有其他史料来源。《如意宝树史》也称源自某蒙古史册，与清初成书的《蒙古源流》对照，该书应并未参考。（元）蔡巴·贡噶多吉：《红史》，东嘎·洛桑赤列校注，陈庆英、周润年译，拉萨：西藏人民出版社，第166页；（明）索南坚赞：《西藏王统记》，刘立千译，北京：民族出版社，2001年，第168页；拉科·益西多杰：《藏传佛教高僧传略》，西宁：青海人民出版社，2007年，第197—198页；萨囊彻辰：《新译校注〈蒙古源流〉》，道润梯步译校，呼和浩特：内蒙古人民出版社，1980年，第199—216页。

[3] 明时宋濂等人撰写《元史》时曾参考了元朝北逃后遗留下的部分史料，但可能仍有部分史料遗失或者在元惠宗北逃时带走。如《元史》卷三十七《文宗本纪五》载，至顺三年五月，"撒迪请备录皇上登极以来固让大凡、往复奏答，其余训敕、辞命及燕铁木儿等宣力效忠之迹，命朵来续为《蒙古脱不赤颜》一书，置之奎章阁，从之"。但明代曾命四夷馆所翻译《蒙古秘史》（脱卜赤颜，金册）的记载仅到窝阔台王时就截止了。参见札奇斯钦：《蒙古秘史新译并注释》，台北：联经出版事业公司，1979年；邱树森：《关于〈元史〉修撰的几个问题》，《元史及北方民族史研究集刊》1987年第11期。

2. 元朝国号、元惠宗登基和元朝灭亡

（1）元朝国号

在记载元朝国号的藏文文献中，《红史》载“以上是依赞巴拉德室利衮所说而写成的”[1]，《青史》载“霍尔统治的国土国号大元。据说系藏跋拉即吉祥怙主所说，贡嘎多吉所记”[2]。《汉藏史集》对元朝国号分两个部分，第一部分指出：“蒙古之国称为大元。……以上乃是依据赞跋拉多斯衮所说而记录。”[3]不难发现，有关元朝国号为“大元”的记载均出自赞巴拉德室利衮。由于资料的受限，目前仍无法对此人身份作进一步判断，但可推断此人可能是与元廷有一定的联系。另一方面，《汉藏史集》在对元朝国号解释时指出“其意义为《易经》一书中说”。[4]而经过上文的分析可知，最初对元朝国号解释的史料来源是元世祖颁发的《建国号召》，该旨也载于元代的《国朝文类》《大元圣政国朝典章》和《圣元名贤播芳续集》等文献中。[5]《汉藏史集》对大元国号的解释，有可能是源自《建国号召》，抑或是源自其他典籍。

（2）元惠宗登基

藏文文献中有关元惠宗登基的记载不见于传世的元明时期汉文典籍，而《红史》的增补部分中也记述了一个元惠宗登基事件，其基本与

[1]（元）蔡巴·贡噶多吉：《红史》，东嘎·洛桑赤列校注，陈庆英、周润年译，拉萨：西藏人民出版社，1988年，第22页。

[2]（明）廓诺·迅鲁伯：《青史》，郭和卿译，拉萨：西藏人民出版社，2003年，第23页。

[3]（明）达仓宗巴·班觉桑布：《汉藏史集》，陈庆英译，拉萨：西藏人民出版社，1999年，第73页。

[4]（明）达仓宗巴·班觉桑布：《汉藏史集》，陈庆英译，拉萨：西藏人民出版社，1999年，第104页。

[5]《大元圣政国朝典章·建国号召校勘记》，天津：天津古籍出版社、北京：中华书局，2011年，第8页；周清澍：《元代汉籍在日本的流传与翻刻》，《元蒙史札》，呼和浩特：内蒙古大学出版社，2001年，第625页。

《汉藏史集》和《雅隆尊者教法史》的记载相似。[1]该书指出此记载源于《觉卧教法史》，但后者究竟是一部什么样的作品，以及是否传世等，目前都不可知。尽管无法确定其史料来源，但是藏文文献中对这个事件记载的人物原型和延迟登基这些要素的获取均应来自各教派与元廷的接触。

（3）元朝灭亡

元朝灭亡的记载大致出现在14世纪末，各类藏文史籍中对元朝灭亡时间以及其灭亡前十年反叛事件的记载与汉文史籍的记载均有一定出入，可能该史料也源自西藏佛教教派与蒙古之间的接触。值得注意的是，《汉藏史集》记载了两个阐述元朝灭亡的故事。其中，一个为“蛮子合尊被杀转世为明王灭元”。《红史》也同样载有一个“蛮子合尊被杀”的故事。两者最大的不同之处在于，前者的故事中增添了“蛮子合尊”临死时发愿，转世为大明皇帝并灭元的细节。[2]

这个故事的主角蛮子合尊，即南宋末帝赵㬎，在至治三年（1323）被元英宗赐死。[3]但是元末以恢复大宋为号召的起义，引发了元廷的高度重视，至正十二年（1352）五月“监察御史彻里帖木儿等言：‘河南诸处群盗，辄引亡宋故号以为口实，宜以瀛国公子和尚赵完普及亲属徙沙州安置，禁勿与人交通。’从之。”[4]值得注意的是，尽管赵完普被元廷

---

[1]（元）蔡巴·贡噶多吉：《红史》，东嘎·洛桑赤列校注，陈庆英、周润年译，拉萨：西藏人民出版社，1988年，第28页。

[2]（元）蔡巴·贡噶多吉：《红史》，东嘎·洛桑赤列校注，陈庆英、周润年译，拉萨：西藏人民出版社，1988年，第22页；（明）达仓宗巴·班觉桑布：《汉藏史集》，陈庆英译，拉萨：西藏人民出版社，1999年，第157页。

[3]（元）念常：《佛祖历代通载》卷二十二，《大正新修大藏经》第49册，台北：新文丰出版有限公司，1983年，第734页。

[4]（明）宋濂：《元史》卷四十二《顺帝本纪五》，北京：中华书局，1976年，第900页。

迁徙到沙州，但是以恢复大宋为号召的起义并未停止。其中，朱元璋正是以韩山童子韩林儿创建的大宋政权的“正当性为创业基础”[1]，最终建立明朝。上述背景是瀛国公赵㬎的故事在明代仍流行，而且又衍生出其他故事的一个重要原因。[2]其中，邓士龙辑的《国朝典故·皇明本纪》的按语中就收集了“瀛国公赵㬎托梦要报被杀之仇”的故事。据《皇明本纪》载：

> ……先是，元入宋临安，帝㬎既降，封瀛国公，使为僧，号合尊，有子完普，亦为僧，俱坐说法聚众见杀。其舅吴泾全翁梦二僧人曰：“我赵㬎也，被虏屠害，已诉诸上帝[3]，许复仇矣。”[4]

虽然目前无法将《汉藏史集》所记“蛮子合尊被杀转世为明王灭元”故事的原型追溯至“瀛国公赵㬎托梦要报被杀之仇”，但是不难发现，明代有关瀛国公赵㬎故事的流传有十分坚实的社会土壤。《汉藏史集》的

[1] 陈学霖：《明朝“国号”的缘起及火德问题》，陈学霖：《明初的人物、史实与传说》，北京：北京大学出版社，2010年，第12页。

[2] 主要包括元顺帝为赵㬎之子，忽必烈因梦赐赵㬎为僧等。其中，关于元顺帝为赵㬎子的故事流传最广，而且该故事也引发了明、清和近代学人研究的热潮。参见魏青鉒：《元顺帝为宋裔考》（上、下），《文史杂志》1942年第2、3期；任崇岳：《元顺帝与宋恭帝关系考辨》，《民族研究》1989年第2期；王尧：《南宋少帝赵㬎遗事考辩》，《西藏文史考信集》，北京：中国藏学出版社，1994年。

[3] 此上帝非明时天主教信仰的上帝，而是中国传统宗教观下的神祇。之所以作此判断，原因是《皇明本纪》多次出现“上帝”这样的概念，而《皇明本纪》为明初时作品。据学者研究，永乐时期史家在编写《明太祖实录》时曾参阅《皇明本纪》，而实录中虽未直接使用“上帝”，但实录在编写统一内容时用的是上天，因而“上帝”是明初就存在的一个对中国传统宗教神祇的称谓。参见（明）佚名著，王崇武校注：《明本纪校注》，上海：商务印书馆，1948年，第25页。

[4] （明）邓士龙：《国朝典故》，北京：北京大学出版社，1993年，第16页。

这个故事，从逻辑上来看，应是元灭亡而明朝建立后才出现的，而据笔者查阅的一些较为著名的蒙古史籍中，如《蒙古源流》等中均不载此事。[1]因此，此故事应是源于中原地区。

《汉藏史集》另一个阐述元朝灭亡的故事是“汉僧牟果受过后自封大明王合谋蒙古兵灭元（后其子被推举为大明皇帝）”。这是一个非常有血有肉、情节跌宕且细节丰富的故事。值得注意的，这个故事充斥这样一个矛盾，即文中说汉僧牟果自称明王，但灭元后其子却被尊为大明王。[2]如果要真正理解这个故事的含义，我们应进一步从汉籍考察明太祖朱元璋的立国经历。据诸汉籍载，明太祖朱元璋至正年间曾追随郭子兴，并娶郭子兴义女马氏为妻，因而明太祖实为郭子兴的半子。郭氏去世后，其又受封于小明王韩林儿的大宋政权，而最终在杀小明王、灭元及各地方割据势力后，建国大明。[3]不难发现，《汉藏史集》的牟果实际上可视为郭子兴与小明王的结合体，由此一来就可以解释上述故事的矛盾之处。可见，这个故事的原型应源于朱元璋的建国经历，而从其矛盾处即牟果称帝但其子为大明王的记叙来看，藏文史籍的作者可能接触到了明代的官修史籍或官方对明朝建国的解释。这两故事的史料获取渠道

[1] 相反，《蒙古黄金史纲》认定明永乐皇帝为元惠宗（妥懽帖睦尔）子。参见朱凤、贾敬颜译：《蒙古黄金史纲》，呼和浩特：内蒙古人民出版社，1985年，第46页；札奇斯钦：《蒙古秘史新译并注释》，台北：联经出版事业公司，1979年；（明）萨囊彻辰：《新译校注〈蒙古源流〉》，道润梯步译校，呼和浩特：内蒙古人民出版社，1980年。

[2] （明）达仓宗巴·班觉桑布：《汉藏史集》，陈庆英译，拉萨：西藏人民出版社，1999年，第158—161页。

[3] 《明实录·太祖高皇帝实录》卷一，台北：“中研院”历史语言研究所，1982年，第1—18页；陈学霖：《明朝“国号”的缘起及火德问题》，《明初的人物、史实与传说》，北京：北京大学出版社，2010年；（明）佚名著，王崇武校注：《明本纪校注》，上海：商务印书馆，1948年；（明）邓士龙：《国朝典故·皇明本纪》，北京：北京大学出版社，1993年。

将在下一章作详细探讨。

总之，藏族文献中对元代王统的记载的构成事件或故事的基本要素均来自卫藏与元廷和明廷之间的接触，而在藏文史籍作者的笔下，这些元素再加上藏文化的独特表达方式，如《汉藏史集》阐释元朝灭亡的两个故事都具有浓厚的因果轮回的佛教思想，从而确立另一种独特的诠释中原历史的方式。

## 第二节　藏文史籍对元朝人物的记载

元代西藏与元廷之间深刻交流的另一个重要反映就是藏文史籍对元代历史人物的塑造。本节仍以后弘期14世纪中叶至18世纪中叶的藏文文献为研究的出发点考察藏文史籍对元朝人物的记述。

### 对元朝人物记载的演变

1. 伯颜

藏文史籍对伯颜的记载仅有两部书，分别是《雅隆尊者教法史》和《汉藏史集》。《雅隆尊者教法史》指出伯颜是旭烈兀的仆人，在一次向忽必烈进宝的时候，被帝师八思巴推荐给忽必烈。随即，忽必烈为获得伯颜而给予旭烈兀一定的补偿。此后，伯颜被奉为宰相，于至元十三年出征，攻下了南宋。在伯颜故事的结尾，伯颜自称自己为护法的黑巨人。[1]另一方面，《汉藏史集》除指出八思巴推荐伯颜外，又为故事增添了一个细节，指出伯颜因与月儿鲁诺颜打猎而互相倾慕，此后，月儿鲁诺颜也向忽必烈推荐了伯颜。此外，在攻打南宋之前，忽必烈曾询问八思巴是否可派伯颜攻打南宋，而在八思巴的首肯下，忽必烈派伯颜攻取

[1]（明）释迦仁钦德：《雅隆尊者教法史》，汤池安译，拉萨：西藏人民出版社，2002年，第47页。

南宋。同时，八思巴命尼泊尔人阿尼哥建立护法神殿，塑立护法摩诃葛剌[1]主从神像，面向南方，以保佑此次出兵顺利。在攻取南宋后，伯颜获得了南宋皇帝的珍珠宝衣及其他珍宝，而他将宝衣据为己有。此外，伯颜任命自己的下属为管理原南宋属地的官员，因而得罪了“受皇帝圣旨派往蛮子地方而未得伯颜丞相信用的人”[2]。在大军回京后，伯颜不仅受到忽必烈的怀疑，而且也遭到“未得伯颜丞相信用的人”的报复。此后，伯颜被关入狗圈，而在月儿鲁诺颜的劝说下，最终获释。伯颜免职在家，又有传闻蒙古地方反叛是因伯颜而起，而忽必烈再派伯颜出兵镇压反叛时曾一度怀疑伯颜的忠心，最终伯颜在忽必烈面前自辩后再次获得了皇帝信任。其不仅被忽必烈委以重任，而且忽必烈亲自下诏澄清了对伯颜的诬蔑。此后，伯颜也成功平息了叛乱。在故事结尾，该书指出忽必烈一切政教事务均请教八思巴，在灭南宋后，八思巴曾上表祝贺。南宋皇帝进京“投降”时曾说在南宋看到过一个大黑人及其侍从，而其进京后才发现大黑人就在元廷。[3]

不难发现，前者仅记载至伯颜攻取南宋，而后者还记述了攻取南宋后伯颜受辱，以及再任丞相并平定蒙古反叛的事情。[4]后者的叙事在时间

[1] 摩诃葛剌：梵语Mahākāla，又称大黑天，原为婆罗门教大自在天的化身，后被佛教密宗吸收成为护法神，元代在萨迦派的推动下，其成为元代各帝王信奉的保护神。参见那木吉拉：《元明清时期蒙古人的摩诃葛剌神崇拜及相关文学作品研究》，《中国藏学》2001年第1期。

[2] （明）达仓宗巴·班觉桑布：《汉藏史集》，陈庆英译，拉萨：西藏人民出版社，1999年，第174页。

[3] （明）达仓宗巴·班觉桑布：《汉藏史集》，陈庆英译，拉萨：西藏人民出版社，1999年，第176页。

[4] （明）达仓宗巴·班觉桑布：《汉藏史集》，陈庆英译，拉萨：西藏人民出版社，1999年，第172—178页；（明）释迦仁钦德：《雅隆尊者教法史》，汤池安译，拉萨：西藏人民出版社，2002年，第47页。

跨度上更长。同时，《汉藏史集》将伯颜丞相的故事独立成篇，而《雅隆尊者教法史》仍只是将伯颜的故事穿插于介绍蒙古王统的章节之中。因此，《汉藏史集》关于伯颜的记载拥有十分丰富的细节，而且采用了大量的对话形式，如“皇帝问道：‘伯颜，汝昨日在接官亭乘马上路时，说了什么？’伯颜答道：‘并未说什么。’……”[1]此外，由于《汉藏史集》记载的时间跨度和篇幅相对较长，因而其又增添了对月儿鲁诺颜、指控伯颜的群臣以及不被伯颜重用而指控伯颜的人的刻画。[2]这使伯颜的记载更生动，而且在衔接及起承转合上更为成熟。

2. 桑哥

桑哥的故事仅见于《汉藏史集》，《雅隆尊者教法史》仅涉及他的名字，而并未对其事迹作详细概述。与伯颜的故事相同，桑哥的故事在《汉藏史集》中也是独立成篇的。大体上，可将桑哥的故事划分为以下几个部分：一、桑哥族属；二、桑哥崛起；三、桑哥治藏；四、桑哥改革；五、桑哥获罪。《汉藏史集》指出桑哥出身噶玛洛部落，精通多种语言，初任译吏，在朵思麻时他拜八思巴为上师，后因“在梅朵热哇的德钦殿旁建了一座向上师求法的佛堂”[3]而遭到御史台治罪下狱。但是在八思巴的请求下，其被元世祖无罪释放。此后，桑哥在担任宣政院官员时曾一度派兵平息萨迦派本钦贡嘎桑布与八思巴之间的不和。在此过程中，桑哥又对乌斯人承担驿站的义务进行了改革。回到元廷后，桑哥开

[1]（明）达仓宗巴·班觉桑布：《汉藏史集》，陈庆英译，拉萨：西藏人民出版社，1999年，第175页。

[2]（明）达仓宗巴·班觉桑布：《汉藏史集》，陈庆英译，拉萨：西藏人民出版社，1999年，第172—175页。

[3]（明）达仓宗巴·班觉桑布：《汉藏史集》，陈庆英译，拉萨：西藏人民出版社，1999年，第179页。

始了一系列的改革，包括改铜钱为纸钞，惩治贪污，改革俸禄，免除吐蕃驻站人的义务。这引发了蒙古人的“记恨”，而桑哥与月儿鲁关系的恶化则进一步导致桑哥被杀。文中结尾处指出如果八思巴尚在，桑哥就可免死。[1]

综上说述，藏文史籍中对元代人物的记载主要集中于14—15世纪中叶，此后的藏文史籍中均不再单独为元代人物设立专篇论述，而且著者主要是萨迦派。总体来看，《汉藏史集》对元代人物记载的故事性更强，而且信息量更为丰富。

**人物记载的正确性探析**

1. 伯颜

据《元史·伯颜传》记载，伯颜原隶属旭烈兀，在至元初向忽必烈进献时，“世祖见其貌伟，听其言厉，曰：‘非诸侯王臣也，其留事朕。’”[2]在元世祖攻取南宋之前，伯颜在至元二年（1265）八月先拜为中书左丞相，四年六月降为中书右丞相，七年二月改为枢密副使，十年三月伯颜参与册立真金为太子的国朝大事。[3]据汉史载，伯颜作为旭烈兀的使臣在短短不到一年间能获得世祖喜爱，并官至中书左丞相，其晋升的速度的确匪夷所思。因而有学者推测至元初时（即至元元年，八思巴至元元年五月离开元廷），八思巴曾在元廷，因而藏文史籍中的记载有一定的可能性。[4]

---

[1] （明）达仓宗巴·班觉桑布：《汉藏史集》，陈庆英译，拉萨：西藏人民出版社，1999年，第179—184页。

[2] （明）宋濂：《元史》卷一百二十七《伯颜传》，北京：中华书局，1976年，第3099页。

[3] （明）宋濂：《元史》卷六《世祖本纪三》、卷七《世祖本纪四》、卷八《世祖本纪五》，北京：中华书局，1976年，第108—115、128、148页。

[4] 陈庆英：《帝师八思巴传》，北京：中国藏学出版社，2007年，第138页。

但有关伯颜的事迹，拉施特《史集》有另一种记载："这位伯颜是忽必烈在分奴隶时分得的，因为他在伊朗地区阿八哈汗处，忽必烈合罕便派遣宿敦那颜的儿子撒儿塔黑那颜为急使，与奥都·剌合蛮一起（前往阿八哈汗处）索取伯颜。牛年（1265），旭烈兀汗去世时，他与撒儿塔黑那颜一同被派往合罕处，奥都·剌合蛮则留在我国以结束查账。"[1]一般学界认为此书的史料价值极高，但就伯颜的事迹来讲，其记载与汉文史籍的记载也存有一定的矛盾。据《史集》载，旭烈兀伊斯兰历载是663年4月19日星期日逝世，公历为1265年2月8日[2]，即至元二年正月二十一日，而汉文载至元二年八月伯颜就拜为左丞相，那么八个月的时间里伯颜是否能从古代伊朗（阿八哈汗驻地在呼罗珊，即今伊朗东西部地区）一带赶到元廷的确是一个问题。因而就目前波斯文、汉文以及藏文的记载均无法确定八思巴是否在世祖任用伯颜时发挥过作用。但是《史集》的记载为我们理解伯颜留在元廷也提供了线索。至元二年旭烈兀去世后，长子阿八哈于六月继承其汗位，但其汗位也受到了多方的挑战，七月就遭到打尔班对伊利汗国的侵扰，这场战事一直持续到至元三年，据《史集》载："664年，……商队开始从两方面往返走动。"[3]因而，伯颜最终留在元廷除世祖赏识等多种因素外，旭烈兀去世后引发的伊利汗国的战乱也是其留下的原因之一。

据《元史·世祖本纪》载，至元十一年正月，忽必烈准备攻南宋

[1] [波斯]拉施特主编：《史集》（第二卷），余大钧、周建奇译，北京：商务印书馆，1985年，第318页。

[2] [波斯]拉施特主编：《史集》（第三卷），余大钧、周建奇译，北京：商务印书馆，1985年，第97页。

[3] [波斯]拉施特主编：《史集》（第三卷），余大钧、周建奇译，北京：商务印书馆，1985年，第106页。

时，史天泽向元世祖推荐伯颜和安童两重臣挂帅攻宋，“帝曰：‘伯颜可以任吾此事矣。’”[1]据陈庆英先生对八思巴著作的研究，八思巴在至元八年夏已经离开大都赴临洮，而至元十一年三月时八思巴已由临洮赴萨迦。[2]因此，八思巴应并未如藏文史籍所写推荐伯颜攻宋。值得注意的是，藏文史籍中记述的阿尼哥确有其人，其为尼泊尔的工匠，曾随八思巴来大都，至元十年受封匠人总管，此后其官职直至大司徒。汉文史籍中并未载其奉八思巴命令建立神殿并为伐宋祈愿，但其确实奉八思巴命令在西藏建了一座黄金塔。[3]因而，八思巴也并未专门为伐宋建立寺庙而庇佑元军。但是据《胆巴碑》载：“帝师告归西蕃，以教门之事属之于师，始于五台山建立道场，行秘密咒法，作诸佛事，祠祭摩诃伽剌。”[4]因而，以常理推测在元军伐宋的过程中，胆巴作为八思巴留驻内地的教门管理者，其应做“法事”护佑元军获胜。[5]由此可知，藏文史籍中记载的八思巴推荐伯颜以及为元军攻宋建塔庇佑的事情与历史事实并不相符。

另一方面，至元十三年，伯颜在攻取南宋后将一块玉送给阿合马，但阿合马嫌弃伯颜的礼物太轻，而诬陷伯颜取得了南宋的“玉桃盏”，

---

[1] （明）宋濂：《元史》卷八《世祖本纪五》，北京：中华书局，1976年，第153页。

[2] 陈庆英：《帝师八思巴传》，北京：中国藏学出版社，2007年，第143、146页。

[3] （明）宋濂：《元史》卷二百三《阿尼哥传》，北京：中华书局，1976年，第4545—4546页。

[4] （元）赵孟頫：《大元敕赐龙兴寺大觉普慈广照无上帝师之碑》，《中国十大书法家墨宝全集·赵孟頫》，北京：中国画报出版社，2001年，第67—69页。

[5] （元）释念常《佛祖历代通载》载：“帝命伯颜丞相。攻取江南不克。遂问胆巴师父云。护神云何不出气力。奏云。人不使不去。佛不请不说。帝遂求请。不日而宋降。”由著者身份及写作题材来看，此记述有夸大佛教作用之嫌，但从另一方面也反映出佛教对元朝政治影响巨大。（《大正新修大藏经》第49册，台北：新文丰出版有限公司，1983年，第722页。）

此后又有别吉里迷失诬陷伯颜，但最后均未得逞。[1]至元二十九年，伯颜讨伐宗王明理铁木儿与海都叛乱时，因伯颜久居北部而再次遭到质疑，后世祖派玉昔帖木儿接替伯颜平息海都叛乱，最终伯颜在平定海都的一次偷袭后而将职务交付玉昔帖木儿并班师回朝。可见，伯颜受他人诬陷确有其事，但是过程并未像藏文史籍记载的那么跌宕起伏和富有戏剧性，如入猪圈、月儿鲁诺颜求情等。此外，在世祖驾崩后，月儿鲁诺颜，即上文所说的玉昔帖木儿[2]，其与伯颜等“定策立成宗”[3]，由于两人在元成宗继位问题上发挥过巨大的作用，元成宗继位后分别拜两人为太师与太傅。[4]因而，伯颜与月儿鲁王之间的确有一定的交集，据《元史》记载，一次是在平息海都叛乱时，一次是在忽必烈去世后立成宗时。但是是否像藏文史籍中所说月儿鲁诺颜与伯颜之间互相倾慕，以及月儿鲁诺颜向忽必烈推荐伯颜，这些细节目前仍很难确定。

综上所述，伯颜的出身、成为丞相、攻打南宋、受他人诬陷、镇压蒙古叛军及镇压时受到诬蔑等事件在历史上确实发生过。但是在具体的细节上，藏文史籍中的叙述与历史真实情况有一定的差异。首先，藏文史籍中八思巴作为帝师的作用被夸大。一方面，其成为决定忽必烈是否任用伯颜和攻取南宋是否成功的关键人物，但实际上这些问题是由多方面因素决定的；另一方面，藏文史籍中突出强调八思巴以佛教的摩诃葛剌来护佑元军获胜，由此来凸显佛教及帝师对元朝的统治具有不可估量

[1]（明）宋濂：《元史》卷一百二十七《伯颜传》，北京：中华书局，1976年，第3113页。

[2] 玉昔帖木儿，阿儿剌·博尔术之孙，元世祖赐名为月吕鲁那演（或月儿鲁那演），其曾深受元世祖喜爱。（明）宋濂：《元史》卷一百一十九《博尔术传》，北京：中华书局，1976年，第2947页。

[3]（明）宋濂：《元史》卷一百六十二《李庭传》，北京：中华书局，1976年，第3798页。

[4]（明）宋濂：《元史》卷十八《成宗本纪一》，北京：中华书局，1976年，第384页。

的作用。其次，历史事件中人物及其关系的错位。第一，伯颜确实为权臣所诬蔑，但是不是藏文史籍中所谓的珍珠衫[1]，而是玉桃盏，而伯颜也并非被关入猪圈最终被月儿鲁诺颜救出，其应是下罪入狱后“帝命按之，无验，遂释之”[2]。第二，月儿鲁诺颜的确与伯颜关系匪浅，但两者之间发生深刻关系是在元成宗继位时，此后两人成为成宗的“左膀右臂”。第三，时间不准确。元军南下攻取南宋的时间是至元十一年，至元十三年是元军完全攻取南宋后的时间。可见，藏文史籍的记录与历史真实情况存有一定的误差。但藏文史籍中的这种记述方式以西藏佛教所熟悉的文化要素对历史事件进行了新的诠释。值得注意的是，伯颜的事迹均出自萨迦派高僧、学者的史籍中，因而其巧妙地将能够代表萨迦派特征的文化要素融入到故事本身，如对八思巴帝师作用以及萨迦派推崇的护法神摩诃葛剌作用的强化，等等。

2. 桑哥

有关桑哥族属在汉文史籍中并未有记载。目前，关于桑哥族属的记载仅见于施拉特的《史集》和达仓宗巴的《汉藏史集》，而波斯语与藏

[1] 此处用珍珠衫，极有可能以元代各代帝王赐予西藏的珍珠诏书为原型。《元史》卷二百二《释老传》载：“且每帝即位之始，降诏褒护，必敕章佩监络珠为字以赐，盖其重之如此。”《南村辍耕录》载：“累朝皇帝于践祚之始，必布告天下，使咸知之。惟诏西番者，以粉书诏文於青缯，而绣以白绒，纲以真珠。至御宝处，则用珊瑚，遣使赍至彼国，张于帝师所居处。”这种珍珠诏书在忽必烈时曾赐予萨迦派。珍珠这一物品在元帝诏书中的运用以及各代帝王即位时政治性的强化，对藏人来说极有可能成为一种权力及地位的象征，因而至明代，《汉藏史集》已将其冠以蛮子国王有一珍珠宝衣。参见（明）宋濂：《元史》卷二百二《释老传》，北京：中华书局，1976年，第4521页；（元）陶宗仪：《南村辍耕录》卷二，诏西番，北京：中华书局，1959年，第25页；（明）达仓宗巴·班觉桑布：《汉藏史集》，陈庆英译，拉萨：西藏人民出版社，1999年，第174页。

[2] （明）宋濂：《元史》卷一百二十七《伯颜传》，北京：中华书局，1976年，第3113页。

语文献中对桑哥族属记载的差异成为学界争论的公案。[1]尽管桑哥的族属目前尚无法确定，但是藏文史籍中指出其通多种语言，初为译吏的记载与《元史·桑哥传》的记载一致。[2]与藏文记载不同的是，《元史·桑哥传》和《佛祖历代通载》均指出桑哥（相哥）为胆巴国师的弟子，而桑哥在位极人臣后则“讳言师事胆巴而背之”。[3]关于桑哥与八思巴之间的关系和桑哥建寺获罪而八思巴为之求情的事件在汉文史籍中均无法找到相关的记载。但八思巴与本钦贡嘎桑布不和而导致萨迦派内乱时，据《南村辍耕录》载：“阔阔出驿适相哥征昆哥臧不回，力阻，遂止。”[4]可见，桑哥确曾带兵进藏参与此次事件，但是平息此次事件后桑哥对西藏地方驿站治理以及免除乌斯驿站义务的事情在汉籍中并未记载。此外，桑哥此次进藏的时间据学者研究，大致在至元十六至十七年（1279—1280）[5]，但此时总制院并未改为宣政院[6]。因而藏文史籍指出其是在担任宣政院使时进藏与事实不符。

在至元二十四年（1287）闰二月，桑哥任尚书省平章政事后，其确

[1] 目前，学界对桑哥族属有三种看法：一、畏兀儿（维吾尔族）；二、藏族；三、维吾尔族化的边疆藏族。[意]毕达克：《元代藏族政治家——桑哥》，《国外藏学研究译文集》（二），拉萨：西藏人民出版社，1987年，第213—214页；（明）达仓宗巴·班觉桑布：《汉藏史集》，陈庆英译，拉萨：西藏人民出版社，1999年，第179页；[波斯]拉施特主编：《史集》（第二卷），余大钧、周建奇译，北京：商务印书馆，1985年，第346页；仁庆扎西：《元代中央王朝中的藏族宰相桑哥》，《西藏研究》1984年第2期；尹伟先：《桑哥族属问题探讨》，《民族研究》1988年第1期。

[2] （明）宋濂《元史》卷二百五《桑哥传》载：“能通诸国言语，故尝为西蕃译史。”（北京：中华书局，1976年，第4570页。）

[3] （明）宋濂：《元史》卷二百五《桑哥传》，北京：中华书局，1976年，第4570页。

[4] （元）陶宗仪：《南村辍耕录》卷二十二，北京：中华书局，1959年，第267页。

[5] 陈庆英：《帝师八思巴传》，北京：中国藏学出版社，2007年，第158页。

[6] 《元史》卷十五《世祖本纪》载：至元二十五年，十一月，“改释教总制院为宣政院，秩从一品，印用三台，以尚书右丞相桑哥兼宣政使”。（北京：中华书局，1976年，第317页。）

实开始了一系列的改革，“三月，更定钞法，颁行至元宝钞于天下，中统钞通行如故”[1]。此后，桑哥在奉旨检查中书省时查出平章麦术丁以及参政杨居宽在推行货币时有昏钞及亏钞，后将二人治罪。次年，其除了提议开辟漕运外，还积极推行和籴所及大臣获取分地制度的改革。[2]因而，藏文史籍中指出其易钞、惩治贪官与当时的情况基本相符。但是藏文史籍中指出其提议给予官员俸禄的事情却与历史事实相悖。据《元史》载，早在至元元年（1264）八月元世祖就“诏新立条格：省并州县，定官吏员数，分品从官职，给俸禄，颁公田，计月日以考殿最”[3]；至元二十二年“重定百官俸”；二十三年，“又命内外官吏俸以十分为率，添支五分”[4]。可见，元廷给百官确定俸禄时桑哥仍在总制院任职，因而此事桑哥并未参与。值得注意的是，桑哥在至元二十四年担任平章政事后推行的一系列改革触及了一些元廷贵胄及其他权臣的利益[5]，这是加速其倒台的大背景。但藏文史籍中则将其获罪归于蒙古大臣的嫉妒以及其与月儿鲁诺颜关系的恶化。尽管藏文史籍的记载与史实不符，但是据《元史·桑哥传》载弹劾桑哥的三人均为蒙古大臣，而月儿鲁诺颜正是最终查办桑哥案件的主要负责人。[6]

因此，《汉藏史集》对桑哥的记载与对伯颜的记载在写作手法上有一定的相似之处。这主要反映在历史事件发生的基本要素大体与史实本

[1]（明）宋濂：《元史》卷二百五《桑哥传》，北京：中华书局，1976年，第4571页。

[2]（明）宋濂：《元史》卷十五《世祖本纪十二》、卷二百五《桑哥传》，北京：中华书局，1976年，第317、4571页。

[3]（明）宋濂：《元史》卷五《世祖本纪二》，北京：中华书局，1976年，第98页。

[4]（明）宋濂：《元史》卷九十六《食货志四·俸秩》，北京：中华书局，1976年，第2450页。

[5] 罗贤佑：《论元代畏兀儿人桑哥与偰哲笃的理财活动》，《民族研究》1991年第6期。

[6]（明）宋濂：《元史》卷二百五《桑哥传》，北京：中华书局，1976年，第4575页。

身相符，而在具体细节方面与真实情况有较大的出入。同时，作为萨迦派的著者其在著述时不仅夸大萨迦派著名人物的作用，而且也将其他人物的事迹全部移植到萨迦派著名人物的身上。如《汉藏史集》应是胆巴国师留在内地并承担了祈祷元军攻宋获胜的任务，以及桑哥最初的师傅应为胆巴等。这种写作方法无疑进一步巩固了萨迦派著名人物的地位，并且也强化了其在教派发展史中的作用。

## 第三节　藏文史籍对元代宗教的记载

由后弘期的文献来看，藏文史籍中对元代宗教的记载主要包括以下三个方面：一、西藏佛教在元代统治上层的初传；二、西藏佛教各派别在元代的发展；三、佛教在元代的地位。由上面的记载类别来看，其主要是聚焦于西藏佛教在中原地区的发展。藏文史籍著者的宗教身份是分析后弘期藏文史籍写作背景中必不可少的一环。同时，正是由于著者的这些身份背景使元代西藏佛教在中原地区的发展成为其关注的焦点之一。

### 对元朝宗教记载的流变

1.西藏佛教在元代统治上层的初传

《红史》最早记载佛教在元代统治上层的传播情况，其指出萨班（1128—1251）最初接到阔端的迎请，并遵照杰尊扎巴坚赞（1147—1216）的授记，即为了利益佛教而去了蒙古统治的地区，进而使蒙古统治者接受了佛教。[1]《雅隆尊者教法史》先指出蒙古在扩张版图时，“觊觎吐蕃，以致诸佛学大师疑虑满怀”，而萨班在扎巴坚赞的授记以及为了雪域众生的利益才不顾生命危险赴蒙古统治地区传教，并使其上层统

[1]（元）蔡巴·贡噶多吉：《红史》，东嘎·洛桑赤列校注，陈庆英、周润年译，拉萨：西藏人民出版社，1988年，第43页。

治者接受了佛教。[1]《萨迦世系史》则进一步强调了元朝统治者在不兴释教之前的“残暴行径”和“愚昧无知”，而萨班在得到班钦释迦室利（释迦室利跋陀罗）以及扎巴坚赞的授记后，以佛陀舍己为众生的精神去蒙古统治地区传播佛法。[2]《西藏王臣记》《如意宝树史》《西藏的佛教》及《土观宗派源流》则部分承袭了《红史》对该事件的记载。之所以说是部分承袭在于《如意宝树史》和《土观宗派源流》更指成吉思汗时就曾派人进藏与萨班结为供施关系并信奉了佛教。[3]

2.西藏佛教各派别在元代的发展

藏文史籍中有关西藏佛教各派在元代的发展主要包括两个方面：一是萨迦派在元代的发展；一是噶玛噶举派在元代的发展。

首先，有关萨迦派在元代的发展，记载较为详细的是《汉藏史集》，其指出汉地僧人沉溺于顿悟见地，信奉道教并仿照佛教伪造经典。八思巴在与十七名狂傲道士辩论后，使其皈依佛教。同时，其令尼泊尔、印度、汉地、西夏、蒙古、高丽、大理、畏兀儿和合申等地比丘、沙弥剃度，并使四百二十五人受戒担任堪布。此外，持律论师却吉衮布到江南地区为九百四十七人受戒剃度，从而使佛教在江南地区发展起来。[4]《萨迦世系史》指出萨班在到达凉州之前，阔端身边已经有几

[1] （明）释迦仁钦德：《雅隆尊者教法史》，汤池安译，拉萨：西藏人民出版社，2002年，第78页。

[2] （明）阿旺贡噶索南：《萨迦世系史》，陈庆英、高禾福、周润年译，北京：中国藏学出版社，2005年，第88页。

[3] （清）松巴堪布·益西班觉：《如意宝树史》，蒲文成、才让译，兰州：甘肃民族出版社，1994年，第771、772页；（清）土观·罗桑却季尼玛：《土观综派源流》，刘立千译注，拉萨：西藏人民出版社，1984年，第226页。

[4] （明）达仓宗巴·班觉桑布：《汉藏史集》，陈庆英译，拉萨：西藏人民出版社，1999年，第204—205页。

位藏族僧人。在萨班对阔端讲述教法后，阔端也不允许也里可温和蒙古萨满坐在上首，而是推崇法王，由此蒙古地方的佛教出家人的地位受到重视。同时，该书也简单记载了八思巴与道士辩论的事情，指出八思巴对道教的驳斥维持了佛教正见。[1]在其三十六岁阳铁马年时，其“使蒙古国土众生俱如大乘之道，释迦牟尼之教法如太阳之光辉，普照大地”[2]。1773年的《西藏的佛教》一书也记载了八思巴与道教辩论最后获得胜利并维护了佛教正见的事情，其内容基本与上述书籍相同。

其次，《红史》较早涉及噶举派在元代的发展情况。其指出在法王饶迥多杰（1284—1339）时，其曾亲往大都，并在该地建立了噶尔寺，塑造了胜海佛、噶举派喇嘛像和胜乐五佛的护法立体坛城。[3]15世纪末，《青史》仅指出噶玛巴声名日盛获得皇帝的青睐赴京，沿途修建寺庙，并在蒙古统治地区传教，并消除了内地很多不合理的事情。[4]《贤者喜宴》仅指出饶迥多杰时在大都和临洮修建了很多噶玛派的寺院。[5]

不难发现，藏文史籍中对元代各派别发展的记载多集中于本派的专著中，而各派对其他教派在元代的发展情况的介绍相对来说是简要的。如《西藏王臣记》这类格鲁派的著作中仅提及蒙古在萨班的影响下信仰

[1]（明）阿旺贡噶索南：《萨迦世系史》，陈庆英、高禾福、周润年译，北京：中国藏学出版社，2005年，第95、135页。

[2]（明）阿旺贡噶索南：《萨迦世系史》，陈庆英、高禾福、周润年译，北京：中国藏学出版社，2005年，第163页。

[3]（元）蔡巴·贡噶多吉：《红史》，东嘎·洛桑赤列校注，陈庆英、周润年译，拉萨：西藏人民出版社，1988年，第91、105页。

[4]（明）廓诺·迅鲁伯：《青史》，郭和卿译，拉萨：西藏人民出版社，2003年，第291页。

[5]（明）巴卧·祖拉陈瓦：《〈贤者喜宴——噶玛噶仓〉译注（一）》，周润年译，《西藏民族学院学报》2011年第2期。

佛教[1]，而对西藏佛教其他派别在元时的发展并不作论述。

3. 佛教在元代的地位

有关佛教在元代地位的记述当属蔡巴·贡噶多吉的《红史》书中完整记录的元成宗的一份诏书，即《优礼僧诏书》。书中主要包括以下四个方面：一、免除僧人的劳役；二、僧人要为皇上祈福；三、不得欺负及践踏僧人及其财物、寺院；四、俗人不能以手、语言触犯西番僧人，否则重罚。[2]同时，该书又载三世噶玛巴在世时，汉地以及朵思麻地区的违法僧人的行为遭到元廷反佛大臣的诟病，因而下令除西藏外所有佛教徒还俗并承担义务。但是三世噶玛巴在一次会议中以忽必烈信奉佛教为祖宗先例从而劝说了皇帝收回上述成命。此外，在三世噶玛巴在大都时，曾有一位名为哈丞相的人迫害僧人，从而危及佛教的地位。[3]稍后，该书中又载，在阔端王子时，僧人不必对皇帝跪拜。但此项规定并未严格执行，而僧人仍需向皇帝及其王室成员跪拜。至四世噶玛巴（1340—1383）时，四世噶玛巴到大都后令元帝废除了僧人跪拜皇帝及其王室成员的法令。[4]

《贤者喜宴》虽未记载《优礼僧诏书》以及元帝修改阔端王子不跪拜皇帝及其皇室成员法令事件，但是记载了三世噶玛巴劝说元帝取消佛教徒还俗和承担义务的法令及哈丞相迫害僧人等事件。与前者相比，

[1]（清）五世达赖喇嘛：《西藏王臣记》，刘立千译，北京：民族出版社，2000年，第63页。

[2]（元）蔡巴·贡噶多吉：《红史》，东嘎·洛桑赤列校注，陈庆英、周润年译，拉萨：西藏人民出版社，1988年，第129—130页。

[3]（元）蔡巴·贡噶多吉：《红史》，东嘎·洛桑赤列校注，陈庆英、周润年译，拉萨：西藏人民出版社，1988年，第91页。

[4]（元）蔡巴·贡噶多吉：《红史》，东嘎·洛桑赤列校注，陈庆英、周润年译，拉萨：西藏人民出版社，1988年，第104页。

《贤者喜宴》的记载增添了很多细节，如在记述三世噶玛巴的口气时指出其“以狮子吼般斥责道”等。[1]可见，藏文史籍中对佛教在元代地位的记载主要是集中于噶玛噶举派的书中，而多侧重于噶玛噶举三世和四世活佛时期佛教在元代的发展情况。

### 对元朝宗教记载真实性的探析

1. 西藏佛教在元代统治上层的初传

后弘期诸多藏文文献中指出萨班与阔端是使元代上层统治者接受佛教的重要人物，而其不顾生命安危去传法主要是以佛教的利益众生为目的。其中，各类藏籍中都指出扎巴坚赞曾授记萨班命其赴蒙古统治地区传法，而《萨迦世系史》则更进一步指出班钦释迦室利也曾获得救度度母的授记，指出其弟子将会赴蒙古统治地区传法。[2]有关萨班与蒙古人接触一事汉文史籍并未记载，一般学界依据诸藏蒙史籍的爬梳认为，萨班的确曾受到阔端的“邀请”赴凉州，但学界也指出其赴凉州并非是因利益佛法和两位上师的授记，而是因蒙古军的“胁迫”才赴凉州的。[3]需要进一步指出的是，班钦释迦室利在1204年受噶当派绰普译师的邀请入藏传法，在驻藏期间萨班曾向释迦室利跋陀罗及其弟子学习《量释论》，因而历史上萨班确是释迦室利的徒弟。十年后（1214）其回到克什米

[1]（明）巴卧·祖拉陈瓦：《〈贤者喜宴——噶玛噶仓〉译注（一）》，周润年译，《西藏民族学院学报》2011年第2期。

[2]（明）阿旺贡噶索南：《萨迦世系史》，陈庆英、高禾福、周润年译，北京：中国藏学出版社，2005年，第89页。

[3] 王辅仁、陈庆英：《蒙藏民族关系史略》，北京：社会科学出版社，1985年，第18—19页；[意]伯戴克：《元代西藏史研究》，张云译，昆明：云南人民出版社，2002年，第7—9页。

尔，因而释迦室利跋陀罗应与蒙古人无任何交集。[1]同时，据《萨迦世系史》载，萨迦三祖扎巴坚赞任教主时其徒弟觉本做了米涅王（西夏王）的应供喇嘛。[2]但在13世纪20年代之前，蒙古与西夏、金朝之间正逢战事。[3]另一方面，西藏西部地区正经历伊斯兰化的进程，因此成吉思汗时萨迦派去蒙古地区传教是行不通的。[4]综上所述，所谓授记之说以及成吉思汗时萨迦派就赴蒙古传教的记载均与事实情况不符。

2. 西藏佛教各派别在元代的发展

八思巴与道士辩论并令其皈依佛教是后弘期各派藏文史籍中着墨较多一个事件。历史上，八思巴的确参加了由蒙古上层统治者组织的一次佛道辩论大会。这次辩论大会是元宪宗五年（1255）和宪宗六年佛道辩论大会的延续，宪宗八年忽必烈在开平主持了这场大会。[5]至元二十三年（1286）僧祥迈奉元世祖旨意依实录将此次事件录于《辨伪录》。[6]该辩论的中心内容是围绕《老子化胡经》的真伪进行辩论。据《辨伪录》载，此辩论“令大集九流名士……普召释道两宗……三百余僧……二百余人共为证义……二百余人共僧抗论”[7]。可见，第三次的僧道论战并非仅八思巴一人。其中，以那摩国师为首的僧人及崇佛的大臣对道士（元

[1] 拉科·益西多杰编译：《藏传佛教高僧传略》，西宁：青海人民出版社，2007年，第174页；王森：《西藏佛教发展史略》，北京：中国藏学出版社，2002年，第76页。

[2] （明）阿旺贡噶索南：《萨迦世系史》，陈庆英、高禾福、周润年译，北京：中国藏学出版社，2005年，第56页。

[3] 韩儒林：《元朝史》，北京：人民出版社，1986年，第100—103页。

[4] 高永久：《西域古代伊斯兰教综论》，北京：民族出版社，2001年，第71—90页。

[5] （元）祥迈：《辨伪录》卷三，《大正新修大藏经》第52册，台北：新文丰出版有限公司，1983年，第769—771页。

[6] （明）释幻轮：《释氏稽古略续》，扬州：江苏古籍刻印社，1992年，第602页。

[7] （元）祥迈：《辨伪录》卷三，《大正新修大藏经》第52册，台北：新文丰出版有限公司，1983年，第771页。

时汉文中又称先生）推崇的《老子化胡经》的真实性进行了驳斥，辩论中八思巴以藏传因明逻辑对其真实性予以否定。[1]最终，忽必烈判定佛教获胜并以辩论指出的协议命十七名道士剃发出家，并焚毁伪经及其刻板。由此可知，八思巴在这次佛道之争的辩论中发挥了一定的作用，但实际上左右辩论局势的应是这次辩论的主导者忽必烈。此外，《汉藏史集》还指出当时汉地僧人持顿悟见地，信奉道教以及制造伪经。顿悟作为汉地禅宗的修持方式，自中晚唐后禅宗成为汉地佛教的主导派别之一。但在这次辩论发生的时代，佛教饱受道教的排挤，据《辨伪录》载，“改拆殿宇打损佛像”，而道士们也“效如来八十二龛，集老子八十一化”。[2]因而，各类藏文史籍中对此次辩论的记载有一定的真实性，但却夸大化处理了八思巴在此次辩论中的作用。

此外，《汉藏史集》指出其为九个地方的四百多人受戒，但是目前汉文史籍对此事并未记载，不过汉文史籍却载有八思巴曾收尼泊尔人阿尼哥，高昌地区畏兀儿人阿鲁浑萨理、迦鲁纳答思，朵思麻地区胆巴，西夏遗民沙罗巴。[3]同时，有关却吉衮布在江南地区传教，汉籍也不见有载。《萨迦世系史》载萨班与阔端王子会面时，王子身边曾有其他藏族僧人。汉史中虽未有详细记载，但藏文史籍的记载也并非杜撰。阔端

---

[1] 八思巴驳斥道教的方式与其他僧人略有不同，是运用对方的因（证据）来证明对方宗（立论）的不成立。笔者认为其方式采用了藏文化中广为推崇的“应用论式”。据学者研究，此方式被萨班承袭并著于《正理藏论·为他比量品》。参见王森：《藏传因明》，北京：中华书局，2009年，第52页。

[2] （元）祥迈：《辨伪录》卷三，《大正新修大藏经》第52册，台北：新文丰出版有限公司，1983年，第752、770页。

[3] （明）宋濂：《元史》卷二百三《阿尼哥传》、卷一百三十四《迦鲁纳答思传》、卷一百三十《阿鲁浑萨理传》，北京：中华书局，1976年，第4545、3240、3175页；（元）释念常：《佛祖历代通载》卷二十二，《大正新修大藏经》第49册，台北：新文丰出版有限公司，1983年，第725、729页。

的封地在凉州，此地曾隶属西夏，而西夏，特别是中后期，西藏佛教的各教派均在此地有一定的发展，这些教派主要包括噶当、噶举、萨迦、宁玛派。[1]萨班如何说服阔端，以及是否阔端令萨满和也里可温座位顺序颠倒也无汉籍佐证。同样，该书指出八思巴三十六岁，即阳铁马年（1270）时使大乘佛教普照蒙古统治地区（元朝）。据查此年元世祖改国号为大元，而且八思巴被元世祖封为大元帝师。[2]因而，《萨迦世系史》的这种说法实际上是对历史事实的一种隐喻。

噶举派在元代的发展主要集中记录在《红史》《青史》《贤者喜宴》三部书中。但在汉文史籍中却鲜有记载。由此这也表明与萨迦派相比，噶举派对元廷的影响相对较弱，否则汉文史籍对此也不会未有记载。

3. 佛教在元代的地位

《红史》记载了元成宗时颁布的《优礼僧诏书》，其指出该诏书是发布于鸡年，而元成宗在位期间仅有1297年为水鸡年，但据查元代史籍及典章中此年并未发布此类诏书。同时，此诏书结尾还有一个日期，即至元二十三年，但是诏书开头部分写的是元成宗，因而有学者指出可能是笔误，该诏书应抄于至正二十三年（1363）。[3]著者蔡巴·贡噶多吉是第二年去世的，但是从《红史》对蔡巴噶举发展的记载来看，蔡巴·贡噶多吉在至正二十三年时应未去大都。因而，这份诏书应并非蔡巴·贡噶多吉抄写的，而是后人补撰的。

---

[1] 崔红芬：《藏传佛教各宗派对西夏的影响》，《西南民族大学学报》2006年第5期。

[2] 汉文史籍中对元世祖册封帝师的时间记载自相矛盾，陈庆英先生考证应为1270年，即至元七年。参见陈庆英：《帝师八思巴传》，北京：中国藏学出版社，2007年，第128页。

[3] （元）蔡巴·贡噶多吉：《红史》，东嘎·洛桑赤列校注，陈庆英、周润年译，拉萨：西藏人民出版社，1988年，第276页。

从内容来看，此诏书主要包括四个方面，而这在不同时期元廷颁布的诏书中都有一定的反映。《元史》载，中统四年，“也里可温、答失蛮、僧、道种田入租，贸易输税”[1]。不难发现，僧人、道士及基督教徒等需要缴田税和贸易税，更深层的意思是只要上缴上述二税，则其田产等都将得到官方的保护。元成宗继位伊始就再一次重申了以往帝王对僧人的政策，“成吉思皇帝、月吉合皇帝、先皇帝圣旨里：‘和尚、也里可温、先生每，不拣甚么差发休教着，告天祝寿者。’么道来。如今依着在先圣旨体例，不拣甚么差发休教着者，告天祝寿者”[2]。其指出依先例僧人等无须承担差役，告天祝寿即可。该圣旨至元代灭亡也未见废除。另一方面，元武宗至大二年（1309）时，皇太子，即后来的元仁宗指出：“宣政院先奉旨，殴西番僧者截其手，詈之者断其舌，此法昔所未闻，有乖国典，且于僧无益。僧俗相犯，已有明宪，乞更其令。”[3]可见，元时曾实施过不得殴打及辱骂僧人的政策，但是此旨意在当时皇太子的劝谏后被废除。此后，此类旨意再也未见有颁布过。因而，藏文史籍中记载的这份诏书的内容仅有僧人免杂役、为皇帝祝寿、告天和保护僧人寺产的政策一直维持到元朝灭亡。

此外，在元末起义蔓延的形势下，1362年儒士李士瞻曾上疏二十条，其中就包括省佛事。[4]可见，反佛在元末是元廷存在的一股势力。但这股反佛的势力在元廷的确未获得顺帝的支持。其中，太子的一段话最能反映元廷对佛教的态度，太子曰：“李好文先生教我儒书多年，尚不

[1]（明）宋濂：《元史》卷五《世祖本纪二》，北京：中华书局，1976年，第95页。

[2]《大元圣政国朝典章》卷三十三《礼部六·释道·僧道休差发例》，天津：天津古籍出版社，北京：中华书局，2011年，第1129页。

[3]（明）宋濂：《元史》卷二百二《释老传》，北京：中华书局，1976年，第4522页。

[4]（明）宋濂：《元史》卷四十六《顺帝本纪九》，北京：中华书局，1976年，第961页。

省其义。今听佛法，一夜即能晓焉。”[1]尽管汉文史籍中并未记载噶玛巴四世在元廷活动的事迹，但据学者研究指出，1356年时四世噶玛巴曾受元惠宗的邀请进京，1360年入京后，其在京城滞留了五年。[2]从上面太子的那段话中不难发现，西藏佛教僧人确实对元惠宗父子有一定的影响，但此事是否与噶玛巴四世有关，目前仍缺乏汉文史料佐证。

## 第四节　藏文史籍中对元朝与西藏地方关系的记载

元代中央政府在西藏地方设置了治理机构以便对该地区进行有效的治理。藏文文献中也对这些问题进行了详细的记载。其主要包括两个方面：一、元朝中央政府与萨迦派之间的关系；二、元朝中央政府在西藏的机构设置及治理。

**有关元朝与西藏地方关系记载的流变**

1. 元朝中央政府与萨迦之间的关系

《红史》是对这一问题进行详细记述的藏文文献，其指出元世祖忽必烈和八思巴在六盘山建立了供施关系，忽必烈继位后八思巴被先后委以国师、帝师，并成为全国的教主，而八思巴的弟弟恰那多吉娶蒙古公主墨卡顿，被赐封为白兰王并被委以吐蕃总首领的职务。其中萨迦派共有八人被封为帝师，七人被封为国师（包括八思巴），一人被封为上师，两人被封为靖国公。萨迦派的本勤被忽必烈授以卫藏三路官民万户的印信。[3]明初的《雅隆尊者教法史》记载的内容大体与《红史》相同，不同之处是该书指出八思巴十九岁时与忽必烈在路巴县相识，二十六岁

[1]　（明）宋濂：《元史》卷四十六《顺帝本纪九》，北京：中华书局，1976年，第962页。

[2]　王森：《西藏佛教发展史略》，北京：中国藏学出版社，2002年，第115页。

[3]　（元）蔡巴·贡噶多吉：《红史》，东嘎·洛桑赤列校注，陈庆英、周润年译，拉萨：西藏人民出版社，1988年，第43—48页。

被任命为上师，并认为萨迦派被封为帝师的共有十位，国师两位，其还指出忽必烈曾下诏书指出世世代代要遵八思巴为轨范师。[1]

15世纪前叶的《汉藏史集》的记载不仅更为详细，而且与前两书的记载有明显的差异。该书也强调八思巴与忽必烈在六盘山确立施主与福田的供施关系，并第一次指出八思巴与忽必烈确定供施关系后，元世祖忽必烈为三次灌顶做了三次供养，分别是供养了十三个万户、三却喀[2]和废除了汉地以人填河的做法。同时，其指出帝师共有六位，而因皇帝将上述帝师的侄子当作自己的儿子便封了四位白兰王，并且该书认为萨迦派被封为国师的有六位，靖国公一位，上师两位。另一方面，该书对一些专有名词进行了解释，如统领释教，藏语译为“执掌释迦牟尼之教法，广大国家之上师”；灌顶国师靖国公，藏语译为“为人摩顶授戒的根本金刚上师”。[3]

16世纪的《新红史》对该问题的记载承袭了元末至明初时《红史》和《雅隆尊者教法史》的内容。[4]但进入17世纪，《萨迦世系史》对该问题的记载，在《汉藏史集》的基础上增添了更多的细节。在八思巴与忽必烈接触时，忽必烈曾询问了他许多问题，而他均能很好地回答，因而得到忽必烈的青睐。此后，在结为供施关系后，忽必烈在第二次供养时献给八思巴一支由印度传到汉地的白法螺。忽必烈曾一度希望卫藏其他

[1]（明）释迦仁钦德：《雅隆尊者教法史》，汤池安译，拉萨：西藏人民出版社，2002年，第84—89页。

[2] 伯戴克认为，却喀为蒙古语中的cögel道，道一般管理两个或更多的路，因而一个“却喀”是一个“道”的行政单位。[意]伯戴克：《元代西藏史研究》，张云译，昆明：云南人民出版社，2002年，第68页。

[3]（明）达仓宗巴·班觉桑布：《汉藏史集》，陈庆英译，拉萨：西藏人民出版社，1999年，第165、201—219页。

[4]（明）班钦索南查巴：《新红史》，黄颢译，拉萨：西藏人民出版社，2002年，第37页。

教派都修习萨迦派，但遭到八思巴的反对。十九岁时八思巴被赐封为帝师，并被赐以玉印和无数礼品。此后，八思巴为元朝创造了蒙古新字，而元廷就用该字写了优待僧人的诏书。在担当帝师时，八思巴的地位曾一度受到噶玛噶举派的挑战，八思巴做了“诸多神变”之后地位巩固。在此事件后，忽必烈为了让卫藏众生了解八思巴的恩德，颁布了珍珠诏书和优礼僧人诏书。不久，八思巴又创造新蒙文，而在其三十六岁时，再次进京被忽必烈封为帝师并赐予许多珍贵礼品。与之前记载不同的是，该书对帝师和国师的记载不多，仅记载了三位帝师和两位国师。[1]

此后，《汉藏史集》和《萨迦世系史》对这一事件的记载成为18—19世纪藏文史籍作者的重要参考书目。这一时期对该问题的记载基本未超出上述两本书的范围，如《萨迦世系史》在八思巴任帝师的时间上发生了混乱，先是载其十九岁时被委以帝师，后面又载其三十六岁时被封为帝师。而五世达赖喇嘛的《西藏王臣记》就按照该书将八思巴担任帝师的时间推至其十九岁时。[2]

综上所述，藏文史籍中关于萨迦派与元朝关系的记载内容至17世纪时已经逐渐固定下来。元末至明初关于这一问题的记载相对简略，16世纪的《汉藏史集》在一些问题的记载中逐渐丰富了细节，17世纪的《萨迦世系史》则是在《汉藏史集》的基础上，更进一步丰富和完善了某些细节使内容更充实，同时也完满地解答了一些问题，如其在八思巴与忽必烈交往过程中，增添了八思巴最初是如何获得忽必烈的赏识，以及其在担任帝师后是如何与噶玛拔希“斗法”获胜并巩固其帝师地位的。因

[1]（明）阿旺贡噶索南：《萨迦世系史》，陈庆英、高禾福、周润年译，北京：中国藏学出版社，2005年，第119—187页。

[2]（清）五世达赖喇嘛：《西藏王臣记》，刘立千译，北京：民族出版社，2000年，第66页。

而，藏文史籍中推动该问题逐渐完善的著者均为萨迦派，而这一完善的内容进入18世纪后成为格鲁派记载元朝关系的重要素材。[1]

2. 元朝中央政府在西藏的机构设置及治理

《雅隆尊者教法史》首先对这一问题进行了记述，指出元廷设置宣政院与宣慰使来负责管理卫藏三路。明代中叶的《汉藏史集》的记载则更为详细。整体上看，其分为两个大的部分：一、机构设置；二、治理西藏。在机构设置方面，其指出五十个蒙古户（霍尔都）为一个达果，两个达果为百户，十个百户为千户，十个千户为万户，十个万户形成一个路，十个路为一个省。西藏虽然不足十路，但是由于是上师的驻地和佛法弘扬区，因而被算作元朝的一个行省。八思巴时，第一位萨迦派本钦被授予"三路军民万户"，其他本钦被赐予 "等三路宣慰司都万户"。同时，当足够一个行省时，诸王、皇子、驸马担任行省的米本钦波。此外，还设置了一个是众多佛寺之主的"等三路宣慰司都元帅府"。[2]在元世祖时，元世祖曾任命答失蛮在汉藏交界处至萨迦大寺间设置二十七个驿站，其中朵思麻为七个，朵甘思为九个，乌思藏为十一个。在治理西藏方面，该书载元政府曾三次在该地方进行户口清查，分别是元世祖时两次，元惠宗时一次。在设置驿站之初，元朝中央政府派遣的答失蛮就规定了各万户应对驿站承担相应的义务，而且还派遣了一名叫额济拉克的同知管理各个驿站。另一方面，元政府在清查户口后在

---

[1] 18世纪后对该问题的记载主要集中于《西藏王臣记》《如意宝树史》《西藏的佛教》《土观宗派源流》这四部书中，而这四部书的著者均为格鲁派。

[2] （明）达仓宗巴·班觉桑布：《汉藏史集》，陈庆英译，拉萨：西藏人民出版社，1999年，第165—166页。

西藏共设立了十三个万户。[1]

此后，《萨迦世系史》《西藏王臣记》和《五世达赖喇嘛传》对该问题的记载并未如《汉藏史集》详细，其主要是关注卫藏的十三万户以及西藏三路的划分，并且与《汉藏史集》的记载相同。但17—18世纪的三部书中对元政府治理西藏的记载较少，如前两部书并未记载，而后一本书则指出在人口普查后，西藏施行蒙古法度。[2]可见，与中央政府和萨迦派关系的记载相同，藏文史籍中对元朝中央政府在西藏地方的机构设置及治理的记载也是由萨迦派的著者完善和定型的。同时，萨迦派的这些记载不仅成为后世其他派别著述的重要依据，而且也被后世所认同和接纳。

**对元朝与西藏地方关系记载真实性的探析**

1.元朝中央政府与萨迦之间的关系

汉文史籍中对八思巴事迹的记载集中见于《佛祖历代通载》和《元史·释老传》。《佛祖历代通载》所录王磐奉敕撰写的《发思巴行状》称："癸丑年师十五，世祖皇帝龙德渊潜，师知真命有归，驰驿径诣王府。世祖宫闱皆秉受戒法特加尊礼。"[3]《释老传》也载："癸丑年，年十有五，谒世祖于潜邸，与语大悦，日见亲礼。"[4]此处，癸丑年为1253年，据《元史》，该年京兆成为忽必烈的分地，京兆隶属奉元路，大致

[1]（明）达仓宗巴·班觉桑布：《汉藏史集》，陈庆英译，拉萨：西藏人民出版社，1999年，第165—185页。

[2]（清）五世达赖喇嘛阿旺洛桑嘉措：《五世达赖喇嘛传》，陈庆英、马连龙、马林译，北京：中国藏学出版社，2006年，第29页。

[3]（元）念常：《佛祖历代通载》卷二十一，《大正新修大藏经》第49册，台北：新文丰出版有限公司，1983年，第707页。

[4]（明）宋濂：《元史》卷二百二《释老传》，北京：中华书局，1976年，第4517—4518页。

在今陕西西安一带。[1]八月在忽必烈南下攻打云南之前以及十二月班师回京这两个时段内八思巴应与忽必烈有一定的接触，因为据学者研究，1253年在八思巴的著作中第一次提到了忽必烈的名字。[2]有关忽必烈和八思巴初次会面地点除《红史》和《汉藏史集》记载为六盘山外，其余藏文文献的记载均不同。[3]据汉籍载，忽必烈在1254年五月才率军入驻六盘山，因而两者的初次见面应并非如上述两部藏文史籍所载在六盘山。[4]值得注意的是，1253年八思巴与忽必烈的接触应并非一般的接触，否则汉藏文献中也均不会特意强调此年份，而且八思巴也不会第一次在其作品中提及忽必烈的名字。此外，据学者研究，在1255—1259年间，八思巴曾为忽必烈写过二十五首新年祝词，内容大致是祝忽必烈及其家眷身体健康等。[5]可见，虽然以目前的资料尚无法确定两者初次的会面地点，但可以肯定的是会面地点并非六盘山，而且1253年忽必烈与八思巴初次会面时应建立起了一定的关系（在藏文文献中，这种关系一般被称为供施关系）。

---

[1]（明）宋濂：《元史》卷六十《地理志三》，北京：中华书局，1976年，第1423页。

[2] [匈]史尔弼：《八思巴上师遗著考释之二：1251—1254年事件的某些解说》，王启龙、邓小咏译，《国外藏学研究译文集》（十三），拉萨：西藏人民出版社，1997年，第7页；（明）宋濂：《元史》卷四《世祖本纪一》，北京：中华书局，1976年，第59页。

[3]《雅隆尊者教法史》指两者相见于路巴县，《萨迦世系史》称两人相会于忒剌，《西藏佛教史》认为两人聚于大都。参见（明）释迦仁钦德：《雅隆尊者教法史》，汤池安译，拉萨：西藏人民出版社，2002年，第84页；（明）阿旺贡噶索南：《萨迦世系史》，陈庆英、高禾福、周润年译，北京：中国藏学出版社，2005年，第131页；（清）二世嘉木样·久美昂波：《西藏的佛教》，杨世宏译，兰州：甘肃民族出版社，2008年，第125页。

[4] 据《元史》卷四《世祖本纪一》，忽必烈五月入驻六盘山，此后八月又至抚州、桓州。宋濂：《元史》卷四《世祖本纪一》，北京：中华书局，1976年，第60页。

[5] [匈]史尔弼：《八思巴上师遗著考释之三：供施关系》，王启龙、才旺拉姆译，《国外藏学研究译文集》（十三），拉萨：西藏人民出版社，1997年，第33页。

汉文史籍载八思巴此时十五岁，但藏史中均记载八思巴生于阴木羊年（1235），而且该年份也得到了学界一致的认可。[1]可见，汉文史籍对其出生的记载有误。因此，1253年正是其十九岁时与忽必烈相见。以此类推，其二十九岁时为中统元年（1260），据汉籍载，其被忽必烈封为国师，三十五岁时其受忽必烈之命创造了新蒙古字，三十六岁时其又被封为帝师。[2]可见，八思巴的确曾被元帝先后任命为国师、帝师，而汉文史籍对八思巴年龄的记载的确存在错误，因此藏文文献中对其任国师和帝师的年龄和时间的记载以及他创造新蒙古字的记载是正确的。但是汉文史籍中并未有八思巴任帝师后曾与噶玛噶举派“斗法”并巩固其地位的记载。据学者研究，蒙哥汗去世后，噶玛拔希因其与阿里不哥关系而受到忽必烈的严惩，实际上噶玛拔希已经失去了与八思巴争取获得元世祖信任的基础。[3]因而，此事应并不存在。此外，汉文史籍中也无忽必烈曾命西藏所有教派皈依萨迦派的记载。

上引《佛祖历代通载》载：“世祖宫闱皆秉受戒法特加尊礼。”这里所指的戒法极有可能是藏文史籍中的灌顶，实际上八思巴为元朝王室灌顶共写有三部著作，其中两部是为忽必烈灌顶之需而写，另一部则为忽必烈和察必灌顶所作。[4]由于著者未标明写作日期，因而无法确定其写作时期。尽管其写有三部作品，但是并不能因此确定八思巴曾为忽必

---

[1] 陈庆英：《帝师八思巴传》，北京：中国藏学出版社，2007年，第28页。

[2] （元）念常：《佛祖历代通载》卷二十一，《大正新修大藏经》第49册，台北：新文丰出版有限公司，1983年，第707页；（明）宋濂：《元史》卷二百二《释老传》，北京：中华书局，1976年，第4518页。

[3] 王辅仁、陈庆英：《蒙藏民族关系史略》，北京：中国社会科学出版社，1985年，第71页。

[4] [匈]史尔弼：《八思巴遗著考释之三：供施关系》，王启龙、才旺拉姆译，《国外藏学研究译文集》（十三），拉萨：西藏人民出版社，1997年，第29页。

烈做过三次灌顶，同时也未有相关证据证明忽必烈在灌顶后做过三次供养。其中，作为供养的“汉人填河”政策和白法螺也未见汉籍有载。另一方面，十三万户以及三却喀在西藏地方的确建立并存在，而上述问题学界多有研究。需要指出的是，一般认为十三万户是八思巴由大都回来四年后（1268）奉旨建立，而同年忽必烈遣使进藏进行第二次户口清查。[1]藏文史籍载，在八思巴第一次回萨迦时，忽必烈为了证明八思巴的身份曾赐封珍珠诏书和优待僧人诏书，虽然未有相应的汉文记载，但是若未有相应的凭信，八思巴是无法获得其他西藏各教派的信任，并顺利设置十三个万户的。另一方面，从内容上看，这两份诏书中即明确了西藏僧人和进藏使者的权利和义务，又包含了对西藏僧人逾越规定的惩罚。这种形式与元代颁发的诏书的形式相似，因而可以认定这两份诏书应是存在的。[2]三却喀一般认为是元代在西藏设立的三个宣慰司：乌思藏宣慰司、吐蕃等处宣慰司以及吐蕃等路宣慰使司。据学者研究，三个宣慰司是由元政府逐渐设置，并且由三方势力（帝师、白兰王以及宗王）

[1] 王森：《西藏佛教发展史略》，北京：中国藏学出版社，2002年，第245页；张云：《元代吐蕃地方行政体制研究》，南京大学博士论文，1993年，第141页。

[2] 《萨迦世系史》载：“则蒙古诸人必约：释迦牟尼之教法果可行乎？岂不问罪于汝等也？汝等不可以为蒙古人于此一概不知，偶或一次两次不知，久后必知之。汝僧人们不可行恶行，不可使朕在众人面前丢脸。汝等当依教法而行，为朕告天祝祷，汝等之施主由朕任之。”《大元圣政国朝典章·和尚休纳税粮》：“……您众和尚每休别了辇真监藏帝师的言语，经文并教门的勾当里金身行者。这般宣谕了，不谨慎行的和尚并呪师般不思，您每不怕那、不羞那什么？与那上头，交您差发税粮休者。”汉藏圣旨相比较，两者有一定的相似之处。（明）阿旺贡噶索南：《萨迦世系史》，陈庆英、高禾福、周润年译，北京：中国藏学出版社，2005年，第124—125、128—129页；《大元圣政国朝典章·和尚休纳税粮》，天津：天津古籍出版社、北京：中华书局，2011年，第959页。

共同治理，而这三方也受宣政院的管理。[1]

此外，元廷册封白兰王，即琐南藏卜，多见于《元史》。因而有学者认为藏史所记恰那多吉被封为白兰王的事件在历史上曾发生过，且元朝先后应册封过四位白兰王。[2] 继八思巴后，元朝继续任命萨迦派僧人为帝师。《元史·释老传》共载有十二位帝师，但学者研究指出，因元朝灭亡等原因，还有两位帝师未见载于汉文史籍，他们是元惠宗时的喇钦·索南洛追和明时分封的炽盛佛宝国师喃加巴藏卜，故元朝册封的帝师应该为十四位。[3]除帝师外，元朝还册封过三位国师和两位灌顶国师，国师包括胆巴、达达、八思巴，灌顶国师则是元惠宗时的伽剌麻和曩哥星吉。[4]与此同时，汉文史籍并未载元廷曾册封过灌顶国师靖国公，由藏文读音来看其应是汉文的音译，因而此称号可能在元代曾使用过。可见，元代曾册封过白兰王、帝师以及国师，不同的是藏文史籍仅记载了萨迦派昆氏及其在西藏地方弟子的受封情况。

最后，《汉藏史集》对统领释教以及灌顶国师靖国公都作了藏文解释，上文已指出灌顶国师靖国公的称号并不见于汉文典籍，而"统领释教"是忽必烈册封八思巴国师、帝师时使用的词，如《发思巴行状》

---

[1] 张云：《元代吐蕃地方行政体制研究》，南京大学博士论文，1993年，第261页；王森：《西藏佛教发展史略》，北京：中国藏学出版社，2002年，第222—253页；[意]伯戴克：《元代西藏史研究》，张云译，昆明：云南人民出版社，2002年，第36—75页。

[2] 张云：《元代吐蕃地方行政体制研究》，南京大学博士论文，1993年，第56—63页。

[3] （明）宋濂：《元史》卷二百二《释老传》，北京：中华书局，1976年，第4518—4519页；王森：《西藏佛教发展史略》，北京：中国藏学出版社，2002年，第88—89、99—100页。

[4] （明）宋濂：《元史》卷二百二《释老传》、卷三十九《顺帝本纪二》、卷四十六《顺帝本纪九》，北京：中华书局，1976年，第4518—4519、837—843、966页。

载："任中原法主，统天下教门。"[1]从其语境来看，汉文原意是八思巴是统领佛教的法主，而藏文则认为这种"统领释教"不仅要执掌天下佛教，而且是整个国家的上师。在藏语语境中，上师的地位是至高无上的，且高于（先于）特定的神，因而其地位也是高于皇帝的。[2]因而，藏文中对上述词语的解读与汉文并不相符。

2. 元朝中央政府在西藏的机构设置及治理

《雅隆尊者教法史》称卫藏三路由宣慰使司及宣慰使治理，据汉籍载，治理吐蕃事务的是宣政院，其前身为总制院。[3]同时，上文也指出据学者研究，在地方上其是由宗王、帝师和白兰王三股势力共同治理，因而藏文史籍的记载无误，而是其仅指出了治理西藏地方的部分机构。

《汉藏史集》对元代机构设置及治理情况介绍最为详细，并指西藏按照蒙古的方式划分了霍尔都、达果、千户、万户，而西藏三个宣慰司（三却喀）因帝师的关系而被算为一个行省。据意大利藏学家伯戴克的研究，实际上，达果的户数远低于五十户，而千户、万户之间的关系变数更多，也不存在十个万户为一个省的规定，因而其认为这是"严密而纯粹假设性的构想"[4]。实际上，汉文史籍中仅可见万户，而且据学者研究，所谓的一个万户也并非是十个千户所构成。[5]此外，《元史·地理

[1]（元）释念常：《佛祖历代通载》卷二十二，《大正新修大藏经》第49册，台北：新文丰出版有限公司，1983年，第707页。

[2] Sarat Chandra Das, A. William Heyde: *A Tibetan-English Dictionary with Sanskrit Synonyms*, Bengal: The Bengal Secretariat Book Depot, 900; [法]石泰安：《西藏的文明》，耿昇译，王尧审，北京：中国藏学出版社，1999年，第185页。

[3]（明）宋濂：《元史》卷八十七《百官志三》，北京：中华书局，1976年，第837、2193页。

[4] [意]伯戴克：《元代西藏史研究》，张云译，昆明：云南人民出版社，2002年，第40页。

[5] 张云：《元代吐蕃地方行政体制研究》，南京大学博士论文，1993年，第48页。

志》载："立中书省一，行中书省十有一：曰岭北，曰辽阳，曰河南，曰陕西，曰四川，曰甘肃，曰云南，曰江浙，曰江西，曰湖广，曰征东……"因资料有限，《元史·地理志》并未对西藏三个宣慰司的归属有明确记载，但综合《元史·地理志》各卷的记载来看，其并非是一个行省而是隶属于陕西行中书省。[1]

同时，此书也指出八思巴时该派本钦及其他教派本钦被赐予职位的事情，据研究表明汉文献中虽未有相关记载，但是一般倾向于该事件是的确发生过的。[2]该书还指出诸王等宗室成员会出任一个省的米本钦波，这个称谓在汉文史籍中并未出现，而藏文中仅该书出现，由字面意义看是高级别的大官，其具体职务及管辖范围待考。此外，该书又载治理各寺庙之主的是"等三路宣慰司都元帅府"，此机构在汉文史籍中未有记载，但是汉文文献中可查出吐蕃等路宣慰使司都元帅府、吐蕃等处宣慰司都元帅府和乌思藏纳里速古鲁孙等三路宣慰使司都元帅府。显然，藏文文献中这个三路宣慰司都元帅府的称谓应是将汉语境中三个元帅府合并起来的略称。

[1] 之所以有此判断，《元史》卷六十《地理志五》在陕西等处行中书省末尾和四川等处行中书省的前面指出："礼店文州蒙古汉儿军民元帅府自河州以下至此多阙，其余如朵甘思、乌思藏、积石州之类尚多，载籍疏略，莫能详录也。"同时，《元史》卷五十八《地理志三》上述引文指出元朝共有十一个行中书省，因而将其判断为非一个行省而是隶属于陕西行中书省。此外，伯戴克和张云也探讨过此问题，但是前者认为三却喀与行省无关，其直接隶属宣政院。后者则认为其不仅隶属陕西行省，而且也隶属宣政院。综合上述汉文史籍及前人研究成果，笔者赞同张云先生的结论，即元代在国家行省划分上西藏三部分隶属陕西行省，但是在具体管理等问题上即归宣政院管辖，又归陕西行省管辖。（明）宋濂：《元史》卷五十八《地理志三》、卷六十《地理志五》，北京：中华书局，1976年，第1346、1432—1434页；［意］伯戴克：《元代西藏史研究》，张云译，昆明：云南人民出版社，2002年，第42页，第244页。

[2] 张云：《元代吐蕃地方行政体制研究》，南京大学博士论文，1993年，第316—317页。

此外，该书载元政府曾在西藏地方设立驿站，与藏文史籍记载不同的《经世大典》指出：“乌斯藏等除小站七所勿论，其他大站二十八处。”[1]因而，所有驿站加起来共有三十五个。《元史》对西藏三地驿站未有明确的记载，就零星记载来看，三地共有三十七个驿站。[2]因而，元代确实在西藏曾建立驿站“盖以通达边情，布宣号令”，[3]但并非藏文史籍所说的二十七站。有学者依据《经世大典》的引文指出此二十七站仅指大驿站[4]，此种解释有一定的合理性。除此之外，据《元史》载：“其官有驿令，有提领，又置脱脱禾孙于关会之地，以司辨诘，皆总之于通政院及中书兵部。”[5]可见，各驿站应设置了相应的管理人员，学者研究指出，就西藏地方的驿站而言，其具体的管理者为提领。[6]由于西藏地方事务均由宣政院及吐蕃等路宣慰使司、吐蕃等处宣慰司管辖，而上述三机构中均设有同知的职位，但在汉籍中无法检索到额济拉克曾任同知并

[1]《永乐大典》卷一万九千四百二十一《站赤六》第8册，北京：中华书局，1986年，第7236页。

[2]《元史》卷十七《世祖本纪十四》：“命给乌思藏五驿各马百、牛二百、羊五百，皆以银；军七百三十六户，户银百五十五。”《元史》卷一十九《成宗本纪二》：“朵思麻一十三站贫民五千余锭。”“以朵甘思十九站贫乏，赐马牛羊有差。”（明）宋濂：《元史》卷十七《世祖本纪十四》、卷十九《成宗本纪二》，北京：中华书局，1976年，第412、413页。

[3]（明）宋濂：《元史》卷一百一《兵志四》，北京：中华书局，1976年，第2583页。

[4]蔡志纯：《元代吐蕃驿站略述》，《西藏研究》1984年第4期。

[5]（明）宋濂：《元史》卷一百一《兵志四》，北京：中华书局，1976年，第2583页。

[6]蔡志纯：《元代吐蕃驿站略述》，《西藏研究》1984年第4期；[意]伯戴克：《元代西藏史研究》，张云译，昆明：云南人民出版社，2002年，第40页。

在宣政院中负责驿站事务的记载。[1]藏文史籍中还指出各万户应有承担各驿站的义务，这一点汉文史籍中虽未有明确记载，却可通过一段话一窥其端倪。至元二十九年（1292），九月“乌思藏宣慰司言：‘由必里公反后，站驿遂绝，民贫无可供亿。’命给乌思藏五驿各马百、牛二百、羊五百，皆以银；军七百三十六户，户银百五十五”[2]。可见，驿站是由一定的藏民来维持其服务的，而这些藏民在元时均隶属于各个万户及寺院，因而藏文史籍中关于此问题的记载是有据可循的。因而，目前的资料一方面无法准确地确定元代在西藏地方设置驿站的数量，而且也无法确定藏文史籍中关于额济拉克的事迹。但有三点可以明确：一、元代的确在西藏地方设置驿站；二、由类型来看，不仅有大型的驿站，而且有小型驿站；三、驿站及其管理者是由元政府设置及任命的，同时各派（各万户）则具体负责各驿站的相关事务。

[1] 毕达克推断此人可能是叶仙鼐，张云也同意此观点。伯戴克判断依据是《元史》卷一百三十三《叶仙鼐传》载，其曾参与过云南战事，这点与藏文史籍中对额济拉克的介绍相符。张云则在伯戴克的基础上认为从人名音译来看，额济拉克就是叶仙鼐。据《元史·百官志》载，吐蕃等处宣慰司（朵思麻）和吐蕃等路宣慰使司（朵甘思）均设有宣慰使，从二品，而不同的是，前者的下属万户府及总管府才设有同知，而后者宣慰使司就设有同知，但其地位在宣慰使之下，均为从三品。叶仙鼐在征阿里不哥有功后被封为“西道都元帅、金虎符、土蕃宣慰使。此后任宣慰使二十四年，后出任云南以及江南行省平章政事，从一品，此后告老归陇右”。由其告老归陇右来看，他当时可能任职的是吐蕃等处宣慰司，同时，行省平章政事、宣慰使和同知在级别上有一定的差别，如果其曾任同知，为什么在传中不明确指出呢？因而仅凭出征云南和音译来判断额济拉克是叶仙鼐仍有问题，此待考。（明）宋濂：《元史》卷八十七《百官志三》、卷九十一《百官志七》、卷一百三十三《叶仙鼐传》，北京：中华书局，1976年，第2195、2197、3227页；[意]伯戴克：《元代西藏史研究》，张云译，昆明：云南人民出版社，2002年，第40页；张云：《元代吐蕃地方行政体制研究》，南京大学博士论文，1993年，第194页。

[2] （明）宋濂：《元史》卷十七《世祖本纪十四》，北京：中华书局，1976年，第367页。

《汉藏史集》对元政府的进藏人口清查作了一定的介绍，包括时间、人物、清查结果。在汉文史籍中，有关元政府遣人进藏清查人口的事情并未有记载，但是由元代对乌思藏纳里速古儿孙等三路宣慰使司都元帅的设置以及对乌思藏驿站赈济来看，人口清查应确实发生过，否则在上面引文中就不可能详细到赈灾多少军户上。由此，萨迦派对元代在西藏地方的机构设置及管理问题的记载大部分可在汉籍中找到相关印证。一方面说明元代的机构设置及管理问题对西藏地方确实产生了深刻的影响；另一方面说明上述机构设置也得到了萨迦派上层的认可，而且这一认可也被后世所认定，如17世纪后格鲁派就参照萨迦派的记载将其记录入册。

**对元朝与西藏地方关系记载的史料来源及写作意图分析**

上文研究表明元朝与西藏关系的记载呈现以下三个特点：一、15世纪之前藏文史籍中对这类问题的记载均源于蔡巴噶举和萨迦派之手；二、元朝灭亡后，曾经与元朝发生过密切联系的萨迦派其在记述时出现了一定的转向，即由最初的与历史本来面貌基本保持一致，至以自身文化为出发点编写萨迦派及其经典人物在中央王朝治理西藏中的作用；三、从内容来看，其主要是涉及萨迦派与中央王朝之间互动以及中央王朝如何借助萨迦派治理西藏地方的，同时也特别强调萨迦派经典人物在其中的作用；四、藏文史籍中早期对该问题的记载成为17世纪末—19世纪的格鲁派记载的重要依据。

上述总结为探寻这类问题的来源提供了一个良好途径。首先，由著者的派别和写作内容来看，其均是与元代中央王朝关系极为密切的派别，有元一代，该派与元朝中央政府保持着持续而相对稳定的联系。特别是萨迦派，该派与元朝中央政府保持着一定的联系，如元代历代帝师均出于萨迦派即是最有力的证明。这种稳定联系的结果除了某一派别与元廷实际互动而获得的直接信息被口头传承外，还有一些其他的凭据被保留下来。这主要包括两方面：一、这些派别自身撰写的记录，如《汉藏史集》叙述完驿站支应规则后又说“萨迦的朗钦、都元帅宣努衮根据文册写录”[1]；二、元代中央政府颁发给西藏地方各派别或各万户的凭证，如西藏自治区文物管理委员会现藏的“大元帝师统领诸国僧尼中兴释教之印”“桑结贝帝师印”“国师印”和“统领释教大元国师印”等。[2]至明代，萨迦派著作对该问题的记载出现了部分不符合历史事实的记载。13—14世纪初的记载尽管不全面，但是并未出现杜撰的现象，但稍后的《汉藏史集》的记述风格发生了重大转变，如该书第一次出现了所谓忽必烈三次灌顶及其赐给八思巴三次供养。但这也并非凭空杜撰，其杜撰有两个来源：一、历史真实情况，如历史上忽必烈的确委任八思巴处理和管理西藏；二、传说的改编，如《萨迦世系史》对忽必烈第一次灌顶后所赐白法螺来源的记载，该文将白法螺来源与旃檀佛的故事挂钩，指出印度王连同白法螺、佛像一同赠予汉王，而元时元代君主又将其赐予萨迦派。[3]

可见，藏文史籍中对元代与西藏地方关系记载的来源渠道广泛，但大体来看，其多源于西藏地方与元廷之间的互动。元代其他教派（非萨迦派）著述中撰写这类内容，本身就反映出藏人对这一段历史的认知与认可。14世纪后，萨迦派对这一历史过程及历史人物的作用进行了放大，在这个过程中，其强化和突出了萨迦派在西藏历史发展中曾经发挥

[1]（明）达仓宗巴·班觉桑布：《汉藏史集》，陈庆英译，拉萨：西藏人民出版社，1999年，第188页。

[2] 西藏自治区档案馆编：《西藏历史档案荟粹》，北京：文物出版社，1996年，第16—19页。

[3]（明）索南坚赞：《西藏王统记》，刘立千译，北京：民族出版社，2001年，第10页。

的作用，正如《汉藏史集》和《萨迦世系史》反复所指出的萨迦派对吐蕃“恩德”至大。[1]这类“恩德”至大的背后与当时西藏各教派间势力的消长有密切的联系。元朝灭亡后，萨迦派在政治上完全失去了蒙古支持，而其他教派力量的壮大、萨迦派内部矛盾等因素使其在政治上失势。进入明代后，萨迦派的著作中强调其曾经的辉煌历史成为该派在意识层面强化自我和维持自身发展的重要手段。因而，这一段时间内萨迦派撰写的著述中对元廷与萨迦派关系的记载尤为详细、生动和完整。17世纪末—19世纪主流派别格鲁派在其著述中参考了之前其他派别对这一段历史的著述，其中萨迦派的著述也是参考来源之一。尽管萨迦派著述中有诸多不符合历史事实的部分，但是其依旧成为格鲁派参阅的重要文献。不难发现，这种写作方式反映了藏文史籍在其发展历程中的延续性和继承性。另一方面，这更体现出元朝与西藏地方之间关系这一重要历史记忆既未随时间而消退，又未遭到否定。与之相反，这一记忆在藏族主流文化意识形态中被不断强化和延续下去，由此表明这段历史已经成为藏族历史发展中不可或缺的重要组成部分，并且已被藏族主流社会所接纳和认同。

[1]（明）达仓宗巴·班觉桑布：《汉藏史集》，陈庆英译，拉萨：西藏人民出版社，1999年，第178页；（明）阿旺贡噶索南：《萨迦世系史》，陈庆英、高禾福、周润年译，北京：中国藏学出版社，2005年，第129、187页。

# 第五章　藏文史籍对明朝史实的记载

元朝灭亡后，明王朝在明确其正统性的同时也继承了元代中央政府对西藏地方的管辖权。与元代不同，明朝在治理西藏政策上发生了重大转变，这一转变使西藏与中原王朝之间发生了深刻的经济联系。[1]藏文史籍的作者们将这一过程完整地呈现于藏文文献中。本章主要从三方面对这一记载进行探讨：一是藏文史籍对明朝王统的记载；二是藏文史籍对朱元璋的记载；三是藏文史籍对明朝与西藏地方关系的记载。

## 第一节　藏文史籍对明朝王统的记载

藏文文献中对这一问题的关注较早追溯至15世纪，此后这一传统一直延续至19世纪。整体来看，其大致可分为三个部分：一、明朝帝王世系；二、明朝帝王形象；三、明朝灭亡。从此叙事分类来看，其大体与藏文史籍中对元朝王统的记叙分类相似，本节在梳理近四个世纪藏文文献的基础上，对该问题作进一步的分析。

[1] 石硕：《西藏文明东向发展史》，成都：四川人民出版社，1994年，第251—252页。

## 对明朝王统记载的演变

1. 明朝皇帝世系

《汉藏史集》最早对这一问题进行了探讨。据学者研究，该书成书于明宣宗宣德九年（1434），但是个别章节却是成书后增补的。[1]在增补的内容中，就有关于明朝帝王世系的记载："就在此阳铁马年，景泰皇帝登上帝位，到今年狗年已经过了五年。"[2]明景帝于景泰元年（1450）即位，而过了五年的"狗年"，当为景泰五年（1454）。由此可见，这部分内容应该是景泰五年（1454）增补的。值得注意的是，该书认为明朝建立后，直至景泰皇帝即位后五年的狗年共有朱元璋、洪熙、永乐、宣宗、英宗和景泰等六代皇帝。[3]

译师宣奴贝所撰《青史》记明朝帝王世系止于成化十一年（1475）。该书指出，至成化十一年，明朝的帝王世系是：太祖，执政三十三年；建文帝，执政两年；燕王，执政二十二年；仁宗，执政四年；宣德皇帝，执政八年；正统皇帝，执政十三年；景泰皇帝，执政七年；天顺皇帝，执政八年；成化皇帝，执政十一年。前后共计九代帝王。[4]格鲁派僧人班钦索南查巴在明嘉靖十七年（1538）撰写的《新红史》关于明朝帝系的记载与《青史》相同，但把仁宗的谥号误写为显

[1] [法]麦克唐纳：《〈汉藏史集〉初释》，耿昇译，《国外藏学研究译文集》（四），拉萨：西藏人民出版社，1988年；陈庆英：《关于〈汉藏史集〉的作者》，《西藏民族学院学报》2004年第2期。

[2] （明）达仓宗巴·班觉桑布：《汉藏史集》，陈庆英译，拉萨：西藏人民出版社，1999年，第73页。

[3] （明）达仓宗巴·班觉桑布：《汉藏史集》，陈庆英译，拉萨：西藏人民出版社，1999年，第72页。

[4] （明）廓诺·迅鲁伯：《青史》，郭和卿译，拉萨：西藏人民出版社，2003年，第34页。

宗。[1]

松巴堪布·益西班觉撰写的《如意宝树史》是藏文文献中对明朝帝王世系记载最详细的著述。该书帝王世系的记载涵盖了整个明朝，即由明太祖朱元璋一直记载至明思宗朱由检。著者在撰写帝王顺序时载明朝经历十六代皇帝，共二百七十五年，但实际上著者仅记载了明朝的十四位帝王，分别是洪武、洪武的孙子（建文）、永乐、洪熙、宣德、正统（明英宗）、景泰、天顺（明英宗）、弘治、正德、嘉靖、隆庆、万历、天启、崇祯，其中在第八代天顺帝后，未载第九代帝王，而直接写的第十代弘治帝。[2]

综上所述，首先，由记载次数来看，尽管藏文史籍中对明代帝王世系记载的著述不多，但是这一记载却被藏文史籍所承袭下来，特别是被17世纪后崛起的主流教派格鲁派所继承下来。其次，藏文史籍对明代帝王的称号不一，如《新红史》，除朱元璋和朱棣外，运用的都是明朝皇帝的年号，而永乐帝则用的是其做藩王时的封号。

2. 明朝皇帝形象

《汉藏史集》记载了两个明朝开国皇帝朱元璋形象：一、朱元璋为蛮子合尊的转世；二、朱元璋是一僧人之子。同时，文中指出“英宗皇帝于阳铁马年（1450）八月十六日被蒙古之大臣也先太师俘虏并带走”，当年继位的景泰帝是一位“精通喜金刚、大威德等密宗教法，信仰佛法”[3]的皇帝。《青史》指出明成祖“对印度和西藏的出家僧众十分喜悦，所

[1]（明）班钦索南查巴：《新红史》，黄颢译，拉萨：西藏人民出版社，2002年，第36页。

[2]（清）松巴堪布·益西班觉：《如意宝树史》，蒲文成、才让译，兰州：甘肃民族出版社，1994年，第701—724页。

[3]（明）达仓宗巴·班觉桑布：《汉藏史集》，陈庆英译，拉萨：西藏人民出版社，1999年，第73页。

供施的财物资具，为数之多，难以衡量”[1]。《新红史》则用更形象的词描述了朱元璋，指出其是猪脸黄帝。该书关于永乐皇帝的记载是“又向尊者佛像献了衣服供物等，他崇敬汉藏僧人，据说其所赐器物（之丰）不可思议”[2]，这与《青史》的记载几乎相同。《贤者喜宴》指出明成祖朱棣为文殊菩萨化身，其皇后为度母化身。[3]明末，五世达赖喇嘛撰写的《西藏王臣记》对朱元璋的定位为元廷的收税官员，后与汉官合谋以收税名义夺取了大都，推翻元王朝。同时，著者用“文殊皇帝”的称号来指称景泰帝。[4]

上述是明代藏文文献中对明朝帝王形象的描述，入清后的《如意宝树史》也指出朱元璋原名为朱它拉朱，是元廷的税收官，同时又指出以汉史载元末二十三名“贼首”叛乱，皇觉寺僧人朱元璋为保护三所依，在佛教的预示下投奔“匪军”。明太祖登基后与噶举、止贡关系密切，对佛、苯（本）波和儒（家）一视同仁。此外，该书还对有明一代的帝王形象作了整体的勾勒，指出除洪武、洪武孙以及永乐外，自洪熙以降，国政混乱，大臣专政。特别是第十代皇帝武宗“淫逸放荡”，十一代世宗崇尚道教，十三代神宗时宦官专政，十七代皇帝崇祯则“励精图治”。[5]清代的另一部重要著作《西藏的佛教》也指出元末“贼首”作乱，明太祖为保护三所依，在佛祖启示下创建了明朝。可见，其在内容

[1]（明）廓诺·迅鲁伯：《青史》，郭和卿译，拉萨：西藏人民出版社，2003年，第34页。

[2]（明）班钦索南查巴：《新红史》，黄颢译，拉萨：西藏人民出版社，2002年，第35页。

[3]（明）巴卧·祖拉陈瓦：《〈贤者喜宴——噶玛噶仓〉译注（六）》，周润年译，《西藏民族学院学报》2012年第1期。

[4]（清）五世达赖喇嘛：《西藏王臣记》，刘立千译，北京：民族出版社，2000年，第96页。

[5]（清）松巴堪布·益西班觉：《如意宝树史》，蒲文成、才让译，兰州：甘肃民族出版社，1994年，第748—749页。

上与《如意宝树史》对明太祖立国的记述相似。同时，该书也指出大明皇帝历代都崇奉佛教。[1]

3. 明朝灭亡

成书于乾隆十三年（1748）的《如意宝树史》首先对这个问题进行了记载，该文仅简要指出李自成在夺取明朝江山后八个月就被清太宗格坚硕图皇帝博格多汗击败。[2]二十六年后（1773），二世嘉木样活佛撰写的《西藏的佛教》则指出，李自成推翻大明后，做了半年的闯王导致民不聊生，此后“清世祖顺治皇帝引满蒙联兵入关，大破闯王，继明称帝”。[3]两者对比不难发现，在关于李自成做闯王至清军入关的时间上存有一定的差异。

此外，松巴堪布·益西班觉的另一部著作《青海史》却有另一个关于明朝灭亡的记载：

> 其时，在木猴年（1644），边地塔布尔王部落中有六个叫乌乌斯的强盗，率匪帮前往西宁，然后到达北京，夺取了汉地明末崇祯皇帝的政权，坐了数月王位。其时，崇祯帝之一大臣王某（藏文原注：吴王），以宝函呈报满洲清帝。此后清军与汉军包围北京之时，贼兵即逃亡边地。满洲第一个皇帝清太宗顺治登基。[4]

---

[1] （清）二世嘉木样·久美昂波：《西藏的佛教》，杨世宏译，兰州：甘肃民族出版社，2008年，第151页。

[2] （清）松巴堪布·益西班觉：《如意宝树史》，蒲文成、才让译，兰州：甘肃民族出版社，1994年，第749页。

[3] （清）二世嘉木样·久美昂波：《西藏的佛教》，杨世宏译，兰州：甘肃民族出版社，2008年，第151页。

[4] （清）松巴堪布·益西班觉：《青海史》，黄颢译，《西北民族译丛》1983年第3期。

可见，对明朝灭亡记载的上面三部书写作时间均在18世纪，此时为清代乾隆朝。与前两部书相比，松巴堪布晚年著述的书中对明朝灭亡的记载更为详细。在内容上，其增加了许多人物，如边地塔布尔王、六个乌乌斯、崇祯的大臣王某（吴王），而且也增加了一些细节，如六个乌乌斯的进攻路线，以及崇祯大臣如何引清兵入京。同时，与同时代藏文史籍中对明朝帝王形象的描述相同，著者在对与朝廷对立面的“起义军”描述时，也运用的是贬义词。另一方面，这个描述中李自成这一人物已经被模糊的六个乌乌斯强盗和贼兵所代替。此外，这三部书中对明朝灭亡的描写均从不同程度反映出清朝立国的正当性，特别是在后两部书中体现得更为明显，如《西藏的佛教》指“李自成做闯王仅半年，百姓痛苦不堪……清世祖顺治皇帝引满蒙联兵入关，大破闯王，继明称帝，统治汉藏蒙为主的天下大部分百姓”[1]。

**对明朝王统记载真实性的探析**

1. 明朝帝王世系

明朝立国二百七十六年（1368—1644）。如以《明史》所记，明朝的帝系依次是太祖、恭闵帝、成祖、仁宗、宣宗、英宗、景帝、宪宗、孝宗、武宗、世宗、穆宗、神宗、熹宗、庄烈帝，共计十五帝。

从帝王顺序来看应有十七位皇帝，其中，正统十四年英宗朱祁镇被瓦剌俘虏后，由代宗朱祁钰继位，后英宗复辟，因而实际上明代共有十六位皇帝。其分别是明太祖（洪武，三十一年）、明惠帝（建文，四年）、明成祖（永乐，二十二年）、明仁宗（洪熙，一年）、明宣宗（宣德，十年）、明英宗（正统，十四年）、明代宗（景泰，八年）、

[1] （清）二世嘉木样·久美昂波：《西藏的佛教》，杨世宏译，兰州：甘肃民族出版社，2008年，第151页。

明英宗（天顺，八年）、明宪宗（成化，二十三年）、明孝宗（弘治，十八年）、明武宗（正德，十六年）、明世宗（嘉靖，四十五年）、明穆宗（隆庆，六年）、明神宗（万历，四十八年）、明光宗（泰昌，一年）、明熹宗（天启，七年）、明思宗（崇祯，十七年）。

相比之下，首先，三部藏文史籍对明朝帝王名称、执政时间和代数的记载均有一定的出入。《汉藏史集》载，至景泰四年，明朝共历八十一年，五代帝王。实际上，此时已经历七代帝王，共八十六年。《青史》和《新红史》认为由明太祖至明宪宗共历九代帝王，但因英宗复辟因而仅历八代帝王。此外，两书除永乐帝执政时间与史实相符外，其余帝王的执政时间均与史实有一定误差。《如意宝树史》虽然写了历经十六帝，但具体提到的，则只有十四位皇帝，而这十五帝的记载也与《青史》和《新红史》一样依照年号将正统与天顺认为是两代帝王，并且未记载明宪宗和明光宗两位皇帝。其次，藏文文献中虽对各代帝王的称谓不一，但除《新红史》将明朝第四代明仁宗的谥号写成“显宗”外，其余藏文文献的记载均与史实相符。最后，《汉藏史集》未载有建文帝，实际上并非是藏文史籍著者的失误，因为据《明史·恭闵帝本纪》载：“（燕王）乃革命而后，纪年复称洪武，嗣是子孙臣庶以记载为嫌，草野传疑，不无讹谬。”《明史》载：“（建文四年，秋七月）今年以洪武三十五年为纪，明年为永乐元年。”[1]《明神宗实录》载：万历二十三年癸未，“高庙实录中摘洪武三十二年逮三十五年遗事复称建文年号，辑为《少帝本纪》，奏上诏以建文事迹附太祖高皇帝之末而存

[1]（清）张廷玉等：《明史》卷四《恭闵帝本纪》、卷五《成祖本纪》，北京：中华书局，1974年，第66、75页。

其年号”[1]。所以《汉藏史集》的记载应与当时的明朝社会的政治情况相符合。

2. 明朝帝王形象

总体来看，藏文史籍对明代帝王形象的描述主要呈现以下几点：第一，明朝开国皇帝朱元璋是藏文文献中关注的一个焦点，如基本每部记叙明朝及其帝王的藏文史籍均会对朱元璋立国的经历作简单的记述；第二，藏文史籍对明代帝王的描述大多与佛教有关，如朱元璋立国的经过，永乐、景泰帝尊敬藏族高僧等；第三，进入清代后的藏文文献在描述导致王朝灭亡的“起义军”时，其多采用贬义词，如《如意宝树史》和《西藏的佛教》就是典型，将元末的起义军称为“匪军”“贼首”。

3. 明朝灭亡

《如意宝树史》称明朝为李自成所灭，而后者称帝后又被清军所灭。当然，该书对李自成大顺政权灭亡时间及灭亡时期的清代帝王的记载均与史实不符，然《西藏的佛教》对灭亡大顺政权的清代帝王的记载却符合汉文史籍的记载。从汉文史籍记载来看，李自成的进京确实引发了百姓的贫苦，史载：“令五家养一贼，大纵淫掠，民不胜毒，缢死相望。”[2]《青海史》又增添了边地塔布尔王、乌乌斯和吴王的事迹。虽然内容比较含混，但据考证，此“塔布尔王”应是指安塞的高迎祥，而其手下的乌乌斯应是对李自成攻取北京的另一种解读。[3]由此而观，《青海史》的上述记载一定程度是能够在汉文典籍中找到印证的。

---

[1] 《明实录·神宗实录》卷二百八十九，台北：“中研院”历史语言研究所，1982年，第5358页。

[2] （清）张廷玉等：《明史》卷三百九《李自成传》，北京：中华书局，1974年，第7966页。

[3] （清）松巴堪布·益西班觉：《青海史》，黄颢译，《西北民族译丛》1983年第3期。

**对明朝王统记载的来源探析**

上文对藏文史籍中有关明朝王统的记载划分为三个部分。《汉藏史集》的记载主要涉及前两个部分，即帝王世系和帝王形象。其中，该书在上述两部分记载的结尾处载："此为日辛巴之上师细顿去汉地献马并朝见皇帝后所说的史实。"[1]同时，前文对朱元璋身世以及元朝灭亡的研究也指出这类史实应来自明廷官方的解读。因此，《汉藏史集》对明朝的相关记载的获取渠道是明朝官方，由结尾处的一段话来看西藏入京的朝贡者则成为这一信息传播的媒介。从其记载至景泰帝登基来看，这个朝贡团队进京的年代大致是在景泰元年或之后。查《明实录·景泰实录》载，景泰年间由西藏入京贡马的次数总计为二十一次，仅景泰元年四月和五月分别有两批来自乌思藏的僧人贡马。[2]由于《汉藏史集》对朝贡人员的记载过于简略因而无法作进一步的确定。

由上文来看，《西藏王臣记》在著述明朝王统部分时参照了《新红史》的内容，而后者则参照了《青史》对该部分的记载，《青史》和《新红史》《西藏王臣记》之间存有一定的承袭关系，因而对《青史》一书资料来源的探讨有助于对另两部书资料来源的认知。其中，《青史》一书对一位帝王的记载为我们认识其史料来源提供了线索。这位帝王就是上文提到的建文帝，前文引《明神宗实录》指出官方是在明神宗万历二十三年（1595）才恢复建文帝年号的，但成书于成化年间的《青史》却载明太祖后为建文帝。探讨这个问题必须和当时明廷对建文帝一朝的态度挂钩。前引文也指出明成祖登基后改建文年号为洪武，同时对

[1] （明）达仓宗巴·班觉桑布：《汉藏史集》，陈庆英译，拉萨：西藏人民出版社，1999年，第73—74页。

[2] 《明实录藏族史料集》，景泰元年正月至景泰七年十二月，拉萨：西藏人民出版社，1982年，第523—575页。

外宣称建文已“死于火”，但据《明实录·英宗实录》载，正统五年（1440）十一月云南有一僧人谎称自己为建文。[1]不难发现，尽管官方对建文事件讳莫如深，但民间建文未死这一传闻是存在的。值得注意的是，真正为“建文帝”解禁奠定坚实基础的是再次登基的明英宗，其在天顺初赦免了“建文庶人”[2]。同时，此事又被重臣李贤大加赞赏而将其录于《天顺日录》。[3]其中，该书为成化后朝臣及史家对建文及其朝臣的定性起到了决定性的作用，而且当朝重臣的著述也进一步推进了坊间对该段历史的重新审视。[4]因此，《青史》获得此史实的时间应至少是在天顺年间，而其获取渠道也并非限于官方，极有可能是获自坊间传闻抑或是朝野逸闻。

需看到的是，由坊间或朝野间获取这些信息是需要时间、机遇等诸多要素，而由西藏进京且短期驻京的朝贡使团显然是无法单独完成这个任务的。这里需要提及的是明代存在的另一类团体，他们是各法王、上师们在京城的代表。明代最先开创先河的是永乐四年（1406）三月册封的灌顶国师阐化王一系。[5]据《明宣德实录》载，宣德五年（1430）六月，“阐化王所部……遣来番人三扎思皆奏：愿聚京自效。”而这

[1]《明英宗实录》卷七十三，正统五年十一月乙已，台北：“中研院”历史语言研究所，1982年，第1419页。

[2] 何幸真：《英庙“盛德”：明天顺朝君臣对“建文问题”之态度》，《明代研究》2011年第16期。

[3]（明）李贤：《天顺日录》，《国朝典故》，北京：北京大学出版社，1993年，第1118页。

[4] 何幸真：《英庙“盛德”：明天顺朝君臣对“建文问题”之态度》，《明代研究》2011年第16期。

[5]《明实录藏族史料集》，永乐四年三月壬辰，拉萨：西藏人民出版社，1982年，第126页。

次奏请得到了明廷“命有司给房屋等屋如例”。[1]按《明实录》统计，正统六年（1441），大慈恩等寺有国师、禅师、喇嘛等共计三百四十四人。至成化二十三年（1487）时，上述寺庙有法王、佛子、国师等共四百三十七人，而仅喇嘛就有七百八十九人。[2]可见，上述这些由法王、禅师、喇嘛构成的驻京团体成为西藏地方获取中原王朝信息的重要保证。同时，《新红史》关于明太祖朱元璋肖像的描绘也应是依靠上述团体而从民间获得。因为上文已经指出明代关于太祖朱元璋的肖像有两类，其中官方的是正襟俊像，而民间的则是丑相。[3]因此，如果该书获取信息的渠道仅来自官方，该书就不会出现以猪脸皇帝称呼明太祖了。

最后，清代藏文文献中对明代王统的记载有别于明代藏文文献对该部分的记载，其主要包括以下几个方面：一、含有一定的“贬义词”，如对与朝廷相对的起义军大部分冠以“贼”；二、含有对历代帝王高度总结性的评价词，如武宗“荒淫无度”；三、记载的准确性和明确性提高，如《如意宝树史》明确宣称明太祖曾入皇觉寺为僧，而之前的藏文史籍在述及此处时均含混指出其是僧人或是僧人之子。上述三点是清代藏文文献对明代王统记载的基本特征，而这些特征则为我们探究清代藏文文献的来源提供了一个思考路径。由吻合程度来看，清代藏文文献在遣词造句上与官修文献对明代王统的定性基本相同。由此可推测，清代

[1] 《明实录藏族史料集》，宣德五年六月丁酉，拉萨：西藏人民出版社，1982年，第277页。

[2] 《明英宗实录》卷七十九，正统六年五月甲寅；《明孝宗实录》卷四，成化二十三年十月丁卯朔，台北：“中研院”历史语言研究所，1982年，第1571、56页。

[3] 关于明代朱元璋民间流传的奇异像，明张萱《疑耀·高皇帝像》有一定描述：“先大夫令滇时，从黔国邸中，模高祖御容，龙形虬髯，左脸有十二颗黑子，其状甚奇。与世俗所传相同，似为真矣。”参见（明）张萱：《疑耀》卷一，《丛书集成初编》第340册，上海：商务印书馆，第3页。

藏文文献对明代王统记载可能部分源于清王朝的官修正史。实际上，《如意宝树史》和《西藏的佛教》的著者一生的大部分时间是生活在清高宗乾隆帝时期。第一部书的著者曾三次赴京，而且其与乾隆帝崇信的四世章嘉活佛关系密切。第二部书的著者二世嘉木样活佛是在乾隆皇帝的册封下，提升了在转世系统的地位。[1]因而，这两者是有能力和有机会接触到清代官修正史的。值得注意的是，除汉文官修正史外，藏文传统文献也是这时期著者们关注的焦点。如上文所指出的，《如意宝树史》继承了五世达赖喇嘛对明太祖身世的记载，认为其是名收税官。

综上所述，藏文史籍对明代王统记载的来源可划分为两个阶段：一、清代之前的藏文文献史料多来自西藏各个教派直接与明王朝的接触，因而明代皇帝对各教派的“恩惠”成为藏文史籍著者们对该帝王判断的依据；二、清时，藏文文献的著者均为安多地区的藏人，其对明朝王统记载的史料来源广泛，但汉文官修正史是其使用和为明朝王统定性的主要来源。因此，清廷对明朝王统定性以及态度在清时已经借由安多地区的诸高僧大德之笔传入藏文化圈中。

## 第二节　藏文史籍对朱元璋的记载

在藏文史籍有关明朝的史实叙述中，历代帝王的记载占据了较大的篇幅。其中，开国皇帝朱元璋又是藏文史籍作者在书写过程中最为关注、着墨最多的一位明朝皇帝，基本每部记叙明朝及其帝王的藏文史籍均出现了有关朱元璋的记载，内容涉及朱元璋的出身、建立明朝的过程及朱元璋与佛教的关系等诸多方面。有鉴于此，本节将专门对藏文史籍中有关朱元璋的记载情况进行梳理和分析。

[1] 拉科·益西多杰：《藏传佛教高僧传略》，西宁：青海人民出版社，2007年，第421页。

### 对朱元璋记载的演变

最早记载朱元璋的藏文史籍是《汉藏史集》，共有四处。其一为：

> 先前，在杭州宫殿被蒙古人火烧之时，蛮子之皇子向蒙古皇帝归顺了，但不得信任，被放逐他乡，到了萨迦地方，修习佛法，人群集聚在他周围。此后，蒙古皇帝的卜算师们说："将有西方僧人反叛，夺取皇位。"皇帝派人去查看，见许多随从簇拥此蛮子合尊，将此情向皇帝奏报，皇帝命将其斩首。赴杀场时，他发愿说："我并未想反叛，竟然被杀，愿我下一世夺此蒙古皇位。"由此愿力，他转生为汉人大明皇帝，夺取蒙古之皇位。[1]

上述记载把朱元璋同宋恭帝赵㬎联系在了一起，将朱元璋描述为赵㬎的转世。《汉藏史集》又称朱元璋是汉僧牟果之子。所云大略为：元朝发兵弹压叛乱，随征的一名十夫长因故寻汉僧牟果代其出征被发现，牟果及其下十名兵士被鞭挞几死，后汉僧反叛，"自称大明王"，后众人拥大明王之子"上帝位，上尊号大明皇帝，成为社稷之主"[2]。《汉藏史集》其他两处关于朱元璋的记载是完全一致的，均称"蒙古最后一个皇帝妥懽帖睦尔被汉人大明皇帝在阳土猴年夺去帝位"[3]。

综合上述内容，《汉藏史集》所记载的朱元璋是这样的：朱元璋是

[1] （明）达仓宗巴·班觉桑布：《汉藏史集》，陈庆英译，拉萨：西藏人民出版社，1999年，第141页。

[2] （明）达仓宗巴·班觉桑布：《汉藏史集》，陈庆英译，拉萨：西藏人民出版社，1999年，第141—143页。

[3] （明）达仓宗巴·班觉桑布：《汉藏史集》，陈庆英译，拉萨：西藏人民出版社，1999年，第64页。

宋朝最后一位皇帝赵㬎的转世；转世后成了“大明王”汉僧牟果之子，最后被拥戴成为大明皇帝。

值得注意的是，此后出现的藏文史籍中关于朱元璋的出身还有其他说法。在《西藏王臣记》一书中，五世达赖喇嘛称朱元璋是受元朝皇帝派遣前往汉地“收敛赋税”的官员，称：“相传妥懽帖睦尔为皇帝时，曾派朱太祖（朱元璋）往汉地各处大区，收敛赋税。”[1]在松巴堪布·益西班觉所著的《松巴佛教史》中，对朱元璋的出身及其建立明朝的记载甚为详细。作者称：

> 从土猴年（1368）起由汉大明太祖皇帝统治，明太祖的族氏来源，作者未得到明确的记载。有的说大明第一代皇帝原是名朱它拉朱的税收官，因造反而称帝，说其子建文，建文子为永乐。然按现今汉史所载，则第一代皇帝原是皇觉寺僧人。元顺帝时期，天下大乱，以二十三位大盗为首的匪军横行各地。时有匪首率军到皇觉寺，此僧人想若逃跑，则三所依将被折毁，若降顺则要加入匪军中，遂至佛像前抽签求问，得签上言降顺则吉利，但其不信，将签摔于地，签却直立起来，僧甚感惊奇！于是降顺匪军，成为首领的亲信，匪首死去后，自任这支匪军的首领，逐渐夺得元朝江山。[2]

拉卜楞寺寺主二世嘉木样·久美昂波大师所著的《西藏的佛教》一书，与《松巴佛教史》所述内容大体一致，只是多了一些渲染性的形容

[1]（清）五世达赖喇嘛：《西藏王臣记》，刘立千译注，北京：民族出版社，2000年，第96页。

[2]（清）松巴堪布·益西班觉：《松巴佛教史》，蒲文成、才让译，兰州：甘肃民族出版社，2013年，第506—507页。

语句，当依据《松巴佛教史》而成。

在其他的一些藏文史籍中，还有一些有关朱元璋的记载，但均较为简单。如《新红史》称："关于汉地佛教重新出现的情况，汉地猪脸皇帝于土猴年取得蒙古王位。"[1]《青史》叙述："从戊申起即为大明皇帝统治国土。从戊申起到现在丙申年，算来已过一百零八年。"[2]

由上可见，藏文史籍中有关朱元璋出身的记载出现了"赵㬎的转世""汉僧牟果之子""元朝的税收官""皇觉寺僧人"数种。与以上说法相对应的是，关于朱元璋建立明朝一事亦存在三种表述：一是汉僧牟果自称"大明王"，攻下元都后"将此大明王之子拥上帝位"，其子即赵㬎转生的朱元璋；二是朱元璋利用外出收税之机，以解运赋银为名，围困皇宫，逼走元帝，代元而有天下；三是朱元璋为保存佛教寺庙、佛像及经典，被迫投降叛军，后成为叛军之首，灭元称帝，建立大明朝。

**对朱元璋记载的分析**

据《明实录》《明史》等官修正史，朱元璋为沛县人，出身贫贱，上过短期私塾，后因家贫辍学。1344年，濠州旱灾、蝗灾频发，瘟疫遍地，其家人相继病死，被迫到皇觉寺出家。不到两个月，皇觉寺也因灾荒取消僧侣的供应，他只得离寺在淮西一带乞讨。1352年，朱元璋投奔濠州郭子兴率领的红巾军，很快被引为心腹。1368年，朱元璋称帝，成为大明开国皇帝。但通过前面的梳理我们发现，藏文史籍中有关朱元璋的记载不仅与汉文史籍的记载有出入，而且不同的藏文史籍之间的叙述也千差万别。

[1]（明）班钦索南查巴：《新红史》，黄颢译，拉萨：西藏人民出版社，2002年，第35页。
[2]（明）廓诺·迅鲁伯：《青史》，郭和卿译，拉萨：西藏人民出版社，2003年，第34页。

1. 关于朱元璋的出身

首先，对于宋恭帝赵㬎转世一说，这一表述仅见于《汉藏史集》。将朱元璋作为“赵㬎的转世”当是作者的附会。对于赵㬎，汉藏文史籍均多有记载。据《宋史》《元史》等汉文文献记载，1276年，伯颜率蒙古大军至临安，年甫七岁的南宋德祐帝赵㬎随之降元，被封为瀛国公，后于1288年被迫出家，被遣至“吐蕃”学习佛法。但是，被封为瀛国公的赵㬎出家后的境况若何？死于哪一年？怎样死的？死在什么地方？汉文史籍未作说明，成为明清之间的一桩疑案，引起种种传说，其中流传最广的传说是“元顺帝乃瀛国公之子”。然而，通过对《红史》《青史》《新红史》《贤者喜宴》及《松巴佛教史》等藏文史籍的分析，瀛国公赵㬎到“吐蕃”后常住于萨迦大寺，曾任主持，更名合尊法师，成为名望较高的高僧大德，1323年被赐死于河西。[1]我们现在已无法考证作者为何将朱元璋附会为赵㬎的转世，但作者在叙述朱元璋的出身时加入佛教因果循环因素，将曾任萨迦寺住持的宋恭帝赵㬎附会为朱元璋的前世，这在当时的政治价值和宗教意义无疑是巨大的。

其次，对于汉僧牟果之子一说，这一表述同样仅见于《汉藏史集》。作者提出这一说法的根据是什么呢？据《汉藏史集》的记载，作者是“据当时从乌斯藏到朝廷去的法师们的谈论”[2]。也就是说，达仓宗巴·班觉桑布在著作中对朱元璋进行的长达一千六百余字的描述来自曾亲往明廷的佛教高僧们的言论，即据佛教僧人在中原地区的“道听途说”而成。那么，既然此一说法来自中原地区，我们是否能在汉文史籍

[1] 王尧：《藏汉文化考述》，北京：中国藏学出版社，2011年，第66—70页。

[2] （明）达仓宗巴·班觉桑布：《汉藏史集》，陈庆英译，拉萨：西藏人民出版社，1999年，第141页。

中找到类似的记载呢？通过对汉文史籍的检视，我们并没有找到这方面的印证史料。

再次，对于元朝官员一说，这一表述见于《西藏王臣记》。《松巴佛教史》所称的“有的说大明第一代皇帝原是名朱它拉朱的税收官，因造反而称帝”这一说法当是参照《西藏王臣记》而来的。有意思的是，无论是《汉藏史集》还是《西藏王臣记》，对于朱元璋的出身问题均采自传闻，这可能与朱元璋得天下后明廷对外讳言其家庭背景有关，才导致民间有多个版本流传，或言其为僧人之子，或言其为税收官等，并广泛传播而得载于藏文史籍，这些传闻反倒在中原逐渐“湮没”。

最后，对于皇觉寺僧人一说，这一表述首见于《松巴佛教史》中，《西藏的佛教》沿袭了这一说法。这两部藏文史籍均成书于清代中叶。在《松巴佛教史》有关朱元璋出身的记载中，列出了朱元璋为元代的税收官和皇觉寺僧人两种叙述。从其叙述的语境来看，作者先是称他未在藏文文献中找到明确的记载，但根据一些说法称朱元璋是元代的税收官。可见，《松巴佛教史》对此前藏文史籍中有关朱元璋出身的叙述是持怀疑态度的；同时采用了“现今汉史”的记载，称朱元璋是皇觉寺僧人。

2. 关于朱元璋建立明朝的过程

有如下两种说法：一是父亲起事“坐拥天下”。此说见于《汉藏史集》之中。该书描述了“汉僧牟果”的起事及朱元璋继位的过程，颇为形象生动。大致为先是汉人占卜者称：“现在皇位有失落的危险，如果让皇太子现在继位，还可以禳解此灾。”但太子坚决不允。此时，“适值发兵前往蛮子地方弹压之际，乃命太子为元帅”前往镇压，“建大功业”。宫中卫军中有一名十夫长，“彼自身染病，儿子幼小，又寻不着他人代替出征”，不得已之下，“乃将此情告诉结有善缘、平素常以财物供养之汉僧牟果，求他前去”，汉僧“顾念施主之情，又见有食粮等享用，遂穿上军衣出征”，被发现后被“鞭笞无数，几乎死去”。不久后，此汉僧乃倡言反叛，自称为“大明王”，众人响应，“权势逐年增长”，与当初请他代替出征的施主以及他当十夫长时的朋友部下等里应外合，夺取了政权。此后，众人“将此大明王之子拥上帝位，上尊号大明皇帝，成为社稷之主”。[1]

二是自己起事“代元而有天下”。具体来看，《西藏王臣记》称作为元朝官员的朱元璋借外出收税之机，“与少数汉官共谋，造大车多辆，下层藏匿兵丁，上置珠宝绸缎，伪作解运贡赋，驱车直至王宫附近，立即围困皇宫，元帝乃自暗门逃遁，朱元璋遂代元而有天下”[2]。《松巴佛教史》和《西藏的佛教》则根据汉史的记载，描述了朱元璋从一名皇觉寺僧人，为了保护佛教三宝，投靠起义军并成为首领，最终夺取了政权，建立了明朝。

3. 关于朱元璋与佛教的关系

藏文史籍中对于朱元璋的记载还有一个值得注意的现象，即尽可能地将其与西藏佛教相联系。这一点主要体现在两个方面：

首先，将朱元璋的出身与佛教联系在一起。《汉藏史集》对宋恭帝赵㬎进行描述时，叙述了赵㬎成为萨迦派上师并受人尊敬的过程，将朱元璋描述为赵㬎的转世。同时称朱元璋之父是名为牟果的汉僧，因报元宫中一名十夫长的“供养”之恩，顾念施主之情，遂穿上军衣替其出

[1] （明）达仓宗巴·班觉桑布：《汉藏史集》，陈庆英译，拉萨：西藏人民出版社，1999年，第141—143页。

[2] （清）五世达赖喇嘛：《西藏王臣记》，刘立千译注，北京：民族出版社，2000年，第96页。

征，被发现后受到残酷的惩罚，后依托寺庙反元而得天下。[1]《松巴佛教史》和《西藏的佛教》则强调了朱元璋作为皇觉寺僧人的身份，渲染了其为保存佛教寺庙、佛像及经典，被迫投降叛军，后成为叛军之首，灭元称帝，建立大明朝的经历。

其次，记载了朱元璋所采取的宗教政策。五世达赖喇嘛《西藏王臣记》高度评价了明朝的西藏佛教政策，并对明代多位皇帝进行了佛教色彩的渲染。同样，《松巴佛教史》的作者强调了朱元璋为保存佛教寺庙、佛像及经典，被迫投降叛军，后成为叛军之首，灭元称帝，建立大明朝；叙述了朱元璋同西藏佛教噶举、止贡间的密切关系，称"明太祖虽未像元一样统治西部和北部，但国力强盛，同噶举、止贡间关系密切，对僧、苯波（道师）、儒（明学）三教一视同仁"[2]。

**有关朱元璋记载的材料来源探析**

通过梳理可以发现，最早出现有关朱元璋记载的藏文史籍《汉藏史集》成书于1454年。此时正值景泰帝在位时期（1449—1457）。此时，明王朝对待西藏政教首领采取怀柔政策，凡来者辄授予官职，并对僧俗首领丰赏厚赐，故向中原流动的藏人数量、规模和范围迅速扩大。据统计，宣德（1426—1435）、正统（1436—1449）年间西藏朝贡人数一般为三四十人。到了景泰年间，人数陡然增至二三百人，到天顺（1457—1464）年间猛增至二三千人[3]。这样一来，西藏的高僧大德、地方首领在汉地的所闻

[1]（明）达仓宗巴·班觉桑布：《汉藏史集》，陈庆英译，拉萨：西藏人民出版社，1999年，第141—143页。

[2]（清）松巴堪布·益西班觉：《松巴佛教史》，蒲文成、才让译，兰州：甘肃民族出版社，2013年，507页。

[3] 石硕：《历史上藏人向中原地区的流动及与西藏社会发展的关联》，《中国藏学》2012年第2期。

所见和实际体验，自然成了《汉藏史集》的作者达仓宗巴·班觉桑布生活年代前后藏文史籍作者的通用资料，这也正是达仓宗巴·班觉桑布撰写《汉藏史集》有关朱元璋内容的信息来源渠道。《汉藏史集》对中原人物和史实的记述采自前往汉地高僧大德的“道听途说”并不仅限于有关朱元璋这一例，其有关五代十国、宋、辽、金的历史是“根据赞跋拉多斯衮所说而记录”，有关金朝到明代的王统更迭的历史来自“日辛巴之上师细顿去汉地献马并朝见皇帝后所说的史实”[1]。在其他同时期的藏文文献中，《雅隆尊者教法史》一书中的五代与宋的历史“系瞻巴拉国师怙主所述书之”[2]，《青史》关于元代的历史则“据说系藏跋拉即吉祥怙主所说，贡嘎多吉（普庆金刚）所记”[3]，《红史》的“汉地由梁至南宋的历史简述”一节是“依赞巴拉德室利衮所说而写成的”[4]。

到1643年五世达赖喇嘛撰写完成《西藏王臣记》之际，西藏的政教形势已经发生了翻天覆地的变化。1638年，固始汗率领和硕特蒙古军队在格鲁派的支持下自青海进入康区。1641年，白利土司被击败后逃走。不久后，白利土司被俘获，并在昌都地区被活埋。《西藏王臣记》成书的前一年，固始汗的军队进入西藏并击败藏巴汗政权，由此西藏进入以固始汗为首的和硕特蒙古部落统治时期。此时，虽然五世达赖喇嘛在和硕特蒙古的支持下成为西藏地方的政教领袖，但清朝尚未正式一统中

[1]（明）达仓宗巴·班觉桑布：《汉藏史集》，陈庆英译，拉萨：西藏人民出版社，1999年，第141页。

[2]（明）释迦仁钦德：《雅隆尊者教法史》，汤池安译，拉萨：西藏人民出版社，2002年，第25—27页。

[3]（明）廓诺·迅鲁伯：《青史》，郭和卿译，拉萨：西藏人民出版社，2003年，第27—33页。

[4]（元）蔡巴·贡噶多吉：《红史》，陈庆英、周润年译，拉萨：西藏人民出版社，1988年，第21页。

原，明清两朝更迭尚未完成，事关明朝史实之类的史籍资料还未开始编修。例如，《明史》在康熙十八年（1679）才正式组织班子编写，到乾隆四年（1739）才最后定稿，进呈刊刻。《西藏王臣记》正是在此背景下产生的，其有关明朝的叙事并无汉文史料作为支撑，仍是源自西藏佛教高僧的旧说。不过，在有关朱元璋建立明朝一事上，《西藏王臣记》显然较《汉藏史集》更进一步，即朱元璋系自己起事“代元而有天下”，而不是通过自己的父亲起事“坐拥天下”的。

与《汉藏史集》及《西藏王臣记》不同的是，《松巴佛教史》和《西藏的佛教》分别成书于1748年和1773年。一方面，明朝已经成为“过去”，有关朱元璋的出身及其建立明朝的历史不再有秘密可言；另一方面，清朝对《明史》的编修工作也已经完成并刊刻出来；同时，由于清代汉藏交流达到了一个前所未有的高度，大量汉地历史书籍被译成藏文，从而给藏文史籍作者提供了权威的史料来源。《松巴佛教史》作者松巴堪布·益西班觉说，其对于朱元璋所述是依据“现今汉史所载”，并说“有不少关于汉地王统的史著陆续被译成藏文”[1]。因此，相较上述两部藏文史籍而言，《松巴佛教史》和《西藏的佛教》有关朱元璋建立明朝的表述与汉文史籍的记载最为接近，这显然与其当时已具备参阅汉文史籍的条件有关。

由上可见，藏文史籍中对朱元璋的记载呈现出由初期的采信于他人——“道听途说”，到后期直接参阅史书——“按现今汉史所载”的转变。对于“道听途说”的材料，现今大多已无法在汉文文献中找到可印证的史料。究其原因，可能为中央王朝出于政治需要刻意遮掩而致使

[1]（清）松巴堪布·益西班觉：《松巴佛教史》，蒲文成、才让译，兰州：甘肃民族出版社，2013年，第502页。

汉文史籍“故意”出现漏载，也可能是不同历史时期存在且已佚失的坊间传说，但无意间却经游方僧人之口被录入了藏文史籍。值得珍视的是，有些“道听途说”恰恰弥补了汉文正史的缺环。有关南宋恭帝德祐帝赵㬎的记载即为典型案例。因此，对于这些“道听途说”材料，可视为汉文史籍的重要补充，对我们今天更加全面深入认识历史具有重要意义。对于参阅汉地正史材料修史，应是藏文史籍作者的一个传统。藏族学者根敦群培的《白史》就说，《新唐书·吐蕃传》在元代时曾被藏文史籍作者十分看重，并由译师姜主安辛与仁青扎巴国师译成藏文而被藏文史籍大量引用。[1]在后弘期，以《新唐书》为代表的大量汉文史籍被翻译为藏文并广泛传播。《新红史》[2]《萨迦世系史》[3]《雅隆尊者教法史》[4]等藏文史籍论及中原史实时，可能利用了一些汉文典籍的藏译材料。《西藏王统记》一书对于“汉土霍尔两地佛法如何弘扬和出现若干朝代等情”是“根据精通汉族霍尔史籍之曾泽大师·喜饶耶协在贡塘所译历史”[5]。不过，能参阅正史显然是有其前提条件，即通过汉藏间的频繁接触与密切联系，藏人得以有机会全面、系统地了解中原汉文典籍并将其译为藏文。《松巴佛教史》《西藏的佛教》记述朱元璋事迹较之《汉藏史集》《西藏王臣记》更接近历史事实，显然与其当时已具备参

[1] 更敦群培：《更敦群培文集精要》，格桑曲批译，北京：中国藏学出版社，1996年，第148—149页。

[2] （明）班钦索南查巴：《新红史》，黄颢译，拉萨：西藏人民出版社，2002年，第10—15页。

[3] （明）阿旺贡噶索南：《萨迦世系史》，陈庆英、高禾福、周润年译注，拉萨：西藏人民出版社，2002年，第173页。

[4] （明）释迦仁钦德：《雅隆尊者教法史》，汤池安译，拉萨：西藏人民出版社，2002年，第25—27页。

[5] （明）索南坚赞：《西藏王统记》，刘立千译，北京：民族出版社，2001年，第12—16页。

阅“现今汉史”条件有关。

可以说，藏文史籍中对朱元璋记载的发展变化，正是以西藏与中原及藏汉民族之间文化交流不断加深为首要前提。在汉藏交流互动日益频繁、密切的大背景下，不少藏文史籍作者均将有关中原人物、王统更迭、风土人情以及宗教发展的记述作为其著作的重要组成部分。不管是通过“道听途说”，还是参阅汉地正史材料并最终呈现在藏文史籍中有关朱元璋的记载，乃至有关中原史实的记载，均“可在一定程度上发挥对汉藏关系史及中原地区历史相关史实的澄清、补充和纠谬作用，从而完善对汉藏关系历史面貌的认识与理解”[1]，乃是我们认识和研究汉藏关系、深化中原历史研究不可忽视的重要史料。从某种意义上说，这正是后弘期藏文史籍作者加强西藏与中原认同在文化心理结构层面的重要表征之一，也在一定程度上反映了藏文史籍中对于中原历史记叙的建构过程及藏人中原观的发展演变历程。

## 第三节　藏文史籍对明朝与西藏地方关系的记载

藏文史籍中有关明朝与西藏地方关系也是其浓妆重彩的重要部分之一。本节主要从三个方面对这一问题进行探讨：一、与萨迦派之间的关系；二、与噶举派之间的关系；三、与格鲁派之间的关系。此讨论有助于对明朝与西藏地方之间关系的再认识。

### 各教派对明朝与西藏地方关系记载之比较

1. 与萨迦派之间的关系

《汉藏史集》指明王朝与萨迦派之间关系的确立是源于明代皇帝

[1] 张云、曾现江：《藏文史籍有关中原的记载及其研究价值》，《西南民族大学学报》2012年第5期。

对贡嘎扎西坚赞贝桑布的册封，称后者于阳水龙年受明朝皇帝邀请，此后还担任明帝的帝师，并被封为“正觉大法王西天上善金刚大光明佛”，即“大乘法王”。此后，明朝皇帝又封南喀勒贝洛追坚赞为“辅教王”。除此外，萨迦派还有一人被封为大国师，两人被封为大司徒。另一方面，明朝皇帝曾经赐给大乘法王一个青花瓷碗，此碗比得银协巴的要大，形制出众，成为当时的流行样式。[1]《萨迦世系史》并未记载册封大乘法王之事，仅指南喀勒贝洛追坚赞毫不费力地被皇帝赐予“辅教王”称号和无数珍宝，并获得了命其管理西藏和每次朝贡可携带百人的诏书。[2]

2. 与噶举派之间的关系

（1）帕竹噶举

《汉藏史集》载，扎巴坚赞将乌思藏收归治下，此后被大明皇帝册封为阐化王，并赐以金印。[3]稍后，《新红史》的记载却有所不同，文中指出燕王册封扎西贝孜巴为王，此后明朝皇帝又派使者赐予各种宝物和水晶玉印，此水晶玉印是汉地有佛教以来第一次赐予西藏地方，这使“王旺查巴杰岑之名声犹如夏季之江河倾泻奔流”。景泰年间，明朝皇帝的赐封使查巴琼内此后被称以“王查巴琼内”。[4]《西藏王臣记》的相关记载基本与《新红史》相同，不同之处在于该书指出，在景泰帝册封

[1] （明）达仓宗巴·班觉桑布：《汉藏史集》，陈庆英译，拉萨：西藏人民出版社，1999年，第152、214—218、237、242页。

[2] （明）阿旺贡噶索南：《萨迦世系史》，陈庆英、高禾福、周润年译，北京：中国藏学出版社，2005年，第288页。

[3] （明）达仓宗巴·班觉桑布：《汉藏史集》，陈庆英译，拉萨：西藏人民出版社，1999年，第152、214—319页。

[4] （明）班钦索南查巴：《新红史》，黄颢译，拉萨：西藏人民出版社，2002年，第49、59、63页。

王查巴琼内后，文殊皇帝又派人来册封京俄大师，但大师已死，最终只能将所有物品封入库中。[1]

（2）噶玛噶举

《贤者喜宴》载，明成祖皇帝曾下诏书命得银协巴赴汉地传法，在火猪年元月二十一日皇帝亲自迎接法王得银协巴。法王在敬献给皇帝右旋法螺后，皇帝遂生信仰。此后，皇帝多次邀请法王进宫且赐予法王及其侍从无数珍宝。不仅如此，邀请的仪式也是十分隆重，如有象队欢迎法王。同时，明成祖还新修了灵谷寺和大都寺，这些寺院均有法王的侍卫。在给皇帝做了灌顶后，天空显现了多种瑞兆，成祖后封其为“大宝法王西天大自在佛”，并赐黄金诏书和水晶印。文中还指出法王拯救了千余名汉僧免入狱，而且让皇帝下旨汉教、本教和震卦各自遵自己教规。除此之外，该书指出明成祖邀请得银协巴的另一个原因是继承了明太祖的遗志，而且详细描述了其为明太祖及皇后所做的法事，而且指出此次法事被写成了“汉、藏、突厥等多种文字抄写在画幅上，名称为《祥瑞丝绸画卷》”。[2]同时，因为法王的原因，明成祖依次封帕木竹巴、达仓巴、林仓巴贡觉为阐化王、辅教王、赞善王和护教王。另一方面，皇帝最初本要效仿蒙古用兵治藏，但因法王缘故而最终取消。其后，皇帝要法王统一各宗派，但也因法王不悦而取消。一次皇帝使者进藏遭到抢劫，皇帝要发兵入藏，但帕木竹巴向法王哀号求饶而避免了发兵。此外，该书对汉地的官职进行了阐释，认为其分为政治系统和宗教系统。这两个系统在西藏地方也是适用的，明朝皇帝任命国师、司徒的

[1] （清）五世达赖喇嘛：《西藏王臣记》，刘立千译，北京：民族出版社，2000年，第98、100页。

[2] （明）巴卧·祖拉陈瓦：《〈贤者喜宴——噶玛噶仓〉译注（六）》，周润年译，《西藏民族学院学报》2012年第1期。

职位，而其余的官职由法王任命。最后，该书还指出除明成祖迎请法王外，英宗、成化帝也迎请僧人，特别是成化帝时赐予各灌顶国师大量的珍宝。[1]《西藏的佛教》仅指出在洪武年间噶玛噶举与皇帝结为供施关系。[2]

（3）止贡噶举

1803年，直贡·丹增白玛坚参撰写的《直贡法嗣》指出，嘉靖年间汉地发生了饥馑等不祥之兆。嘉靖帝听闻西藏四王中有位大师赐封后可以为汉地消除灾难。嘉靖皇帝对写有止贡（直贡）、帕珠（帕竹）、萨迦和噶玛四王名字的标签进行抽签，结果选中了止贡噶举。此后，嘉靖帝派人进藏赐予止贡噶举法王水晶印、珠宝、绫罗等。文中在该部分结尾处指出最后皇帝赐赏止贡的行为为汉地带来了吉祥安乐。[3]

3. 与格鲁派之间的关系

二世嘉木样·久美昂波的《西藏的佛教》指格鲁派与明王朝早在永乐年间就结成供施关系。明成祖对宗喀巴大师的名望极为仰慕，因而邀请大师进京，但因种种原因未能成行，最终派遣释迦益西（汉文释迦也失，1352—1435）入京。此人曾两次入京，第一次被明成祖封为国师，第二次被明宣宗封为大慈法王。三世达赖喇嘛入蒙古时还得到万历皇帝

[1]（明）巴卧·祖拉陈瓦：《〈贤者喜宴——噶玛噶仓〉译注（六）》，周润年译，《西藏民族学院学报》2012年第1期；（明）巴卧·祖拉陈瓦：《〈贤者喜宴——噶玛噶仓〉译注（十一）》，周润年译，《西藏民族学院学报》2012年第6期；（明）巴卧·祖拉陈瓦：《〈贤者喜宴·噶玛噶仓〉译注（十三）》，周润年译，《西藏民族学院学报》2013年第2期。

[2]（清）二世嘉木样·久美昂波：《西藏的佛教》，杨世宏译，兰州：甘肃民族出版社，2008年，第151页。

[3]（清）直贡·丹增白玛坚参：《直贡法嗣》，克珠群佩译，拉萨：西藏人民出版社，1995年，第170页。

赐予的财物。[1]18世纪末，八世达赖喇嘛的上师云增·耶喜绛称撰写的《菩提道次第师师相承传》中的记载基本与《西藏的佛教》一书相同，但在一些细节上却凸显出相异之处。首先，在宗喀巴无法进京一事上，其指出“他（宗喀巴）到中国内地灾障很大，利益不多”[2]。其次，文中指出明成祖下旨在内地弘扬宗喀巴大师的佛法。再次，该书简略概述了释迦益西为明成祖灌顶、祈福和在京传法的情况。复次，该书直接将释迦益西称为绛清却杰，即大慈法王，而未讲是谁赐封的此封号。最后，该书对释迦益西的记载仅截至永乐朝。[3]

**从教派背景分析明朝与西藏地方关系记载之真实性**

1. 与萨迦派的关系

按汉籍载，洪武六年（1373）二月明太祖曾册封摄帝师喃加巴藏卜为炽盛佛宝国师，而此人在藏文史籍中未有明确记载，仍待考。[4]永乐十一年（1413）五月辛巳，赐昆泽思巴为“万行圆融妙法最胜真如慧智弘慈广济护国宣教正觉大乘法王西天上善金刚普应大光明佛”。同年五月丙戌，封南渴烈思巴为思达藏辅教王。[5]昆泽思巴就是藏文史籍中的贡嘎扎西坚赞贝桑布（1349—1425，简称贡扎巴，汉译昆泽思巴），隶属拉康拉让。另一位南渴烈思巴（1399—1444，又译南喀勒贝洛追坚

---

[1] （清）二世嘉木样·久美昂波：《西藏的佛教》，杨世宏译，兰州：甘肃民族出版社，2008年，第151页。

[2] （清）云增·耶喜绛称：《菩提道次第师师相承传》，郭和卿译，台北：福智之声出版社，2004年，第573页。

[3] （清）云增·耶喜绛称：《菩提道次第师师相承传》，郭和卿译，台北：福智之声出版社，2004年，第573页。

[4] 《明实录藏族史料集》，洪武六年二月癸酉，拉萨：西藏人民出版社，1982年，第20页；王森：《西藏佛教发展史略》，北京：中国藏学出版社，2002年，第88页。

[5] 《明实录藏族史料集》，永乐十一年五月辛巳、丙戌，拉萨：西藏人民出版社，1982年，第154页。

赞），隶属都却拉让。[1]而都却拉让占有达仓地区（今吉隆），因而被称为思达藏。都却拉让是当时萨迦派四拉让中势力最强的，现今仅有该拉让存在。汉文史籍中并未载有明成祖命南渴烈思巴治理整个西藏的记载。有关朝贡的人数实际上最初并未有明确的规定，成化六年四月乙丑才明确规定赞善王、阐教王、阐化王、辅教王遣使“百人，多不超过百五十人”。[2]因而，《汉藏史集》与《萨迦世系史》对两人各自被明廷封王的记载是正确的，而《萨迦世系史》关于治理西藏和朝贡人数的记载与汉籍有一定的出入。

2. 与噶举派之间的关系

（1）帕竹噶举

明朝帕竹噶举与明廷最初发生联系的是元末被封为灌顶国师的释迦坚赞（1340—1373），明代汉文史籍中称其为章阳沙加监藏。洪武五年（1372）其被明太祖封为灌顶国师，并赐玉印，当时其是帕竹地方政权的第二任第悉。[3]此后，永乐四年（1406）三月，明成祖遣使赐吉剌思巴监藏巴藏卜为灌顶国师阐化王，赐螭纽印。[4]吉剌思巴监藏巴藏卜就是藏文史籍中的扎巴坚赞（1374—1432），但螭纽印并非明代中央王朝赐印信的首创，早在元时此种形制的印就曾经被赐予过国师，如元代就曾赐予各派国师、灌顶国师螭纽印。[5]此外，上文已经指出赐予扎巴迥乃世袭

[1] 王森：《西藏佛教发展史略》，北京：中国藏学出版社，2002年，第91—92页。

[2] 《明实录藏族史料集》，成化六年四月乙丑，拉萨：西藏人民出版社，1982年，第688页。

[3] 王森：《西藏佛教发展史略》，北京：中国藏学出版社，2002年，第246页；《明实录藏族史料集》，洪武五年四月丁酉，拉萨：西藏人民出版社，1982年，第17页。

[4] 《明实录藏族史料集》，永乐四年三月壬辰，拉萨：西藏人民出版社，1982年，第126页。

[5] 欧朝贵、其美：《西藏历代藏印》，拉萨：西藏人民出版社，1991年，第5—7页。

阐化王的明代帝王是明英宗，时间是正统五年（1440）。最后，弘治十年（1498）十二月，明孝宗在遣人册封班阿吉汪束扎巴为阐化王时，因“行三年至其地”，班阿吉汪束扎巴已死，而册封的使者则在未经中央认同的情况下，“不得已”封其子为阐化王。[1]班阿吉汪束扎巴即藏文史籍中所说的京俄阿吉汪束（1438—1491）。因此，《新红史》和《西藏王统记》关于明朝册封帕竹噶举几代第悉为阐化王的记载是有史可查的，但是在赐封历史上独一无二的玉印以及弘治年间阐化王的袭封事件的记载均与史实相悖。

（2）噶玛噶举

《西藏的佛教》指出，噶玛噶举曾在洪武时就与明朝确立了供施关系，上文指出有学者认为洪武七年藏僧答立麻巴剌可能是噶玛噶举派四世活佛乳必多吉，但该学者仅是推测而未发现能将两者对等的实质性证据，因而《西藏的佛教》的记载仍待考。[2]

汉文史籍中记载的哈立麻，又名得银协巴，原名却贝桑波（1384—1415），是噶玛噶举黑帽系五世活佛。关于其进京的原因《明史·西域三》载“国人以其有道术，称之为尚师”，而据学者研究，明成祖招得银协巴入京体现出明代“多封众建”[3]的治藏策略。因而，得银协巴此次进京并非藏文中所认为的是来内地弘扬佛法，而且也并非该书所说，法王的敬献法螺使明成祖心生信仰。

上文引《明成祖实录》指出哈立麻于永乐四年入京，永乐六年离京。《明史》对此有较为扼要的记载：

[1] 《明实录藏族史料集》，弘治十年十二月壬午，拉萨：西藏人民出版社，1982年，第874页。
[2] 陈庆英：《简论明朝对藏传佛教的管理》，《中国藏学》2000年第3期。
[3] 王森：《西藏佛教发展史略》，北京：中国藏学出版社，2002年，第258页。

四年冬将至，命驸马都尉沐昕往迎之。既至，帝延见于奉天殿，明日宴华盖殿，赐黄金百、白金千、宝钞二万……其从者亦有赐。明年春，赐仪仗、银瓜、牙仗……帝将荐福于高帝后，命建普度大斋于灵谷寺七日。帝躬自行香。……事竣，复赐黄金百、白金千、宝钞二千……遂封哈立麻为万行具足十方最胜圆觉妙智慧善普应佑国演教如来大宝法王西天大善自在佛，领天下释教，赐印诰及金、银、钞、彩币、织金珠袈裟、金银器、鞍马。……已，命哈立麻赴五台山建大斋，再为高帝后荐福，赐予优厚。六年四月辞归，复赐金币、佛像，命中官护行。”[1]

由上述记载来看，明成祖对得银协巴此次进京接待的级别是极高的，但并非是明成祖亲自迎请，而是遣驸马迎请，因而所谓皇帝亲自迎请之说并不成立。

同时，明成祖也赏赐了得银协巴大量的金银、衣物、法器和食物等，并且也命其至灵谷寺为明太祖及其皇后“荐福”。但据《金陵梵刹寺》载，洪武十四年将蒋山寺改赐名灵谷寺[2]，因此灵谷寺是新建之说并不成立，而在汉文中也未找到所谓的大都寺。上文也指出曾有部分僧人留驻京城各类寺院，但《贤者喜宴》指出的得银协巴的侍从被派驻于两寺和五台山的记载也未有相应的汉文史料相佐。不难发现，此次得银协巴进京的确为明太祖及其皇后进行了祈福仪式，但从《明太祖实录》来看，明太祖时并未邀请得银协巴。因而，《贤者喜宴》的记载与史实有

[1] （清）张廷玉等：《明史》卷三百三十一《西域传三》，北京：中华书局，1974年，第8572—8573页。

[2] 葛寅亮：《金陵梵刹寺》卷三，《中国佛寺史志汇刊》第1辑第6册，台北：明文书局，1980年，第301页。

一定出入，而文中所载的记有三种文字的长卷是的确存在的。清代松筠《卫藏通志》载："系黑教喇嘛，云南人也，即明时所谓哈立玛者，藏手卷一轴，长二十余丈，乃绘永乐初哈立玛诵经灵谷寺图。"[1]现今此图被保存在拉萨的罗布林卡。

此外，永乐年间先后册封了阐化王、赞善王、护教王、辅教王。其依次为：阐化王是永乐四年三月册封；赞善王和护教王是永乐四年赐灌顶国师，永乐五年进贡后分别加封为王；辅教王是永乐十一年册封。[2]得银协巴于永乐五年被敕封为大宝法王，可见明成祖对其册封的时间要晚于阐化王。同时，据学者考据，藏文史籍中仅见护教王与得银协巴之间的关系密切，但并未有明确佐证表明此王是因得银协巴而加封的。[3]同样，辅教王和护教王的册封也未有明确证据表明与得银协巴有关。而其余藏文史籍所说命得银协巴治理西藏和赐封官员、遵从得银协巴的意愿善待本教等其他信仰、出兵西藏、免僧人入狱、阐化王哀求大宝法王等记载在汉藏史籍中均未有相关证据。

（3）止贡噶举

止贡噶举，汉文文献称为必里工瓦，洪武十八年（1385）封必里工瓦万户府为正四品。[4]永乐初，必里工瓦开始进京入贡，永乐十一年（1413）"加号灌顶慈慧净戒大国师，又封其僧领真巴儿吉监藏为阐教

[1] （清）松筠：《卫藏通志》卷一，拉萨：西藏人民出版社，1982年，第184页。

[2] 《明实录藏族史料集》，永乐四年三月壬辰、壬寅、永乐五年三月丁卯、永乐十一年五月丙戌，拉萨：西藏人民出版社，1982年，第126、132—133、154页。

[3] 王森：《西藏佛教发展史略》，北京：中国藏学出版社，2002年，第261页。

[4] 《明实录藏族史料集》，洪武十八年正月丁卯，拉萨：西藏人民出版社，1982年，第70页。

王必里工瓦”。[1]汉籍并未载明世宗曾抽签并单独邀请和赏赐止贡噶举，而是必里工瓦的阐教王通过进京入贡等方式与明王朝发生了一定的联系。在嘉靖年间，阐教王曾五次入京，分别是嘉靖四年、嘉靖十五年、嘉靖十八年、嘉靖二十四年和嘉靖三十三年。除嘉靖四年和嘉靖十八年是单独进京入贡外，其余三次入贡均是与辅教王、阐教王、大乘法王等一同入贡。在单独两次的入贡中，第一次其是与长河西、宁远、鱼通的禅师贡方物，第二次是进京袭职。[2] 因而，19世纪的《直贡法嗣》的记载并无汉史可相佐证。

3. 与格鲁派之间的关系

永乐年间明成祖曾两次邀请格鲁派的宗喀巴进京。据学者研究，第一次邀请因筹备第二年（永乐七年，1409）的大祈祷会而作罢，第二次因病初愈也未成行，但却遣弟子释迦益西代表其进京。[3]永乐十三年（1415）四月，明成祖册封其为“妙觉圆通慈慧普应辅国显教灌顶弘善西天佛子大国师”。[4]永乐年间，其还两次遣使进京朝贡，宣德九年（1434）其再次入京时被册封为“万行妙明真如上胜清净般若弘照普慧辅国显教至善大慈法王西天正觉如来自在大圆通佛”[5]，即大慈法王。汉文史籍中有关释迦益西永乐年间进京后的情况并未有详细记载，仅《清

[1] 《明实录藏族史料集》，永乐十一年五月丙戌，拉萨：西藏人民出版社，1982年，第154页。

[2] 《明实录藏族史料集》，嘉靖四年八月戊申、嘉靖十五年正月庚午、嘉靖十八年六月辛丑、嘉靖二十四年己卯、嘉靖三十三年丁未，拉萨：西藏人民出版社，1982年，第980、1008、1015、1025、1038页。

[3] 王森：《西藏佛教发展史略》，北京：中国藏学出版社，2002年，第259页。

[4] 《明实录藏族史料集》，永乐十三年四月庚午，拉萨：西藏人民出版社，1982年，第159页。

[5] 《明实录藏族史料集》，宣德九年四月庚戌，拉萨：西藏人民出版社，1982年，第332—333页。

凉山志·释迦也失传》有简要记载。该书指出释迦益西于永乐十二年春至五台山的显通寺居住，冬十一月才受到明成祖在大善殿的召见。文载“应对称旨，上大嘉”[1]，后命安能仁方丈上制书慰劳。在第二年赐国师封号后，释迦益西又入五台山，而明成祖则数次“致书，遣使致慰”[2]。可见，《西藏的佛教》对宗喀巴受邀请未去以及释迦益西两次受封的记载均无误，而《菩提道次第师师相承传》对释迦益西进京的记载和对其头衔的记载无误外，其余部分均与史实有一定的出入。

最后，万历六年（1578）二月，阐化王代俺答汗贡方物，其遣使们指出阐化王的活佛老师令西海蒙古“为善”，请敕封。由帕竹噶举与格鲁派的关系、活佛老师[3]以及格鲁派与俺答汗曾结盟来看，此处的活佛老师应是指三世达赖喇嘛索南嘉措（1543—1588）无疑。明神宗因“番僧向化抚虏，恭顺可嘉”赐封号大觉禅师、都纲，且赐僧衣、茶和彩缎。[4]因此，明廷对阐化王朝贡的这次反馈也可看作是对三世达赖喇嘛的赏赐。除此次外，万历七年二月辛卯，张居正在明神宗的指示下接受了俺答汗和三世达赖喇嘛的“馈物”；同月癸巳，明廷“并给代乞顺义王俺答之赏”[5]。万历十三年十一月，顺义王与三世达赖喇嘛遣人贡物，而明廷按惯例给予了赏赐。万历十五年十月，达赖喇嘛遣人贡马，明廷赐其

[1] 印光：《重修清凉山志》，《中国佛寺史志汇刊》第2辑第29-1册，台北：明文书局，1980年，第141页。

[2] 印光：《重修清凉山志》，《中国佛寺史志汇刊》第2辑第29-1册，台北：明文书局，1980年，第141页。

[3] 阐化王子扎实藏卜拜三世达赖喇嘛为师。王森：《西藏佛教发展史略》，北京：中国藏学出版社，2002年，第188页。

[4] 《明实录藏族史料集》，万历六年二月甲辰，拉萨：西藏人民出版社，1982年，第1102页。

[5] 《明实录藏族史料集》，万历七年二月辛卯、癸巳，拉萨：西藏人民出版社，1982年，第1105、1106页。

“朵尔只唱”（执金刚）封号，并赐佛书、敕命以及其徒都纲的称号。[1]由汉文史籍中明廷对三世达赖喇嘛赏赐的列述来看，《西藏的佛教》载万历帝曾赐封三世达赖喇嘛的事件在历史上的确发生过。

**对明朝与西藏地方关系的认识及其来源探讨**

综合上文研究不难发现，后弘期藏文史籍对明朝与西藏关系的记载呈现以下特点：一、明显的派别性，即某一派别主要记叙本派别或与本派别关系融洽的派别与明朝的关系；二、赐封是叙述的主线，各派撰写的著作中在描述明朝与西藏关系时多将笔墨聚焦于明朝皇帝对各派别的各种赐封，其主要包括头衔、钱、衣服、法器等。由第二部分对记载内容真实性的研究来看，关于各派别被明朝敕封的封号和物品的记载基本有汉史可依。但是在某些具体的问题上却存有一定的出入，主要表现在以下两个方面。一、有关明廷邀请某派别法王进京的原因，多被说成是赴内地传法。二、某些派别的法王被塑造成以下几个类型：一是能够给各派别带去巨大“恩惠”的领袖性人物，如《贤者喜宴》对得银协巴的塑造，《新红史》《西藏王臣记》对帕竹噶举各代第悉的塑造；一是对其品格特性的塑造，如《西藏的佛教》对宗喀巴的塑造。值得注意的是，各派文献中典型人物塑造的依据就是明代中原王朝对各派的敕封。

据学者研究，五世达赖喇嘛指出帕木竹巴地方政权对人的衡量标准是家室、学问和权势。[2]其中，权势是指官职，虽然其被放在第三位，但是此标准也揭示了一个问题，即上述三个因素是必不可少的衡量标准。

[1]《明实录藏族史料集》，万历十五年壬戌、丁卯，拉萨：西藏人民出版社，1982年，第1128、1142页。

[2] 家室：有魏晋门第和印度种姓的含义。学问：佛学的造诣和修养。王森先生指出，官职仅是最后一位，这表明佛教在统治阶层和社会人士心中的地位是最为重要的。王森：《西藏佛教发展史略》，北京：中国藏学出版社，2002年，第268页。

可见，无论顺序如何，在帕竹时期的西藏社会中缺少任何一个因素均无法对其社会地位的高低进行品评。从上文总结的以上两节的特点来看，明代藏文文献中明王朝对各派及宗教人物的各种赐封是其关注的一个焦点，同时这也成为藏文文献塑造各派及其宗教领袖的原料。实际上，藏文文献中的这类记载表明对各教派来说，获取中央王朝的认同是提高其在西藏社会地位的重要途径，所以有明一代除了巨大的经济诱惑外，往来不绝的进京朝贡还将换得西藏社会对个体及教派地位的认同。可以说，明王朝对各教派及其权威人士的册封和赐赏成为展现其社会地位的必不可少的重要一环，而明时各派藏文文献中对西藏地方与明王朝关系的记载就是当时西藏社会对这一标准认同的反映。但也应看到，西藏社会对权势的认同也并不限于明代，清代的《西藏的佛教》和《菩提道次第师师相承传》也继承了这一方式，对本派的权威人物进行塑造。因此，藏文文献中对西藏地方与明王朝关系记载，是对中央王朝赋予其社会地位的肯定，而这也进一步表明获得中央王朝的肯定已经成为藏文化社会中普遍存在的一种认同。

前面我们已经对藏文文献中关于明代中原史料来源的途径和方式进行了一定的探讨。实际上，藏文化社会中获取明代中原王朝史料仍存在另一种方式，而最能体现这种方式的藏文文献就是巴卧·祖拉陈瓦撰写的《贤者喜宴》。这种方式就是中原王朝赠送给各派别的实物，这些实物包括印信、画卷等。《贤者喜宴》所参考的写卷是成祖为纪念得银协巴为明太祖及其皇后荐福所制。这个长卷长达50米，宽0.66米，共有49幅画，而每幅画均由五种文字撰写提要，包括汉文、察合台文、藏文、回鹘文、回鹘式蒙古文。[1]从汉文提要来看，其主要是按照日期来撰写的，

[1] 罗文华：《明大宝法王建普度大斋长卷》，《中国藏学》1995年第1期。

而《贤者喜宴》在记叙得银协巴进京的整个过程中参照了此长卷的写作形式，即以日期来记述得银协巴在京觐见明成祖和为明太祖祈福。[1]可见，在中原王朝与西藏地方的相互交往过程中，这些实物不仅成为记载此段历史的重要凭据，而且其对藏文的写作方式也产生了一定的影响。

[1] 罗文华：《明大宝法王建普度大斋长卷》，《中国藏学》1995年第1期；（明）巴卧·祖拉陈瓦：《〈贤者喜宴——噶玛噶仓〉译注（六）》，周润年译，《西藏民族学院学报》2012年第1期。

# 第六章　藏文史籍对清代中原史实的记载

清朝是中国向近代国家转型前的最后一个帝制王朝。随着清朝统一多民族国家的发展和巩固，多民族文化的交流、互动也更趋频繁，一些民族地区的知识精英对中原的历史文化有了颇为深入的认识，有的还尝试立足于自身的文化本位，系统性地阐释中原历史文化。清代的藏文历史编纂学也在继承传统的基础上，有了较大的进步，不仅体裁多样，而且作者群体也得到扩充，一些深受西藏佛教影响的蒙古族等学者也遵循藏文史籍的撰述规范，用藏文写出了一批具有很高价值并产生了广泛影响的作品，为推动古代藏文历史编纂学的进一步发展和成熟作出了积极的贡献。

就清代藏文史籍有关中原史实的记载而言，贡布查布《汉区佛教源流记》、松巴堪布《如意宝树史》《青海史》、二世嘉木样·久美昂波《西藏的佛教》、三世土观活佛《土观宗派源流》、阿芒·贡却群派《汉蒙藏史略》、丹增赤列《世界广论》等，内容都颇为丰富，具有相当的代表性，且都对清代中原史实有一定程度的涉及。当然，这些藏文史籍对清代中原史实的记载由于属本朝人记本朝事，故其内容相对于前代中原史实记载而言，在系统性方面还是有所不及。总体而言，清代藏文史籍对于清代的中原地区的涉猎，涵盖了中原的政治、地理、风土人情和宗教文化等多个方面。

## 第一节　有关清代中原地区王统历史的记载

藏文史籍关于清代中原地区政治史方面的记载主要可分为三个方面的内容：一是关于清朝帝王世系；二是清朝获得传国玉玺的故事；三是中原地区发生的一些重大历史事件。

**清朝王统世系**

以帝王世系及在位年数为主要内容的汉地王统记是元明时期藏文史籍中原史实记载的主要内容，清代不少藏文史籍亦沿袭此传统，并且还增加了清朝王统史方面的内容。

撰写于乾隆元年（1736）的《汉区佛教源流记》所记汉地王统始于三皇五帝，而结束于元明两朝，并将元明两朝的王统世系总结为："元朝皇帝，共十一代；执政八十，又加入九年。大明执政，二百七十，又加五年；总共皇帝，十六代矣。"书中虽然提到了清初的康熙皇帝和清世祖顺治帝及其父太宗博克多（皇太极）等，但并未将清初的这几代帝王按藏文史籍传统的汉地王统记的叙述模式组合起来，也没有涉及清朝（后金）的开创者努尔哈赤及其族姓与来源，而这本是藏文史籍记载中原王朝时通常会首先讲述的内容。[1]《汉区佛教源流记》虽然似乎并未按汉地王统记的叙述方式对清朝王统进行记载，但强调清世祖是文殊菩萨真身、奉天承运而成为造福于天下的转轮王，并举兵入中原，显示出作者有意区分清王朝在入关前后的性质。

[1]（清）贡布嘉：《汉区佛教源流记》，罗桑旦增译，北京：中国藏学出版社，2005年，第39页。

松巴堪布·益西班觉在乾隆十三年（1748）撰写的《如意宝树史》关于中原王统历史的记载基本上是沿袭自《汉区佛教源流记》，但已进一步延续到清朝。书中先是称“宋朝以后有霍尔王朝、大明王朝、清王朝”[1]，明确将清朝纳入中原王朝的历史发展序列，其后指李自成自明崇祯帝手中夺取江山，但仅统治八月半，就被清朝祖先太祖皇帝之子太宗博格多汗在第十一饶迥木猴年（1644）击败，同年清世祖登基，随后遵循藏文史籍的汉地王统记写书模式，对顺治、康熙、雍正及乾隆等清帝世系及其在位年数作出了较为准确的记载，并且还增加了这四代清帝登基时间的藏历纪年：清世祖于木阳猴年登基，在位十八年；康熙帝水虎年登基，在位六十一年；雍正帝水兔年登基，在位十三年；乾隆帝火龙年登基。[2]与《汉区佛教源流记》的作者贡布查布一样，松巴堪布·益西班觉在书中虽然提到了努尔哈赤和皇太极，但都认为清朝在入关以后，才继承明朝而成为中原王朝，故都以顺治皇帝为清朝王统之始。

二世嘉木样·久美昂波在乾隆三十八年（1773）写成的《西藏的佛教》称明朝最后一代皇帝崇祯在位时，天下大乱，大明江山落入李自成之手，东部奉天满州王乌都尔博克多之子清世祖顺治皇帝引满蒙联兵入关，大破闯王，继明称帝，统治“汉藏蒙为主的天下大部分百姓”[3]。二世嘉木样在书中不仅没有提到努尔哈赤，而且明确以顺治为清朝的第一代皇帝，皇太极只是奉天的“满州王”而非皇帝——事实上，正是皇太

[1]（清）松巴堪布·益西班觉：《如意宝树史》，蒲文成、才让译，兰州：甘肃民族出版社，1994年，第748页。

[2]（清）松巴堪布·益西班觉：《如意宝树史》，蒲文成、才让译，兰州：甘肃民族出版社，1994年，第750页；（清）松巴堪钦：《松巴佛教史》（藏文），兰州：甘肃民族出版社，1992年，第1006页。

[3]（清）二世嘉木样·久美昂波：《西藏的佛教》，兰州：甘肃民族出版社，2008年，第151页。

极在位期间，于崇德元年（1636）在盛京称帝，建国号大清。关于清朝的王统世系，该书提到了顺治、康熙、雍正及乾隆共四代，并指顺治皇帝在位十八年，康熙皇帝在位六十一年，雍正皇帝在位十三年，而至作者撰述时，乾隆皇帝已在位三十八年。[1]

阿芒·贡却群派在清嘉庆年间撰写的《汉蒙藏史略》关于汉地王统的记载虽然同样始于三皇五帝，但较为简略，除夹叙一些中原佛教史故事外，通常只记某朝共有多少代皇帝，共历多少年，如对明朝王统的记载就仅仅是“共有十六代皇帝，共计二百七十五年”一语，随后关于清朝王统的篇幅也相当有限，只是称“之后是满族第一个皇帝努尔哈赤，传至顺治皇帝，康熙皇帝，雍正皇帝，乾隆皇帝，现正嘉庆朝时代”，不仅略去了努尔哈赤与顺治之间的皇太极，也没有记载历代清帝的在位年数。[2]还值得一提的是，《汉蒙藏史略》虽然和《如意宝树史》等藏文史籍一样，都确指清朝是继明朝之后的汉地王朝，但《如意宝树史》等乃是称顺治是作为汉地王朝的清朝第一代皇帝，而《汉蒙藏史略》却是以努尔哈赤为明朝之后的新的汉地王朝即清朝的第一代皇帝，而且将努尔哈赤置于明朝之后，显然也与史实不相符合。

智观巴·贡却乎丹巴绕吉于清同治四年（1865）撰成的《安多政教史》亦指明朝崇祯皇帝的帝位在木猴元年（1644）为流贼所夺，而后者“未能保持得住，丢失于清人之手”[3]。

---

[1]（清）二世嘉木样·久美昂波：《西藏的佛教》，兰州：甘肃民族出版社，2008年，第152页。

[2]（清）阿芒·贡却群派：《汉蒙藏史略》，贡巴才让译，西宁：青海人民出版社，1988年，第20页。

[3]（清）智观巴·贡却乎丹巴绕吉：《安多政教史》，吴均、毛继祖、马世林译，兰州：甘肃民族出版社，1989年，第175页。

总体而言，清代藏文史籍对清朝王统世系的记载由于属于本朝人记本朝事，故较之对清以前的历代中原王朝王统世系的记载而言，并不完整，通常只是写到作者著述时的情况。上述所列举的几种藏文史籍的作者大体都认识到清朝是继明朝之后的中原王朝，而且是入关后才继承明朝，成为新的中原王朝。因此，这些清代的藏文史籍在将清朝纳入中原王朝的历史发展序列的同时，多以顺治皇帝为清朝帝系的起始，而顺治以前的努尔哈赤、皇太极两代，却少见提及，只是相对较晚成书的《汉蒙藏史略》，虽然承认清朝是继明朝之后的汉地王朝，但却是以努尔哈赤为清朝王统世系的起点，略去了称帝并建大清国号的皇太极，而以顺治皇帝为清朝王统之始。对努尔哈赤、皇太极、顺治三代帝王的不同处理，反映出上述藏文史籍的作者对清朝政权的前后性质变化——从努尔哈赤建立后金，到皇太极称帝并建大清国号，再到顺治元年（1644）入关统一中原地区，未必都能够较好地把握。

**有关清朝获得传国玉玺的记载**

《汉区佛教源流记》《如意宝树史》等清代藏文史籍都用了较多的篇幅来记载所谓秦始皇传国玉玺辗转流传而最终为清朝帝王所获的故事。

对于秦始皇传国玉玺在历朝历代的流传，历代汉文典籍多有记载。在藏文史籍方面，最早记载传国玉玺的，可能是《汉区佛教源流记》。该书比较详细地讲述了传国玉玺的来历及其流传史：先是战国时楚人在金山上因凤凰降落而获一大石，将其奉献于王，砸开后得一碗大的无瑕白羊脂玉，秦王欲拿十五城换此玉不得；尔后秦始皇统一天下，遂得此玉，以玉造玺，命丞相李斯在其上刻“寿命如天、社稷永存”八个字；秦末时，秦王子婴将玉玺献给汉高祖刘邦；汉朝末年，因金殿失火，一妃之侍从携传国玉玺投井自尽，为前来救火的将军孙坚从井中取出；随后此玉玺经历代王朝传递，至五代后唐，其王在失去政权时，将玉玺挂于颈上投火自尽，传国玉玺由是失踪，后晋、后汉、后周和整个宋朝三百四十七年中，传国玉玺在世间仅存名而已；直到蒙古兵到中原后，才有人将此玉玺献于蒙古大将军、太师木华黎，然后者因不认识此玉玺，故只是将其作为一般宝物保存；薛禅王（元世祖忽必烈）驾崩时，木华黎的孙子因与真金太子之女有亲属关系而将玉玺献给朝廷，此玉玺随即被辨认出是传国玉玺，并发挥神力，消除了少数人对完泽笃（即元成宗，真金之子）是否适合做皇帝的怀疑；后来元顺帝退回蒙古时，也带走了传国玉玺，明朝为争夺此玉玺，多次用兵于蒙古，但却毫无结果，“和宋一样仍旧落个白文天子之名声”；但是，“我朝大清皇帝降旨晓于天下后，不费吹灰之力而落入世祖帝之手”。[1]

《汉区佛教源流记》随后并未立即讲述传国玉玺究竟如何为清朝所获，而是叙述完泽笃（元成宗）之后到元顺帝的元朝帝系，并指元顺帝逃奔蒙古后，直到第二十代王林丹汗，共统治二百六十一年。似乎是暗示传国玉玺经元顺帝一直传承至林丹汗。在接着讲述完明朝的王统世系和清世宗领兵入主中原后，作者才具体地讲述传国玉玺是如何经最末的一代蒙古汗王林丹汗转入清朝帝王之手：

> 复次，此闻名世界之珍宝玉玺，于世祖帝之父王太宗博克多时期获得。此即当年蒙古林丹汗率军进藏时，于途中阵亡，仅剩囊台

[1]（清）贡布嘉：《汉区佛教源流记》（藏文），成都：四川民族出版社，1983年，第37—38页；（清）贡布嘉：《汉区佛教源流记》，罗桑旦增译，北京：中国藏学出版社，2005年，第34—36页。

户及苏泰台户二妃、额二克孔果尔额哲及阿巴乃二王子，以及眷属，即察哈尔八部落三千士兵之军队所剩三分之二人，其多半财产如大风扫树叶一般失去，二妃皆沮丧。此时，彼等将祷祝一尊随身携带之纯金护法神像宝帐怙主，此乃当年八思巴怙主亲自勘测及装藏陀罗尼咒经者也。将神像置于枕前，面向彼等，并在金像前广设供品，然后如此发愿道："现余二寡妇暂且放弃余等二孤儿能自理之愿望，靠一大户是唯一之生路，愿怙主何方之大户眼前和将来对余等有利，请将容颜转向此方兮。"随之就寝。翌日一看，见神像面向东南方。彼等久闻博克多之声誉，神像所向亦与博克多所居相同。于是彼等奔赴奉天，投靠博克多，并将珍宝玉玺献与上。与此同时，将孤入尼公主赐与额尔克孔果尔额哲。满蒙通婚自此开始。[1]

按《汉区佛教源流记》的上述内容，传国玉玺乃是林丹汗死后，由其两位妃子献给了皇太极，然该书前面却称传国玉玺是落入了顺治皇帝之手，前后颇显矛盾。

《如意宝树史》大体沿袭了《汉区佛教源流记》有关传国玉玺的记载，但内容相对简略一些，在个别细节上也略有出入。[2]就以对传国玉玺为清朝帝王所获的记载而言，两书都指是由林丹汗的两位妃子及儿子献出，但究竟是献给了哪位帝王，却有所不同。《汉区佛教源流记》先是指传国玉玺"落入世祖帝之手"，但其后又称是林丹汗死后由其两位妃

[1]（清）贡布嘉：《汉区佛教源流记》（藏文），成都：四川民族出版社，1983年，第42—43页；（清）贡布嘉：《汉区佛教源流记》，罗桑旦增译，北京：中国藏学出版社，2005年，第38—39页。

[2]（清）松巴堪布·益西班觉：《如意宝树史》，蒲文成、才让译，兰州：甘肃民族出版社，1994年，第749页。

子献给了顺治之父博克多，即清太宗皇太极，并指后者获得玉玺后，为消除蒙古部的疑虑，不但迎娶林丹汗的两位妃子，而且还将一位公主赐婚与林丹汗之子额尔克孔果尔额哲，由是开启了满蒙联姻。[1]《如意宝树史》只是称传国玉玺被林丹汗的两个妃子及次子阿布鼐献给了清廷，未明言获得玉玺的清帝是哪一位，但随后又称是清世祖将二妃娶入后宫，并许配公主与林丹汗长子，由此开启满蒙联姻。[2]可见松巴堪布·益西班觉乃是认为传国玉玺是由林丹汗的妃子献给了清顺治皇帝。松巴堪布后来在《青海史》一书中，仍坚持该说法：

> 林丹汗在抵达西藏的夏热塔拉地方时被祖孙三代法王送往死路。林丹汗的次妃之子及珍宝羊脂玉印被送予满洲顺治皇帝，并遂之投诚。[3]

阿芒·贡却群派在嘉庆年间写成的藏文史籍《汉蒙藏史略》虽未专门记载传国玉玺之事，但也提到了林丹汗在前往青海的途中死亡后，其妃子返回，投降“女真皇帝努尔哈赤”，并献上传国玉玺。[4]

清初从蒙古获得传国玉玺，在清朝官修文献也有明确的记载，而并非全是藏文史籍的杜撰。《清太宗实录》载，后金天聪九年（1635）八月：

---

[1]（清）贡布嘉：《汉区佛教源流记》（藏文），成都：四川民族出版社，1983年，第42—43页；（清）贡布嘉：《汉区佛教源流记》，罗桑旦增译，北京：中国藏学出版社，2005年，第39页。

[2]（清）松巴堪布·益西班觉：《如意宝树史》，蒲文成、才让译，兰州：甘肃民族出版社，1994年，第750页。

[3]（清）松巴堪布·益西班觉：《青海史》，黄颢译，《西北民族译丛》1983年第3期。

[4] 阿芒·贡却群派：《汉蒙藏史略》，贡巴才让译，西宁：青海人民出版社，1988年，第31页。

和硕墨尔根戴青贝勒多尔衮、贝勒岳托、萨哈廉、豪格等征察哈尔国，获历代传国玉玺。先是，相传兹玺藏于元朝大内，至顺帝为明洪武帝所败，遂弃都城，携玺逃至沙漠，后崩于应昌府，玺遂遗失。越二百余年，有牧羊于山冈下者见一山羊三日不啮草，但以蹄刨地，牧者发之，此玺乃见，既而归于元后裔博硕克图汗，后博硕克图为察哈尔林丹汗所侵，国破，玺复归于林丹汗。林丹汗亦元裔也。贝勒多尔衮等闻玺在苏泰太后福金所，索之，既得视其文，乃汉篆“制诰之宝”四字，璠玙为质，交龙为纽，光气焕烂洵，至宝也。多尔衮等喜甚曰：“皇上洪福非常，天锡至宝，此一统万年之瑞也。”遂收其玺，携降民渡黄河至归化城。[1]

多尔衮等班师后，即将所获传国玉玺献给了皇太极：

上受玉玺，亲捧之，率众复拜天行礼，复位，传谕左右曰：“此玉玺乃历代帝王所用之宝，天以畀朕，信非偶然也。”……及问诸贝勒起居。固山额真昂邦章京阿山出班答曰：“蒙天眷佑，上与诸贝勒举国平安。”复问凯旋诸贝勒安否，国舅阿什达尔汉奏曰：“仰蒙天眷，复赖皇上洪庥，收服察哈尔汗子额尔克孔果尔，并察哈尔汗妻与其辟臣百姓，又获历代帝王传国玉玺，又入明宣大界至山西地方，多所俘获，大败敌兵。此行甚利。”[2]

---

[1] 《清实录·太宗实录》卷二十四，天聪九年八月庚辰，第2册，北京：中华书局，1986年，第317页。

[2] 《清实录·太宗实录》卷二十五，天聪九年九月戊申，第2册，北京：中华书局，1986年，第321—323页。

按《清太宗实录》所记，皇太极在位时确有多尔衮等从征讨察哈尔蒙古时获得了所谓的传国玉玺。张廷玉等编修的《通鉴纲目三编》进一步指获此玉玺，乃“符命昭然”，故皇太极在次年四月接受众人所上的皇帝尊号，建国号为“大清”，改元崇德。[1]

就具体史实而言，除《汉蒙藏史略》的记载十分简略且所称获得传国玉玺的是努尔哈赤，明显与史实不符合之外，《汉区佛教源流记》及《如意宝树史》的记载，与清朝官修文献的说法大体上是相同的，但在细节上仍存在一些较为明显的出入。在对所谓的传国玉玺的记载上，《汉区佛教源流记》及《如意宝树史》等藏文史籍较之《清太宗实录》等官修典籍的相关内容，在三个方面有较为明显的区别。其一，《清太宗实录》称该玉玺在元顺帝死于应昌府后即遗失，两百年后才被一位牧羊者发现，然后归博硕克图汗，再后为林丹汗所获，此流传过程并非如《汉区佛教源流记》及《如意宝树史》所称玉玺在元顺帝以后，一直按蒙古王统而流传至林丹汗。其二，按《清太宗实录》所记，多尔衮等征察哈尔国，收服了林丹汗的妻及其子额尔克孔果尔，“又获历代帝王传国玉玺”，但未记获得玉玺的具体过程。另乾隆时官修编年体史书《皇清开国方略》的记载是：多尔衮等收服察哈尔蒙古后，“闻玺在苏泰福晋所，索之，既得”[2]，即指此玉玺乃是多尔衮等从林丹汗的妻子处索取而得到的，并非藏文史籍所称的是由后者经护法神像的指示而主动献给皇太极。当然，传国玉玺是应护法神像指示而奉献给清帝的说法也反映了藏文史籍作者基于西藏佛教史观对中原王统合法性的认识。其三，

[1]（清）张廷玉：《通鉴纲目三编》卷三十六。

[2]（清）阿桂等：《皇清开国方略》卷二十，《影印文渊阁四库全书》，台北：台湾商务印书馆，1986年。

《清太宗实录》虽指该玉玺是“历代传国玉玺”，并指其印文是汉篆“制诰之宝”，但并未明确宣称该玉玺就是历代流传的秦始皇传国玉玺。其实，清高宗在乾隆二十七年令宫内专门收藏玉玺的交泰殿，“其秦时传国玉玺一方，特命撤去，不入谱内”[1]，可见清高宗并不相信清宫真藏有所谓秦始皇传国玉玺。

总体而言，《汉区佛教源流记》及《如意宝树史》关于传国玉玺的记载有一个较为明显的特点，那就是明确称清朝帝王自蒙古获得的就是秦始皇所造的传国玉玺，并强调此玉玺自秦以来流传有序，且与统治的正当性和王朝的正统性密切相关，由此而贬低宋明两朝，凸显元朝和清朝统治的正统性与合法性，这正如《汉区佛教源流记》所称：

> 汉区众人称诸大宋帝和大明帝为“白文天子”，即阴纹或阴文天子。彼等以此来贬低帝王亦不无道理。其主要原因是宋明两朝皇帝无此永恒卍字玉玺。[2]

很可能正是看重所谓的传国玉玺与王朝正统性之间的对应关系，故藏文史籍的作者在究竟是哪一位清朝帝王获得玉玺这一点上颇显混乱。一方面，若依清朝官修典籍的说法，自然皇太极从察哈尔蒙古获得了传国玉玺，随后即改元称帝，建大清国号，如果传国玉玺是正统性的代表，则清朝王统当始于皇太极。另一方面，清朝入主中原后，亦宣称继承的是明朝，而藏文史籍亦接受此观点，故名义上领军入主中原的顺治帝才

[1] （清）阮葵生：《茶余客话》卷十九，北京：中华书局，1959年，第565页。
[2] （清）贡布嘉：《汉区佛教源流记》，罗桑旦增译，北京：中国藏学出版社，2005年，第34页。

应该是作为中原王朝的清朝王统的第一位皇帝。《汉区佛教源流记》和《如意宝树史》在关于究竟是哪一位清朝帝王获得传国玉玺上的混乱的根源或许就在于此，而松巴堪布·益西班觉在《如意宝树史》《青海史》等书将林丹汗之妃献出玉玺及相应的满蒙联姻等事系之于清顺治帝，可能就为了避免上述矛盾在书中出现。同样的，《汉蒙藏史略》之所以相信林丹汗死后其妃子是将传国玉玺献给了努尔哈赤，这很可能与该书乃是以努尔哈赤为清朝王统之始有关。

**清代中原地区发生的重大历史事件**

随着清朝对于西藏统治的不断加强，清代的藏文史籍也有大量反映清朝在西藏施政及西藏地方与清王朝、中原地区在各方面都发生密切关系的记载。特别是清代前期，清朝多次用兵，如康熙末年雍正初年入藏驱除准噶尔部、雍正初年平定罗卜藏丹津叛乱、乾隆年间的两次金川之役、乾隆后期的廓尔喀之役等，对于这些重大历史事件，不少藏文史籍都有记载。就狭义上对中原史实的记载而言，除了对清朝的王统世系及传国玉玺如何流传至清朝帝王之手的记载外，清代藏文史籍还提到了一些清代中原地区发生的重大历史事件，其中被提及最多的乃是清朝如何入主中原。

清代的藏文史籍都以清朝为继明朝之后的又一个中原王朝，对于清朝入主中原，则通常会涉及明朝灭亡及清朝入关击败李自成大顺政权等事。《汉区佛教源流记》关于明朝灭亡与清朝入主中原的记载都比较简略。对于明朝的灭亡，书中只是说“至第十六代王由检时期，最终酿成（大明）江山落入匪首李自成手中之恶果”；随后又称清世祖“举天神四兵入中原，灭众恶徒盗贼于战场，救众生于苦难之中”。[1]二世嘉木

[1]（清）贡布嘉：《汉区佛教源流记》，罗桑旦增译，北京：中国藏学出版社，2005年，第38页。

样·久美昂波在《西藏的佛教》对明末清初这段历史的记载是：

大明最后一位皇帝崇祯在位时，天下大乱，大明江山落到农民起义军首领李自成之手。李自成做闯王仅半年，百姓痛苦不堪。此时，东部奉天满洲王乌都尔博克多之子清世祖顺治皇帝引满蒙联兵入关，大破闯王，继明称帝，统治汉藏蒙为主的天下大部分百姓。[1]

松巴堪布·益西班觉《如意宝树史》也有大体相近的简略记载。书中虽然也指明朝亡于李自成，但与《汉区佛教源流记》《西藏的佛教》皆称清朝顺治帝领兵击败李自成而统一天下有所不同，他认为击败李自成的乃是顺治之父博克多汗（即皇太极），然后顺治帝才登基，其文如下：

李自成从明崇祯帝手中夺取江山后，仅统治八月半，第十一饶迥木猴年（引者按：明崇祯十七年、清顺治元年，1644）清朝祖先太祖古日皇帝之子清太宗格坚硕图皇帝博克多汗击败李自成的军队，同年清世祖格固楼萨皇帝登基……[2]

在《青海史》一书中，松巴堪布·益西班觉也对李自成推翻明朝及清朝入关有所记载，并增加了一些细节，如指出李自成是来自边地的“强盗”，又大约提到吴三桂，其文如下：

[1]（清）二世嘉木样·久美昂波：《西藏的佛教》，兰州：甘肃民族出版社，2008年，第151页。

[2]（清）松巴堪布·益西班觉：《如意宝树史》，蒲文成、才让译，兰州：甘肃民族出版社，1994年，第749—750页。

在木猴年（1644），边地塔布尔王部落中有六个叫乌乌斯的强盗，率匪帮前往西宁，然后到达北京，夺取了汉地明末崇祯皇帝的政权，坐了数月王位。其时，崇祯帝之一大臣王某藏文原注：吴王），以宝函呈报满洲清帝。此后清军与汉军包围北京之时，贼兵即逃亡边地。满洲第一个皇帝清太宗顺治登基。[1]

《土观宗派源流》虽然并无专门的王统记，而仅有教法史，但在讲述西藏佛教传入中原地区时，仍提到了清朝获得中原统治权的经过，称“不久崇祯皇帝的神京为闯王李自成所破，世祖引兵入关，又大败闯王，明代政权遂由他接管”；随后还声称当顺治还在奉天时，班禅就派遣了一位“成道大师”，为顺治修法祈祷，并推算日辰，预言其将掌管大明的江山。[2]

此外，《汉蒙藏史略》虽然称李自成在木蛇年（1643）夺取明朝的都城，但对于明朝的灭亡与清朝入关的原因，却是用一个预言故事来给予解释：

中原有个叫永武的帝，他画了一幅卷轴中堂，卷起来后说：“谁启封就会失掉江山，千万不要应启封。”过了七代到崇祯皇帝时，他启封了这幅画，画面是一幅给满洲人搭桥进关的图，于是便出了满洲爱新觉罗氏的皇帝。[3]

---

[1]　（清）松巴堪布·益西班觉：《青海史》，黄颢译，《西北民族译丛》1983年第3期。

[2]　土观·罗桑却季尼玛：《土观宗派源流》，刘立千译注，北京：民族出版社，2000年，第215页。

[3]　（清）阿芒·贡却群派：《汉蒙藏史略》，贡巴才让译，西宁：青海人民出版社，1988年，第59页。

关于明末清初历史发展的基本脉络，梳理《清通鉴》，大体应该是：崇德八年（1643）八月初九日，皇太极猝死于盛京后宫[1]，五日后议定由年仅六岁的第九子福临继位，多尔衮和济尔哈郎共同辅政；崇祯十七年（顺治元年，1644）正月初一日，李自成于西安称王，建大顺国；三月十九日，崇祯皇帝自缢，李自成率大顺军入北京城；四月，明山海关总兵吴三桂引清军在山海关击败李自成大顺军，后者于月末撤离北京城；五月初二日，多尔衮率清军进入北京城；九月十九日福临至北京城，十月一日即皇帝位。[2]清代藏文史籍关于明朝灭亡和清朝入主中原的记载，虽然大体符合历史发展的基本脉络，将李自成及其大顺军称为“强盗”，亦符合清廷及中原的认知，但在一些具体的时间及事件经过方面还存在一些出入。比如《如意宝树史》称李自成夺取明朝江山后统治了八月半、皇太极在第十一饶迥木猴年（1644）击败李自成等，都与史实存在较大的差距。

除关于清朝如何入主中原继承明朝统治天下外，清代藏文史籍对于清代中原地区发生的重大历史事件的记载并不多，其中相对有较多提及的是康熙年间吴三桂反叛清朝之事，这可能是吴三桂等发动的“三藩之乱”不但持续时间长、影响大，而且波及的地区范围很广，当时控制青藏高原的蒙藏势力也卷入其中。[3]对于吴三桂反叛清朝，松巴堪布·益西班觉在《青海史》一书中有这样的记载：“木虎年（1674）时，往昔汉地热巴坚之吴王，其后裔是平西亲王，此与清帝不和，从而发生

[1] 《清实录·太宗实录》卷八十五，崇德八年八月庚午，第2册，北京：中华书局，1986年，第911页。

[2] 戴逸、李文海主编：《清通鉴》，太原：山西人民出版社，2000年，第666—715页。

[3] 参见曾现江：《胡系民族与藏彝走廊——以蒙古族为中心的历史学考察》，成都：四川人民出版社，2007年，第142—144页。

动乱，然而很快平息。”[1]二世嘉木样·久美昂波在《西藏的佛教》一书中亦称：“康熙十三年即藏历木虎年十二月，兰州、陇西、秦州、河州、岷州、洮州等地的汉人反叛朝廷，纷纷向长毛吴三桂投降。”[2]由于该书是应卓尼土司的请求而写，故书中随后还着重就卓尼土司奉清朝命令，出兵镇压甘肃南部洮岷一带的吴三桂势力进行了较为详细的记载。[3]

## 第二节　有关清代中原地区宗教文化发展情况的记载

后弘期藏文史籍都非常重视对宗教史，主要是佛教发展史的阐述。与之相应，关于中原的佛教发展情况也一直是10世纪后期以来藏文史籍中原史实记载的重点内容。清的藏文史籍在记载中原时也继承此种撰写范式，用较多的笔墨来论述佛教在中原的历史发展情况，更有《汉区佛教源流记》《如意宝树史》《土观宗派源流》等书，将叙述对象进一步扩展到中原的儒道两教，以及其他一些外来宗教，从而得以比元明时期的藏文史籍更为全面和具体地论述中原地区的宗教历史。在清代藏文史籍的中原宗教史叙述中，亦有一些是有关清代中原的佛教和儒道等宗教情况的观察与记录。除中原地区的儒道释之外，上述三种清代藏文史籍

[1]（清）松巴堪布·益西班觉：《青海史》，黄颢译，《西北民族译丛》1983年第3期。

[2]（清）二世嘉木样·久美昂波：《西藏的佛教》，兰州：甘肃民族出版社，2008年，第164页。

[3]（清）二世嘉木样·久美昂波：《西藏的佛教》，兰州：甘肃民族出版社，2008年，第164—166页。

还提到由域外传入中原地区的其他一些宗教。[1]

**中原佛教发展情况**

清代藏文史籍所述的中原佛教史，重点仍然是初唐以前的情况，但对清代中原地区的佛教发展情况也有不同程度的涉及。

贡布查布《汉区佛教源流记》可能是传世的最早的一部专门记载中原的宗教及历史文化等内容的藏文史籍。书中以东汉至明朝的历代高僧（包括南亚、西域等前来中原的高僧和出自中原的高僧）的事迹为中心，来建构佛教在中原的传播与发展历史，并对禅宗、深观宗（包括天台宗和华严宗）、广行宗（唯识宗）、律宗、密宗等佛教宗派的传承与发展作了不同程度的介绍，并提及元明时期一些著名西藏佛教高僧前往中原活动并接受朝廷敕封的情况。该书还讲述了隋以来佛教典籍的翻译、编目、注释、校勘等情况，包括隋文帝时《大藏经》的审订，以及唐代《开元录》《贞元录》和宋代《祥符录》《景祐录》的编修，又着重介绍元代《至元法宝勘同总录》的编订过程，然后按经、律、论的分类，逐一介绍《至元法宝勘同总录》所录佛经，并就汉藏两种文字经卷之异同、有无、多寡等情况加以说明。较之前代藏文史籍，《汉区佛教源流记》对中原的佛教发展历史的记载更为系统，内容也更为丰富。不过，该书的中原佛教历史叙述由于明确止于明代，故对于清代中原地区的佛教发展情况并无专门的记载，而仅仅是有一些片言只语的间接涉

[1]《汉区佛教源流记》《土观宗派源流》及《如意宝树史》所载由域外传入中原地区的其他宗教，很可能主要指的是伊斯兰教，但就前两书的具体内容而言，还提到了耶稣，以及一些可能属于基督教的教义，或许是将伊斯兰教、基督教混杂在一起。参见（清）贡布嘉：《汉区佛教源流记》，罗桑旦增译，北京：中国藏学出版社，2005年，第42—43页；（清）土观·罗桑却季尼玛：《土观宗派源流》，刘立千译注，北京：民族出版社，2000年，第204—205页；（清）松巴堪布·益西班觉：《如意宝树史》，蒲文成、才让译，兰州：甘肃民族出版社，1994年，第750页。

及，如讲到清朝王统世系时，称清世祖率兵入主中原后，“与格鲁教派结成福田与施主之关系”[1]。

《如意宝树史》关于中原地区教法源流的内容多与《汉区佛教源流记》相近，只是大部分内容都相对简略。稍有不同的是，松巴堪布·益西班觉在书中增加了一些清代西藏佛教在中原地区的传播情况，当然内容仍主要局限于西藏佛教活佛高僧在中原地区的活动和获得的各种封赐等，亦相当简略。书中所载有关清代中原地区的西藏佛教情况的内容有：清世祖于水龙年（1652）迎请五世达赖喇嘛至北京，并封赐为帝师；康熙时印行藏文大藏经《甘珠尔》《丹珠尔》，赤钦洛追嘉措进京，与章嘉活佛等被封为国师，土观活佛被封为禅师，又派人到西藏学习；雍正时，封章嘉活佛为帝师等；乾隆时，迎评卫藏多康的高僧至中原，“缮修古寺，新建许多寺院和三佛田，以此供养来崇敬佛法”。[2]

二世嘉木样·久美昂波所撰的《西藏的佛教》也有专门讲述中原地区佛教历史的章节，其中也有关于清代佛教发展情况的内容，主要是依次列举了清朝历代皇帝对佛教，特别是西藏佛教的支持，其文如下：

> （顺治皇帝）信奉佛教，迎请观世音化身五世达赖入朝，广修寺庙，册封五世达赖为佛教之主，并颁赐“大金刚持”佛号、官服官帽、金印、华盖、坐骑及绸缎等，大力供奉无上释迦佛教。
>
> （康熙皇帝）广修佛教寺庙，造无数佛像、佛经和佛塔等身语意三依，迎请大主章嘉多吉强·阿旺洛桑曲丹等德行高妙、学问通

[1]（清）贡布嘉：《汉区佛教源流记》，罗桑旦增译，北京：中国藏学出版社，2005年，第38页。

[2]（清）松巴堪布·益西班觉：《如意宝树史》，蒲文成、才让译，兰州：甘肃民族出版社，1994年，第764页。

达的大圣哲人朝，广赐顺缘，使佛法愈传愈兴。

（雍正皇帝）继位后，更加信奉佛教，尤其是将大法主二世土观阿旺曲吉嘉措尊为国师。……请章嘉二世入京，承侍供养。

（乾隆皇帝）将佛法尊为皇冠上的宝珠一般，迎请部分大活佛转世灵童入朝，广修佛寺，特别是将三界无比之大转妙法轮者、我等众生的大导引、遍知切益西丹贝仲美（引者按：指二世章嘉活佛）尊为根本上师，广受教诫，修习要义。[1]

作为一位西藏佛教格鲁派的高僧，作者最后还强调：“顺治、康熙、雍正、乾隆四位皇帝虔信佛教，依次册封、供养达赖和班禅两大活佛系统，关系至深，成为格鲁派的主要后盾。”[2]关于清代中原地区的汉传佛教，书中几乎没有具体的记载，仅是在总结中原佛教发展历史时，先是赞颂中原佛教历史悠久，并因为出现许多有成就的法师而使得“佛法之宝犹如日出，普放光芒”，但又声称：“然而，当今浊世之际，加上佛法传入中原汉土历时很久，故比起昔时略显衰亡，但其教流仍继续不断。”[3]显然，在作者看来，在清代，中原的汉传佛教虽然仍然存在，但已显示出了衰亡之兆。

在《土观宗派源流》一书中，中原佛教被明确区分为由天竺传入和由西藏传入两类。由天竺传入者，实际指的是佛教经西域等地传入中原

[1] （清）二世嘉木样·久美昂波：《西藏的佛教》，兰州：甘肃民族出版社，2008年，第151—152页。

[2] （清）二世嘉木样·久美昂波：《西藏的佛教》，兰州：甘肃民族出版社，2008年，第152页。

[3] （清）二世嘉木样·久美昂波：《西藏的佛教》，兰州：甘肃民族出版社，2008年，第152页。

地区后，不断吸收儒道文化而形成的汉传佛教。书中参照《汉区佛教源流记》，简略梳理了汉传佛教的源流：西周昭王时，佛降诞并授记佛法将在千年后传入中原；东汉明帝“永平求法”“白马驮经”，是为佛教传入中原之始；魏晋南北朝，不少域外高僧来华译经弘法；隋唐宋三朝皆对佛经编目；元世祖时，对勘藏汉佛经，重定目录。在梳理汉传佛教的源流后，作者从法脉传承、著名高僧、主要经典、教义与教规及修行方法等方面，逐一解说律宗、密宗、广行宗、深观宗和禅宗等五大宗派的教义思想和传承，其中对广行宗、深观宗和禅宗的阐述颇详。西藏佛教传入中原，指的是元朝以来西藏佛教在中原地区的传播。当然，该书作者土观·罗桑却吉尼玛作为格鲁派僧人，对萨迦、噶举及本教等派在中原的活动只是列举一二，重点叙述的还是格鲁派在中原的活动，而主要又是清朝对达赖喇嘛、班禅额尔德尼、章嘉、嘉木样、土观等各大活佛系统的敕封与管理，以及与之相关的西藏佛教在中原地区的发展概况。

具体来看，关于清代西藏佛教高僧在中原地区的活动，《土观宗派源流》先是称当清朝尚在盛京时，班禅罗桑却吉坚赞与达赖喇嘛师徒即遣使奉礼上表，清世祖颁发诏书予以赏赐，双方由此建立关系；班禅还派遣一成道大师至盛京，为清世祖修法祈祷，并推算日辰，预言其将掌管明朝江山，此成道大师后随皇帝进京，在京城中心的景山建大宝塔，以巩固清朝的统治，又在城外建护国的黄寺与佛像等，随后一段时间又创立了“从瑞应的祭台上吹号角和绕行的规矩”。清朝由是也赐给喇嘛关防印信、职位，世代传承。其后，书中先后提到了五世达赖喇嘛进京，被封为“西天大善自在佛所领天下释教普通瓦赤喇怛喇达赖喇嘛”，赐封号玉印；康熙皇帝迎请章嘉·阿旺罗桑却丹，封为大国师，赐金册金印，并支持达赖和章嘉在京城修建了一些寺庙，聚集僧众；雍正皇帝赐一世土观阿旺·却季嘉措印信、金册玉印和净修禅师名号，又将仅八岁的二世章嘉活佛若比多吉迎至北京，随后赐予大国师印，并且“凡掌教大德，无论住于中土或边疆，均不加分别，普遍给予优遇”；乾隆皇帝不仅封章嘉活佛承袭国师位，而且还学习很多显密教法，且克实修持，建立寺庙、佛塔、佛像无数，其中在京城雍和宫内设显密明处学院，在热河建有不少寺院，从西藏及安多地区迎请许多高僧大德，赐予法师名号，又迎请六世班禅白丹耶协至京，赐予封号并从之闻法。[1]

以上几部藏文史籍有关清代中原地区佛教发展情况的记载，具有以下两个特点：首先，重视西藏佛教，轻视汉传佛教，所记载的几乎都是西藏佛教格鲁派在中原地区的发展情况，而清代中原地区的汉传佛教却基本被忽略；其次，对清代西藏佛教在中原地区的发展情况的记载主要是围绕清朝皇帝来展开的，重视政教关系，强调清朝统治者对西藏佛教的支持，以及后者的臣属和对清朝统治的维护，体现出鲜明的西藏佛教史观特色。

**有关儒道两教的记载**

清代以前的藏文史籍有关中原宗教方面的记载，基本上都局限于中原的佛教发展史，中原地区的儒道等教甚少被提及。就对儒家的记载而言，在敦煌文书中，就有变文即民间说唱文学文本《孔子项托相问书》的多个藏译本，且翻译来源还不尽一致，反映出小儿项托问难孔子的故事在吐蕃社会已有相当程度的流传。[2]五世达赖喇嘛阿旺·罗桑嘉措在

[1]（清）土观·罗桑却季尼玛：《土观宗派源流》，刘立千译注，北京：民族出版社，2000年，第215—216页。

[2]冯蒸：《敦煌藏文本〈孔子项托相问书〉考》，《青海民族学院学报》1981年第2期；陈践：《敦煌古藏文P.T.992〈孔子项托相问书〉释读》，《中国藏学》2001年第3期。

明末撰写的《西藏王臣记》则称唐太宗为孔子的化身。[1]除上述两种情况外，清代以前的藏文史籍甚少有涉及中原的儒家及相关人物的内容。关于道教，清代以前藏文史籍也同样很少提及，即使是偶有提及，也是站在佛教的立场，给予否定性或负面记载。如明代后期成书的《萨迦世系史》就提到了元初的佛道之争，书中称八思巴发现信奉太上老君之道的道士“沉溺邪见，害人害己”，于是就遵照皇帝之命，与道士展开辩论，折服所有道士，使其皈依佛教。[2]在清代，出现了《汉区佛教源流记》《如意宝树史》《土观宗派源流》等藏文史籍，极大地突破了前代藏文史籍有关中原儒道等宗教文化记载严重不足的局限。当然，这几部成书与乾隆至嘉庆初年的藏文史籍有关中原的内容相近或相似之处颇多，反映出彼此间具有一定的传承关系。

在清乾隆至嘉庆初年成书的这几部藏文史籍中，最早成书的贡布查布《汉区佛教源流记》在叙述中原佛教史之前，先是从与佛教教义比较的角度，简略介绍儒、道、墨、列、庄等先秦诸子的思想主张，以及其他一些宗教（可能是伊斯兰教、基督教）传入中原的基本情况，并沿袭中原佛教界关于三教优劣的所谓“儒教似星，道教如月，佛教如日”之说[3]。松巴堪布·益西班觉《如意宝树史》大体沿袭了上述记载，但内容相对简略一些。《土观宗派源流》在前两书的基础上，有了更大的发展。该书的“汉地儒家、道家和佛教的教派源流”部分，先是分析中

[1]（清）五世达赖喇嘛：《西藏王臣记》，刘立千译注，北京：民族出版社，2000年，第18页。

[2]（明）阿旺贡噶索南：《萨迦世系史》，陈庆英、高禾福、周润年译注，拉萨：西藏人民出版社，2002年，第116—117页。

[3] 此说最早出自隋代隐士李士谦。《隋书》卷七十七《李士谦传》载：“客又问三教优劣，士谦曰：佛，日也；道，月也；儒，五星也。”后世中原佛教史籍涉及儒道释三教优劣问题时，多引士谦之论。

原、印度及西藏地方对汉地的不同称谓及其由来，随后指汉文史籍所记，中原虽然出现过多种宗教，但“真正能明确揭示真理而成为大宗的”，却只有儒道释三教，且“初儒教如星，次道教如月，最后佛则如日”，故接下来即以此三教为重点，就各自的历史源流、理论主张、典籍要义、代表性人物、修行规制等展开论说。相对而言，书中对儒释两教叙述甚详，对道教着墨较少。除此三教外，作者还扼要介绍墨子、列子、庄子的思想主张，并对域外传入中原的其他宗教（如伊斯兰教）略加评介。[1]《土观宗派源流》有关中原的儒道及外来宗教的颇为详细的阐述中，有不少内容都反映了作者所生活的乾隆嘉庆年间的一些情况。

1. 儒家

土观·罗桑却吉尼玛认为，“儒”的本义是教训之书，或明理之学。对于儒家，他主要阐述了四个方面的内容。一是儒及儒家的源流。儒起源于伏羲，传于仓颉；伏羲造专讲八卦的《连山易》，为中原最初的经典，相继出现的“五经”是儒家学问的根本；孔子是儒家的导师和儒学的创始人，其出生与释迦牟尼降世的年代相距不远，他的学说主要由弟子和再传弟子据其谈话并阐释其意，发展成“四书”；秦以后的儒家萧何，广释孔子之说，明定律制，又有朱子，其著述被视为儒家学说的典范。二是从儒家发展出来的学术。书中先是颇为详细地梳理历算即易学的发展脉络，然后又不惜笔墨地介绍中原的各种发明创造与文化成就：神农氏作《本草经》，汉地医学由此而起；黄帝轩辕氏仰观星辰而发明五行和天干地支以纪年月日，星象观测、舟车制造、宫屋建筑与战车、旗帜、服饰等亦皆起源于此时；大禹造五弦琴等乐器、作《乐

[1]（清）土观·罗桑却季尼玛：《土观宗派源流》，刘立千译注，北京：民族出版社，2000年，第193—216页。

经》，歌舞由此而兴；中原还有众多的诗词和讲解文辞修饰的书籍、历史著作，以及工巧技艺、堪舆之学、相人之术、占卜推算等。三是儒家所持理论。儒家经典没有提及业报轮回，儒家大多只重视现世生活，缺乏对生死的关注。“五经”和“四书”所讲及阐发的是仁、义、礼、智、信五种纲常，但并未否定业报轮回，而且还隐含着一些佛家的修行理论。土观活佛还讨论了《易经》对天、地、人的来源的解释，以及朱子所论“三魂六魄”，又认为孔子在《大学》中所论的大学之道，似乎已有大乘佛学的思想，尤其是“止于至善”之语，所指与佛徒修行的目标即成佛无异。四是儒家的修行规制。儒生先习“四书”，通达者可称“先生”，再研“五经”，可得秀才、状元等名位。学“四书”和“五经”而成博学之士，再习治理之术，就可出仕为官，辅佐朝廷，治理万民。也有不少精通典籍之人，既不愿做官为宦，也不愿经商务农，而是隐居乡里，唯思经史之义，间或授徒讲学，事少寡欲地度过一生。这第四方面的内容大体反映了作者土观·罗桑却吉尼玛对清乾隆至嘉庆初年中原地区儒家一般情况的观察与记录：

汉地学者，研习“四书”，已得通达则称先生。这个名字直译则为出生在前。译其义则为胜士。“四书”之上再学习上面说的“五经”，若完成所学，按学习的优劣，则获得秀才、状元等名位。如是熟习“四书”“五经”成为博学之士，又加习治平之术，则能善教他人明知取舍，具此两种才能，即可出仕为官。辅佐朝廷，治理万民。其爵位官职之大小，又视其才能之高下而定。若以此例吾藏地，五经，如同五部大论，儒学如同所摄一切佛典，精通儒书后则得先生、秀才、状元等名位，与博通佛典后则得格西、迦居巴、然降巴等学位的规制相同。以后即可授以教民化众的官职，与学法诵经堪为楷模者，则派为大小僧院的讲座相似。然晚近因世风日下，学有成就，堪为楷模者，实属罕见，汉藏两地，均有同感。

也有一类精通汉地诸大经史之义理者，不想做官为宦，也不欲经商务农，而隐居山泉，唯思所学经史之义理，间或授徒讲学，生平以少事寡欲度过一生者亦不乏人。这种人与进入佛门，闻思达于究竟，遂抛舍世务，静居山林，克实修行以终其身者相仿佛。但如上所说的人，在儒道两方面都是虽有亦不多见。

书中最后还讨论了儒家对佛教的认识与态度。在作者看来，孔子似乎是景仰释迦牟尼的，但其所著之书从未谈论佛教的优劣。后世儒家，唯有朱子之书对佛法备加赞扬，而周子（周敦颐）等则非难佛教徒不敬父母、君王，这自然遭到三世土观活佛的反驳。[1]

2. 道教

在藏文史籍中，《土观宗派源流》首次对道教进行了较为系统的记载，涉及道教的源流、教义与神灵、修行规制等多方面的内容。

关于道教的源流，土观活佛称道教的始祖为老君，有人老君与神老君之分：神老君即太上老君，人老君即老子。太上老君在天地初成时出世，八十一次化为人身，老子即其中之一，其出生年代与孔子略同。相传老子在母腹中住胎八十二年，生时须发皆白，故名老子，意为老人。后来门徒美其名便称为老君。老子在山洞中得到七十二章天书，精勤研

[1]（清）土观·罗桑却季尼玛：《土观宗派源流》，刘立千译注，北京：民族出版社，2000年，第193—216页。

习，遂创出道教。太上老君传出的道教，由其化身的老子和元始天尊广布人间。土观活佛还提到，其师三世嘉章活佛曾认为老子与本教的创始者辛饶米沃是同一人，但他认为这可能是藏人将汉语对圣贤所称神仙的“仙”字错讹读为“辛”。

关于道教的教义，三世土观活佛总结为：主张无形、无色、无上和自然大道之说。书中随后指道教崇拜的神灵很多，既有五岳的山神，又有四渎河神和风雨雷电等具有神力的非人之神。为供祀这些神灵，需要做各种法事。在做法事时，要念诵净身、净口、净舌等咒语，沐浴斋戒，同时还要调息运气，凝神定气。道教还有“八仙”，以及具有很大法力并镇伏了很多非人邪怪的张天师。相传天师宫周围的一切山神土地，都听命于张天师，他的子孙来到宫前，则有非人鬼怪前来迎驾。此外，道教还有不少传说有神通变化的人。

土观活佛还指出，道教的修行需大量采用药物、秘方，以及各种修炼天神和神仙所传明咒的法术传授。道士亦分在家与出家两类。

**清代藏文史籍有关中原儒道释等宗教文化记载的价值与意义**

《汉区佛教源流记》《如意宝树史》《土观宗派源流》等清代的史籍对中原儒道释等宗教文化的记载，较之前代藏文史籍，尤其是元明时期的诸多藏史名著，已有多方面的突破，在相当程度上克服或弥补了藏文史籍中原书写长期存在的诸多缺陷与不足，并在汉蒙藏等多民族文化的交流、对话上具有独特的价值和意义。

1. 记载范围的扩大及内容系统性方面的突破

三种藏文史籍有关中原宗教文化的记载，涉及的内容相当广泛和丰富，大多是前代藏文史籍所没有的。清代以前的藏文史籍几乎不载儒、道二家，即便是中原佛教，所记内容也相当狭窄有限，这不仅体现在叙述吐蕃历史时只是间接提及中原佛教的一些零散事项，纵然是《红史》等书的汉地王统记，也只是插叙一些从周昭王时卜知佛祖降诞到初唐时期与中原相关的佛教史故事。众所周知，中原地区历史悠久，文化源远流长，博大精深。春秋战国时期已蔚为大观的诸子百家争鸣，历汉晋唐宋，逐步形成儒道释三家鼎足并立、互融互补的基本格局，共同构成了中原文化的主干。上述三种藏文史籍，尤其是《土观宗派源流》，对中原儒道释三家初步构建起具有高度概括性的阐释体系，并旁及诸子及中原的各种发明创造与文化成就，实不啻为中原文化的基本面貌勾勒出了一个大体轮廓，这在藏文史学发展史上无疑是非常重要的成就。

2. 内容的客观性与准确性上的突破

10世纪末叶以来的藏文史籍，由于形成于佛教在西藏社会占据统治地位的时期，且大多出自佛教学者之手，故其内容多侧重于宗教阐述，视佛教的兴衰为历史发展的主轴，其中有关中原的记载，则多以神话、传说与史实相互杂糅混同，模糊、混沌不清，且富有神话色彩，不乏虚构、想象与附会，失实之处颇多，即便是《红史》以来各书专门记载中原的汉地王统记，也不乏一些充满神迹的内容。然而，《汉区佛教源流记》等书在论述中原时，虽仍立足于佛教本位，但却能够在一定程度上弱化佛教史观，采取相对客观和理性的态度，在准确把握中原文化主干由儒道释三家共同构成这一总体格局的基础上，以相对包容、平等的视角逐一记载。虽然这三种藏文书籍的中原记载内容非常广泛，涉及中原历史文化的许多方面，但穿凿附会相对较少，除个别地方略存理解上的偏差外，绝大部分都契合于中原传统的认知范畴，体现出了较高的准确性。

在三种藏文史籍中，《土观宗派源流》还尤其注意辨析和厘正有关中原文化的一些误解、偏见，乃至错误。作者多次从藏语与汉语发音差异的角度，分析诸如孔子、周公、神农、文王、八卦、九宫等一些重要文化词语传入西藏后所发生的称谓变异，从而对一些传统的错误认识给予澄清。如他认为，汉语习称圣贤为“神仙”，但“仙”的藏语发音被讹为“辛”，于是被尊为神仙的道教始祖老君就被藏人误以为是本教的教主辛饶。土观活佛还着重驳斥西藏视孔子为神变之王或善于工巧的能人的说法，称这“全是暗中摸索之语”，又指有关“河图洛书”的一些附会之说“实为臆造的无稽之言”，许多关于八卦及十二属相来源的说法更是不值一驳的“邪说”，而不少有关中原历算之学起源的看法也是没有依据的。在谈到中原医药时，土观活佛指出，藏医源自中原而非印度，如藏医的经内五行，就并非印度所说的地、水、火、风、空，而是中原五行的木、火、土、金、水。他还指出，西藏佛教关于著名僧人帕当巴桑杰为汉地禅宗祖师达磨的种种说法，同样是缺乏依据的附会之词。

3. 对以往藏文史籍中一些常见的有关中原的误解进行反省

贡布查布、土观·罗桑却吉尼玛等藏文史籍作者都对以往藏文史籍中一些常见的有关中原的误解进行了深刻的反省，其中最值得珍视的无疑是他对汉地佛教是所谓“顿门”教法的理解。长期以来，西藏社会对汉传佛教的认识，在很大程度上是与“吐蕃僧诤”联系在一起的。所谓“吐蕃僧诤”，据有后弘期第一部史书之称的《拔协》记载：桑耶寺落成后不久，汉地和尚摩诃衍那所传授的“顿悟”之法，受到大多数吐蕃信众的追随，故引起了主张“渐悟”的印度僧人及其支持者的不满，赞普赤松德赞于是请来梵僧莲花戒，令其与摩诃衍那分率僧众，就双方见地之高下优劣展开辩论，结果莲花戒获胜，渐悟之法成为吐蕃佛法正宗，顿悟之法则被禁止，摩诃衍那亦被逐出吐蕃。[1]虽然大量现代学术研究成果都证明，《拔协》的上述记载并非历史真实，而是对吐蕃僧诤历史场景的虚构，然而后世藏文史籍作者不仅沿袭其说，而且还进一步妖魔化描写，直到把汉地和尚说成是谋害莲花戒的刽子手，视顿悟之法为异端邪说，汉传佛教则被贬称为“顿门”教法、“和尚之教”，遭到轻视，从而对汉藏文化的深层次交往与平等对话造成了相当程度的不利影响。[2]面对这种根深蒂固的传统认识，贡布查布、土观活佛以其卓识与勇气，不但对中原佛教予以系统论述，而且还进一步就西藏佛教传统有关“顿门”与“渐门”、“和尚之教”等认识展开极具针对性的辨析。贡布查布指出，“顿门”与“渐门”都是佛教的修行方式，只是汉僧摩诃衍那错误地将“顿门”作为所有凡夫俗子共同的修行之法，但摩诃衍那并不能代表汉地佛教。[3]三世土观活佛在贡布查布所论的基础上，进一步认为：其一，顿悟与渐悟，不过是在引导弟子方法上的差别，藏文史籍将二者视为不同的宗派，实属错误；其二，汉地禅宗与西藏佛教噶举派一样，都传承的是“大手印”教法；其三，至于汉地和尚摩诃衍那，其言论虽有所不妥，但并非汉地禅宗的全部主张，更不能代表整个汉传佛教，故“不可只就一和尚所言有误，便认为一切和尚之见皆是邪计”。[4]

在《佑宁寺志》一书中，三世土观活佛也曾就如何认识“和尚”与

[1] （唐）拔·塞囊：《拔协》，佟锦华、黄布凡译注，成都：四川民族出版社，1990年，第48—55页。

[2] 沈卫荣：《西藏文文献中的和尚摩诃衍及其教法——一个创造出来的传统》，《新史学》2005年第1期。

[3] （清）贡布嘉：《汉区佛教源流记》，罗桑旦增译，北京：中国藏学出版社，2005年，第148页。

[4] （清）土观·罗桑却季尼玛：《土观宗派源流》，刘立千译注，北京：民族出版社，2000年，第213—214页。

中原佛教之间的关系，集中发表了自己的看法：

所谓“和尚”，即佛教传入西藏前，嘉噶尔的阿罗汉玛当噶等在汉地弘法，其信徒人称“和尚”。除语言和习俗外，均同藏僧。和尚分三派，即律门、顿门和觉夏（音译）。前者（律门）属律戒之比丘名；中间（顿门）为静虑派之称；后者（觉夏）为闻思派之称谓。和尚中有很多精通三藏的班智达和证修获得较高境界者。他们不仅能背诵《般若十万颂》，而且也有人广释般若经论，其观点大多与瑜伽行派相同，也有持中观应成派观点，故不能将他们误认为来藏的玛哈雅那信徒而加以仇视。[1]

贡布查布、土观·罗桑却吉尼玛等人的这些见解，虽然并未完全摆脱“吐蕃僧诤”叙述传统的影响，但无疑是10世纪末叶以来西藏佛教界对汉传佛教所作出的最大限度的“辩护”，这对于汉藏佛教，乃至汉藏文化的平等对话与深入交流具有的重要意义自然是不言而喻的。

4. 在多民族文化的交流、对话与融合及认同上具有独特价值

首先，作为教法史范畴的藏文史籍，各书都关注汉藏文化交流，不仅是对元代以来西藏佛教在中原地区的传播给予一定的记载，而且对中原文化在西藏地方的传播及其社会影响也有所分析。其次，各书在力求概括性地介绍中原文化的同时，还从自身的文化本位出发——当然主要是站在西藏佛教的立场与价值观上，就中原儒道释及列子、墨子、庄子等诸子的思想与主张展开评论，并将其与西藏佛教作对比，探讨汉藏文

[1]（清）土观·罗桑却季尼玛：《佑宁寺志》，尕藏、蒲文成等译注，西宁：青海人民出版社，1990年，第54页。

化的共性与契合之处，得出了不少独特且不乏深入、富有启迪性的看法，这对于探讨清代蒙藏学者的中原观来说，无疑具有重要价值。最后，《汉区佛教源流记》和《如意宝树史》对从“三皇五帝”直至元明清的历史叙述，以及将传国玉玺传说贯穿于其中，都充分证明：在贡布查布等蒙藏精英看来，无论是蒙古人建立的元朝，还是满洲人建立的清朝，与秦汉隋唐宋明一样，都是中原王朝历史序列的组成部分，而并非当今兴起于美国的“新清史”所谓超越于“中国王朝”的“内亚帝国”。

## 第三节　有关清代中原风土人情与地理的记载

关于中原的地理知识，清代以前的藏文史籍所涉甚少，对汉地只有片言只语的提及。如形成于11—12世纪的藏文史籍《弟吴宗教源流》的“诸封王的历史传说”部分，依次简明概要地述说吐蕃周边的天竺、中原、大食、格萨尔诸王，包括王室家系、地理方位、封王方式、宗教、外患、属民及其风俗、祖源、语言等情况。[1]明代达仓宗巴·班觉桑布所著《汉藏史集》先是引用《律仪之饰》称，瞻部洲可分为九个大的地区，中心为雪山环绕的吐蕃，东部有汉地、契丹，南部有印度、克什米尔，西部有大第、食彭（合称大食），北部有冲木和格萨尔；随后又指汉地为“卜算之国”，汉地之人“源自龙，故讲的是噶支达龙语言”[2]。按法国著名藏学家麦克唐纳夫人所论，《汉藏史集》所引《律仪之饰》

[1]（宋）弟吴贤者著，阿贵译注：《〈弟吴宗教源流〉（吐蕃史）译注（二）》，《西藏大学学报》2018年第4期。

[2]（明）达仓宗巴·班觉桑布：《汉藏史集》，陈庆英译，拉萨：西藏人民出版社，1999年，第9—10页。

的记载，乃是受到了源自吐蕃时期的“四天子理论”的影响。[1]《时轮经》则认为南瞻部洲中区的北部自北向南分为六个地域，分别是雪山聚、香巴拉、汉地、里域、蕃域和圣地。上述这些有关中原地理及风土人情的记载，不仅内容极为简略，而且大多都遵循的是佛教宇宙观和地理观。

在清代，随着统一多民族国家的巩固和发展，多民族之间的交往交流交融持续深入，藏文史籍有关中原的地理知识的记载也突飞猛进，不但《汉区佛教源流记》《如意宝树史》《土观宗派源流》等书都用了一定的篇幅来叙述中原的地理与风土人情，而且19世纪前期成书的《世界广论》这部藏文世界地理著作也对“汉地”有相当充分的叙述。这些清代的藏文史籍有关中原地理不但内容更加丰富和系统，而且认识也更为深入，更加接近清代中原地区的实际地理情况。

**对中原地域的整体认识**

贡布查布《汉区佛教源流记》谈及世界的形态和南瞻部洲的相关情况时，是这样讲述汉区的：

正如《一切怛特罗之王即吉祥时轮续部》所云：“真实出自空性中，犹如盐出自水及小鸡出自鸡卵一般。”此大密曼荼罗有许多大小不等之表格，彼等均被大海所隔离。世称此瞻部洲之大基地是其中之一格，此地有一百多个大小不等之地域，其中有一地域是《文殊师利根本仪轨经》所授记之圣地，其授记中云：“汉区地域

[1] [法]麦克唐纳：《“四天子理论”在吐蕃的传播》，罗汝译，《国外藏学研究译文集》(二)，拉萨：西藏人民出版社，1987年。

极辽阔，文殊师利最殊胜。”[1]

松巴堪布的《如意宝树史》和二世嘉木样活佛的《西藏的佛教》等书也有相近或相似的内容。[2]基于佛教宇宙观，以汉地为文殊菩萨教化之地，这是后弘期藏文史籍对中原地理认知的一个基本特点，如《汉藏史集》在叙说中原王统时，开首诗篇先是顶礼文殊菩萨，随后又称“文殊道场圣地五台山，它的周围是汉地唐国”[3]。《汉区佛教源流记》等清代的藏文史籍显然也是继承了此传统。

认为汉地为文殊菩萨教化之地后，清代的藏文史籍还往往将汉地分为“汉”与“大汉”两部分。《汉区佛教源流记》乃是以“བོད”（吐蕃）和“བོད་ཆེན”（大蕃）为参照，认为“རྒྱ་ནག”（汉地）同样分为“རྒྱ་ནག”（汉）和“རྒྱ་ནག་ཆེན་པོ”（大汉），并认为此二者的区别是“边陲”和“腹心”的差异，其文如下：

这一圣地亦如“吐蕃”与“大蕃”一般，广州（译者按：藏文音译，非今广东省的广州）等少数印汉边界之地称之为汉，由此以内泛称为大汉，仅以边陲与腹心之差而已。[4]

---

[1]（清）贡布嘉：《汉区佛教源流记》，罗桑旦增译，北京：中国藏学出版社，2005年，第11页。

[2]（清）松巴堪布·益西班觉：《如意宝树史》，蒲文成、才让译，兰州：甘肃民族出版社，1994年，第740页；（清）二世嘉木样·久美昂波：《西藏的佛教》，兰州：甘肃民族出版社，2008年，第144页。

[3]（明）达仓宗巴·班觉桑布：《汉藏史集》，陈庆英译，拉萨：西藏人民出版社，1999年，第54页。

[4]（清）贡布嘉：《汉区佛教源流记》，罗桑旦增译，北京：中国藏学出版社，2005年，第11页。

《如意宝树史》也将汉地分为“汉”和“大汉”，并指印度与汉的交界处为汉地，其内为大汉地。[1]《西藏的佛教》同样称：“犹如蕃人称其疆土为蕃、大蕃一样，汉人亦称其疆土为汉、大汉，像广州等位于中印边境地区的部分地方称为汉，汉以内广大地区称为大汉。”[2]

关于“རྒྱ་ནག”（汉区）这一地域概念的由来，贡布查布《汉区佛教源流记》有如下解释：

> 天竺人称此汉区为摩诃支那。摩诃意为大，支那乃汉语“秦”之讹音，西洋等西方人称之为金。其原由是，古时嬴姓秦王朝中，属始皇威力最大。其人具有惊人之忍耐力，于国内以大丈夫之大勇建立威慑一切之王政，于国外联合西蜀和匈奴等其他方面，从此秦之名称永恒流传于世。是传讹过错或不知何因，总之，藏人称汉区为“甲那”。[3]

在贡布查布看来，“摩诃支那”是天竺对汉地的称呼，其发音源自于古时的秦朝，而藏人则以“甲那”来称呼汉区。对“རྒྱ་ནག”一词的由来，作者似乎并未深究，只是称其是“传讹过错”，抑或是“不知何因”。

贡布查布《汉区佛教源流记》还提到了“神州”一词，声称：

[1]（清）松巴堪布·益西班觉：《如意宝树史》，蒲文成、才让译，兰州：甘肃民族出版社，1994年，第750页。

[2]（清）二世嘉木样·久美昂波：《西藏的佛教》，兰州：甘肃民族出版社，2008年，第144页。

[3]（清）贡布嘉：《汉区佛教源流记》，罗桑旦增译，北京：中国藏学出版社，2005年，第11页。

神州，即以神之州为著称，又称为胜州，此乃汉地矣。[1]

“神州”一词早见于《史记》，云“中国名曰赤县神州”[2]。《土观宗派源流》在贡布查布《汉区佛教源流记》的基础上，对“神州”一词以及“རྒྱ་ནག”（汉区）这一地域概念的由来作了进一步的阐发：

这个伟大的疆域，汉语本名神州即神圣之邦，又名县州即身胜州之意。天竺人则呼为摩诃支那，摩诃以为大，支那乃汉语，是“秦”字的讹传。汉地皇帝之中惟秦朝的秦始皇武功最盛，版图最大，征服了中心和边远地区，因之边远人均以朝代名称呼汉地名为秦国。由于秦的语音辗转讹传，遂衍变为支那二音。藏人称呼汉地为甲那，意为广黑，因为汉地的人衣重黑色，故立此名。呼天竺为甲噶，意为广白，亦因天竺中部之人，多认白色，故有此名。[3]

在该段叙述中，土观活佛首先是认为“神州”的称呼乃是出自汉语，意为“神圣之邦”。紧接着，作者对“摩诃支那”一词也进行了说明，其观点与《汉区佛教源流记》的记载一致，并就藏人对汉地的称呼“རྒྱ་ནག”作出了解释，认为此称谓与汉人衣着重黑色的习惯有关。贡布查布和土观·罗桑却吉尼玛分别援引了汉地、天竺、西藏地方对汉地的三种称谓，并且针对每种称谓的来源及含义等进行了解释，反映了三地文化

[1]（清）贡布嘉：《汉区佛教源流记》，罗桑旦增译，北京：中国藏学出版社，2005年，第150页。

[2]（汉）司马迁：《史记》卷七十四《孟子荀卿列传》，北京：中华书局，1959年。

[3]（清）土观·罗桑却季尼玛：《土观宗派源流》，刘立千译，拉萨：西藏人民出版社，1985年，第193页。

对汉地称谓的不同理解。

**对中原地理范围的认识**

在指汉地有“汉”与“大汉”之分后，《汉区佛教源流记》接着称：

> 汉区东邻东海，南与安南和占城等边疆相毗连，与边境百姓密切联系；其他两方皆为长城所环绕，其各方所环绕长达一万里。一般东南部地区地势低下，其腹心地区位于季夏日道上。

松巴堪布《如意宝树史》大体沿袭了上述说法：

> 关于汉地的地理范围和特征，其东临名东海的大海，南与安南和占城等边地相接，北西二边由长城围绕。按以三百六十步弓为一俱卢舍等于汉一华里计算，则从汉地中心至东、南边界约有一万多华里。[1]

相对于清代以前的藏文史籍只是出于佛教宇宙观，比较笼统地将汉地置于南瞻部洲的东部，位居吐蕃之东，《汉区佛教源流记》《如意宝树史》等藏文史籍已对汉地有了较为明确的方位和界限意识。

《西藏的佛教》亦沿袭了贡布查布、松巴堪布等关于汉地的四至的说法，并进一步指出：“就现在的清朝皇宫为中心，西南两方地域广

[1]（清）松巴堪布·益西班觉：《如意宝树史》，蒲文成、才让译，兰州：甘肃民族出版社，1994年，第750页；（清）二世嘉木样·久美昂波：《西藏的佛教》，兰州：甘肃民族出版社，2008年，第144—145页。

阔，东北两方较为狭小，因为东面濒临大海，北面接近蒙古草原，故为狭小。”[1]

青海广惠寺第四世敏珠尔活佛降白曲吉丹增赤列所著《世界广论》对汉地的地理范围，有如下内容：

> 从西藏大致向东和东北方向延伸，与之毗邻的是汉地，它非常辽阔，形如半月，东至满洲之地，西到阿瓦之地，南倚大海，北临蒙古之地，以汉地自己的（长度）单位——华里（计算），东西相距七千余华里，南北相距五千余华里。

从上述文字来看，丹增赤列对汉地的具体地理范围的认识较之贡布查布等人又有了较大的发展，关于汉地四至的界定更为具体和明确，而且与之存在较为明显的差异。比如汉地的东至，前者称是“东邻东海”，后者则说是“东至满洲之地”；汉地的南至，前者说是“南与安南和占城等边疆相毗连”，而后者则称“南倚大海”；对西至和北至，贡布查布等只是概称“为长城所环绕”，而后者则指分别是“西到阿瓦之地”，“北临蒙古之地”。阿瓦，即缅甸，如《明史》载：“阿瓦者，缅酋所居城也。”[2]后者对汉地四至的表述，明显较之贡布查布等人的说法更为准确，更接近实际的地理分布情形。对此，有研究者更进一步指出，丹增赤列《世界广论》已摒弃了以长城作为汉地的西、北边界的传统地理

[1] （清）松巴堪布·益西班觉：《如意宝树史》，蒲文成、才让译，兰州：甘肃民族出版社，1994年，第750页；（清）二世嘉木样·久美昂波：《西藏的佛教》，兰州：甘肃民族出版社，2008年，第144—145页。

[2] （清）张廷玉等：《明史》卷一百二十《诸王传王·世宗诸子》，北京：中华书局，1974年。

观念，改以“东北—西南”走向的“满洲—阿瓦（缅甸）作为汉地的边界，这与20世纪胡焕庸提出的著名的“爱珲—腾越”，以及美国汉学家欧文·拉铁摩尔划分汉地与长城边疆的界限有相似之处。[1]

还值得注意的是，丹增赤列介绍“རྒྱ་ནག”的东西两方之边界时，有“ཤར་མན་ཇུས་ཀྱི་ཡུལ་ནས་ནུབ་མཐའ་ཨོ་ཝའི་ཡུལ”这样的说法，认为“རྒྱ་ནག”的范围是从东边的“མན་ཇུས”（满洲）到西部边境的阿瓦之内的一大片区域。如果再结合后文的“པེ་ཅིང་། ཁྲང་ཨན། ནན་ཀྱིང་། ཏུང་ཀྱིང་སྟེ་རྒྱལ་ཁབ་ཆེན་པོ་བཞི”这一记载，明确将“ཏུང་ཀྱིང”（东京，即沈阳）看作是与当时的北京、长安、南京并列的四大都城之一，而“满洲”则已被包含在“རྒྱ་ནག”的地域范围之内了。盛京（今沈阳）是清朝入关前的都城。在《世界广论》成书以前，已有不少藏文史籍，如《汉区佛教源流记》《如意宝树史》等都已将沈阳定为汉地十六行省之一、盛京为五个中等古都之一（后详），表明这些藏文史籍已经将盛京视为是汉区的一部分，而丹增赤列《世界广论》则是将满洲列为汉区的东北边境地区。

**有关清代中原政区地理、山川及城镇、户口等方面的记载**

1.中原政区地理

在用东南西北四至来界定中原的地理范围后，清代的藏文史籍对中原的政区地理进行了叙述。

贡布查布《汉区佛教源流记》关于汉区政区地理的记载是：

此组成中原之大地域划分为十三省，各个时期因人口增减和区域大小不等，省份之数虽不可能完全固定，但现有十六省，即直

[1] 魏毅：《敦为汉地：〈世界广说〉对于汉地的地理认知》，《中国藏学》2018年第3期。

隶、沈阳、江南、山东、陕西、河南、山西、湖广、浙江、江西、福建、广东、广西、四川、云南、贵州。[1]

松巴堪布《如意宝树史》也称中原有十六个省，所列各省名单与《汉区佛教源流记》相同，有所不同的是又指十六个省中有十三个为大省，西三省即四川、云南、贵州，为小省，其文如下：

其地有直隶、沈阳、江南、山东、山西、陕西、河南、湖广、浙江、江西、福建、广东、广西、四川、云南、贵州等，十三大省加三小省（西三省），共计有十六省。[2]

《西藏的佛教》亦提到中原旧称“十三省”，而“现在”划为了直隶等十六省：

汉人认为中原地带这块广大汉土，昔日就称“汉土十三省”，现今划为直隶、沈阳、江南、山东、山西、海南、陕西、湖广、浙江、江西、福建、广东、广西、四川、云南、贵州十六个省。[3]

以上三种藏文史籍对于中原所划分的省的数量及各省的具体名称的记载

[1] （清）贡布嘉：《汉区佛教源流记》，罗桑旦增译，北京：中国藏学出版社，2005年，第11—12页。

[2] （清）松巴堪布·益西班觉：《如意宝树史》，蒲文成、才让译，兰州：甘肃民族出版社，1994年，第740页。

[3] （清）二世嘉木样·久美昂波：《西藏的佛教》，兰州：甘肃民族出版社，2008年，第145页。

基本上是相同的，即都认为清代的中原共有直隶等十六省，与此同时还都提到了汉地原为“十三省”。《土观宗派源流》亦有孔子“生在汉地十三省之一的山东”之说，但未指出其余各省的名称。[1]丹增赤列在嘉庆至道光年间写成的《世界广论》虽仍称中原古有十三省，但却指清代的中原有十八省，所列十八省的名单中有山东、浙江、江南、江西、广东、湖广、河南、陕西、四川、山西、贵州、云南、福建、直隶、甘肃、安徽、湖南、湖北。[2]相较于《汉区佛教源流记》等书所列的“十六省”而言，增加了甘肃、安徽、湖南、湖北四省，但同时却减少了广西。

虽然清代以前的藏文史籍很少涉及中原的政区地理，但成书于明朝初年的《雅隆尊者教法史》有称元世祖忽必烈“将不同版图划为十三省”[3]。按《元史》所载，元世祖至元十三年（1276）平宋后，全有版图，“立中书省一，行中书省十有一”，共计十二个行政区，其中十一个行省分别是岭北、辽阳、河南、陕西、四川、甘肃、云南、江浙、江西、湖广、征东。汤池安先生认为，该书乃是将宣政院所辖吐蕃之境算为了一个行政区，故而有“十三省”之说。[4]将吐蕃之地算为元代的一个行省，这也见于《萨迦世系史》。该书称忽必烈治下共有十一个行省，“吐蕃三区虽不是一个行省，因为是上师之驻地及教法弘扬之区，故算

[1]（清）土观·罗桑却季尼玛：《土观宗派源流》，刘立千译注，北京：民族出版社，2000年，第194页。

[2]（清）松巴·益西巴觉、赞普·丹增赤列：《世界总论·世界广论》（藏文），拉萨：西藏藏文古籍出版社，2011年。

[3]（明）释迦仁钦德：《雅隆尊者教法史》，汤池安译，拉萨：西藏人民出版社，2002年，第48页。

[4]（明）释迦仁钦德：《雅隆尊者教法史》，汤池安译，拉萨：西藏人民出版社，2002年，第123页。

作一个行省奉献”[1]。针对《土观宗派源流》所称的“汉地十三省”，刘立千先生亦认为是根据“明代以前”的行省划分的。[2]《汉区佛教源流记》等清代藏文史籍称中原古有十三省，或许是受到了《雅隆尊者教法史》关于忽必烈划分十三省之说的影响。

当然，对于清代的藏文史籍称中原古有十三省，也不能排除与明代的省划分有关。明代的地方行政，分为京师、南京两直隶，以及山东、山西、河南、陕西、四川、湖广、浙江、江西、福建、广东、广西、云南、贵州等十三个布政使司。[3]清初沿用明制，在中原地区仍置十五个布政使司（南京直隶改称江南布政使司）。康熙年间，改布政使司为省，并多次调整省的管辖范围：康熙二年（1663），分陕西为陕西、甘肃两省；康熙三年，分湖广为湖北、湖南两省；六年，分江南为江苏、安徽两省；另设置有五个将军辖区，分别是奉天（盛京）、吉林、黑龙江、伊犁、乌里雅苏台，在西藏、西宁先后设立有办事大臣，内蒙古地区所设盟旗则由理藩院直接管理。[4]由此可见，清代前期中原地区的省制并不稳定，颇有变化，而藏文史籍的记载，无论是以贡布查布《汉区佛教源流记》为代表的“十六省说”，还是较晚成书的丹增赤列《世界广论》的“十八省说”，都与实际情况存在一定的差距。“十六省说”实际上是在清初十五布政使司的基础上增添了盛京，而“十八省说”增加了甘肃、安徽、湖南、湖北四省，虽然反映了康熙初年行省制度的一些

[1]（明）阿旺贡噶索南：《萨迦世系史》，陈庆英、高禾福、周润年译注，拉萨：西藏人民出版社，2002年，第104页。

[2]（清）土观·罗桑却季尼玛：《土观宗派源流》，刘立千译注，北京：民族出版社，2000年，第332页。

[3]（清）张廷玉等：《明史》卷四十《地理志一》，北京：中华书局，1975年。

[4]张全明：《中国历史地理学导论》，武汉：华中师范大学出版社，2006年，第216页。

变化，但却忽略了湖北、湖南本由湖广分置，且遗漏了广西。此外，阿芒·贡却群派《汉蒙藏史略》称中原有“直隶等二十六省”，但并未开列直隶以外的其他各省的具体名称。[1]此“二十六省”或许只是“十六省”之讹。

2. 中原地区的山川地理及名胜

清代以前的藏文史籍对于中原地区的山川地理，最常提到的就是被认为是文殊菩萨道场的五台山。事实上，西藏佛教关于五台山的崇拜可谓是源远流长，其历史甚至可追溯至唐代。[2]但是，长期以来，除了五台山以外，藏文史籍很少会提及中原地区其他具体的山川地理，此情况在清代同样发生了极大的改变。贡布查布《汉区佛教源流记》在开列清代前期中原的十六个行省名单后，还接着对中原的主要山川名胜进行了描绘：

> 有五大岳即五大山，彼等乃中嵩、泰山、南衡、华山和北恒。还有四大名山，即四座著名大山，此乃五台山、普陀山、峨眉山和九华山。复次，有四渎即四条江河，彼等乃长江、黄河、淮水和济水。尚有五湖即五大湖，彼等是太湖、鄱阳湖、青草湖、丹阳湖、洞庭湖。另有太行山、陇山等大山，渭水、汉水等大江。一登武当山和庐山，神奇非凡，为此圣境，敬慕之心，油然而生。[3]

[1]（清）阿芒·贡却群派：《汉蒙藏史略》，贡巴才让译，西宁：青海人民出版社，1988年，第17页。

[2] 扎洛：《吐蕃〈求五台山图〉史事杂考》，《民族研究》1998年第1期。

[3]（清）贡布嘉：《汉区佛教源流记》，罗桑旦增译，北京：中国藏学出版社，2005年，第12页。

中原地区的“五岳”“四渎”和“五湖”为历代王朝所祭祀，而五台山、普陀山、峨眉山和九华山，则是中原佛教的四大名山。作为西藏佛教信徒的贡布查布在其书中记载下这些具有特定文化和宗教内涵的名山大川及湖泊，自不例外。除“五岳”“四渎”和“五湖”及中原佛教的四大名山外，《汉区佛教源流记》还提到了太行山、陇山、渭水、汉水及武当山、庐山等名山大川，这显示出了作者对中原山川地理的熟悉程度，而且对中原地理的认识也并不完全局限于宗教视野。

松巴堪布《如意宝树史》虽然亦指中原有“五岳”“四渎”和“五湖”，以及太行山、陇山、渭水、汉水、武当山、庐山，但却遗漏了中原佛教的四大名山，其文如下：

> 中岳嵩山、东岳泰山、西岳华山、南岳衡山、北岳恒山为五座著名大山（又称五岳），长江、黄河、淮河、济水为四条大河（称四渎），太湖、鄱阳湖、青草湖、丹阳湖、洞庭湖为五大湖泊（称五湖）……另有许多大山（太行山、陇山）、大河（渭水、汉水）和稀奇圣地（武当山、庐山）。[1]

二世嘉木样活佛《西藏的佛教》则是概括性地称中原“有五岳、四大名山、五湖、四海，还有许多名山、大河及广阔的森林”[2]。阿芒·贡却群派《汉蒙藏史略》亦称中原有“泰山等五大山脉，五台山等四大著

[1]（清）松巴堪布·益西班觉：《如意宝树史》，蒲文成、才让译，兰州：甘肃民族出版社，1994年，第740—741页。

[2]（清）二世嘉木样·久美昂波：《西藏的佛教》，兰州：甘肃民族出版社，2008年，第145页。

名圣山，黄河等四大河流，太湖等五大湖泊”[1]。从内容来看，这两种藏文史籍对于中原名山大川的记载，当是源自《汉区佛教源流记》。

3. 中原地区的城镇及户口等情况

清代以前的藏文史籍对于中原地区的城镇，多只提到京城，且多是泛指，难得具体，然而清代的一些藏文史籍却已对中原地区的大小城镇分布及户口情况作了一些较为具体的记载。贡布查布《汉区佛教源流记》有如下内容：

> 更有四大京师，即人主常住之四大宫殿所在地，彼等乃北京、长安、洛阳和南京。其次有五个中等城市，彼等是盛京、成都、开封、大同和杭州。还有平阳、承德等七个小市。另有顺天府城、通州等中等州城。以大修县为首之县城计两千个，大小镇十余万个。纳税户近一千万户，具体人口不计其数。[2]

松巴堪布《如意宝树史》也有大体类似的记载：

> 北京、西安、洛阳、南京为四大古都，盛京等（成都、开封、大同、杭州）为五中古都，承德等为七小古都。……有顺天府等大城市，通州等中等城市，巴且塔雅那等小城镇，共计两千座城镇。

[1]（清）阿芒·贡却群派：《汉蒙藏史略》，贡巴才让译，西宁：青海人民出版社，1988年，第17页。

[2]（清）贡布嘉：《汉区佛教源流记》，罗桑旦增译，北京：中国藏学出版社，2005年，第12页。

有十万多个大小地区，纳税户近一百俱胝。且不纳税者甚众。[1]

阿芒·贡却群派《汉蒙藏史略》则进一步概括为：

帝王宫殿大的有四，中等的五座，小的七座，有两千个城市，十万个村镇，家户有近千万户。[2]

综上所见，随着清朝统一多民族国家的巩固和发展，中原与周边地区的政治、经济、文化交流日益密切，不少具有深受藏文化熏染的藏蒙知识精英、高僧大德或赴清廷任职，或游历内地、布道弘法，甚至在中原地区长期居住和生活，而在他们使用藏文并遵循传统的藏文史籍编撰体例写成的一系列著作中，有关中原历史与宗教文化及现实状况的叙述远较前代更为丰富，更为系统，更为准确。这些记载从不同的面向对中原地区进行了较为细致的描绘，反映了这些深受藏文化浸染的人们对中原的深刻而独特的认识。

## 第四节　族际关系中的“满”和“汉”

在一些清代藏史中，有关“རྒྱ་ནག”与“满洲”或“清”之关系的表述是比较多样化的。比如《六世达赖喇嘛仓央嘉措秘传》在提到岳钟

[1]（清）松巴堪布·益西班觉：《如意宝树史》，蒲文成、才让译，兰州：甘肃民族出版社，1994年，第741页。

[2]（清）阿芒·贡却群派：《汉蒙藏史略》，贡巴才让译，西宁：青海人民出版社，1988年，第17页。

琪率清军平定准噶尔之乱时，有“汉满军卒”[1]（མན་ཇུ་དང་རྒྱ་དམག）[2]的说法。《七世达赖喇嘛传》载：藏历土阳狗年（1718）闰五月，七世达赖喇嘛曾向“皇帝派来的加赫克雅等汉满官员授观音随许法”[3]（གོང་མའི་མི་དྲག་ཙ་ཤེ་ཁེ་ཡཱ་སོགས་རྒྱ་མན་ཇུ་དང་། སྒོ་ཚང་བླ་མ། སྐུ་འབུམ་ཆོས་རྗེ་སོགས་རྒྱ་བོད་ཀྱི་བླ་དཔོན།）[4]。以上两处记载均为满汉同时在场时二者并列。类似的情况还见于《多仁班智达传》，如：

ཟི་ཆོན་ཅིན་ཐུ་ཧུ་ནས་ཐེ་ལྕང་ཇུན་ཆེན་པོ་དང་། བོད་བཞུགས་ལིའུ་ཨམ་བན་གྱི་བརྗེ་ཚབ་དང་བསྐྱགས་ནང་བློན་སྤའོ་ཨམ་བན་སོགས་རྒྱ་དང་། མཉྫུ། རྒྱལ་རོང་བཅས་ཀྱི་དཔོན་པོ་དང་། དམག་མི་ལྟོས་ཆེ་འགྱངས་མིན་སྨར་ཁམས་སུ་འབྱོར་རྒྱུའི་གནས་ཚུལ་འབྱོར་བ།[5]

消息传来，四川成都府大将军特成额和接替驻藏大臣留保柱钦差的内大臣保泰钦差等大批汉、满、金川官兵不久将抵芒康。[6]

སི་ཆོན་གྱི་ཐེ་ལྕང་ཇུན་ཆེན་པོས་དབུས། རྒྱ་སོག རྒྱལ་རོང་། མཉྫུ་བཅས་ཀྱི་དཔོན་དམག

[1]（清）阿旺伦珠达吉：《六世达赖喇嘛仓央嘉措秘传》，庄晶译，北京：中国藏学出版社，2010年，第77页。

[2]（清）拉尊·阿旺多杰：《六世达赖仓央嘉措密传》（藏文），拉萨：西藏人民出版社，1981年，第155页。

[3]（清）章嘉·若贝多杰：《七世达赖喇嘛传》，蒲文成译，北京：中国藏学出版社，2006年，第35页。

[4]（清）丹增班觉：《多仁班智达传》（藏文），成都：四川民族出版社，2006年，第78页。

[5]（清）丹增班觉：《多仁班智达传》（藏文），成都：四川民族出版社，2006年，第351—352页。

[6]（清）丹津班珠尔：《多仁班智达传》，汤池安译，北京：中国藏学出版社，1995年，第167页。

གཏོས་ཆེ་འགྱོར་པ་རྣམས[1]

四川成都府大将军特成额所率汉、蒙、金川、满洲的大批官兵。[2]

上述两则材料为1779年，三岩地方匪徒抢劫皇帝赐给八世达赖喇嘛的茶包并伤及护茶人员，成都将军特成额率军进剿劫匪的情景。此外，该书在谈及第二次廓尔喀之战的情形时还有以下表述：

ལམ་ལྷོ་བྱང་ནས་ཡོང་རྒྱ་དང་རྒྱལ་རོང་མཉྫུ་སོ་ལོང་སོགས་ནང་གི་ལྷ་དམག་བགྲང་ལས་འདས་པའི་དཔུང་ཚོགས་འགོ་ཡོད་དང་བཅས་པ།[3]

从南北两路而来的内地、金川、满洲、索伦等无数天兵大军。[4]

སྤྱི་ཁྱབ་དམག་དཔོན་ཕུ་ཐེ་གུང་ཧྲ་ཀྲུང་ཐང་ཆེན་མོ་དང་། དཔའ་བོའི་ཁྲུ་མཆོག་གོང་མའི་ནང་བློན་སྦ་ཏུར་ཏད་གུང་། ཐེ་ཆོན་ཐུ་ཏུའི་བཙོང་ཐུ་ཏུའི་ཏ་རིན་སོགས་རྒྱ་ནག་དང་སོག་པོ་མཉྫུ་རྒྱལ་རོང་དང་བཅས་པའི་དཔུང་དམག[5]

统帅公福康安中堂大人、超勇公内大臣巴图鲁海兰察和四川总督惠龄大人等率领内地、蒙、满、金川的官兵们。[6]

---

[1]（清）丹增班觉：《多仁班智达传》（藏文），成都：四川民族出版社，2006年，第370页。

[2]（清）丹津班珠尔：《多仁班智达传》，汤池安译，北京：中国藏学出版社，1995年，第175页。

[3]（清）丹增班觉：《多仁班智达传》（藏文），成都：四川民族出版社，2006年，第757页。

[4]（清）丹津班珠尔：《多仁班智达传》，汤池安译，北京：中国藏学出版社，1995年，第361页。

[5]（清）丹增班觉：《多仁班智达传》（藏文），成都：四川民族出版社，2006年，第796页。

[6]（清）丹津班珠尔：《多仁班智达传》，汤池安译，北京：中国藏学出版社，1995年，第379页。

以上两则史料中，“རྒྱ་ནག”与“满洲”二者并置，且出现在同一个场景之中，似乎是在表明二者之间的对等关系，即“རྒྱ་ནག”与“满洲”所指称的两个族群是平等的。但需要注意的是，在清代藏史中除了用“ཇུར་ཅིད”“མན་ཇུ”“མཉྫུ”这种带有明显民族观念的词语指称“清”之外，还有另一种“རྒྱ་བོད་ཧོར”（通常汉译为“汉、藏、蒙”）写法，在这样的语境中“满洲”缺失了。例如五世达赖喇嘛进京觐见顺治皇帝后返藏途中，清廷派人颁赐金印、金册，史料中写道：

> གོང་ནས་ནུབ་ཀྱི་ལྷ་གནས་ཆེས་དགེ་བ་བདེ་བར་གནས་པའི་སངས་རྒྱས་བཀའ་ལུང་གནམ་འོག་གི་སྐྱེ་འགྲོ་ཐམས་ཅད་བསྟན་པ་གཅིག་ཏུ་སྒྱུར་པ་འགྱུར་མེད་རྡོ་རྗེ་འཆང་རྒྱ་མཚོའི་བླ་མ་ཞེས་རྒྱ་ཧོར་བོད་གསུམ་གྱི་ཡི་གེ་སུམ་གཤིབས་སུ་ཡོད་པའི་གསེར་གྱི་ཐམ་ཀ་གསེར་གྱི་པང་ལེབ།[1]
>
> 皇帝颁发了印文为“西天大善自在佛所领天下释教普通瓦赤喇怛喇达赖喇嘛”的汉、蒙古、藏三种文字合璧的金印和金册。[2]

按照五世达赖喇嘛的说法，顺治皇帝颁发的金印和金册为“རྒྱ་ཧོར་བོད”（即汉文、藏文、蒙古文）三种文字。然而这与真实情况不符，据《清实录》记载：顺治十年（1653）四月丁巳，“遣礼部尚书觉罗朗球、理藩院侍郎席达礼等，赍送封达赖喇嘛金册、金印于代噶地方。文用满、汉及图白忒国字”[3]。出现如此差异，或许是因为藏、满刚接触不久，

[1]（清）阿旺洛桑嘉措：《五世达赖喇嘛自传》上册（藏文），拉萨：西藏人民出版社，2012年，第371页。

[2]（清）五世达赖喇嘛阿旺洛桑嘉措：《五世达赖喇嘛传》（上），陈庆英、马连龙、马林译，北京：中国藏学出版社，2006年，第252页。

[3]《清实录藏族史料》（第一集），拉萨：西藏人民出版社，1982年，第25—26页。

五世达赖喇嘛对满文以及“清”的情况并不十分熟悉，所以误将满文当成了蒙古文。但是，随着西藏与中原的交流日益频繁，这种表述依然在其他藏史中多次出现，甚至在满人在场的情况下，藏史的记载仍然会将其“遗忘”。例如《安多政教史》收录了藏历铁鼠年（康熙五十九年，1720）护送七世达赖喇嘛进藏坐床的人员名单，其中就有：

ཐུའུ་བཀྭན་སྐུ་གོང་མ་ཆོས་ཀྱི་མཚོ། གསེར་ཁོག་པ་ཏཱ་བླ་མ་བཀའ་འགྱུར་བ་བློ་བཟང་འཕྲིན་ལས། གོང་ནས་མངགས་པའི་ལྷོ་བྱང་གི་ཅང་ཇུན་གཉིས། བློན་ཆེན་ཨ་ཏ་ཏ་ཏ། ཁོ་ཤས་ཨེ་ཅིན་སོགས་དང་། མཚོ་སྔོན་བསྟན་འཛིན་ཆིང་ཝང་། དགའ་ལྡན་ཨེརྡེ་ནི་ཇི་ནང་། ཨེརྡེ་ནི་ཨེར་ཁེ། ཨེརྡེ་ནི་ཏཱ་ལའི་བོ་ཤོག་ཐུ། མེརྒན་དཱའི་ཆིང་། ཆིང་ཧོང་ཐའི་ཇི། འཇིགས་བྱེད་སྐྱབས། དགེ་ལེགས་ཇུ་ནང་། དགའ་ལྡན་བཀྲ་ཤིས། ཏའི་བུང་ཐེའི་ཇི། ཨ་ལག་ཤ་ནས་ཨེ་ཕུ་བེ་ལི། ཏལ་ཏ་ནས་དོན་གྲུབ་ཝང་། གུང་ཚེ་དབང་ནོར་བུ། ཐའི་ཇི་ལྷ་དབང་རྒྱ་མཚོ་སོགས་རྒྱ་བོད་ཧོར་གསུམ་གྱི་ཆེ་ཆུང་དུ་མ་གནམ་ས་གཡོ་བ་ཙམ་ཕེབས་པས་སྐྱེལ་པའི་བ་དན་འཛིག་རྟེན་གསུམ་དུ་གྲགས་པར་བྱས།[1]

除土观一世曲吉嘉措、赛克巴·达喇嘛·噶居瓦·罗桑程勒外，还有皇上派遣南北两路的将军、大臣阿达哈达、科协额增等；青海蒙古丹津亲王、噶勒丹额尔德尼济农、额尔德尼额尔克、额尔德尼达赖博肖图、墨尔根岱青、青洪台吉、济克济扎布、格鲁克济农、噶勒丹达什、岱旺台吉等，从阿拉善前来者有额普贝勒；由喀尔前来者有敦多布王、公察罕诺尔布、台吉拉旺扎木素等，汉、藏、蒙三方的许许多多的上、中、下人等惊天动地地进行护送，声

[1] བྲག་དགོན་པ་དཀོན་མཆོག་བསྟན་པ་རབ་རྒྱས།：《མདོ་སྨད་ཆོས་འབྱུང་།》，དགའ་ལྡན་ཆོས་འཁོར་གླིང་།：རིག་གནས་མྱུར་སྐྱོབ་དཔེ་མཛོད་ཁང་།，第42页。

誉之盛，遍传于三世间。[1]

这些人包括了康熙皇帝派出的文武大臣和蒙古各部的僧俗领袖等，其中的“南北两路的将军”（ལྷོ་བྱང་གི་ཅང་ཇུན་གཉིས），当为“带领云南、四川官兵进藏的定西将军噶尔弼和带领西路官军自青海进藏的平逆将军延信”[2]。前者为纳喇氏，满洲镶红旗人；后者为爱新觉罗氏，清太宗皇太极的曾孙。此二人当属满洲人无疑，但在该段结尾处，作者智观巴・贡却乎丹巴绕吉却出乎意料地以“汉、藏、蒙三方”（རྒྱ་བོད་ཧོར་གསུམ）来总述前面所列举的人物，这两位满洲将领的民族属性被作者“忽略”掉了。智观巴・贡却乎丹巴绕吉身为安多地区的高僧，而安多又是藏族和其他民族互动的一个前沿地带，信息的传播十分便捷，所以作者不可能故意无视这些朝廷重臣的民族身份，但作者却将“རྒྱ”（汉）放在“བོད”和“ཧོར”（“藏”和“蒙”）两个族称之前，似乎又在强调“རྒྱ”（汉）在该事件中的重要位置。此外，在第穆呼图克图的《八世达赖喇嘛传》中，八世达赖喇嘛曾在藏历木猴年（1764）十月初六日接见诸多香客，传记中也将这些人的名字逐一记录了下来，其中就有：

ཨོར་དུ་སུ་ཐུ་བའི་ཨིའི་མི་སྣ་ཤེས་རབ་ནང་སོ་དང་། ཀོ་ཤྲི། ཞབས་དྲུང་བློ་བཟང་སྦྱིན་པ། ཁ་ཨུ་པཀྵི། ན་རེ་ཧོ་ཐོག་ཐུའི་མི་སྣ། ནང་སོ་ཆོས་འཕེལ། ངག་དབང་རྗེ་ཡང་གི་མི་སྣ་ཚོ་ཁང་བླ་མ། སྡེ་ཆའི་ཆེ་གཅིག་དང་། ཁྲ་གསུམ། བྱ་བྲུ་མཁན་པོ་ནོ་མིན་ཧན་ཧོ་ཐོག་ཐུ། ཨུར་དུ་སུ་ཐུ་པའི་ཨིའི་ཨོགས་རྗང་ཀི་ཏུ་ཆེ་ཕ་ཐུ། ཆོས་རྗེ་སྨན་རམ་པ་ཤེས་རབ། ཨུ་རད་དུས་འཁོར་

[1] （清）智观巴・贡却乎丹巴绕吉：《安多政教史》，吴均、毛继祖、马世林译，兰州：甘肃民族出版社，1989年，第48—49页。

[2] （清）章嘉・若贝多杰：《七世达赖喇嘛传》，蒲文成译，北京：中国藏学出版社，2006年，第49页。

པཎྜི་ཏའི་དགེ་སློབ་པ་དཀའ་བཅུ་བློ་བཟང་ཆོས་དར་དང་། སོ་ཉིད་དཔང་ཆེན་ཞང་གི་དགེ་སློབ་པ་དགེ་སློང་བློ་བཟང་རིན་ཆེན། འཁོར་ཕྱག་པ་ཏླ་པའི་སི་བཀྲ་ཤིས་ཚེ་རིང་གི་མི་སྣ་ཁླ་ཨུ་པ་ཤི། ནམ་རྒྱལ་རྡོ་རྗེ་པའི་སིའི་མི་སྣ་གཉེར་པ། མཁར་སྟོན་ཐམ་ཀ་བླ་མ་ཛ་ཡ་པཎྜི་ཏའི་དགེ་བསྐོས་ཨུར་དུ་སུ་ཛ་སག་ཐའི་ཇི་དབང་རྒྱལ་ཚེ་བརྟན་རྡོ་རྗེའི་མི་སྣ་རབ་འབྱམས་པ་ཉི་མ། སྦྲ་དུར་བའི་སིའི་དཔོན་མོ་ངོ་གཡོག ཁམས་སྒོམ་སྡེ་ནང་ཆེན་བླ་མ། འབྲུག་སྡེ་སྲིད་གསར་བར་ཁྲི་འདོན་ལེགས་སྐྱེས་ཕྱིལ་བར་འགྲོ་མི་རྩེ་དྲུང་བཞི་སྡེ་ཆོས་མཛད་ངོ་གཡོག་སོགས་རྒྱ་ཧོར་བོད་ཀྱི་མི་སྣ་གཏོས་ཆེ་བར་ཕྱག་རྒྱའི་ཕྱིན་རླབས་དང་། ཛ་གྲལ། བཀའ་མཆིད། གསོལ་རས་སོགས་ཕོ་བབ་ཀྱིས་རེ་བ་རྫོགས་པར་མཛད། དེ་ཞུབ་ནས་ཡང་བསྐྱར་ལྷ་བསྙེན་དུ་བཅད་རྒྱུར་བཞུགས། [1]

鄂尔多斯贝勒的使者协绕囊索、国师、夏仲洛桑景巴、喀乌巴根夏、那诺呼图克图的使者、囊索却培、阿旺杂朗的使者察康喇嘛、笔帖式一人、克亚（侍卫）三人、恰琼堪布诺门罕呼图克图、鄂尔多斯大贝勒的削·章京如齐父子、法王麦让哇协绕、乌热顿科班智达的行善者格西噶久洛桑却达、索尼旺钦王的施善僧人格隆洛桑仁钦、致敬者大贝子扎西次仁的使者喀乌巴希、朗结多杰贝子的使者涅巴（管家）、青城（今呼和浩特）唐喀喇嘛、咱雅班智达的格贵（持法僧）、鄂尔多斯扎萨克台吉旺杰次丹多吉的使者然强巴尼玛、巴图尔贝子的女官主仆、康区贡德朗钦喇嘛、前往不丹为新任第悉坐床送礼的使者孜仲希德顷则主仆等汉、蒙（霍尔）、藏的大批使者。[2]

---

[1]（清）第穆·洛桑图丹晋麦嘉措：《第八世达赖喇嘛传》（藏文），北京：中国藏学出版社，2010年，第56—57页。

[2]（清）第穆呼图克图·洛桑图丹晋麦嘉措：《八世达赖喇嘛传》，冯智译，北京：中国藏学出版社，2006年，第35页。

这段记载中是否有满族文武大臣拜谒八世达赖喇嘛尚不能确定，但前文出现的名字中，在没有明确地提及某个汉人的情况下，后文依然出现了“རྒྱ་ཧོར་བོད”（汉、蒙、藏）这样的叙述。不同之处仅仅在于“藏”“蒙”二者的次序发生了变化，而“རྒྱ”（汉）则同样被放在“ཧོར”和“བོད”（“蒙”和“藏”）两个族名之前。

由此可见，《安多政教史》和《八世达赖喇嘛传》的相关记述存在两处错讹：其一，作者忽略了朝廷派出的满洲将领和大臣的族群身份；其二，即使是在没有汉人在场的情况下也会出现“རྒྱ”（汉）这个字，并且置于“ཧོར”和“བོད”（“蒙”和“藏”）之前。然而，上述两部藏史的作者都是当时著名的西藏佛教高僧，在他们的著作中同时出现如此错误，实在值得怀疑。不光如此，在第悉·桑结嘉措的《格鲁派教法史——黄琉璃宝鉴》[1]、阿旺伦珠达吉的《六世达赖喇嘛仓央嘉措秘传》[2]、章嘉·若贝多杰的《七世达赖喇嘛传》[3]、土观·罗桑却吉尼玛的《章嘉国师若必多吉传》[4]等藏史中也存在同样的情况。对于这种叙述方式，有必要将其置于清代错综复杂的民族关系中，重新审视在藏文化的视野下如何对“满”和“汉”进行认知。

---

[1]（清）第司桑结嘉措：《格鲁派教法史——黄琉璃宝鉴》（藏文），北京：中国藏学出版社，1989年，第391页；（清）第悉·桑结嘉措：《格鲁派教法史——黄琉璃宝鉴》，许德存译，拉萨：西藏人民出版社，2009年，第321页。

[2]（清）拉尊·阿旺多杰：《六世达赖仓央嘉措密传》（藏文），拉萨：西藏人民出版社，1981年，第97—98页；（清）阿旺伦珠达吉：《六世达赖喇嘛仓央嘉措秘传》，庄晶译，北京：中国藏学出版社，2010年，第54页。

[3]（清）章嘉·若贝多杰：《第七世达赖喇嘛传》上册（藏文），北京：中国藏学出版社，2010年，第387页；（清）章嘉·若贝多杰：《七世达赖喇嘛传》，蒲文成译，北京：中国藏学出版社，2006年，第165页。

[4]（清）土观·洛桑却吉尼玛：《章嘉国师若必多吉传》，陈庆英、马连龙译，北京：中国藏学出版社，2007年，第275页。

“满”“汉”在清代藏史中的不同表述，前文已经有所论及。清代藏史中对“རྒྱ་ནག”一词的理解并不完全对译中原语境下的“汉”，因为与“满”或“清”有关的史实常常被置于“རྒྱ་ནག”的叙述框架内，具体表现在以下四个方面：

**王统世系**

如何通过历史的笔触记载一个王朝的世系，很大程度上可以反映出记述者对该政权的认识和理解。在传统的藏史叙述中特别强调对王统世系的记述，除了本民族的吐蕃王朝外，也重视对周边其他区域政权传承情况的记述。清代的藏文史籍延续了这一传统，其中也涉及对清朝王统的记载，本节就以成书于18世纪的两部史著《松巴佛教史》和《汉区佛教源流记》逐一进行说明。

《松巴佛教史》第二总目的第三部分，有对汉地王统世系史的简要记载。作者松巴堪布将汉地王统上溯到三皇五帝时期，其后依次为秦、汉、晋、南北朝、隋、唐、五代、宋。[1]而宋以后，则是这样记载的：

> དེ་རྗེས་ཧོར་རྒྱལ་དང་ཏའི་མིང་དང་མན་འཇུའི་རྒྱལ་རབས་བྱུང་།[2]
> 宋朝以后有霍尔王朝、大明王朝、清王朝。[3]

这里的“མན་འཇུ”（满洲）即清朝。由此可见，在松巴堪布的认识里，

---

[1]（清）松巴堪布·益西班觉：《松巴佛教史》，蒲文成、才让译，兰州：甘肃民族出版社，2013年，第502—506页。

[2]（清）松巴堪钦：《松巴佛教史》（藏文），兰州：甘肃民族出版社，1992年，第931页。

[3]（清）松巴堪布·益西班觉：《松巴佛教史》，蒲文成、才让译，兰州：甘肃民族出版社，2013年，第506页。

清朝是被划归到汉地王朝世系的脉络之中，被视为汉地王朝传承的正统。其后，在关于“摩诃支那历代王朝年代”的记述中，清朝同样位居历代汉地王朝之列，并且对其有较为详细的年代梳理：

ཤིང་ཕོ་སྤྲེལ་ནས་མན་ཏྲའུ་རྒྱལ་ཤིང་ཙུ། ཤུན་ཏི་བཅོ་བརྒྱད་ཆུ་ཕོ་སྟག་ལོ་ནས། ཁང་ཞི་བདེ་སྐྱིད་ལོ་གྲངས་རེ་གཅིག་བཞུགས། ཆུ་ཡོས་ཡོང་ཏིང་ལོ་གྲངས་བཅུ་གསུམ་སོང་། མེ་ཕོ་འབྲུག་ནས་ཆེན་ལོང་རྒྱལ་སར་བཞུགས། བགྲང་བྱ་བཅུ་གཉིས་རབ་བྱུང་འདོད་པ་ཤར། [1]

木阳猴年起清世祖登基，顺治在位十八年；水阳虎年起康熙帝登基，在位六十一年；水兔年起雍正登基，在位十三年；火阳猪年乾隆帝登基，属于第十二饶迥时期。[2]

另外，在讨论清王朝王统的时候，许多藏文史籍作者都会引入所谓传国玉玺（包括卞和献玉、完璧归赵、始皇制玺、迎玺归蒙等情节）的传说，其中以《汉区佛教源流记》的描述最为详尽，兹引文如下：

ཞུ་ཅག་ཆེན་པོ་ཆིང་གིས་གནམ་འོག་པ་མཐའ་དག་ལ་ལུང་བཏང་དུས་གོང་མ་ཞི་ཙུ་རྒྱལ་པའི་ཕྱག་ཏུ་རྩོལ་བ་མེད་པར་བྱུང་ཚུལ་ནི་འོག་ན་གསལ་ལོ། [3]

我朝大清皇帝降旨晓于天下后，不费吹灰之力而落入世祖帝之手。[4]

---

[1] （清）松巴堪钦：《松巴佛教史》（藏文），兰州：甘肃民族出版社，1992年，第1006页。

[2] （清）松巴堪布·益西班觉：《松巴佛教史》，蒲文成、才让译，兰州：甘肃民族出版社，2013年，第536页。

[3] （清）贡布嘉：《汉区佛教源流记》（藏文），成都：四川民族出版社，1983年，第37—38页。

[4] （清）贡布嘉：《汉区佛教源流记》，罗桑旦增译，北京：中国藏学出版社，2005年，第34—36页。

འོན་ཀྱང་འཛིག་རྟེན་གྲགས་ཆེ་བའི་ཐམ་ཀ་རིན་པོ་ཆེ་ནི། ཡབ་ཐའི་ཙུང་པོག་ཏོ་རྒྱལ་པོའི་དུས་སུ་ཐོབ་སྟེ་ཏོར་རྒྱལ་ལེགས་ལྡན་པོད་ཕྱོགས་སུ་ཐེག་ནས་ལམ་དུ་སྐུ་འཕོར་རྗེས་ཉེའང་ཐའི་ཧེའུ་དང་སུ་ཐའི་ཐའི་ཧེའུ་སྟེ་རྒྱལ་མོ་ཆེ་ཆུང་གཉིས་དང་། ཨེ་ཙེའི་ཧོང་གོར་དང་ཨ་པ་ནའི་སྟེ་རྒྱལ་བུ་ཕྲིས་པ་གཉིས་ལ་འཁོར་དུ་ཆ་དཀར་ཧེ་ཉེ་སྐོར་བ་ཚོ་པ་བརྒྱད་ཀྱི་དམག་མི་སྟོང་ཕྲག་གསུམ་སུམ་གཉིས་ཙམ་ལས་མ་ལུས་ཤིང་། ལོངས་སྤྱོད་ཕལ་ཆེ་བའང་ཤིང་ལོ་རླུང་གིས་བཏབས་པ་བཞིན་དུ་སོང་བས་ཡི་མུག་ནས། གསེར་རྐྱང་ལས་བསྒྲུབས་པའི་རིགས་ཀྱི་སྲུང་མ་གུར་མགོན་གྱི་བརྙན་ཐིག་ཚད་དང་གཟུངས་གཞུག་དང་རབ་གནས་ཐམས་ཅད་འགྲོ་མགོན་འཕགས་པ་ཉིད་ཀྱིས་གནང་བ་ཞིག་འཕྲལ་སྐྱངས་སུ་ཡོད་པ་དེ་དབུ་སྔས་སུ་ཞལ་ཕྱོགས་བྱས་ཏེ་བཀྲམ། མཆོད་པ་རྒྱ་ཆེན་པོ་བཤམས་ནས་མཆོད་ཅིང་། ད་ཡུགས་ས་ཟུང་དྭ་ཕྲུག་གཉིས་ལ་རེ་ཞིག་རང་མགོ་ཐོན་པའི་རེ་བ་བསྐྱངས་གཤིས། ཆེན་པོ་ཞིག་ལ་བརྟེན་པ་ལས་འོས་མ་མཆིས་སོད། ཕྱོགས་གང་གི་ཆེན་པོ་ལ་བརྟེན་ན་འཕྲུལ་ཕུགས་སུ་བཀྲ་ཤིས་པ་དེ་ཕྱོགས་སུ་ཞལ་སྒྱུར་ཅིག་བདེན་བརྫར་གྱི་དམོད་ཚིག་གསུངས་ནས་ཉལ། ནང་པར་བལྟས་ཙ་ན་ཤར་ལྷོའི་ཕྱོགས་སུ་ཞལ་བསྒྱུར་འདུག་ཟེར། དེ་ནས་པོག་ཏོའི་སྙན་གྲགས་སྔ་མོ་ནས་གསན་ཡོད་ཅིང་ཕྱོགས་ཀྱང་འགྲིགས་པས། མུག་ཏེན་གྱི་གནས་སུ་ཕྱིན་ཏེ། པོག་ཏོ་རྒྱལ་པོར་མགོ་བཏགས། ཐམ་ཁ་རིན་པོ་ཆེ་ཕུལ། [1]

复次，此闻名世界之珍宝玉玺，于世祖帝之父王太宗博克多时期获得。此即当年蒙古林丹汗率军进藏时，于途中阵亡，仅剩囊台户及苏泰台户二妃、额二克孔果尔额哲及阿巴乃二王子，以及眷属，即察哈尔八部落三千士兵之军队所剩三分之二人，其多半财产如大风扫树叶一般失去，二妃皆沮丧。此时，彼等将祷祝一尊随身携带之纯金护法神像宝帐怙主，此乃当年八思巴怙主亲自勘测及装藏陀罗尼咒经者也。将神像置于枕前，面向彼等，并在金像前广设

[1]（清）贡布嘉：《汉区佛教源流记》（藏文），成都：四川民族出版社，1983年，第42—43页。

供品，然后如此发愿道："现余二寡妇暂且放弃余等二孤儿能自理之愿望，靠一大户是唯一之生路，愿怙主何方之大户眼前和将来对余等有利，请将容颜转向此方兮。"随之就寝。翌日一看，见神像面向东南方。彼等久闻博克多之声誉，神像所向亦与博克多所居相同。于是彼等奔赴奉天，投靠博克多，并将珍宝玉玺献与上。[1]

《松巴佛教史》的记载与之类似，只是篇幅略有缩减。[2]有关传国玉玺的故事在中国历史上流传甚广，但藏史中收录的这则故事却不可考，而作者将其收录进来，似有意借此贬低宋、明两朝，凸显清朝，通过清朝皇帝获得传国玉玺来强调该王朝的正统性。正如史料中称：

རྒྱ་ནག་རྣམས་ཆེན་པོ་སུང་གུར་གྱི་རྒྱལ་པོ་དང་ཏའི་མིང་གི་རྒྱལ་པོ་རྣམས་ལ་བེ་བན་ཐེའན་ཙེ་སྟེ་རྒྱལ་པོ་སྤྱི་རིས་མའམ། འཛམ་ཡིག་མར་འགོད་པའི་རྒྱུ་མཚན་ནི་འབྲེལ་མེད་དུ་སྨད་པ་མ་ཡིན་ལ། མི་འགྱུར་གཡུང་དྲུང་རིན་པོ་ཆེའི་ཕྱག་རྒྱར་གྲགས་པའི་ཐམ་ཀ་འདི་མེད་པའི་ཕྱིར།[3]

汉区众人称诸大宋帝和大明帝为"白文天子"，即阴纹或阴文天子。彼等以此来贬低帝王亦不无道理。其主要原因是宋明两朝皇帝无此永恒卐字玉玺。[4]

[1]（清）贡布嘉：《汉区佛教源流记》，罗桑旦增译，北京：中国藏学出版社，2005年，第38—39页。

[2]（清）松巴堪布·益西班觉：《松巴佛教史》，蒲文成、才让译，兰州：甘肃民族出版社，2013年，第507页。

[3]（清）贡布嘉：《汉区佛教源流记》（藏文），成都：四川民族出版社，1983年，第37页。

[4]（清）贡布嘉：《汉区佛教源流记》，罗桑旦增译，北京：中国藏学出版社，2005年，第34页。

**地域**

共同生活的地域是一个民族（或族群）生存和发展的根本要素，地缘关系是形成人们共同体的基础，所有政治、经济、文化等形式都是在此基础之上生发。因此，可以通过某一民族所生活的地域去理解该民族，而通过文字描述某一民族的生存地域，也可以反映出该民族的认识程度。清代藏史对汉地的记载不同于同时期的汉文史籍，从很大程度上能反映出藏文史籍作者的民族观乃至世界观。比如，贡布查布《汉区佛教源流记》谈及世界的形态和南瞻部洲的相关情况时这样写道：

> རྒྱུད་ཐམས་ཅད་ཀྱི་རྒྱལ་པོ་དཔལ་དུས་ཀྱི་འཁོར་ལོའི་རྒྱུད་ལས་སྟོང་པའི་དབུས་སུ་ཡང་དག་བྱུང་སྟེ་ཆུ་ལ་ལན་ཚྭ་དང་ནི་སྒོ་ངའི་དབུས་སུ་སྒོང་སྐྱེས་བཞིན། ཞེས་གསུངས་པའི་མཚོན་བྱ་གསར་ཆེན་གྱི་དཀྱིལ་འཁོར་འདི་ལ་རྒྱ་མཚོས་ཆོད་པའི་རི་མིག་ཆེ་ཆུང་དུ་མ་མཆིས་པའི་ནང་ཚན། འཛམ་བའི་གླིང་དུ་གྲགས་པའི་གཞི་རྟེན་ཆེན་པོ་འདིར་ཡུལ་ཁམས་ཆེ་ཆུང་བརྒྱ་ལྷག་ཙམ་ཡོད་དེ། དེ་དག་གི་ནང་ནས་ཇི་སྐད་དུ་འཕགས་པ་འཇམ་དཔལ་གྱི་རྩ་བའི་རྒྱུད་ལས། རྒྱ་དང་རྒྱ་ནི་ཆེ་ཉིད་ན།། འཛམ་པའི་དབྱངས་ནི་རབ་གྲུབ་འགྱུར། །ཞེས་དངོས་སུ་བསྟན་པའི་གནས་ཆེན་དེ་ཡང་བོད་དང་བོད་ཆེན་ཟེར་བལྟར་ཀུའང་ཏེའུ། （སྐད་ཟུར་མི་ཆག་པའི་ཐབས་འདི་རྒྱལ་དབང་ཆེན་པོས་རྒྱ་ཧོར་གསང་ཡིག་ཏུ་གནང་བ་ལྟར་ཡིན།）ལ་སོགས་པ་རྒྱ་དཀར་ནག་གི་མཚམས་ཀྱི་ས་ཆ་འགའ་ཞིག་ལ་རྒྱ་ནག་དང་། དེ་ཚུན་ཆད་ལ་རྒྱ་ནག་ཆེན་པོར་འབོད་པས་མཐའ་དབུས་ཀྱི་ཁྱད་པར་ཙམ། [1]
>
> 正如《一切怛特罗之王即吉祥时轮续部》所云："真实出自空性中，犹如盐出自水及小鸡出自鸡卵一般。"此大密曼荼罗有许多大小不等之表格，彼等均被大海所隔离。世称此瞻部洲之大基地是其中之一格，此地有一百多个大小不等之地域，其中有一地域是

[1] （清）贡布嘉：《汉区佛教源流记》（藏文），成都：四川民族出版社，1983年，第3页。

《文殊师利根本仪轨经》所授记之圣地，其授记中云：“汉区地域极辽阔，文殊师利最殊胜。”这一圣地亦如“吐蕃”与“大蕃”一般，广州等少数印汉边界之地称之为汉，由此以内泛称为大汉，仅以边陲与腹心之差而已。[1]

这段对“རྒྱ་ནག”（汉区）的描述是基于佛教的宇宙观，“རྒྱ་ནག”被认为是文殊师利所摄受教化的地方。作者还将其与“བོད་”（吐蕃）和“བོད་ཆེན”（大蕃）两词相对照，认为“རྒྱ་ནག”又可分为“རྒྱ་ནག”（汉）和“རྒྱ་ནག་ཆེན་པོ”（大汉），并延伸出“边陲”和“腹心”的二元观。这种区分实际上是藏人的地域划分习惯的一种投射。接着，贡布查布对“རྒྱ་ནག”的具体范围进行了界定，史书称：

ཤར་ཕྱོགས་སུ་ཚང་ཧའི་ཞེས་བྱ་བའི་རྒྱ་མཚོ་ལ་ཐུག་ཅིང། ལྷོར་ཨན་ནན་དང་ཏན་ཁྲིང་ལ་སོགས་པ་མཐའ་མི་དང་འབྲེལ་པ། ཕྱོགས་གཞན་གཉིས་ཁང་ཆེང་སྐྱེ་ལྕགས་རི་ལྟ་བུད་ཀྱིས་ཡོངས་སུ་བསྐོར་བ། རྒྱར་ཕྱོགས་རེ་ལ་ལེ་དཔར་ཁྲི་སྐོར་རེ་ཡོད་པ། སྤྱིར་ནི་སྙིང་གི་ཤར་ལྷོའི་ངོས་སུ་གཞོལ་ཤས་ཆེ་ཡང་། ས་ལྷེ་དབྱར་མཐའི་ཉི་ལམ་གྱི་ཐད་ན་ཡོད་པས་ཡུལ་དབུས་སུ་གྲུབ་པའི་ཡུའི་མེའུ་སྐྱེ་ཡུལ་གྲུ་ཆེན་པོ་འདི་ལ་ཤི་སན་ཞིང་ཞེས་ཞིང་བཅུ་གསུམ་དུ་ཆེ་ཞིང་སྟོང་བཅུད་གཉིས་ཀ་འཕེལ་འགྲིབ་དང་རྒྱས་བསྡུས་ཀྱི་དབང་གི་མཐའ་གཅིག་ཏུ་མ་ངེས་ཀྱང་། དེང་སང་ཏེ་ལི། ཤེན་ཡང་། གེའང་ནན། ཤན་ཏུང་། སན་སི། ཧེ་ནན། ཤན་སི། ཧུ་ཀུའང་། ཏེ་གེའང་། གེའང་སི། ཀྲུ་གེའན། ཀུའང་ཏུང་། ཀུའང་སི། ཟེའུ་ཁན། ཡུན་ནན། ཀུའི་ཏེའུ་སྐྱེ་ཞིང་ཆེན་བཅུ་དྲུག……ཞང་གིང་། ཁང་ཏུ། ཕེའན་ལེའན། ངའི་ཐུང་། ཧང་ཏེའུ་སྐྱེ་ཟུར་བ་འཁྱིང་པོ་ལྟ།[2]

---

[1]（清）贡布嘉：《汉区佛教源流记》，罗桑旦增译，北京：中国藏学出版社，2005年，第11页。

[2]（清）贡布嘉：《汉区佛教源流记》（藏文），成都：四川民族出版社，1983年，第4—5页。

> 汉区东邻东海，南与安南和占城等边疆相毗连，与边境百姓密切联系；其他两方皆为长城所环绕，其各方所环绕长达一万里。一般东南部地区地势低下，其腹心地区位于季夏日道上。此组成中原之大地域划分为十三省，各个时期因人口增减和区域大小不等，省份之数虽不可能完全固定，但现有十六省，即直隶、沈阳、江南、山东、陕西、河南、山西、湖广、浙江、江西、福建、广东、广西、四川、云南、贵州。……其次有五个中等城市，彼等是上京、成都、涪陵、昭通和杭州。[1]

在这段记述中，贡布查布将长城定为“རྒྱ་ནག”西部和北部的边界，这种看法应该源于中原地区的传统划分。长城之内的地域，在不同时期可划分为十三或者十六个行省，[2]其中清代的十六行省中包括了“ཤིན་ཡང”（沈阳），并将“ཞང་གིང”（上京，即沈阳）列为汉地五个中等城市之首。沈阳，也称“盛京”或“东京”，曾作为后金政权的都城，顺治皇帝迁都北京后，以留都形式成为关外满人的一个重要聚居地。由此可见，作者将沈阳算作长城以内的“汉区”并非是笔误，而是在作者的认识中，山海关以外、以沈阳为中心的满人聚居地毫无疑问当属“རྒྱ་ནག”的地域范围。

贡布查布的观点并非孤证，在赞普·丹增赤列和松巴堪布两位学者

---

[1] （清）贡布嘉：《汉区佛教源流记》，罗桑旦增译，北京：中国藏学出版社，2005年，第11—12页。

[2] 藏文史籍中常常有汉地十三行省的提法，刘立千先生认为这是根据明代以前的行省划分情况说的。参见（清）土观·罗桑却季尼玛：《土观宗派源流》，刘立千译，拉萨：西藏人民出版社，1985年，第332页。而关于十六行省的说法，实际上并不准确。清代的行省划分曾有过几次变动，在这里并没有反映出来。除此之外，藏文文献中还有十八省的说法。

的著作中可得印证。丹增赤列在其《世界广论》一书中，对“རྒྱ་ནག”地域情况曾有如下记述：

> འདི་ནས་རྒྱའི་ལོ་རྒྱུས། བོད་ཀྱི་ཡུལ་ནས་རགས་རིམ་གྱིས་གཞལ་བའི་ཤར་དང་བྱང་ཤར་གྱི་ཕྱོགས་སུ་འདབས་འབྲེལ་བ་རྒྱ་ནག་གི་ཡུལ་དེ་ནི་ཤིན་ཏུ་རྒྱ་ཆེ་ཟླ་གམ་གྱི་དབྱིབས་ལྟ་བུ། ཤར་མན་ཇུས་ཀྱི་ཡུལ་ནས་ནུབ་མཐའ་ཨོ་ཤའི་ཡུལ་དང་། ལྷོ་མཐའ་རྒྱ་མཚོ་ཆེན་པོ་ནས་བྱང་དུ་ཧོར་གྱི་ཡུལ་ལ་ཐུག་པ། ཤར་ནུབ་ཏུ་རྒྱ་ནག་རང་གི་ས་ལེ་བར་བདུན་སྟོང་ལྷག་དང་། ལྷོ་བྱང་དུ་ལྔ་སྟོང་ལྷག་ཙམ་པ་ཡོད། ཡུལ་དེ་ལ་ནང་གསེས་ཀྱིས་དབྱེ་ན། སྔོན་དུས་ཞིང་ས་ཆེན་པོ་བཅུ་གསུམ་དང་། དེང་སང་ཧྲི་ལིས་ཤན་ཏུང་། ཤན་ཞིས། ཧོ་ནན། ཞན་ཞིས། ཀན་སུའུ། ཟེ་ཁྲིན། ཡུན་ནན། བཀོས་གྲོའུ། བཀང་དུང་། ཧུ་བཀན། ཧུ་ནན། ཧུ་པའི། ཨ་དཔས། ཀྲང་ཞིས། ཅེ་ཀྲང་། ཧྥུ་ཀྲང་། ཅང་ནན་ཧེ་ཞིང་ས་ཆེན་པོ་བཅོ་བརྒྱད་དང་། པེ་ཅིང་། ཁྲང་ཨན། ནན་ཀྱིང་། དུང་ཀྱིང་སྟེ་རྒྱལ་ཁབ་ཆེན་པོ་བཞི།[1]

丹增赤列介绍“རྒྱ་ནག”的东西两方之边界时，有“ཤར་མན་ཇུས་ཀྱི་ཡུལ་ནས་ནུབ་མཐའ་ཨོ་ཤའི་ཡུལ”这样的说法，认为“རྒྱ་ནག”的范围是从东边的“མན་ཇུས”（满洲）到西部边境的武威之内的一大片区域。如果再结合后文的“པེ་ཅིང་། ཁྲང་ཨན། ནན་ཀྱིང་། དུང་ཀྱིང་སྟེ་རྒྱལ་ཁབ་ཆེན་པོ་བཞི”这一记载，明确将“དུང་ཀྱིང”（东京，即沈阳）看作是与当时的北京、长安、南京并列的四大都城之一，可以确定“满洲”自然是被包含在“རྒྱ་ནག”的地域范围之内。

松巴堪布《如意宝树史》对汉地的地域情况有如下表述：

---

[1]（清）松巴·益西巴觉、赞普·丹增赤列：《世界总论·世界广论》（藏文），拉萨：西藏藏文古籍出版社，2011年，第209页。

རྒྱའི་སའི་རྒྱ་ཁྱོན་དང་ཁྱད་ཆོས་ནི་ཤར་དུ་ཚང་ཧའི་ཞེས་པའི་རྒྱ་མཚོ་ལ་ཐུག་ཅིང་ལྷོར་ཨནྣ་ན་དང་ཙན་ཐང་ཞེས་པའི་མཐའ་མི་དང་འབྲེས་ཤིང་བྱང་ནུབ་གཉིས་ཀྱི་མཐའ་ར་བས་བསྐོར་བའི་དབུས་ནས་ཤར་དང་ལྷོར་གཞུ་འདོམ་སུམ་བརྒྱ་དྲུག་ཅུ་ལ་རྒྱང་གྲགས་གཅིག་བྱས་པའི་ལི་ཕར་དུ་གྲགས་པ་ཁྲི་ལྷག་རེ་ཡོད་ལ། དེ་ལ་ཏེ་ལི་ཤེན་ཡང་། གླིང་ནན། ཤན་དུང་། སན་སི། ཤན་སི། ཧེ་ནན། ཧུ་ཀུའང་། ཏེ་གླིང་། གླིང་སི། ཧྥུ་གླིན། ཀུའང་ཏུང་། ཀླུའང་སི། ཟེ་ཙུའང་། ཡུ་ནན། གུའི་ཏེའུ་སྟེ་ཞིང་ས་ཆེ་བ（ཤེས་ན་ཞིང）བཅུ་གསུམ་སྙིང་ཆུང་བ་གསུམ་བསྣན་པའི་བཅུ་དྲུག……ཞང་གིང་སོགས（ཁྲིང་ཏུ། པི་ན་ལིང་། ཏའི་ཐུང་། ཧང་ཏེའུ། ）འབྲིང་ལྔ་ཏེང་ཧི་སོགས།……ཟླའི་ཁིར་ཐུན་སོགས་ཆུང་བཅས་སྟོམ་གཉིས་སྟོང་།[1]

关于汉地的地理范围和特征，其东临名东海的大海，南与安南和占城等边地相接，北西二边由长城围绕。按以三百六十步弓为一俱卢舍等于汉一华里计算，则从汉地中心至东、南边界约有一万多华里。其地有直隶、沈阳、江南、山东、山西、陕西、河南、湖广、浙江、江西、福建、广东、广西、四川、云南、贵州等，十三大省加三小省（西三省），共计有十六省。……盛京等（成都、开封、大同、杭州）为五中古都，……巴且塔雅那等小城镇，共计两千座城镇。[2]

松巴堪布对汉地西、北边界的划定和贡布查布保持一致，并且同样将“沈阳”定为汉地十六行省之一、“盛京”为五个中等古都之一。由此可见，视满人聚居地为“རྒྱ་ནག”之一部的观点并非某个藏文史籍作者的杜撰，而是当时一种较为普遍的认识。但后文有关“ཧོར”（霍尔）地区的叙述中，松巴堪布又将“ཙུར་ཆེད”（女真）划归到“ཧོར”（霍尔）的

[1]（清）松巴堪钦：《松巴佛教史》（藏文），兰州：甘肃民族出版社，1992年，第920页。

[2]（清）松巴堪布·益西班觉：《松巴佛教史》，蒲文成、才让译，兰州：甘肃民族出版社，2013年，第501页。

地域范围之内，原文称：

> སྤྱིར་ཕྱོགས་འདི་སོག་པོའི་ཕྱོགས་གཏོགས་ལ་མོང་གོལ་གྱི་ཕྱོགས་སུ་ཨོའུ་རོད་དང་རྒྱའི་ཇུར་ཆེད་དང་བོད་ཀྱི་ཤི་ར་ཡུ་གུར་དང་ཧོར་ཐོན་གྱི་ཧ་སག་སྤུ་རུད་དང་ཨོ་རུ་སུའི་ཕྱོགས་གཏོགས་ཁི་ཐ་རི་ཡོད།[1]
>
> 霍尔地区总的属于蒙古，内包括蒙古的卫拉特，汉地的女真，藏地的撒里畏吾儿，和阗的哈萨克、柯尔克孜，及属俄罗斯的克它里。[2]

结合前后文来看，这里的“ཧོར”（霍尔）并不是当时的蒙古，而应该是元朝统辖的北方少数民族地区的统称。其中关于女真的说法特别值得注意，写作“རྒྱའི་ཇུར་ཆེད”（汉地的女真），十分明确地将女真归为“རྒྱ”的地域范围。女真曾在东北和华北地区建立金朝，与南宋以秦岭淮河为界，在此边界以北的地区也是汉区。这里视“ཇུར་ཆེད”（女真）属于“རྒྱ”（汉地）的说法，实际上表明在清代藏文史籍作者的认识中，已经将原金朝所辖之地（东北和华北地区）囊括进“རྒྱ”（汉地）的地域范畴。

**汉地佛教源流**

藏文历史文献还有一个显著的特点，就是非常重视对宗教史的记述。纵览整个后弘期成书的藏史，与佛教相关的内容占据很大的比重。这些著作中不仅是对西藏佛教有系统的介绍，对其他周边地区的宗教也

[1]（清）松巴堪钦：《松巴佛教史》（藏文），兰州：甘肃民族出版社，1992年，第959—960页。

[2]（清）松巴堪布·益西班觉：《松巴佛教史》，蒲文成、才让译，兰州：甘肃民族出版社，2013年，第521页。

有所涉猎，通过这些描述可以让我们从宗教的角度认识历史上的民族关系。

清代藏史中介绍汉地宗教史最全面的，当数土观·罗桑却吉尼玛的《土观宗派源流》。该史籍成书于嘉庆六年（1801），书中对西藏地方、天竺、汉地、蒙古、西域等地，包括佛教、本教、儒家、道教等在内的各个宗教及思想的法脉源流、教义学说等情况都有较为详细的记载。其中，在讲到汉传佛教的相关情况时，先是回顾了汉代以来佛教由古印度传入中原的情形，历汉、晋、隋、唐、宋各代的发展[1]，然后介绍元、明、清三朝时期西藏佛教在汉地的传播情况。这种以中原王朝史的更迭为时间轴的叙述方式，实际上已经暗示了“清”和“རྒྱ་ནག”的密切关联，然而具体到史料中，作者却将格鲁派与满洲之间的联系追溯到满洲入关之前，史书载：

> ཡུང་ལོ་རྒྱལ་པོའི་དུས་བྱམས་ཆེན་ཆོས་རྗེ་ཕེབས་པ་ནས་བསྟན་པའི་དབུ་བརྙེས་ནའང་། དར་རྒྱས་ཆེ་བ་ནི། ཆེན་པོ་ཆིང་གི་དུས་སུ་བྱུང་སྟེ། གོང་མ་ཞི་ཙུ་ཧྲུའང་ཧྭི་མུག་ཧྲུན་གྱི་ས་ཆར་བཞུགས་སྐབས། པཎ་ཆེན་ཐམས་ཅད་མཁྱེན་པ་བློ་བཟང་ཆོས་ཀྱི་རྒྱལ་མཚན་གྱིས་རྒྱལ་དབང་ལྔ་པ་ཆེན་པོར། ད་ལྟའི་མུག་ཀྲུན་གྱི་རྒྱལ་པོ་འདི་ལ་འབྲེལ་བགྱིས་ཏེ་སྦྱིན་བདག་ཏུ་ཁུག་ན་ཕྱིས་སུ་རང་བསྟན་ལ་ཕན་པ་སྲིད་ཅེས་བསྐུལ་མ་མཛད་པས་ཐུགས་དགོངས་གཅིག་ཏུ་སྒྱུར་ཏེ་རྒྱལ་བ་ཡབ་སྲས་གཉིས་ཀས་སྐྱེས་བཟང་པོ་དང་བཅས་པའི་ཆབ་ཤོག་འབུལ་བར་བོང་ཆེན་པ་གཏོང་བ་གནང་བས། གོང་མ་ཆེན་པོ་ཐུགས་ཤིན་ཏུ་དགྱེས་ནས་སོ་སོ་ལ་གསུང་ལན་དངོས་སྐྱེས་སྦྲམ་མཛོ་བ་བཅས་གནང་སྟེ་དེ་ནས་བཟུང་ཡོན་མཆོད་ཀྱི་མགོ་ཚུགས།……གོང་མ་ཞི་ཙུ་ཆེན་པོའི་དཔུང་གིས་ཇག་དཔོན་ཚར་བཅད་དེ་རྒྱལ་སྲིད་ཆེན་པོ་བདག་གིར་བཞེས།

[1]（清）土观·罗桑却季尼玛：《土观宗派源流》，刘立千译，拉萨：西藏人民出版社，1985年，第206—215页。

> དེ་དུས་པཎ་ཆེན་རིན་པོ་ཆེས་གོང་མ་ཧུན་ཏེན་དུ་བཞུགས་སྐབས་རིམ་གྱི་བར་གནང་བའི་བླ་མ་གྲུབ་ཐོབ་ཅིག་ཡོད་པ་དེས་རྒྱལ་སྲིད་ཆེན་པོར་དབང་མཛད་པའི་ཉི་སྐར་དུས་ཚོད་སོགས་ལུང་བསྟན། [1]
>
> 永乐时降钦却吉至汉地，算是首建本宗，其最宏扬者，当在大清之时。世祖皇帝尚在奉天，班禅汤吉勤巴·罗桑却吉坚赞曾劝第五世达赖说：“若和现在奉天之王结识，得他作施主，则对我们宗派当有大利。”达赖很同意他的意见，于是师徒二人遣使献礼上表。世祖大悦，各别颁发诏书，赏赐甚厚。从此以后，遂为建立供施关系之始。……当世祖在奉天时，班禅曾派遣一成道大师，为他修法祈祷，并为推算日辰，预言将掌管大明的江山。[2]

这里提到的“ཧུན་ཏེན”（奉天），就是今天的沈阳。根据相关文献记载，早在清军入关之前，四世班禅和五世达赖喇嘛就曾遣人与之有过接触。等到满洲入主中原以后，格鲁派与清廷依旧保持联系，清廷也积极支持格鲁派的发展，册封章嘉活佛为国师，在“མཚོ་བདུན”（七海，即内蒙古锡林郭勒盟的多伦诺尔）、“ཞེ་ཧོཨུ”（热河，包括今天的河北北部、辽宁西部，以及内蒙古的部分地区，中心位于承德）等地修建西藏佛教寺院。[3]而从清代中期以前的族群聚居格局来看，热河和多伦诺尔地处关外，是满、蒙等少数民族的聚居地，并非中原汉地，但土观活佛却

[1] （清）图官·洛桑却吉尼玛：《宗教源流史》（藏文），兰州：甘肃民族出版社，1991年，第488—489页。

[2] 土观·罗桑却季尼玛：《土观宗派源流》，刘立千译，拉萨：西藏人民出版社，1985年，第215页。

[3] （清）图官·洛桑却吉尼玛：《宗教源流史》（藏文），兰州：甘肃民族出版社，1984年，第490—492页；（清）土观·罗桑却季尼玛：《土观宗派源流》，刘立千译，拉萨：西藏人民出版社，1985年，第216页。

将其纳入“རྒྱ་ནག”的范畴之内进行介绍，甚至称四世班禅与“博格达彻辰汗”皇太极共同推动了格鲁派在“རྒྱ་ནག་གི་ཡུལ”[1]（汉土）[2]的发展。

类似的情况还见于丹增赤列的《世界广论》，该书的第三部分“རྒྱ་ནག་གི་ཡུལ་བཤད་པ”（论汉地的地域）中也提到清廷在热河修建寺庙的一些情况：

> པེ་ཅིང་ནས་བྱང་ཤར་དུ་ཉིན་ཞག་དྲུག་ཙམ་གྱི་སར་ཞེ་ཧེ་ཟེར་བའི་ལུང་པ་ཡོད་པ་དེར་གོང་མ་དབྱར་དུས་སུ་བཞུགས་སའི་ཕོ་བྲང་ནང་དུ་མཚོ་དང་ཆུ་མིག་མང་པོ་ཡོད་པ་དང་། གཟིམ་ཁང་བཀོད་པ་ཡ་མཚན་ཅན་མང་པོ་ཡོད། དེའི་ཉེ་འཁོར་གོང་མ་ཆེན་ལུང་གི་དུས་སུ་བསམ་ཡས་དང་པོ་ཏ་ལ། བཀྲ་ཤིས་ལྷུན་པོ་གསུམ་ལ་དཔེ་བྱས་ནས་བཞེངས་པའི་གཙུག་ལག་ཁང་ཆེན་པོ་གསུམ་གྱིས་གཙོ་བའི་དགོན་པ་དགུ་དང་། དམག་སྡེ་བརྒྱད་དང་། ཚོང་འདུས་ཆེན་པོ་བཅས་ཡོད་པ་དེ་དང་ཉེ་སར་ལྷ་ཆེན་མཚན་མེ་རང་བྱུང་འདོམ་བཅུ་ཕྲག་ལྷག་པ་དང་། ཁྲི་ཡང་ཏུང་ཟེར་བའི་ཕུག་པ་སོགས་གནས་ཡ་མཚན་ཅན་འགའ་རེ་ཡོད།[3]

在这段记载中提到了清廷在热河的承德仿照桑耶、扎什伦布两寺修建寺庙一事，这两寺即“普宁寺”和“须弥福寿之庙”，前者后来成为西藏佛教在中国北方最大的佛事活动场所。值得注意的是，丹增赤列和土观活佛的观念一致，都将满洲地区佛教传播置于汉地佛教的叙述范畴之内，这种做法同将清代佛教源流放在历代中原王朝佛教发展状况的论

[1]（清）图官·洛桑却吉尼玛：《宗教源流史》（藏文），兰州：甘肃民族出版社，1984年，第492—493页。

[2]（清）土观·罗桑却季尼玛：《土观宗派源流》，刘立千译，拉萨：西藏人民出版社，1985年，第216页。

[3] 松巴·益西巴觉、赞普·丹增赤列：《世界总论·世界广论》（藏文），拉萨：西藏藏文古籍出版社，2012年，第212页。

述之中是一致的，都是在地域空间上把关外的承德当作“རྒྱ་ནག”的一部分。

**清廷、皇帝及文武官员称谓**

由于清廷在政治、军事等方面采取各项措施，使得清中央政府与西藏地方之间的关系有了极大的巩固和发展，而清代藏史中也有很多有关清廷的具有特殊含义的表述。1792年，第二次廓尔喀战役期间，清军攻破聂拉木和济咙两地，直逼尼泊尔三部，丹增班觉所著《多仁班智达传》就记载了当时廓尔喀王叔巴都尔·萨野派人迎请时任西藏地方政府噶伦丹津班觉前往王宫商谈时的话：

བོད་ཀྱི་རྒྱབ་རྩར་རྒྱ་མི་ཡོད་གཉིས་སླར་རང་གཞན་ཚང་མར་མི་ལེགས་པ་ཡོང་འདྲ་ཞེས་ངེད་རྒྱལ་བློན་རྣམས་ནས་ལབས་པ་ཡིན་ཙང་། དེའི་ལན་དུ་བླ་མ་ཞྭ་དམར་རང་ནས་ཟེར་རིགས་སུ་བོད་དབུས་གཙང་ནས་རྒྱ་ནག་ཏུ་མཚམས་ཞུ་མི་སྣ་དང་དེ་ཞོར་ཚོང་པའི་འགྲོ་ལམ་ཡོད་ཅིང་། རྒྱ་ནག་ནས་ཀྱང་བོད་དུ་ཨམ་བན་དང་། དཔོན་དམག་ཉུང་བསྡུས་ཤིག་གཏན་སྡོད་བྱས་སྐབས་བོད་པ་རྣམས་རྒྱ་ནག་གོང་མའི་མངའ་འོག་ཡིན་ཚུལ་སྒོམ་གཡོར་དུ་གླེང་བ་ཙམ་ལས། དོན་དུ་བོད་ནས་རྒྱ་ནག་ལ་ཁྲལ་འབབ་སྐར་ལི་ཙམ་ཡང་འབུལ་མ་དགོས་སྐབས་རྒྱ་ནག་ནས་ཀྱང་དོ་ཁལ་ཆེན་པོས་བོད་ཀྱི་རྒྱབ་གཉེར་ནི་གཏན་ནས་བྱས་མི་ཡོང་། གཞི་ནས་རྒྱ་ནག་གོང་མ་ཆེན་པོ་སྟོབས་འབྱོར་ཆེ་ཞིང་དཔུང་མང་བ་ཡིན་འདུག་ཙང་། བལ་ཡུལ་དུ་དཔུང་འཇུག་མཐར་སྐྱོལ་བྱེད་པར་འགྲོ་ལམ་ནི་ཡང་ན་གོང་མ་རང་གི་མངའ་ཞབས་ཡེར་ཁེན་ནས་ལ་དྭགས་སོགས་རྒྱལ་ཁག་མི་གཅིག་པའི་ལུང་པ་ཁད་འཆུས་བརྒྱུད་ཡོང་དགོས་གཉིས་ས་ཐག་ཤིན་ཏུ་རིང་ཞིང་འགྲོ་ལམ་མི་བདེ་བའི་བབས་ཀྱིས་ཡོང་མ་བདེ།……ད་སྔོས་རྗེ་རིང་ག་ཅི་རང་སང་ཉིན་ལས་མི་འགྲུངས་པ་སྐྱིད་གྲོང་བརྒྱུད་ཡོང་མིའི་རྒྱ་བོད་དམག་དཔུང་གི་འགོ་ཡོད་རྒྱ་ནག་གོང་མ་ཆེན་པོའི་ནང་བློན་ཀྱང་ཐང་ཟེར་བ་ཞིག་ཡོད་འདུག་པ། ……རྒྱ་བོད་ཀྱི་དཔུང་དམག་རྣམས་བལ་ཡུལ་གླིང་གསུམ་འདིར་མ་ལྷགས་

པའི་ཕྱིར་བཟློག་ཐུབ་པ་ཞིག་དང་། ཕུགས་ཡུན་ཀྱང་བལ་ཡུལ་གྱི་ལྗོངས་འདིར་དེང་དུས་བོད་ལའང་གང་བྱེད་ཀྱི་སྲོལ་ལམ་ལྟར་རྒྱ་མིའི་དཔོན་དམག་གཏན་སྡོད་བྱེད་མ་དགོས་པ།……ཕྱིན་ཆད་ནས་རྒྱ་ནག་གོང་མ་ཆེན་པོ་དང་། བོད་ཀྱི་རྒྱལ་བ་ཡབ་སྲས་གཉིས་ལ་ལོ་ལྟར་མཚམས་ཞུ་མི་སྣའི་གདོང་བབས་མཚུངས་འགྲུབ་ཚོད་ཀྱི་དཔྱ་ཁྲལ་ཙམ་འབུལ་དགོས་བྱུང་ཏང་།[1]

西藏有汉人撑腰，恐怕大家都会遭殃。但是沙玛尔巴喇嘛回答说："西藏向清廷进贡，也顺便通商。清廷在西藏有常驻钦差和少数军队。藏人是在清廷皇帝统治之下，但除了说是摆虚架子外，实际上西藏无需向清廷上交一分钱的税款。所以，清廷也不会大力支援西藏。本来，清廷大皇帝十分强大，并且军队很多，但是进军尼泊尔，沿途需要经过皇帝所辖叶尔羌到拉达克等不同邦国毗连的地区，距离太远，道路崎岖，这就不便前来。"……多仁噶箕不要迟于明天，就去面见济咙来的汉藏军队的将军，中国大皇帝的权臣中堂。……汉藏军队现在不要速来尼泊尔三部，可以撤退。将来也按现在在西藏的行事惯例，无需汉人官兵永久驻扎尼泊尔地区。……今后，当每年派贡使向中国大皇帝，西藏佛王师徒俩敬献微薄的赋税。[2]

巴都尔·萨野的这段话意在将战争的主要罪责转移到沙玛尔巴喇嘛的身上，并请求丹增班觉替廓尔喀就入侵西藏的行为向清廷求情。记述虽出自巴都尔·萨野之口，但经丹增班觉的转述，很大程度上也代表了后者

[1]（清）丹增班觉：《多仁班智达传》（藏文），成都：四川民族出版社，2006年，第802—805页。

[2]（清）丹津班珠尔：《多仁班智达传》，汤池安译，北京：中国藏学出版社，1995年，第381—383页。

对于当时清廷和西藏地方关系的一些看法。在这段记载中，多次出现了“རྒྱ”和“རྒྱ་ནག”等词汇，对此有四点特别值得关注：一、以“རྒྱ་ནག”指称清廷，且被认为是支援西藏的后盾；二、清朝的皇帝被称作“རྒྱ་ནག་གོང་མ”，即“汉地大皇帝”；三、将清廷派驻西藏的官员当作是从“རྒྱ་ནག”（汉地）派来；四、清廷派驻西藏的军队被称作“རྒྱ་མིའི་དཔོན་དམག”，即“汉人的将士”。在作者看来，清廷或清朝是可以被“རྒྱ་ནག”一词所取代的，而且不再强调其本身所具有的“满洲”属性。而丹增班觉的这一看法特别具有代表性，是当时的藏人对清廷的一种普遍认知，以下将这四种指称分别进行举例说明。

（1）《安多政教史》用“རྒྱ”指称清廷，如：

ཐོར་གོད་ཚེ་དབང་རབ་བརྟན་གྱིས་ཡུང་ཀྲེང་རྒྱལ་པོའི་དུས་རྒྱ་ལ་ངོ་ལོག་པ།[1]

土尔扈特部的察罕喇布坦，在雍正皇帝时，背叛清政府。[2]

སྐྲ་དཀར་སྒྲོལ་མར་གྲགས་པ་རྒྱལ་མོ་སྒྲོལ་མ་མཚོའི་དུས་རྒྱ་དང་ཆུ་ཆེན་འཁྲུགས།[3]

到了以“白发度母”著称的女土司卓玛措时期，汉族与金川发生了战争。[4]

---

[1] བྲག་དགོན་པ་དཀོན་མཆོག་བསྟན་པ་རབ་རྒྱས།：《མདོ་སྨད་ཆོས་འབྱུང་།》，དགའ་ལྡན་ཆོས་འཁོར་གླིང་།：རིག་གནས་མྱུར་སྐྱོབ་དཔེ་མཛོད་ཁང་།，第249页。

[2] （清）智观巴·贡却乎丹巴绕吉：《安多政教史》，吴均、毛继祖、马世林译，兰州：甘肃民族出版社，1989年，第238页。

[3] བྲག་དགོན་པ་དཀོན་མཆོག་བསྟན་པ་རབ་རྒྱས།：《མདོ་སྨད་ཆོས་འབྱུང་།》，དགའ་ལྡན་ཆོས་འཁོར་གླིང་།：རིག་གནས་མྱུར་སྐྱོབ་དཔེ་མཛོད་ཁང་།，第771页。

[4] （清）智观巴·贡却乎丹巴绕吉：《安多政教史》，吴均、毛继祖、马世林译，兰州：甘肃民族出版社，1989年，第724页。

从上面的记载可以看出，作者智观巴·贡却乎丹巴绕吉将察罕喇布坦反叛和金川土司反抗的对象——清廷，称为“རྒྱ”，实际上模糊了清廷与“རྒྱ”的区别，抑或说是将其合二为一。

（2）《颇罗鼐传》把清朝皇帝称作“རྒྱ་ནག་གོང་མ”（汉地皇帝）。原书云：

> ཤར་ཕྱོགས་རྒྱ་ནག་རྒྱལ་པོ་ཤུན་ཅེ་ཞེས།།[1]
>
> 东方的中国皇帝号称天子。[2]
>
> ཡུལ་ཤར་ཕྱོགས་མཉྫུ་ཅི་ནའི་རྒྱལ་པོ་ད་ལྟ་ཁྲིམས་གཉིས་ཀྱི་ཁ་ལོ་སྒྱུར་བ་འཚ[3]
>
> 东方的中国皇帝，执掌政教大权。[4]
>
> མཉྫུ་ཅི་ནའི་རྒྱལ་པོ་འཇམ་དབྱངས་མིའི་གཟུགས་ཅན[5]
>
> 文殊化身大清皇帝。[6]

将清帝比喻为文殊化身，这是清代藏史中常见的一种写法，本文不展开

[1]（清）多卡瓦·策仁旺杰：《颇罗鼐传》（藏文），庄晶校勘，成都：四川民族出版社，1981年，第80页。

[2]（清）多卡夏仲·策仁旺杰：《颇罗鼐传》，汤池安译，拉萨：西藏人民出版社，2002年，第37页。

[3]（清）多卡瓦·策仁旺杰：《颇罗鼐传》（藏文），庄晶校勘，成都：四川民族出版社，1981年，第81页。

[4]（清）多卡夏仲·策仁旺杰：《颇罗鼐传》，汤池安译，拉萨：西藏人民出版社，2002年第，第38页。

[5]（清）多卡瓦·策仁旺杰：《颇罗鼐传》（藏文），庄晶校勘，成都：四川民族出版社，1981年，第261页。

[6]（清）多卡夏仲·策仁旺杰：《颇罗鼐传》，汤池安译，拉萨：西藏人民出版社，2002年，第125页。

论述，但“རྒྱ་ནག”和“མདྷ་ཙི་ན”两个词在藏语语境中的内涵是一致的，与该书前面的写法对比虽略有差异，但背后的文化逻辑是相同的：强调清朝是一个“汉地”政权。同样的表述还见于《六世达赖喇嘛仓央嘉措秘传》。该书同样称皇帝为“རྒྱ་ནག་གོང་མ”[1]，意即“汉地皇帝”[2]。

（3）在清廷派往西藏地方的官员前加“རྒྱ་ནག”一词。比如《五世达赖喇嘛传》有如下内容：

> ཚེས་བཅུ་ལ་རྒྱ་ནག་གི་གསེར་ཡིག་པ་འཁྲུལ་སྤེབས་དང་བཅས་ཕྱོགས་ཐག་རིང་ནས་ཆེད་གཉེར་ཡོང་བ་སོགས་དགེ་ཚུལ་གོ་དགུ། དགེ་སློང་ཆིག་བརྒྱ་དང་བཞི་ར་སྡོམ་པ་ཕབ། ཚེས་བཅུ་གསུམ་ལ་གོང་གི་མི་སྣ་གཙང་ལ་འགྲོ་གདོང་ངོས་ཀྱིས་ཕྲད།[3]
>
> 初十日，我给清朝皇帝的使臣及随行人员等特地从远道而来的九十九人传授了沙弥戒，给一百零四人传授了比丘戒。十三日，在清朝皇帝的使臣赴后藏之前，我会见了他们。[4]

《第一世嘉木样传》云：

> རྒྱ་ནག་ནས་བང་ཆེན་པ་འོངས་ཏེ། སྐུ་ཞབས་ཚངས་བདུངས་རྒྱ་མཚོ་རྒྱ་ནག་ཏུ་གདན་

[1]（清）拉尊·阿旺多杰：《六世达赖仓央嘉措密传》（藏文），拉萨：西藏人民出版社，1981年，第26页。

[2]（精）阿旺伦珠达吉：《六世达赖喇嘛仓央嘉措秘传》，庄晶译，北京：中国藏学出版社，2010年，第15页。

[3]（清）阿旺洛桑嘉措：《五世达赖喇嘛自传》中册（藏文），拉萨：西藏人民出版社，2012年，第320页。

[4]（清）五世达赖喇嘛阿旺洛桑嘉措：《五世达赖喇嘛传》（下），陈庆英、马连龙、马林译，北京：中国藏学出版社，2006年，第123页。

དངས་པ། [1]

此时，清廷遣来钦差将六世达赖喇嘛仓洋嘉措带往内地。[2]

五世达赖喇嘛用“རྒྱ་ནག་གི་གསེར་ཡིག་པ”（汉地金字使者）来指称清廷官员，这里以“རྒྱ་ནག”（汉地）指称清廷，与前后文的记述是一致的。如果说藏文史籍作者并不了解清早期赴藏官员的民族属性而导致记载模糊情有可原，那么从雍正朝开始设置的驻藏大臣多出自满八旗或蒙八旗（汉人出任驻藏大臣不仅人数稀少，而且多在道光以后，尤其以清末为多）[3]则不应再出现类似的“错误”，然而事实并非如此，《章嘉国师若必多吉传》提到乾隆皇帝欲在拉萨派驻官兵，称“西藏的一切大小事务均由汉官处理”[4]。另外，《八世达赖喇嘛传》也将“驻藏大臣为代表的清朝众官员”[5]记为“ཨམ་བན་རྣམ་གཉིས་ཀྱིས་དབུས་རྒྱ་དཔོན་ཁག་རྣམས”[6]，甚至在已经明确有满族官员在场的情况下仍然将其表述为“རྒྱ་དཔོན”。比如藏历阴土猪年（1779）七月二十四日，八世达赖喇嘛曾接见“以索大臣

[1] （清）第二世嘉木样·久美旺波：《第一世嘉木样传》，杨世宏译注，兰州：甘肃民族出版社，1994年，第121页。

[2] （清）第二世嘉木样·久美旺波：《第一世嘉木样传》，杨世宏译注，兰州：甘肃民族出版社，1994年，第96—97页。

[3] 吴丰培、曾国庆：《清代驻藏大臣传略》，拉萨：西藏人民出版社，1988年。

[4] （清）土观·洛桑却吉尼玛：《章嘉国师若必多吉传》，陈庆英、马连龙译，北京：中国藏学出版社，2007年，第157页。

[5] （清）第穆呼图克图·洛桑图丹晋麦嘉措：《八世达赖喇嘛传》，冯智译，北京：中国藏学出版社，2006年，第37页。

[6] （清）第穆·洛桑图丹晋麦嘉措：《第八世达赖喇嘛传》（藏文），北京：中国藏学出版社，2010年，第60页。

（即索琳）为代表的众清朝官员”[1]（སོ་ཨམ་པས་དབུས་རྒྱ་དཔོན་ཁག）[2]。索琳曾有两次任职驻藏大臣，为满洲正蓝旗人。《九世达赖喇嘛传》记，藏历土龙阳年（1808）的八月二十六、二十七日，即将坐床的九世达赖喇嘛接见了前来拜会的驻藏大臣等诸多大小官员，其中有一位“ལུང་ཨ་བན།”[3]（隆大臣）[4]，即隆福，嘉庆十三年任驻藏帮办大臣，为满洲正红旗人。同年九月二十二日，清廷派往西藏参加九世达赖喇嘛坐床典礼的诸大小官员中有一位“ཝུན་ཨ་བན།”[5]（文大臣）[6]，即文弼，嘉庆十年任驻藏帮办大臣，为满洲正红旗人。

可见，清代驻藏的满人官员与达赖喇嘛及噶厦之间的活动是非常频繁的，但是在记载下来的史料中却无一例外地称其为“རྒྱ་དཔོན”（汉官），真可谓是“满汉不分”。

（4）在清军和清军将领前加“རྒྱ”字。如《章嘉国师若必多吉传》和《安多政教史》将清军记为“རྒྱ་དམག”，即汉军。[7]而《多仁班智达

[1]（清）第穆呼图克图·洛桑图丹晋麦嘉措：《八世达赖喇嘛传》，冯智译，北京：中国藏学出版社，2006年，第97页。

[2]（清）第穆·洛桑图丹晋麦嘉措：《第八世达赖喇嘛传》（藏文），北京：中国藏学出版社，2010年，第165—166页。

[3]（清）第穆·图丹晋美嘉措、洛桑赤列朗杰：《第九世达赖喇嘛传和第十世达赖喇嘛传》（藏文），北京：中国藏学出版社，2011年，第82页。

[4]（清）第穆·图丹晋美嘉措：《九世达赖喇嘛传》，王维强译，北京：中国藏学出版社，2006年，第43页。

[5]（清）第穆·图丹晋美嘉措：《九世达赖喇嘛传》，王维强译，北京：中国藏学出版社，2006年，第48页。

[6]（清）第穆·图丹晋美嘉措、洛桑赤列朗杰：《第九世达赖喇嘛传和第十世达赖喇嘛传》（藏文），北京：中国藏学出版社，2011年，第93—94页。

[7]（清）土观·洛桑却吉尼玛：《章嘉国师若必多吉传》，陈庆英、马连龙译，北京：中国藏学出版社，2007年，第29、254、264页；（清）智观巴·贡却乎丹巴绕吉：《安多政教史》，吴均、毛继祖、马世林译，兰州：甘肃民族出版社，1989年，第66、89、459页。

传》在记载第一次廓尔喀战役、成都将军鄂辉等带兵入藏的情形时这样写道：

> འདི་སྐབས་ཟེ་ཆོན་གྱི་ཐུང་ཐུན་ཆེན་པོ་ངའོ་ཧྲ་རིན་དང་། དེའི་ལས་བྱ་མུ་ཨམ་བན་དང་། ཀྲང་ཨམ་བན་སོགས་ཀྱིས་དབུས་རྒྱ་སོག་རྒྱལ་རོང་གི་དཔོན་དམག་སྔོན་འབྱོར་རྣམས་ལས་མང་ཙམ་ཞིག་ཤེལ་དཀར་དུ་འབྱོར་གྲུབ་འདུག་གཤིས་དཔོན་གཙོ་རྣམས་མཇལ་དུ་འགྲོ་དུས་ངའོ་ཐུང་ཐུན་དང་། ལས་བྱ་ཀྲང་ཨམ་བན་གཉིས་པོ་དེ་སྔོན་ས་དན་དཔུང་འཇུག་གི་སྐབས་ཐེ་ཐུང་ཐུན་གྱི་ལས་རོགས་སུ་ཡོད་འདུག་སྐབས། རྒྱ་དཔོན་གོང་གསལ་གཉིས་པོ་དང་། མི་རྗེ་དར་ཧན་གུང་པཎྜི་ཏ་ཐུགས་ནང་ཤིན་ཏུ་གཙང་བ་ཡིན་ཞེས་གོང་གསལ་གཉིས་ནས་ཁོ་བོ་ལའང་རྒྱ་དཔོན་ཁྱིངས་དང་མི་འདྲ་བའི་རྒྱ་ཟོག་རྣམ་འགྱུར་སྟོན་པ།[1]
>
> 四川将军鄂辉及其部署穆腾额和张芝元等早期到达的官兵们大都到了胁噶尔。前去拜会主要将领时，言及将军鄂辉和部署张芝元俩在昔日进剿三岩时是将军特成额之助手。上述两位内地将领和达尔汗公班第达十分诚挚友好。这两位将领还送给我各种内地礼品，有别于其他内地官员。又请客过年，如此等等，显得十分亲热。[2]

史料中提到几位将军的名字，比如鄂辉，为满洲正白旗人；穆腾额，为满洲正白旗人；张芝元为汉人将领，时任松潘镇总兵。虽然满洲将领占多数，但仍被看作是“རྒྱ་དཔོན”（汉官），而类似的情况在后文中还出

[1]（清）丹增班觉：《多仁班智达传》（藏文），成都：四川人民出版社，2006年，第538页。

[2]（清）丹津班珠尔：《多仁班智达传》，汤池安译，北京：中国藏学出版社，1995年，第258页。

现过。[1]到了第二次廓尔喀战役时，乾隆皇帝派时任两广总督的福康安等领兵入藏增援，《多仁班智达传》将“福康安中堂大人为首之众多内地将领”[2]写作“ཕུ་ཞི་ཀུང་ཧ་ཀྲུང་ཐང་ཆེན་པོས་མཚོན་རྒྱ་ནག་གི་དཔོན་གཙོ་མང་པ”[3]，也是将其看作是汉军将领，而实际上福康安为满洲镶黄旗人。

清朝是一个由满人建立的王朝，在清早期凡涉及与边疆、民族问题相关重大的政治活动，满人常居于举足轻重的地位，在道光朝以前的驻藏官员也多为满人。然而，清代藏史在记述与朝廷、皇帝及文武官员等相关的历史时，却仍旧以“རྒྱ”或“རྒྱ་ནག”来指当时的满人，这样的民族观反映出清代藏史中的“རྒྱ་ནག”与一般意义上汉文中的“汉”，二者在内涵与外延上存在巨大差异。

## 第五节　“རྒྱ་ནག”的内涵以及清代藏史所反映出的满、汉关系

通过以上论述可知，在藏文文献中“汉”和“满洲”都有各自特定的写法，前者一般写作“རྒྱ”“རྒྱ་ནག”或“མནྟ་ཙི་ན”，后者则有“ཧུར་ཆེད”“མན་ཇུ”“མཉྫུ”等多种表达。除了在个别情况下会并列出现外，“满洲”一词单独出现的频率并不高，有时会以“རྒྱ་བོད་ཧོར”的形式一带而过，“满洲”这一概念实际上并不被十分重视，甚至在关于“满洲”和“清”的许多问题上，二者都会被置于“རྒྱ”的范畴之内。比如，在

[1]（清）丹增班觉：《多仁班智达传》（藏文），成都：四川民族出版社，2006年，第553页；丹津班珠尔：《多仁班智达传》，汤池安译，北京：中国藏学出版社，1995年，第265页。

[2]（清）丹津班珠尔：《多仁班智达传》，汤池安译，北京：中国藏学出版社，1995年，第374页。

[3]（清）丹增班觉：《多仁班智达传》（藏文），成都：四川民族出版社，2006年，第786页。

论及清朝王统世系时，常将其置于“རྒྱ་ནག”的历史发展脉络中；将“满洲”的主要活动区域纳入到“རྒྱ་ནག”的地域范围之内；在讨论“རྒྱ་ནག”的佛教传承时，在时间和空间上也会把清人入关之前和关外一些地区囊括进来；表述与“清”有关的一些概念时，都会在名词前冠之以“རྒྱ་ནག”作为其身份的界定。

将“满洲”和“清”置于“རྒྱ་ནག”的叙述框架之下来进行讨论，是清代藏文史籍的一个显著特点。所以，对“རྒྱ་ནག”一词的理解就不能只限定在一般意义上的“汉”或“汉地”，在清代多民族频繁互动的背景下，“རྒྱ་ནག”又涵盖了藏文文献中“满洲”等一些新的元素，其含义远远超出了“汉”的范围。

清代藏文文献中的“རྒྱ་ནག”一词，时而涵盖“满洲”，时而又与后者并置。由此可以看出“རྒྱ་ནག”与“汉”二者在内涵上的差异，以及汉和满两个族群在清代的藏文文献中存在的复杂关系。从文献来看，藏文中的“རྒྱ་ནག”在实际情况中，有广义和狭义之分。其狭义的概念特指“汉”或“中原汉区”；其广义的内涵则包括了“汉”“满洲”等多个民族或地区。因此，藏文文献中“རྒྱ་ནག”一词具体所指，需要针对不同的情况分别讨论。

实际上，在清代的藏文文献中，“རྒྱ་ནག”的概念很宽泛，不仅仅包含“汉”“满”，有时候，“前秦”“北魏”“蒙古”等一些少数民族政权也被纳入“རྒྱ་ནག”的范畴。“རྒྱ་ནག”的外延有时还会拓展为“ཧོར”或者“སོག”之外的其他民族的泛称，比如《格鲁派教法史——黄琉璃宝鉴》有这样一段话，原文如下：

རིགས་ཀྱིས་མཛོ་བ་གནམ་བྱིང་གིར་དང་། གངས་ཅན་གྱི་ལྗོངས་སུ་བོད་ཆོས་རྒྱལ་གྱི་

གདུང་རུས། འཁོན་གྱི་གདུང་གདན་ས་གོང་འོག་གི་ཞལ་ངོ་ན་རིམ། རླངས་ལྷ་གཟིགས་ཀྱི་གདུང་དཔལ་ཕག་མོ་གྲུ་པ། སྐྱུ་ར་འབྲི་གུང་དང་སྟག་ལུང་ག་ཟི་འོད་གསལ་ལྷ་ལས་འཆད་པའི་སྐྱོས་ཀྱིས་མཚོན་རིགས་རུས་ཀྱིས་མངོན་པར་མཐོ་བ་དང༌། སྟོབས་ཀྱིས་མཐོ་བ་གནམ་སའི་དབང་ཕྱུག་བསྟན་འཛིན་ཆོས་ཀྱི་རྒྱལ་པོ་སོགས་རྒྱ་ཧོར་གྱི་རྒྱལ་རིགས། བོད་ཀྱི་ཆེ་དགུ་བླ་ཆེན་དཔོན་ཆེན་དང་བཅའ་པ་ཇི་སྙེད་དང༌། འབྲས་སྤུངས་སུ་ཆིང་གིར་གནམ་གྱི་གདུང་དུ་བལྟམས་པའི་འཇམ་དབྱངས་སྤྲུལ་པའི་སྐུ་དབུས་པར་རྡོ་རྗེ་འཕྲེང་བ …… སོགས་སྐོར་བཀའ་དབང་ལུང་འཁྲིད། [1]

从此，向以高贵种姓的江格尔天、雪域吐蕃王后裔、昆氏家族后代上下两寺的历任管家、朗氏家族的后代帕木竹巴、居热氏止贡和达隆噶斯家族光明天后裔娘氏为代表的显贵、威力无比的天地自在持教王等汉蒙王族、藏族所有的大喇嘛大官员、生于哲蚌的清格尔天族嘉木央活佛等为代表的人讲授《金刚鬘》。[2]

首先，清代藏文史籍作者在用“རྒྱ་ནག”来表示“满”或“清”时，实际上是对藏族历史上“རྒྱ་ནག”这一概念的借用，并且在原有基础上对其内涵进行了再扩展。因此，站在藏文化的立场上，清代“满”“汉”两个民族之间存在某种紧密而又特殊的联系，这种联系并非简单的统治与征服，而是对清代承继中原王朝之正统性与合法性的一种表述。清朝作为一个由“满洲”建立起来的多民族统一王朝，其与不同民族间的互动在不断地塑造和改变着这个政权。

其次，关于清朝统治性质的重新解读。一直以来，学界对清朝的政

[1] （清）第司桑结嘉措：《格鲁派教法史：黄琉璃宝鉴》（藏文），北京：中国藏学出版社，1989年，第391页。

[2] （清）第悉·桑结嘉措：《格鲁派教法史——黄琉璃宝鉴》，许德存译，拉萨：西藏人民出版社，2009年，第320—321页。

权性质都有着不同的看法，尤其是近年来“新清史”的兴起，使得这种争论变得越来越激烈，新清史试图通过对占统治地位的满人属性的界定来探究清朝的统治，从而得出一个自认为客观合理的结论，但其存在着一些问题：其一，将关注的焦点集中于占统治地位的满人，忽视了清王朝的整体性。满人作为清朝的统治核心，其下还存在着汉、蒙、藏、回等多个民族。政权的运作是各个不同民族互动的结果。因此，要理解清的统治，就必须从不同民族的视角综合考察，任何一方面的因素都不可或缺。其二，“新清史”试图对清的政权性质、统治特点等问题作一个客观的解答，但这种尝试由于忽略了当时其他民族的声音，缺乏真正的对清朝治下不同民族、不同文化的关照，使得研究结论偏于主观。“清”的统治当然为客观存在，但这种客观反映在不同的族群那里，有着不同的认识。因此，在讨论清朝统治的性质时，除了将注意力集中在满洲外，还应从不同的维度加以综合探讨，而藏文史籍正是这多维度中极具价值的一维，有助于我们跳出以往研究的限制，增进对清朝统治的认知和理解。

# 参考文献

## 古　籍

（春秋）管仲：《管子》，杭州：浙江人民出版社，1987年。

（汉）班固：《汉书》，北京：中华书局，1962年。

（汉）孔安国传，（唐）孔颖达正义：《尚书正义》，上海：上海古籍出版社，2007年。

（汉）刘向：《列仙传》，上海：上海古籍出版社，1990年。

（汉）司马迁：《史记》，北京：中华书局，1959年。

（汉）许慎撰，（清）段玉裁注：《说文解字注》，郑州：中州古籍出版社，2006年。

（汉）荀悦：《汉纪》，四部丛刊本。

（汉）应劭：《风俗通义》，长沙：岳麓书社，1996年。

（晋）陈寿：《三国志》，北京：中华书局，1959年。

（晋）法显撰，章异校注：《法显传校注》，北京：中华书局，2008年。

（晋）皇甫谧：《帝王世纪》，北京：中华书局，1985年。

（北凉）昙无谶：《大方等无想大云经》，《大正新修大藏经》第12册，台北：新文丰出版有限公司，1983年。

（北齐）魏收：《魏书》，北京：中华书局，1974年。

（北魏）魏收：《魏书》，北京：中华书局，1974年。

（北魏）杨衒之撰，周祖谟校释：《洛阳伽蓝记校释》，北京：中华书局，1963年。

（南朝梁）释惠皎：《高僧传》，北京：中华书局，1992年。

（南朝梁）释僧祐编：《弘明集》，上海：上海古籍出版社，2013年。

（南朝宋）范晔：《后汉书》，北京：中华书局，1965年。

（唐）拔·塞囊：《拔协》，佟锦华、黄布凡译注，成都：四川民族出版社，1990年。

（唐）房玄龄等：《晋书》，北京：中华书局，1974年。

（唐）玄奘、辩机著，季羡林等校注：《大唐西域记校注》，北京：中华书局，2000年。

（后晋）刘昫：《旧唐书》，北京：中华书局，1975年。

（宋）金履祥撰，（清）玄烨批：《御批资治通鉴纲目前编》，康熙四十七年刻本。

（宋）蔡绦：《铁围山丛谈》，北京：中华书局，1991年。

（宋）弟吴贤者：《弟吴宗教源流》，拉萨：西藏人民出版社，2013年。

（宋）刘恕：《通鉴外纪》，《影印文渊阁四库全书》第312册，台北：台湾商务印书馆，1986年。

（宋）欧阳修、宋祁：《新唐书》，北京：中华书局，1975年。

（宋）王钦若等编：《册府元龟》，北京：中华书局，1960年。

（宋）赞宁：《宋高僧传》，北京：中华书局，1987年。

（宋）张栻：《张栻集》，长沙：岳麓书社，2010年。

（宋）朱熹：《朱子全书》，上海：上海古籍出版社、合肥：安徽教育出版社，2002年。

（宋）朱熹撰，（清）玄烨批：《御批资治通鉴纲目》，康熙四十七年刻本。

（元）布顿大师：《佛教史大宝藏论》，郭和卿译，北京：民族出版社，1986年。

（元）蔡巴·贡噶多吉：《红史》，东嘎·洛桑赤列校注，陈庆英、周润年译，拉萨：西藏人民出版社，2002年。

（元）程钜夫：《雪楼集》，《影印文渊阁四库全书》第1202册，台北：台湾商务印书馆，1986年。

（元）释念常：《佛祖历代通载》，《大正新修大藏经》第49册，台北：新文丰出版有限公司，1983年。

（元）释觉岸：《释氏稽古略》，《大正新修大藏经》第49册，台北：新文丰出版有限公司，1983年。

（元）陶宗仪：《南村辍耕录》，北京：中华书局，1959年。

（元）祥迈：《辨伪录》，《大正新修大藏经》第52册，台北：新文丰出版有限公司，1983年。

（元）许衡：《鲁斋遗书》，《影印文渊阁四库全书》第1198册，台北：台湾商务印书馆，1986年。

（元）赵孟頫：《大元敕赐龙兴寺大觉普慈广照无上帝师之碑》，《中国十大书法家墨宝全集·赵孟頫》，北京：中国画报出版社，2001年。

（明）阿旺贡噶索南：《萨迦世系史》，陈庆英、高禾福、周润年译，北京：中国藏学出版社，2005年。

（明）巴卧·祖拉陈瓦：《〈贤者喜宴——噶玛噶仓〉译注（一～十三）》，周润年译，《西藏民族学院学报》2011年第2期—2013年第2期。

（明）班钦索南查巴：《新红史》，黄颢译，拉萨：西藏人民出版社，2002年。

（明）程扬：《历代帝王历祚考》，明崇祯刻本。

（明）达仓宗巴·班觉桑布：《汉藏史集》，陈庆英译，拉萨：西藏人民出版社，1999年。

（明）邓士龙：《国朝典故》，北京：北京大学出版社，1993年。

（明）葛寅亮：《金陵梵刹寺》，《中国佛寺史志汇刊》第1辑第6册，台北：明文书局，1980年。

（明）管·宣奴贝：《青史》，王启龙、还克加译，王启龙校注，北京：中国社会科学出版社，2012年。

（明）郝敬：《论语详解》，明九部经解本。

（明）卢翰：《掌中宇宙》，明万历刻本。

（明）释幻轮：《释氏稽古略续》，扬州：江苏古籍刻印社，1992年。

（明）释迦仁钦德：《雅隆尊者教法史》，汤池安译，拉萨：西藏人民出版社，2002年。

（明）宋濂：《元史》，北京：中华书局，1976年。

（明）苏天爵：《国朝文类》，上海：商务出版社。

（明）索南坚赞：《西藏王统记》，刘立千译，北京：民族出版社，2001年。

（明）王世贞：《弇山堂别集》，上海：上海古籍出版社，2017年。

（明）杨元裕：《读史关键》，明天启六年刻本。

（明）佚名：《蒙古黄金史纲》，朱凤、贾敬颜译，呼和浩特：内蒙古人民出版社，1985年。

（明）佚名著，王崇武校注：《明本纪校注》，上海：商务印书馆，1948年。

（明）张萱：《疑耀》，《丛书集成初编》第340册，上海：商务印书馆。

（清）阿旺洛桑嘉措：《五世达赖喇嘛自传》（藏文），拉萨：西藏人民出版社，2012年；（清）五世达赖喇嘛阿旺洛桑嘉措：《五世达赖喇嘛传》，陈庆英、马连龙、马林译，北京：中国藏学出版社，2006年。

（清）阿芒·贡却群派：《汉蒙藏史略》，贡巴才让译，西宁：青海人民出版社，1988年。

（清）丹增班觉：《多仁班智达传》（藏文），成都：四川民族出版社，2006年；（清）丹津班珠尔：《多仁班智达传》，汤池安译，北京：中国藏学出版社，1995年。

（清）第二世嘉木样·久美旺波：《第一世嘉木样传》，杨世宏译注，兰州：甘肃民族出版社，1994年。

（清）第穆·洛桑图丹晋麦嘉措：《第八世达赖喇嘛传》（藏文），北京：中国藏学出版社，2010年；（清）第穆呼图克图·洛桑图丹晋麦嘉措：《八世达赖喇嘛传》，冯智译，北京：中国藏学出版社，2006年。

（清）第穆·图丹晋美嘉措、洛桑赤列朗杰：《第九世达赖喇嘛传和第十世达赖喇嘛传》（藏文），北京：中国藏学出版社，2011年；（清）第穆·图丹晋美嘉措：《九世达赖喇嘛传》，王维强译，北京：中国藏学出版社，2006年。

（清）第司桑结嘉措：《格鲁派教法史——黄琉璃宝鉴》（藏文），北京：中国藏学出版社，1989年；（清）第悉·桑结嘉措：《格鲁派教法史——黄琉璃宝鉴》，许德存译，拉萨：西藏人民出版社，2009年。

（清）多卡夏仲·策仁旺杰：《颇罗鼐传》（藏文），庄晶等校勘，成都：四川民族出版社，1981年；（清）多卡夏仲·策仁旺杰：《颇罗鼐传》，汤池安译，拉萨：西藏人民出版社，2002年。

（清）二世嘉木样·久美昂波：《西藏的佛教》，杨世宏译，兰州：甘肃民族出版社，2008年。

（清）傅恒等：《御批历代通鉴辑览》，《影印文渊阁四库全书》第335册，台北：台湾商务印书馆，1986年。

（清）贡布嘉：《汉区佛教源流记》（藏文），成都：四川民族出版社，1983年；（清）贡布嘉：《汉区佛教源流记》，罗桑旦增译，北京：中国藏学出版社，2005年。

（清）贡觉晋美旺布：《六世班禅白丹益喜传》（藏文），北京：中国藏学出版社，2002年。

（清）和宁著，池万兴、严寅春校注：《〈西藏赋〉校注》，济南：齐鲁书社，2013年。

（清）觉囊达热那他：《后藏志》，佘万治译，阿旺校订，拉萨：西藏人民出版社，2002年。

（清）拉尊·阿旺多杰：《六世达赖仓央嘉措密传》（藏文），拉萨：西藏人民出版社，1981年；（清）阿旺伦珠达吉：《六世达赖喇嘛仓央嘉措秘传》，庄晶译，北京：中国藏学出版社，2010年。

（清）马骕：《绎史》，北京：中华书局，2002年。

（清）萨囊彻辰：《新译校注〈蒙古源流〉》，道润梯步译校，呼和浩特：内蒙古人民出版社，1980年。

（清）松巴·益西巴觉、赞普·丹增赤列：《世界总论·世界广论》（藏文），拉萨：西藏藏文古籍出版社，2012年。

（清）松巴堪布·益西班觉：《青海史》，黄颢译注，西北民族学院历史系民族研究所编《西北民族文丛》1983年第3辑。

（清）松巴堪布·益西班觉：《如意宝树史》，蒲文成、才让译，兰州：甘肃民族出版社，1994年；（清）松巴堪布·益西班觉：《松巴佛教史》，蒲文成、才让译，兰州：甘肃民族出版社，2013年；（清）松巴堪钦：《松巴佛教史》（藏文），兰州：甘肃民族出版社，1992年。

（清）松筠：《卫藏通志》，拉萨：西藏人民出版社，1982年。

（清）图官·洛桑却吉尼玛：《宗教源流史》（藏文），兰州：甘肃民族出版社，1984年；（清）土观·罗桑却季尼玛：《土观宗派源流》，刘立千译，拉萨：西藏人民出版社，1985年。

（清）土观·洛桑却吉尼玛：《章嘉国师若必多吉传》，陈庆英、马连龙译，北京：中国藏学出版社，2007年。

（清）吴乘权等辑：《纲鉴易知录》，北京：中华书局，1960年。

（清）五世达赖喇嘛：《西藏王臣记》，刘立千译注，北京：民族出版社，2000年。

（清）云增·耶喜绛称：《菩提道次第师师相承传》，郭和卿译，台北：福智之声出版社，2004年。

（清）张廷玉等：《明史》，北京：中华书局，1974年。

（清）章嘉·若贝多杰：《第七世达赖喇嘛传》（藏文），北京：中国藏学出版社，2010年；（清）章嘉·若贝多杰：《七世达赖喇嘛传》，蒲文成译，北京：中国藏学出版社，2006年。

（清）直贡·丹增白玛坚参：《直贡法嗣》，克珠群佩译，拉萨：西藏人民出版社，1995年。

（清）智观巴·贡却乎丹巴绕吉：《安多政教史》，吴均、毛继祖、马世林译，兰州：甘肃民族出版社，1989年。

（清）钟渊映：《历代建元考》，《影印文渊阁四库全书》第662册，台北：台湾商务印书馆，1986年。

［古印度］阿底峡尊者发掘：《柱间史——松赞干布的遗训》，卢亚军译注，北京：中国藏学出版社，2010年。

《大元圣政国朝典章》，天津：天津古籍出版社、北京：中华书局，2011年。

《明实录》，台北："中研院"历史语言研究所，1982年。

《宋太宗皇帝实录》，北京：中华书局，2012年。

《永乐大典》，北京：中华书局，1986年。

《优填王所造旃檀释迦瑞像瑞历记》，《大日本佛教全书》第114册，东京：佛书刊行会，1917年。

印光：《重修清凉山志》，《中国佛寺史志汇刊》第2辑，第29-1册，台北：明文书局，1980年。

中国藏学研究中心等编：《元以来西藏地方与中央政府关系档案史料汇编》，北京：中国藏学出版社，1994年。

## 著 作


才让：《吐蕃史稿》，兰州：甘肃人民出版社，2007年。

陈庆英：《帝师八思巴传》，北京：中国藏学出版社，2007年。

陈学霖：《明初的人物、史实与传说》，北京：北京大学出版社，2010年。

高永久：《西域古代伊斯兰教综论》，北京：民族出版社，2001年。

格勒：《论藏族文化的起源、形成与周边民族的关系》，广州：中山大学出版社，1988年。

更敦群培：《更敦群培文集精要》，格桑曲批译，北京：中国藏学出版社，1996年。

韩儒林：《元朝史》，北京：人民出版社，1986年。

黄明信：《黄明信藏学文集：藏传佛教·因明·文献研究》，北京：中国藏学出版社，2007年。

拉科·益西多杰：《藏传佛教高僧传略》，西宁：青海人民出版社，2007年。

赖永海主编：《中国佛教通史》，南京：江苏人民出版社，2010年。

罗桑开珠：《佛学原理概述》，北京：民族出版社，2005年。

吕思勉：《中国通史》，南京：江苏凤凰出版社，2011年。

马佩主编：《玄奘研究》，开封：河南大学出版社，1997年。

蒙文通：《古史甄微》，成都：巴蜀书社，1999年。

欧朝贵、其美：《西藏历代藏印》，拉萨：西藏人民出版社，1991年。

荣新江、朱丽双：《于阗与敦煌》，兰州：甘肃教育出版社，2013年。

石硕：《西藏文明东向发展史》，成都：四川人民出版社，1994年。

孙林：《藏族史学发展史》，北京：中国藏学出版社，2006年。

汤用彤：《魏晋南北朝佛教史》，武汉：武汉大学出版社，2008年。

王曾瑜：《宋高宗传》，北京：中国书籍出版社，2016年。

王辅仁、陈庆英：《蒙藏民族关系史略》，北京：社会科学出版社，1985年。

王恒杰辑：《〈春秋后语〉辑考》，济南：齐鲁书社，1993年。

王明珂：《兄弟民族与英雄祖先：根基历史的文本与情境》，北京：中华书局，2009年。

王森：《藏传因明》，北京：中华书局，2009年。

王森：《西藏佛教发展史略》，北京：中国藏学出版社，2001年。

王桐龄：《中国全史》（上），北京：中国友谊出版公司，2016年。

王维强：《8—9世纪藏文发愿文研究——以敦煌发愿文为中心》，北京：民族出版社，2007年。

王尧、陈践译注：《敦煌本吐蕃历史文书》，北京：民族出版社，1992年。

王尧、陈践译注：《敦煌古藏文文献探索集》，上海：上海古籍出版社，2008年。

王尧、陈践译注：《敦煌吐蕃文书选》，成都：四川民族出版社，1983年。

王尧：《藏汉文化考述》，北京：中国藏学出版社，2011年。

王尧：《吐蕃金石录》，北京：文物出版社，1982年。

王重民等编：《敦煌变文集》（上），北京：人民文学出版社，1957年。

吴丰培、曾国庆：《清代驻藏大臣传略》，拉萨：西藏人民出版社，1988年。

西藏自治区档案馆编：《西藏历史档案荟粹》，北京：文物出版社，1996年。

夏广兴：《密教传持与唐代社会》，上海：上海人民出版社，2008年。

杨宽：《西周史》（下），上海：上海人民出版社，2016年。

札奇斯钦：《蒙古秘史新译并注释》，台北：联经出版事业公司，

1979年。

张云：《元代吐蕃地方行政体制研究》，北京：中国社会科学出版社，1998年。

周清澍：《元蒙史札》，呼和浩特：内蒙古大学出版社，2001年。

［波斯］拉施特主编：《史集》，余大钧、周建奇译，北京：商务印书馆，1985年。

［法］石泰安：《西藏的文明》，耿昇译，王尧审，北京：中国藏学出版社，1999年。

［意］伯戴克：《元代西藏史研究》，张云译，昆明：云南人民出版社，2002年。

［意］马可波罗：《马可波罗行纪》，冯承均译，上海：商务印书馆，1947年。

［英］F. W. 托马斯：《敦煌西域古藏文社会历史文献》，刘忠、杨铭译注，北京：民族出版社，2003年。

［英］罗伯特·比尔：《藏传佛教象征符号与器物图解》，向红笳译，北京：中国藏学出版社，2007年。

## 论　文

M. 乌兰：《松巴堪布对〈如意宝树史〉的补撰》，《北方民族大学学报》2009年第6期。

巴桑旺堆：《〈韦协〉译注》，《中国藏学》2001年第1、2期。

蔡志纯：《元代吐蕃驿站略述》，《西藏研究》1984年第4期。

曾现江：《优填王旃檀瑞像入燕始供地再探》，《五台山研究》2019年第1期。

陈得芝：《关于元朝的国号、年代与疆域问题》，《北方民族大学学报》2009年第3期。

陈践：《敦煌古藏文P.T.992〈孔子项托相问书〉释读》，《中国藏学》

2001年第3期。

陈庆英：《关于〈汉藏史集〉的作者》，《西藏民族学院学报》2004年第2期。

陈庆英：《简论藏文史籍关于西夏的记载》，《中国藏学》1996年第1期。

陈庆英：《简论明朝对藏传佛教的管理》，《中国藏学》2000年第3期。

陈庆英：《元代宣政院对藏族地区的管理》，《青海社会科学》1990年第4期。

崔红芬：《藏传佛教各宗派对西夏的影响》，《西南民族大学学报》2006年第5期。

冯蒸：《敦煌藏文本〈孔子项托相问书〉考》，《青海民族学院学报》1981年第2期。

韩腾：《从对清代藏史中"满洲"一词的解析看藏满关系》，《藏学学刊》第11辑，2014年。

何幸真：《英庙"盛德"：明天顺朝君臣对"建文问题"之态度》，《明代研究》2011年第16期。

黄布凡：《〈尚书〉四篇古藏文译文的初步研究》，《语言研究》1981年。

康昌世：《〈春秋后语〉辑校（下）》，《敦煌学》第15辑，1990年。

康世昌：《〈春秋后语〉辑校（上）》，《敦煌学》第14辑，1989年。

克恰诺夫：《夏圣根赞歌》，张海娟、王培培译，《西夏学》第8辑，2011年。

李衡眉：《三皇五帝传说及其在中国史前史中的定位》，《中国社会科学》1997年第2期。

林传芳：《新发见的西藏文文献 Hu Lan Deb Ther的内容及其价值》，《华岗佛学学报》1968年第1期。

卢梅、聂鸿音：《藏文史籍中的木雅诸王考》，《民族研究》1996年第5期。

罗文华：《明大宝法王建普度大斋长卷》，《中国藏学》1995年第1期。

罗贤佑：《论元代畏兀儿人桑哥与偰哲笃的理财活动》，《民族研究》1991年第6期。

马明达：《P.T.1291号敦煌藏文文书译解订误》，《敦煌学辑刊》1984年第2期。

那木吉拉：《元明清时期蒙古人的摩诃葛剌神崇拜及相关文学作品研究》，《中国藏学》2001年第1期。

邱树森：《关于〈元史〉修撰的几个问题》，《元史及北方民族史研究集刊》1987年第11期。

仁庆扎西：《元代中央王朝中的藏族宰相桑哥》，《西藏研究》1984年第2期。

任崇岳：《元顺帝与宋恭帝关系考辨》，《民族研究》1989年第2期。

任乃强：《羌族源流探索》，《民族研究通讯》1981年第1期。

桑荣：《鸠摩罗什研究概述》，《西域研究》1994年第4期。

沈琛：《P.T.1291号敦煌藏文写本〈春秋后语〉再研究》，《文献》2015年第5期。

沈卫荣：《神通、妖术和贼髡：论元代文人笔下的番僧形象》，《汉学研究》第21卷第2号，2003年。

沈卫荣：《西藏文文献中的和尚摩诃衍及其教法——一个创造出来的传统》，《新史学》2005年第1期。

石硕：《从有关止贡赞普父子的记载看藏文史料的两个传承系统》，《中国藏学》1997年第1期。

石硕：《金城公主事迹中一个疑案研究——关于金城公主在吐蕃是否生子问题的考证》，《民族研究》2002年第2期。

石硕：《历史上藏人向中原地区的流动及与西藏社会发展的关联》，《中国藏学》2012年第2期。

孙林、群培：《简论清代学者贡布嘉撰述的藏文史籍〈汉区佛教源流〉的史料来源》，《西藏民族学院学报》2009年第5期。

孙晓晨：《〈佛说造像量度经〉作者及汉译者》，《南方文物》2006年第4期。

谭立人、周原孙：《唐蕃交聘表》，《中国藏学》1990年第2、3期。

陶志平：《唐代道教的心声及其政治背景》，《西南师范大学学报》1988年第2期。

王尧、沈卫荣：《试论藏族史学和藏族史籍》，《史学史研究》1988年第2期。

王尧：《〈大唐西域记〉藏译本及译者工布查布》，《法音》2000年第12期。

王尧：《南宋少帝赵㬎遗事考辩》，王尧：《西藏文史考信集》，北京：中国藏学出版社，1994年。

魏东、益西群培：《藏族传统文化中的孔子形象》，《西藏研究》2009年第1期。

魏青鉽：《元顺帝为宋裔考》（上、下），《文史杂志》1942年第2、3期。

乌云毕力格：《关于清代著名蒙古文人乌珠穆沁公滚布扎卜的几点新史料》，《清史研究》2009年第2期。

尹伟先：《桑哥族属问题探讨》，《民族研究》1988年第1期。

张云、曾现江：《藏文史籍有关中原的记载及其研究价值》，《西南民族大学学报》2012年第5期。

钟焓：《失败的僭伪者与成功的开国之君——以三位北族人物传奇性事迹为中心》，《历史研究》2012年第4期。

朱丽霞：《藏族史书中的玄奘形象分析》，《西北民族大学学报》2013

年第4期。

[比] 魏查理：《〈造像量度经〉研究综述》，《故宫博物院院刊》2004年第2期。

[法] 麦克唐纳：《〈汉藏史集〉初释》，耿昇译，《国外藏学研究译文集》（四），拉萨：西藏人民出版社，1988年。

[日] 百济康义：《〈旃檀瑞像传入中国记〉的回鹘语与藏语译文》，《中国边疆民族研究》第4辑，北京：中央民族大学出版社，2011年。

[日] 松井太：《东西察合台系诸王族与回鹘藏传佛教徒——再论敦煌出土察合台汗国蒙古文令旨》，《甘肃民族研究》2011年第3期。

[苏] 罗列赫：《西藏的游牧部落》，李有义译，《民族历史译文集》第1期。

[匈] 史尔弼：《八思巴上师遗著考释之二：1251—1254年事件的某些解说》，王启龙、邓小咏译，《国外藏学研究译文集》（十三），拉萨：西藏人民出版社，1997年。

[匈] 史尔弼：《八思巴上师遗著考释之三：供施关系》，王启龙、才旺拉姆译，《国外藏学研究译文集》（十三），拉萨：西藏人民出版社，1997年。

[意] 毕达克：《元代藏族政治家——桑哥》，《国外藏学研究译文集》（二），拉萨：西藏人民出版社，1987年。

# 后 记

很多年前，我就发现一个现象，藏文史籍中存在大量对中原史实的记叙。从“三皇五帝”到“唐五代两宋王统世系”，从“夏、商、周”到“秦、汉、魏晋”，从唐太宗到武则天，乃至有关朱元璋的记载和传说等，从“正史”到“野史”到民间传说，几乎均有记载。这些记载自然有所本，有其出处来源，但在细节、人名和地名上常有一些错误，甚至张冠李戴的情况。对这一现象，我当时只觉得吃惊而已，并未怎么往深处想。粗略读了这些记载后，我得到一个印象：这些记叙不但是二手或三手材料，经过多次辗转传递，且存在翻译问题。所以，藏文史籍中存在的这些对中原史实的记叙，史料价值十分有限，至少对研究古代中原史实而言并无多大助益。这是当时我从传统史学角度得到的一些笼统认识。

后来，读藏文史籍《红史》，开始渐渐明白一个道理，青藏高原的历史从来就不是封闭和孤立发展的。《红史》是成书于元代的一部主要叙述西藏历史的史籍，作者蔡巴·贡噶多吉曾担任元朝在西藏所封十三万户之一蔡巴万户的万户长达28年。他16岁时进京朝见元泰定帝也孙铁木儿，得到白银一大锭、银印、黄金饰品、绸缎等赏赐以及封为蔡巴万户长的诏书。从其生平看，他是见过一些世面的，并有过前往中原地区的经历。所以《红史》在叙述西藏各主要教派历史之前，首先出现了这样一些章节："汉地由周至唐的历史简述""由汉文译成藏文的唐朝史书中的唐朝吐蕃历史简述""汉地由梁至南宋的历史简述""西夏简述""蒙古（元朝）简述"等。这意味着一个重要事实：在14世纪，西藏的高僧大德们在书写西藏历史之时，并没有把西藏当作一个偏居一隅的高原地方来看待，而是将西藏放在了一个大的体系之中，这个大的体系不但包括了"由周至唐""由梁至南宋"的汉地王统，包括了"由汉文译成藏文的唐朝史书中的唐朝吐蕃历史"，而且也包括了"西夏"和"蒙古（元朝）"等广阔的地域和历史。这样的视野、格局和见识不得不让人由衷钦佩。这深刻反映了一个事实，西藏的高僧大德们从来就是把西藏的历史及其社会发展同"汉地""西夏""蒙古（元朝）"紧密联系在一起的。这不仅是一种"大历史视野"，按今天的话来说，背后支撑这种"大视野"的正是一种潜在的、深刻的"中华民族共同体意识"。

本书也正是在这一认识基础上产生的一个研究成果。

习近平总书记2019年9月27日在全国民族团结进步表彰大会上的讲话中提出中华民族的"四个共同"，其中即有"我们辽阔的疆域是各民族共同开拓的""我们悠久的历史是各民族共同书写的"。藏文史籍中存在的大量有关中原史实的记叙，恰恰有力地证明了习总书记所说"我们悠久的历史是各民族共同书写的"这一事实。这里的"书写"有两个含义，一是"实践层面"的含义，指中华民族的历史是各民族用艰苦卓绝的行动、用可歌可泣的奋斗所共同谱写的；二是"记录层面"的含义，指中华民族的历史是各民族共同记录、记忆和传承的。藏文史籍对中原史实的记叙，正是各民族共同书写历史的一个生动例证。中华民族的历史之所以由各民族“共同书写”，离不开一个根本前提，即“我们辽阔的疆域是各民族共同开拓的”，二者互为因果、相辅相成。

毫无疑问，当今铸牢中华民族共同体意识，即从中华民族的整体格局与视野来开展我国的民族研究，使我们的研究思路得到极大的丰富和拓展，使我们能在传统史料中看到一些过去被传统史学观念遮蔽的看不到、想不到或被我们忽视的丰富内涵与意义。我想，这可能正是这本《共同书写的历史——藏文史籍的中原历史记叙研究》的意义和价值所在。其次，本书通过对藏文史籍中原历史记叙的系统梳理、呈现和研究，也为进一步认识藏族的中原知识的来源、中原认知及其中华民族意识的形成发展提供了一个新的观察视角。

需要指出，本书只对藏文史籍的中原历史记叙进行系统的分类、整理和初步研究，对其中所隐含的意义仅做了一些初步挖掘，旨在抛砖引玉，使更多的学者关注这一问题，并能对其中隐含和牵涉的诸多问题做更深入、更系统的研究。

需要说明的是，本书最后一个部分的内容是根据我的学生罗宏副研究员的一篇论文《从“རྒྱ་ནག”（汉）一词看清代藏文文献中的“满”“汉”观念》（载《藏学学刊》2018年第18辑》）补充的。这篇论文十分重要，且与全书主题密切相关，故将其编入书中。书的封面上作者虽未署罗宏的名字，但罗宏实际也是本书作者之一。

本书为“教育部人文社会科学重点研究基地重大项目”成果，研究与出版均得到项目经费支持，特此致谢！

本书的出版，得到四川人民出版社社长助理章涛和编辑邹近的关心与支持。他们卓越的眼光和职业精神为本书增色不少。我谨代表作者向他们致以敬意和感谢！

石硕

2022年1月19日于川大江安花园